中国诗词文化

经典文化系列

苏俊祎 编著

时事出版社

图书在版编目（CIP）数据

中国诗词文化/苏俊祎编著. —北京：时事出版社，2014.1

ISBN 978-7-80232-318-6

Ⅰ.①中… Ⅱ.①苏… Ⅲ.①诗词—文学史—中国 Ⅳ.①I207.209

中国版本图书馆 CIP 数据核字（2013）第 092040 号

出 版 发 行：时事出版社
地　　　址：北京市海淀区巨山村 375 号
邮　　　编：100093
发 行 热 线：（010）82546061　82546062
读者服务部：（010）61157595
传　　　真：（010）82546050
电 子 邮 箱：shishichubanshe@ sina. com
网　　　址：www. shishishe. com
印　　　刷：北京百善印刷厂

开本：787×1092　1/16　印张：26.5　字数：440 千字
2014 年 1 月第 1 版　2014 年 1 月第 1 次印刷
定价：45.00 元
（如有印装质量问题，请与本社发行部联系调换）

前　　言

中国是一个有着数千年诗歌史的诗歌王国，诗词是古典文学的精华，给予了人们最富有审美价值和人文情怀的生命体验，早在先秦时期就产生了以“诗三百”为代表的大量优秀诗篇。在此后的每个历史时期中，诗歌创作都结出了硕果，不少脍炙人口的名篇佳句一直传诵至今。可以说，作为最古老、最优美的文学形式，诗歌沉淀在一代又一代人血脉相连的记忆中，充盈了人们的心灵，丰富了人们的精神世界。

《诗经》和《楚辞》是中国诗歌史上现实主义与浪漫主义的源头，无论是在思想内容还是艺术手法上，都对中国后世诗坛产生了深远的影响。到了两汉时期，诗歌的主要成就体现在汉乐府和《古诗十九首》上。其中，汉乐府的代表作是长篇叙事诗《孔雀东南飞》，而《古诗十九首》的出现则标志着文人五言诗的成熟。魏晋南北朝时期，陶渊明和谢灵运开创了山水田园诗派，把五言诗发展到一个全新的高度。此外，南北朝乐府民歌的涌现更是创造了新的艺术形式和风格，而长篇叙事诗《木兰辞》就出现于此时。至唐代，诗歌达到高度成熟的黄金期，呈现出令后人称慕不已的盛唐气象。李白、杜甫等诗人延续“风”、“骚”的优秀传统，创造出各具风范、各具特色的诗歌作品。“绚烂之极，归于平淡”则是经历盛唐之后，宋、元、明、清历代诗歌的生动写照。宋代以后，起源于晚唐的词兴盛起来，奠定了文学史上除诗歌之外的另一美学范式。

总的来说，诗词注重抒情、写景，善于表达各种幽微复杂的个人情感，乐而不淫，哀而不伤。同时，诗词的表达却又是含蓄、内敛的，常常“含不尽之意见于言外”，给读者以无穷的回味空间。从《诗经》、《楚辞》到汉乐府，从唐诗、宋词、元曲到明、清诗词，直到近代的新诗，诗歌的历史可谓源远流长。在这漫长的历史中，大浪淘沙，经典留存，许多流传下来的诗词作品，无论是在思想内容还是艺术形式方面，都表现出作者极高的造诣，堪称“百代之典范，不朽之伟作”。它们反映了当时的社会现实，发人深省；揭示出深刻的哲理思想，启人深思；拥有独到的艺术形式，引人入胜。可以说，诗词是一笔无比宝贵、值得继承的文学遗产。

本书分为上、中、下三大部分。上篇为诗词的历史文化篇，从诗词产生的上古时代开始，经过先秦、两汉、魏晋南北朝、唐、宋、元、明、清直到近代，以时间为轴，纵向讲述了诗词的起源及其发展演变的历史。基本上以每个朝代为一章，共分九章，于每章的开头总结、概括不同时代诗词的特点，接着介绍每个时代诗词创作的代表人物及其代表作，脉络十分清晰，历史文化含量极高。同时，为了让读者在阅读过程中能有更直观的感受，还在每节中列举了不少诗词名篇，以飨读者。中篇为诗词种类和写作篇，分为三章，主要介绍了诗词的种类，并讲解了诗词格律和写作方法，阐述了诗词的艺术内涵与鉴赏方法。而且，为了使读者能够更加详细地了解诗词的写法，作者在书中着重对古体诗、近体诗、新诗和词的写法进行了说明和举例。下篇是诗词社会生活篇，分为两章，诗意地讲述了诗词与现实生活的紧密联系，以及诗词与其他艺术门类一衣带水的关联，同时讲述了一些与诗词相关的轶闻趣事等。这样一来，一方面可以使读者加深对诗词的了解；另一方面可以在更大程度上增强本书的趣味性和可读性。

本书的目的在于全面普及诗词知识，纵向完整地讲述诗词发展史，包括诗词内容与形式的起源、形成、变革等，同时横向细致地讲解诗词创作、鉴赏以及与现实的联系等，其中仅列举的词牌就达二百多个，为其他同类作品之所不及。同时，为了避免泛泛而谈，凡是谈到的知识点都尽量采用最新研究成果，力图在有限的篇幅内以最简练的文字讲透讲到位。笔者本人就是诗词爱好者，在读书期间又选择了唐宋段为研究方向，多年来积累了一些诗词知识，在书中讲述这些知识的时候力图做到文从字顺，深入浅出，方便读者的阅读和理解，为大家在了解、阅读、赏析、创作诗词的道路上提供帮助。

编著者

2013 年 11 月

目录

上篇　诗词历史文化篇

第一章　中国诗词的起源与早期发展 …………（3）
第一节　诗词的起源 …………（3）
一、诗的起源 …………（3）
二、词的起源 …………（5）
第二节　中国早期诗词的特点 …………（6）
一、早期诗歌的特点 …………（6）
二、早期词的特点 …………（9）
第三节　最早的诗歌大全——《诗经》 …………（10）
一、《诗经》概述 …………（10）
二、《诗经》的经典内容 …………（11）
三、《诗经》的特色和对后世的影响 …………（18）
第四节　楚辞与屈原 …………（19）
一、楚文化和楚辞的形成 …………（19）
二、屈原 …………（22）
三、宋玉和其他楚辞作家 …………（28）
第二章　两汉诗歌 …………（31）
第一节　汉代诗歌概述 …………（31）
第二节　乐府诗 …………（32）

一、乐府的概况 …………………………………………（32）
二、《陌上桑》和《孔雀东南飞》 ……………………（33）
三、汉乐府诗的特色与成就 …………………………（38）
第三节　两汉文人诗 ……………………………………（39）
第四节　古诗十九首 ……………………………………（41）

第三章　魏晋诗歌 ……………………………………（44）

第一节　魏晋诗歌概述 …………………………………（44）
第二节　三曹诗 …………………………………………（45）
一、曹操和曹丕 …………………………………………（45）
二、曹植 …………………………………………………（47）
第三节　建安七子 ………………………………………（49）
第四节　阮籍、嵇康与正始诗风 ………………………（52）
第五节　两晋诗坛 ………………………………………（55）
一、西晋诗歌及其代表作家 ……………………………（55）
二、东晋诗歌及其代表作家 ……………………………（59）
三、陶渊明 ………………………………………………（61）

第四章　南北朝诗歌 …………………………………（64）

第一节　南北朝乐府民歌 ………………………………（64）
一、南朝乐府民歌 ………………………………………（64）
二、北朝乐府民歌 ………………………………………（67）
第二节　谢灵运和谢朓 …………………………………（71）
第三节　齐梁诗风和永明体 ……………………………（75）
第四节　北朝诗风和庾信 ………………………………（77）

第五章　唐代诗词 ……………………………………（79）

第一节　唐诗概述 ………………………………………（79）
第二节　初唐诗歌 ………………………………………（81）
一、上官仪等宫廷诗人 …………………………………（81）
二、初唐四杰 ……………………………………………（82）
三、陈子昂 ………………………………………………（85）

第三节　盛唐诗歌 …………………………………………………………（86）
一、“诗佛”王维 ……………………………………………………（87）
二、山水田园诗派 …………………………………………………（89）
三、高适和岑参 ……………………………………………………（93）
四、“诗仙”李白 ……………………………………………………（97）
第四节　中唐诗歌 ……………………………………………………（102）
一、“诗圣”杜甫 ……………………………………………………（102）
二、韩愈和孟郊 ……………………………………………………（106）
三、白居易和元稹 …………………………………………………（108）
四、“诗鬼”李贺 ……………………………………………………（111）
第五节　晚唐诗 ………………………………………………………（114）
一、凄艳朦胧的李商隐 ……………………………………………（114）
二、高朗俊逸的杜牧 ………………………………………………（116）
第六节　晚唐五代词 …………………………………………………（117）
一、晚唐五代民间词和早期文人词 ………………………………（117）
二、温庭筠和韦庄 …………………………………………………（120）
三、李煜及南唐其他词人 …………………………………………（123）

第六章　宋代诗词 ……………………………………………………（126）

第一节　宋代诗词概述 ………………………………………………（126）
第二节　北宋诗词 ……………………………………………………（127）
一、欧阳修 …………………………………………………………（127）
二、王安石 …………………………………………………………（128）
三、苏轼 ……………………………………………………………（129）
四、柳永 ……………………………………………………………（133）
五、秦观 ……………………………………………………………（136）
第三节　南宋诗词 ……………………………………………………（137）
一、李清照 …………………………………………………………（137）
二、陆游 ……………………………………………………………（140）
三、辛弃疾 …………………………………………………………（142）

第七章　元代诗词 …………………… (145)

第一节　元代诗词概述 …………………… (145)
一、元代社会背景和元曲的兴起 …………………… (145)
二、元代诗词概论 …………………… (146)
第二节　元散曲的成就与代表人物 …………………… (147)
一、散曲的特点及成就 …………………… (147)
二、白朴、马致远 …………………… (148)
三、关汉卿 …………………… (150)
四、张可久、张养浩 …………………… (151)

第八章　明清两代诗词 …………………… (153)

第一节　明代诗词概述 …………………… (153)
一、明代诗词的发展历程及特点 …………………… (153)
二、高启与杨基 …………………… (154)
三、台阁体与茶陵派 …………………… (155)
四、前后七子 …………………… (156)
五、明代散曲与民歌 …………………… (158)
第二节　清代诗词概述 …………………… (161)
一、清代诗词的发展历程及特点 …………………… (161)
二、清初诗坛和钱谦益 …………………… (162)
三、清代词坛 …………………… (165)
四、纳兰词 …………………… (168)
五、王士祯 …………………… (169)
六、龚自珍 …………………… (170)

第九章　近代诗词 …………………… (173)

第一节　近代诗词概述 …………………… (173)
一、近代社会背景和诗词风格的转变 …………………… (173)
二、黄遵宪 …………………… (174)
三、近代后期四大词人 …………………… (176)
第二节　新诗与新文化运动 …………………… (177)

一、新文化运动的兴起与对文学的影响 …………………… (177)
二、胡适的新诗 ………………………………………… (179)
三、郭沫若的诗 ………………………………………… (180)
四、新月派代表诗人 …………………………………… (181)

中篇　诗词种类与写作篇

第十章　诗的种类与写作手法 ………………………… (185)
第一节　诗的种类 ………………………………………… (185)
一、按形式分类 ………………………………………… (185)
二、按内容分类 ………………………………………… (189)
第二节　诗的基本写作手法 …………………………… (193)
一、古体诗的写作要求 ………………………………… (193)
二、律诗的平仄与用韵 ………………………………… (197)
三、律诗的黏和对仗 …………………………………… (203)
四、排律的写作要求 …………………………………… (209)
五、绝句的写作手法 …………………………………… (210)
六、新诗的写作手法 …………………………………… (213)
第十一章　词的种类与写作手法 ……………………… (216)
第一节　词的种类 ………………………………………… (216)
一、小令、中调和长调 ………………………………… (216)
二、单调、双调、三叠、四叠 ………………………… (217)
三、词牌 ………………………………………………… (218)
第二节　词的平仄、用韵与对仗 ……………………… (219)
一、词的平仄 …………………………………………… (219)
二、词的押韵 …………………………………………… (221)
三、词的对仗 …………………………………………… (222)
第三节　常用词牌、词谱及其写作要求 ……………… (224)

一、抛球乐 ……………（224）
二、菩萨蛮 ……………（224）
三、忆秦娥 ……………（225）
四、忆江南 ……………（225）
五、调笑令 ……………（226）
六、渔家傲 ……………（226）
七、长相思 ……………（227）
八、更漏子 ……………（227）
九、渔歌子 ……………（228）
十、酒泉子 ……………（228）
十一、水仙子 …………（229）
十二、摊破浣溪沙 ……（229）
十三、减字木兰花 ……（230）
十四、生查子 …………（230）
十五、人月圆 …………（230）
十六、采桑子 …………（231）
十七、醉妆词 …………（231）
十八、浣溪沙 …………（232）
十九、海棠春 …………（232）
二十、清平乐 …………（233）
二十一、南乡子 ………（233）
二十二、捣练子 ………（234）
二十三、浪淘沙 ………（234）
二十四、虞美人 ………（235）
二十五、诉衷情 ………（235）
二十六、蝶恋花 ………（236）
二十七、小重山 ………（236）
二十八、踏莎行 ………（237）
二十九、钗头凤 ………（237）
三十、少年游 …………（238）
三十一、破阵子 ………（238）
三十二、扬州慢 ………（239）
三十三、望海潮 ………（240）
三十四、八声甘州 ……（240）
三十五、雨霖铃 ………（241）
三十六、江城子 ………（241）
三十七、贺新郎 ………（242）
三十八、永遇乐 ………（243）
三十九、卜算子 ………（243）
四十、鹧鸪天 …………（244）
四十一、水调歌头 ……（244）
四十二、念奴娇 ………（245）
四十三、定风波 ………（246）
四十四、临江仙 ………（246）
四十五、水龙吟 ………（247）
四十六、满庭芳 ………（247）
四十七、鹊桥仙 ………（248）
四十八、千秋岁 ………（249）
四十九、好事近 ………（249）
五十、思远人 …………（250）
五十一、青玉案 ………（250）
五十二、祝英台近 ……（250）
五十三、六州歌头 ……（251）
五十四、苏幕遮 ………（252）
五十五、沁园春 ………（252）
五十六、满江红 ………（253）
五十七、西江月 ………（254）
五十八、渔家傲 ………（254）
五十九、如梦令 ………（255）
六十、何满子 …………（255）
六十一、醉花阴 ………（256）
六十二、十六字令 ……（256）
六十三、声声慢 ………（257）
六十四、点绛唇 ………（257）

六十五、摸鱼儿 ………（258）
六十六、昭君怨 ………（258）
六十七、忆王孙 ………（259）
六十八、相见欢 ………（259）
六十九、女冠子 ………（260）
七十、霜天晓角 ………（260）
七十一、谒金门 ………（261）
七十二、一络索 ………（261）
七十三、阮郎归 ………（261）
七十四、画堂春 ………（262）
七十五、眼儿媚 ………（262）
七十六、桃园忆故人 ………（263）
七十七、朝中措 ………（263）
七十八、武陵春 ………（264）
七十九、柳梢青 ………（264）
八十、太常引 …………（265）
八十一、贺圣朝 ………（265）
八十二、荷叶杯 ………（266）
八十三、惜分飞 ………（266）
八十四、南歌子 ………（267）
八十五、河传 …………（267）
八十六、玉楼春 ………（268）
八十七、章台柳 ………（268）
八十八、夜行船 ………（269）
八十九、一斛珠 ………（269）
九十、唐多令…………（270）
九十一、一剪梅………（270）
九十二、谢池春………（271）
九十三、殢人娇………（271）
九十四、行香子………（272）
九十五、感皇恩………（273）
九十六、天仙子…………（273）
九十七、离亭燕…………（274）
九十八、风入松…………（274）
九十九、一丛花…………（275）
一百、御街行…………（275）
一百零一、最高楼………（276）
一百零二、蓦山溪………（276）
一百零三、新荷叶………（277）
一百零四、洞仙歌………（278）
一百零五、八六子………（278）
一百零六、法曲献仙音 …………（279）
一百零七、玉漏迟 ………（279）
一百零八、六幺令 ………（280）
一百零九、凤凰台上忆吹箫 ………（281）
一百一十、长亭怨慢 …………（281）
一百一十一、双双燕 …（282）
一百一十二、锁窗寒 …（283）
一百一十三、玉蝴蝶 …（283）
一百一十四、高阳台 …（284）
一百一十五、烛影摇红 …………（285）
一百一十六、汉宫春 …（285）
一百一十七、渡江云 …（286）
一百一十八、天香 ……（287）
一百一十九、东风第一枝 …………（287）
一百二十、醉蓬莱 ……（288）
一百二十一、解语花 …（288）
一百二十二、暗香 ……（289）

一百二十三、木兰花慢 …（290）
一百二十四、疏影 ……（290）
一百二十五、石州慢 …（291）
一百二十六、选冠子 …（291）
一百二十七、齐天乐 …（292）
一百二十八、八归 ……（293）
一百二十九、眉妩 ……（294）
一百三十、兰陵王 ……（294）
一百三十一、南浦 ……（295）
一百三十二、多丽 ……（295）
一百三十三、西河 ……（296）
一百三十四、六丑 ……（297）
一百三十五、解连环 …（297）
一百三十六、夜半乐 …（298）
一百三十七、一萼红 …（299）
一百三十八、莺啼序 …（299）
一百三十九、风流子 …（301）
一百四十、三字令 ……（301）
一百四十一、安公子 …（302）
一百四十二、粉蝶儿 …（302）
一百四十三、梦玉人引
…………（303）
一百四十四、降仙台 …（304）
一百四十五、曲江秋 …（304）
一百四十六、春从天上来
…………（305）
一百四十七、茅山逢故人
…………（306）
一百四十八、绿盖舞风轻
…………（306）
一百四十九、爱月夜眠迟
…………（307）
一百五十、定西番 ……（307）
一百五十一、八宝妆 …（308）
一百五十二、风马儿 …（308）
一百五十三、金鼎一溪云
…………（309）
一百五十四、解佩令 …（309）
一百五十五、梅花引 …（310）
一百五十六、甘露滴
乔松 ……（311）
一百五十七、换巢鸾凤
…………（311）
一百五十八、哨遍 ……（312）
一百五十九、醉春风 …（313）
一百六十、啄木儿 ……（313）
一百六十一、踏莎美人
…………（314）
一百六十二、促拍满路花
…………（315）
一百六十三、西溪子 …（315）
一百六十四、赤枣子 …（316）
一百六十五、东风齐著力
…………（316）
一百六十六、凤箫吟 …（317）
一百六十七、国香慢 …（317）
一百六十八、鬲梅溪令
…………（318）
一百六十九、合欢带 …（318）
一百七十、红罗袄 ……（319）
一百七十一、红林擒近
…………（319）
一百七十二、好女儿 …（320）
一百七十三、芰荷香 …（320）

一百七十四、金菊对芙蓉 …………（321）
一百七十五、金人捧露盘 …………（322）
一百七十六、锦堂春慢 …………（322）
一百七十七、极相思 …（323）
一百七十八、江月晃重山 …………（323）
一百七十九、浪打江城 …………（324）
一百八十、露华 ………（324）
一百八十一、两同心 …（325）
一百八十二、恋绣衾 …（326）
一百八十三、清江裂石 …………（326）
一百八十四、庆金枝 …（327）
一百八十五、绮寮怨 …（327）
一百八十六、庆清朝 …（328）
一百八十七、秋蕊香 …（328）
一百八十八、秋色横空 …………（329）
一百八十九、三奠子 …（330）
一百九十、十二时 ……（330）
一百九十一、寿楼春 …………（331）
一百九十二、送入我门来 …………（332）
一百九十三、声声令 …（332）
一百九十四、塞翁吟 …（333）
一百九十五、喜朝天 …（334）
一百九十六、遐方怨 …（334）
一百九十七、惜黄花慢 …………（335）
一百九十八、西平乐慢 …………（336）
一百九十九、青衫湿遍 …………（336）
二百、水漫声 …………（337）
二百零一、沙塞子 ……（337）
二百零二、双星引 ……（338）
二百零三、十月桃 ……（338）
二百零四、透碧霄 ……（339）
二百零五、悟黄粱 ……（340）
二百零六、巫山一段云 …………（340）
二百零七、雪梅香 ……（341）
二百零八、下手迟 ……（341）
二百零九、喜团圆 ……（342）
二百一十、潇湘神 ……（342）
二百一十一、潇湘忆故人慢 …………（343）
二百一十二、夜飞鹊 …（343）
二百一十三、步步娇 …（344）
二百一十四、步蟾宫 …（345）
二百一十五、遍地花 …（345）
二百一十六、宝鼎现 …（346）
二百一十七、芭蕉雨 …（347）
二百一十八、碧牡丹 …（347）
二百一十九、百媚娘 …（348）
二百二十、卜算子慢……（348）
二百二十一、薄幸……（349）
二百二十二、拜星月慢 …（350）
二百二十三、白苎 ……（350）

二百二十四、春草碧 …（351）
二百二十五、侧犯 ……（352）
二百二十六、翠楼吟 …（352）
二百二十七、长命女 …（353）
二百二十八、斗百花 …（353）
二百二十九、垂丝钓 …（354）

第十二章 诗词写作的艺术内涵与鉴赏 ……（355）

第一节 诗词的立意 ……（355）
一、借古喻今 ……（356）
二、托物言志 ……（357）
三、假此说彼 ……（357）
第二节 诗词的表现手法 ……（358）
第三节 诗词的形象思维 ……（361）
第四节 诗词的用典 ……（362）
第五节 丰富多彩的艺术探索 ……（364）
一、诗词中含蓄的应用 ……（364）
二、诗词中的“蒙太奇” ……（366）
三、点化的作用 ……（368）
第六节 诗词的鉴赏方法 ……（369）

下篇 诗词社会生活篇

第十三章 诗词文化与多姿多彩的文化生活 ……（375）

第一节 诗词文化与爱情 ……（375）
第二节 诗词文化与友情 ……（377）
第三节 诗词文化与酒 ……（379）
第四节 诗词文化与名胜古迹 ……（380）
第五节 诗词文化与音乐 ……（382）
第六节 诗词文化与绘画 ……（384）
第七节 诗词文化与民俗文化 ……（385）
一、诗词与春节 ……（385）

二、诗词与端午节 …………………………………………… (386)
三、诗词与七夕 ………………………………………………… (387)
四、诗词与中秋节 ……………………………………………… (387)
五、诗词与清明节 ……………………………………………… (388)
第十四章　诗词文化中的人生百态 ……………………… (389)
第一节　诗歌对作者命运的影响 ……………………………… (389)
一、曹植七步成诗免遭杀身之祸 ……………………………… (389)
二、李白的得意与失意 ………………………………………… (390)
三、苏轼与乌台诗案 …………………………………………… (391)
四、沈德潜咏牡丹而被戮尸 …………………………………… (392)
第二节　诗词文化与人生修养 ………………………………… (393)
第三节　与诗词有关的趣闻轶事 ……………………………… (394)
一、李白名讳的由来 …………………………………………… (394)
二、奉旨填词柳三变 …………………………………………… (394)
三、晏殊责难柳永 ……………………………………………… (394)
四、“尸骨”未寒 ………………………………………………… (395)
五、三人联句成诗 ……………………………………………… (395)
六、沈括少年因诗立志 ………………………………………… (395)
七、“张三影”的由来 …………………………………………… (395)
八、唐朝有个人叫张打油 ……………………………………… (396)
九、吟诗赶小偷 ………………………………………………… (396)
十、千里送鹅毛，礼轻情意重 ………………………………… (396)
第四节　诗词创作的家庭传承 ………………………………… (397)
一、曹氏父子 …………………………………………………… (397)
二、“三苏” ……………………………………………………… (397)
三、晏殊父子 …………………………………………………… (398)
四、谢灵运和谢朓 ……………………………………………… (398)
五、上官氏父女 ………………………………………………… (398)
六、蔡氏父女 …………………………………………………… (399)
第五节　诗词中包含的人生理想 ……………………………… (399)
第六节　诗词文化与生活美学 ………………………………… (400)

一、表现生活美的诗词名句 …………………………………………（401）
二、诗词中蕴含的人生哲理 …………………………………………（405）
参考文献 …………………………………………………………………（407）

上篇

诗词历史文化篇

第 一 章

中国诗词的起源与早期发展

第一节　诗词的起源

诗词韵律和谐、情味隽永，作为中国传统文学中具有一定渊源的两种艺术形式，如双峰并峙、二水分流，是完全能够相提并论的经典。诗词充分发挥了汉语的特点，用简约的形式表现丰富的内涵，具有音乐性的特质，是人们表达思想、抒发感情的便利工具。同时，诗词本身也包蕴着深厚悠久的历史文化和中华民族光辉灿烂的文明积淀。

从古至今，诗词一直受到人们的喜爱，其社会参与的广泛性超过了其他艺术形式。在当今社会中，众多爱好者学习诗词的热情就表明了这种古典形式在新时代依然具有强大的生命力。要阅读欣赏诗词，要鉴赏创作诗词，首先就要对诗词的起源及特点有一个基本了解。

诗词究竟是怎样产生的？它们在起源阶段的形态如何？就让我们沿着这条文学艺术的长河逆流而上，一起去找寻它们的源头吧。

一、诗的起源

诗歌是抒情文体的一种，以富有韵律节奏的、高度凝练的语言，丰富的想象，以及分行排列的形式，集中地反映社会生活，抒发思想情感。诗歌在中国古代的艺术形式中占有重要地位，也是世界上最古老的文学形式。在上古时期，诗、乐、舞是三位一体的，大部分的诗歌可以歌唱，所以人们称之为“诗”或“歌”。也有一种说法是，不能入乐的歌辞为“诗”，可以入乐的为“歌”。现在我们则把它们统称为“诗歌”，简称“诗”。

关于诗歌的起源有各种各样的解释，但最合理、最有力的说法就是“劳动说”。

在上古时期，以诗歌为代表的艺术活动是劳动实践的重要组成部分，起着促进劳动的实际作用。由于当时的原始人类不可能抛开保障基本生存的生产劳动而单纯地去追求艺术和审美，所以诗歌就是伴随着劳动产生的，是因劳动的实际需要而出现的。

人类在从事集体劳动的时候，为了减轻疲劳、协调行动、促进成效，会自然地根据劳动动作发出一种呼声。这种呼声具有高低和间歇，因而具有了一定的节奏，这种简单的节奏正是诗歌韵律的基础。正像鲁迅先生所举的一个很形象的例子：设想一群人抬木头，有人觉得吃力了，就发出“杭育杭育”的喊声，其他人都要去模仿、应用的。如果用什么记号记录下来，就成了文学。同样，诗歌就是为劳动呐喊、伴奏的。

当然，如果仅仅是简单的劳动呼声，那还算不上什么诗歌作品，但正是这种原始人类最初的呼声与歌唱成了有韵律的诗歌产生的基础。当这种劳动中的呼声与一定的语词、语句相结合时，呼声就能够确切地表意了。语言以歌唱形式表达，于是作为语言艺术的诗歌也就产生了。

由于原始社会生产力低下，所以“人类原始歌唱总是反映人类改造物质世界的劳动实践。像古老的《弹歌》、《葛天氏之乐》固然直接反映了原始狩猎与农业生产活动，而甲骨卜辞等记载的具有巫术宗教性质的祈雨、祈年活动的诗篇，也依然间接表现着人们力图征服自然的伟大活动”。（《先秦大文学史》）诗歌也就成为人类表达情感的最早艺术形式。这种有节奏的语言形式形成以后，就逐步固定下来。即使不在劳动场合，不为劳动歌唱的时候，它同样开始被使用和延续着。

当在劳动中成长起来的人思想感情逐渐丰富以后，诗歌内容也变得丰富起来，由单纯的劳动歌转变为可以表达各种各样感情的诗歌。随着人类个体意识的发展，诗歌后来不再是集体艺术，而成为个人抒情的方式。个人抒情的不断发展进一步促进了诗歌内容和形式的演进。

另外，巫师和乐官的出现也是诗歌起源的重要促进因素。随着社会分工的不断发展，中国历史上出现了第一批专门从事精神生产活动的人，有巫师、乐官、史官等，其中巫最受人们关注。巫所从事的主要是宗教祭祀活动，掌管着祭祀仪式，负责沟通人神。虽然巫师并不是专司文艺的，但在上古时期，以歌舞娱神是其主要职能之一。《吕氏春秋》载的《葛天氏之乐》中所谓的“三人操牛尾，投足以歌八阙”，记载的正是巫师在祭祀的时候表演的歌舞。进行宗教祭祀仪式时，巫师在跳舞的同时要歌唱，歌唱的内容也是诗歌的源头之一。

乐官在黄帝时就已出现，是古代专门的艺术家，在诗歌产生过程中的作用也非常重要。传说中黄帝时的乐官是伶伦、荣将，舜帝时的乐官是夔。作为专门艺人的乐官的出现，说明诗歌开始从众多艺术形式中独立出来了。

二、词的起源

词是一种抒情诗体，是可以配乐歌唱的乐府诗，在唐五代时期通常被称为“曲子”或“曲子词”。最初，作为一种配合歌唱的音乐文学，对词起决定作用的主要是音乐，“所以词最根本的发生原理也就在于以辞配乐，是诗与乐在隋唐时代以新的方式再度结合的产物”。

词最早产生于隋代。据现有资料可知，隋代已经有了入词的曲调，但非常少。汉魏乐府一般是先有辞，再配乐；而唐五代词是先有乐，后有辞，所用音乐是隋唐新兴起的燕（宴）乐。隋唐时代的音乐有三种类型：雅乐、清乐、燕（宴）乐。雅乐用于郊庙祭祀；清乐在汉魏有平调、清调、瑟调，合称相和三调或清商三调，在唐初已经被视为古曲，与词的产生关系不大；而隋唐燕乐则兼收并蓄、包罗万象，吸取中原音乐、胡乐、江南乐等各种音乐的精华，成为唐代俗乐的总称，满足了人们日常娱乐的需要。有了乐曲，自然就相应地需要有与之相配的歌辞，词就是在这种需求之下产生的。当然，这经过了一个复杂的演变过程。

曲调变成词调是有选择的，燕乐中并不是所有乐曲都适合入词。比如宫廷用的大曲由于规模太大，很难用以配词。唐代传下来的曲乐资料主要是太常曲和教坊曲。太常曲是太常寺下属大乐署的供奉曲，为朝廷正乐，基本不可用于传唱，所以二百多首太常曲中转为词调的仅有少数几个。大量转化为词调的是教坊曲。教坊创制了很多新曲，也汇集了许多民间乐曲。唐五代所用词调约一百八十调，半数都可从《教坊记》的曲名表中查到，足以表明它在词调创制、形成中的重要作用。

配合燕乐演唱的歌辞并不是一种，其中既有长短句的歌辞，也有齐言声诗。长短句根据乐曲来创作内容，而齐言声诗则是被选来配乐。有一些齐言声诗在乐工的演唱过程中为了更好地配合乐曲，自己添加了一些和声、泛声等，这些地方后来被逐渐填上实字就演变成了长短句的词调。所以，由诗到词也是词调形成的一个过程。

另外，隋唐时期兴盛的饮宴之风培育出了丰富多彩的酒令文化，与此有关的一些词的某些格律和修辞特征由此形成。在今存词调中，留下的“令”词名目有一百多调。

有些词是起源于民间的，《杨柳枝》和《河传》两调很可能就是隋代民歌。特别是1900年敦煌石室被打开后，敦煌曲子词的发现为词史研究提供了丰富的资料，更加充分地证明民间创作是词的最早源头。现在辑录的敦煌曲子词有一百六十多首，大部分的创作时间都在玄宗到唐末五代。除了五篇为温庭筠、李晔（唐昭宗）、欧阳炯的作品外，其余的都是无名氏之作。这些作品大多保留着质朴、真率的民间风格，让我们看到了词在民间的盛行和词体的成熟程度。

文人词是在民间词的基础上，吸取了它们的特点和成就而逐步发展起来的。从隋代到初唐、盛唐，能够流传下来的文人词不多，词的创作只是一种偶然的行为，如沈佺期的《回波乐》、唐玄宗的《好时光》、戴叔伦的《转应曲》等。到了中唐以后，韦应物、白居易、刘禹锡、张志和等较多诗人开始填词，词这一文体的写作才走向自觉阶段。文人们开始按照曲调的曲拍创作文辞，自觉地把诗、词两种创作方式区分开来，有了专属于词的创作意识和规范。在后来的演变过程中，曲谱逐渐失传加之怕后人难以通晓，文人们便总结每一曲调在形式、格律方面的各种要求，制成词谱，之后便开始依词谱填词，词由此正式转变为文学意义上的抒情诗体。

历经五代而至宋，词的创作已取得了很高的成就。

第二节　中国早期诗词的特点

一、早期诗歌的特点

据考证，文学艺术的产生早于文字。在人类社会的最初阶段，即原始时期，文学艺术就出现了，诗歌则是最早产生的文学类型。

在艺术水平较高的诗歌总集《诗经》出现以前，诗歌经历了一个渐进的发展过程。我们已知，最早的诗歌是原始人类在劳动等活动中创作的口头歌谣，也就是节奏和韵律都极为简单的原始诗歌。这些原始诗歌产生于文字出现以前，所以都是以口耳相传的方式传播流行的，因此这一时期诗歌的基本特点就是诗、歌、舞相结合，语言节奏简单、朴素，多表现为集体性质的口头歌唱，具有较强的实用功能。如《吴越春秋》中记载的一首《弹歌》，歌词是：

断竹，续竹，飞土，逐宍。

从内容和形式上看，这是一首比较古老的猎歌，反映了渔猎时代人民的劳动生活。诗歌描写的主要是猎人砍竹，接竹，制造出狩猎工具后，用弹丸去捕猎的整个过程。诗歌透露出原始人对自己学会制造灵巧捕猎工具的喜悦、自豪和对捕获更多猎物的渴望。整首诗简洁、质朴、自然，概括力很强，是一首非常优秀的原始歌谣。

再如，《礼记·郊特牲》中记载了一篇相传为神农时代的《蜡辞》：

土反其宅，水归其壑。

昆虫毋作，草木归其泽！

“蜡”是古代一种祭礼的名称。周代在十二月份会举行祭百神之礼，称为“蜡礼”，蜡礼上用的祭祷辞被称为“蜡辞”。从这首短歌的命令口吻上看，显然是对自然的“咒语”。大水泛滥，土地被淹，昆虫成灾，草木荒芜，眼看收成无望，在原始宗教意识的支配下，原始人希望用语言的力量去指挥和改变自然，让它服从自己的愿望。由于语言在劳动过程中具有十分现实的用处，原始人类对于诗歌韵律语言有一种理想化的深刻信任。

《周易》中也保留了一些古老的歌谣，如《屯·六二》：

屯如，邅如；乘马，班如；匪寇，婚媾。

这首诗描写了抢婚的情景。一群男子骑在马上迂回而来，大家原以为是敌人，等到他们闯进门把姑娘抢走后才明白是为了婚事。这一短诗用十二个字完整地描述了抢婚的过程，而且曲折、形象、音韵和谐。

我国最早的诗歌一般是二言形式，这是适应于简单劳动的节奏的，而且是由原始人简单的语言和思维决定的。伴随着短促、鲜明的劳动节奏，用当时较多的单音节词组合起来表意，就产生了极为简单的句式，这也是最早的诗歌形式。

随着社会和语言的不断发展，诗歌的内容和形式也多样化起来，开始由集体型的表达向个人抒情转化。“当涂山氏之女那一声深情无限的‘候人兮猗’唱出之后，个体的抒情就开始成为中国歌诗艺术的重要内容之一了。”比较实用、功利的诗歌创作逐渐向审美艺术发展，诗歌也开始成为独立的精神产品。

上文提到的“候人兮猗”出自《吕氏春秋》中《音初》篇所载的《候人歌》，歌辞只有一句。传说大禹娶涂山女为妻，在治水时省视南土，很长时间不回家，涂山女就唱出了这首歌，盼望大禹归来。在一夫一妻制婚姻出现后，较稳定的夫妻感情才有可能产生，所以这时应该是氏族社会晚期。这首歌也是以两字为句，但后面加上了歌唱性的语尾词，由此产生了独特的抒情效果。可见，《候人歌》既是产生于我国南方的最古老情诗，同时开启了诗歌抒情传统的先河。

《周易》的《归妹·上六》中有一首牧歌：

女承筐，无实；士刲羊，无血。无攸利。

男的看起来在割羊，却不见血；女的虽然拿筐装着劳动果实，但没重量。歌中以戏谑的口吻描述了男女共同剪羊毛、拾羊毛的劳动过程。这首歌情景交融、鲜活生动，句式上则是二、三言相间。

“卜辞”是刻在甲骨上的、通过宗教巫术占卜吉凶祸福的殷商时代的文字。在已整理出来的卜辞中，有一些类似当时的歌曲，如：

癸卯卜：今日雨？其自西来雨？其自东来雨？其自北来雨？其自南来雨？

这几句的体裁与汉乐府中的《江南》近似：

江南可采莲，莲叶何田田，鱼戏莲叶间。

鱼戏莲叶东，鱼戏莲叶西，鱼戏莲叶南，鱼戏莲叶北。

与前面举出的歌谣相比，这首歌谣的句式有了更多的曲折变化，表述的意思也更为丰富、连贯，说明诗歌到夏商两代已经具有较高的艺术水平了。

从原始氏族社会到夏商时期，诗歌逐步产生、发展。当时口头创作的诗歌作品数量一定很多，现在留存下来的却极少，但仅从这些流传下来的作品中就可以看出先民们较高的艺术创造力。这些诗歌闪烁着人类童年时期率真、活泼的光彩，为我国源远流长的诗歌史奠定了基础，也直接促使了《诗经》时代的到来。

二、早期词的特点

词来源于民间。就现存的词作来看，晚唐与五代时，文人的作品篇幅都很短，而敦煌石室所出的唐民间词则较长。由此可知，当文人开始作词时，词在民间已有了相当的发展。所以早期词从内容、风格到体制都表现出向独立文体发展的过渡性特点。

从题材内容上来讲，诗歌的题材范围很广，而词表现的多是私人化的情感。早期词描写男欢女爱、离别相思的很多，但在取材上却十分广泛，如写动乱、写战争、写商人、写贫富、写生死，这些都是后来的词作中不曾出现的。王重民在《敦煌曲子词集叙录》中说："今兹所获，有边客游子之呻吟，忠臣义士之壮语，隐居子之怡情悦志，少年学子之热望与失望，以及佛子之赞颂，医生之歌诀，莫不入调。"所以早期的词题材丰富、内容多样，还没有很严格地和一般民歌与诗歌划开疆域，进入词的"要眇宜修"、情深言长的窄深领域。

从风格上来讲，早期词质朴明快、语言直爽明白、比喻生动、不事雕琢、富于生活气息。如《菩萨蛮》：

> 枕前发尽千般愿，要休且待青山烂。水面上秤锤浮，直待黄河彻底枯。
>
> 白日参辰现，北斗回南面。休即未能休，且待三更见日头。

词中六个比喻全用民间口语，一下子就能让人联想到汉乐府的《上邪》，但意思则更为新鲜奇特。

又如《送征衣》：

> 今世共你如鱼水，是前世姻缘。两情准拟过千年。转转计较难，教汝独自孤眠。
>
> 每见堂前双飞燕，他家好自然！梦魂往往到君边。心穿石也穿，愁甚不团圆？

词中写思妇的苦闷心情，相当真朴，结尾一转折，表现了对爱情的坚贞和乐观心态。

还有《敦煌零拾》中的《望江南》：

> 天上月，遥望似一团银。夜久更阑风渐紧，为奴吹散月边云，照见负心人。

其写得清新、真挚，比起文人作品来更加自由活泼。

再如《菩萨蛮》：

自从涉远为游客，乡关迢递千山隔。求宦一无成，操劳不暂停。路逢寒食节，处处樱花发。携酒步金堤，望乡关双泪垂。

作者写自己求仕不成，流落他乡，只好独自到长堤借酒消愁的凄凉境况。

从体制上来讲，早期词作在词体形式上还不十分完备，押韵不严格，字数不确定，常用衬字，声辞相配不严密。而且“敦煌词”的内容基本与其调名一致，不同于其后词的内容和词调。这是词在起源时期的特点。

第三节　最早的诗歌大全——《诗经》

一、《诗经》概述

《诗经》原名《诗》，或称为《诗三百》，是我国第一部诗歌总集，也是周代最伟大的文学作品，共收录从西周初年至春秋中叶约五百多年的诗歌三百零五篇。在先秦典籍中，《诗经》只称为“诗”，汉武帝时被奉为经典，之后才称作《诗经》，并一直流传至今。现在，《诗经》已经完全被当成文学作品来阅读和学习了。

《诗经》共分为风、雅、颂三个部分。“风”是采集自诸侯国不同地区的歌谣，包括“周南”、“召南”、“邶风”、“鄘风”、“卫风”、“王风”、“政风”、“齐风”、“魏风”、“唐风”、“秦风”、“陈风”、“桧风”、“曹风”、“豳风”，总称“十五国风”，有诗一百六十篇。“雅”是周王朝直接统治地区的音乐，即“正声”，按音乐不同又分为“大雅”和“小雅”，有诗一百零五篇。“颂”是宗庙祭祀的舞曲，分为“周颂”、“鲁颂”、“商颂”，有诗四十篇。“国风”和“小雅”大多为中下层群众创作，反映了他们的生活和精神风貌，具有浓烈的生活气息。“颂”和“大雅”则多为庙堂和宫廷乐曲，其中还包括一部分史诗性的作品，是我们古老民族发祥、创业、建国的历史画卷。

其实，《诗经》并非一时一地一人的作品，根据所收录诗歌的内容和形式特点大致可以确定它们的创作时间。“周颂”的全部和“大雅”的大部分创作于西周初年，“大雅”的小部分和“小雅”的大部分创作于西周末年，“国风”的大部分和“鲁颂”、“商颂”的全部是东迁以后至春秋中叶的作品。从最早的西周初年的“周颂”到最晚的周定王八年以后的《陈风·株林》，时间跨度有五百年之久。从创作地域上来看，其遍及今天的河南、河北、山东、山西、陕西、甘肃等广大地区。除“周南”、“召南”产生于江汉流域以外，其他诗歌均产生于黄河流域。《诗经》的作者大部分来自民间，可以确定者寥寥无几。

因此，关于《诗经》编纂成集的过程，历史上有几种说法：听诗以观民风的“采诗说”、公卿士大夫的“陈诗献诗说”和“孔子删诗说”。“采诗说”是说为了考察政治得失，朝廷每年都会派人到各地搜集民歌民谣。这些民谣经乐师整理加工后，配上乐曲，演奏给天子听。对于“国风”和“小雅”的部分诗歌来讲是这样的，然而雅诗和颂诗的大部分则很可能是公卿所献的诗歌了。除了娱乐和教育子弟以外，统治阶级收集这些诗歌主要就是为了了解人民的态度，以便进一步巩固其统治，“王者所以观风俗，知得失，自考证也”（《汉书·艺文志》）。孔子“删诗说”不可信，不过孔子确实对《诗经》的乐章进行过整理。他还用《诗经》来教育弟子，强调诗的实际效果，对《诗经》的流传和保存有积极的作用。

此外，《诗经》还是先秦贵族教育的通用文化教材，在日常交往和外交活动中，贵族子弟都先要引用《诗经》的语句。所以，《诗经》能够保存下来，并一直流传至今。

二、《诗经》的经典内容

作为我国第一部诗歌总集，《诗经》的内容十分丰富，就像一部先秦社会的百科全书。它包括当时社会各个阶层、不同性别、不同社会经历者的作品，从中可以了解先秦社会的各个方面。

（一）热烈的恋人之歌

《诗经》中最为经典隽永的内容就是爱情婚恋诗。这一部分诗的数量最多，创作艺术也最为出色，以丰富篇章展示了当时恋人们之间的喜怒哀乐。

恋爱中，男女的心情满是激动和快乐，比如《邶风·静女》：

静女其姝，俟我于城隅。爱而不见，搔首踟蹰。
静女其娈，贻我彤管。彤管有炜，说怿女美。
自牧归荑，洵美且异。匪女之为美，美人之贻。

在这里，约会的轻松愉悦让人忍俊不禁。读完此篇，一个要和恋人幽会的男子的神情就跃然纸上。而且，诗歌把他那种因为爱慕对方，所以连她送的一支茅草都爱不释手的爱屋及乌的心态刻画得入木三分。

又如《召南·野有死麕》：

野有死麕，白茅包之。有女怀春，吉士诱之。
林有朴樕，野有死鹿。白茅纯束，有女如玉。
舒而脱脱兮，无感我帨兮，无使尨也吠。

这首诗描写了两情相悦的欢愉。男猎人在树林里打到了一头小鹿，又遇到一位让他一见钟情的姑娘。他把小鹿送给姑娘，赢得了她的爱情。整首诗颇有原始风情，说明在礼教还不严格的时期，青年男女的自由恋爱有较少禁忌。

再如《郑风·溱洧》：

溱与洧，方涣涣兮。士与女，方秉蕑兮。女曰观乎？士曰既且，且往观乎？洧之外，洵訏且乐。维士与女，伊其相谑，赠之以勺药。

溱与洧，浏其清矣。士与女，殷其盈矣。女曰观乎？士曰既且，且往观乎？洧之外，洵訏且乐。维士与女，伊其将谑，赠之以勺药。

这里描写了情侣欢快的春游。郊外的水畔春光融融，游人如织，女子问道：我们去吗？男子答道：虽然去过了，但再去一次吧！于是两个人高高兴兴结伴前去，还互相赠送折花，情深意长。

爱情也包含着相思和思而不得的愁苦，如《郑风·子衿》：

青青子衿，悠悠我心。纵我不往，子宁不嗣音？
青青子佩，悠悠我思。纵我不往，子宁不来？
挑兮达兮，在城阙兮。一日不见，如三月兮。

这里表现了女子对恋人的思念，一天不见就怨他不来看自己，连个消息都没有，于是女子登上城楼眺望，徘徊不安，盼望恋人到来。

又如《王风·采葛》：

彼采葛兮，一日不见，如三月兮！
彼采萧兮，一日不见，如三秋兮！
彼采艾兮，一日不见，如三岁兮！

这首诗描写了男子对女子的思念。一天见不到那位采葛的姑娘，男子就感到他的思念越来越强烈，像过了“三月”、“三秋”、“三岁”，心情也越来越难过。

《秦风·蒹葭》则写出了一种渺茫的思慕：

蒹葭苍苍，白露为霜。所谓伊人，在水一方，溯洄从之，道阻且长。溯游从之，宛在水中央。

蒹葭萋萋，白露未晞。所谓伊人，在水之湄。溯洄从之，道阻且跻。溯游从之，宛在水中坻。

蒹葭采采，白露未已。所谓伊人，在水之涘。溯洄从之，道阻且右。溯游从之，宛在水中沚。

这首诗写得曲折回环，意境苍茫辽远，虽有学者解释说“伊人”可能是一位贤士，但这并不妨碍我们把这首诗歌看作歌咏爱情的经典。诗歌中的“伊人”可望而不可及，如同雾里看花、水中望月，因为“伊人”难求，更让人充满遐想、期待，充满了朦胧之美。

《周南·汉广》也写了意中人不可求的愁闷：

南有乔木，不可休息。汉有游女，不可求思。汉之广矣，不可泳思。江之永矣，不可方思。

翘翘错薪，言刈其楚。之子于归，言秣其马。汉之广矣，不可泳思。江之永矣，不可方思。

翘翘错薪，言刈其蒌。之子于归，言秣其驹。汉之广矣，不可泳思。江之永矣，不可方思。

那位女子作者是无法追求到了，可相思之情却是不能斩断的。砍柴的时候，他想念不已；割草的时候，他不停思念。这真是“此情无计可消除，才下眉头，又上心头”！

爱情有时也会遇到干涉、阻碍。《鄘风·柏舟》就表现了一个热恋中的少女无所畏惧，跟反对他们恋爱的母亲抗争、至死不渝的痴情：

泛彼柏舟，在彼中河。髧彼两髦，实维我仪。之死矢靡它。母也天只，不谅人只！

泛彼柏舟，在彼河侧。髧彼两髦，实维我特。之死矢靡慝。母也天只，不谅人只！

通过《郑风·将仲子》，我们可以了解到当时青年恋爱的社会环境也不是自由的。父母、兄长都会干涉，甚至还有可畏的流言，反映了千百年来社会与人性的普遍矛盾：

将仲子兮，无逾我里，无折我树杞。岂敢爱之？畏我父母。仲可怀也，父母之言，亦可畏也。

将仲子兮，无逾我墙，无折我树桑。岂敢爱之？畏我诸兄。仲可怀也，诸兄之言，亦可畏也。

将仲子兮，无逾我园，无折我树檀。岂敢爱之？畏人之多言。仲可怀也，人之多言，亦可畏也。

（二）悲戚的弃妇之诗

周代妇女地位低下，婚姻能否维持下去全凭丈夫的好恶。这样不平等的地位让很多妇女难逃被休弃的厄运。所以《诗经》中还有一些弃妇诗，最有名的是以叙事为主的《邶风·谷风》和《卫风·氓》。这两首诗故事性强，人物形象鲜明生动，还有细致的心理刻画，加之叙事、描写与抒情相结合，达到了很高的艺术水平。

《邶风·谷风》的作者是一位勤劳善良的妇女，在被丈夫赶出家门的路上，她越想越伤心，唱出这首歌来控诉自己不幸的婚姻：

习习谷风，以阴以雨。黾勉同心，不宜有怒。采葑采菲，无以下体？德音莫违，及尔同死。

她深感被丈夫休弃是很不公正的，她的错误只不过在于容颜将老，可是夫妻理应同心、共同努力，难道丈夫就只注重艳丽的容貌吗？就像你“采葑采菲”，不要能吃的根，只采那华而不实的叶子吗？初婚时他的甜言蜜语还回响在耳边，什么白头偕老、至死不渝全是谎言。

行道迟迟，中心有违。不远伊迩，薄送我畿。谁谓荼苦，其甘如荠。宴尔新昏，如兄如弟。

她在路上缓慢悲伤地走着，想到丈夫有了新人，送别时竟然连门槛都不肯跨过，那负心汉现在正与新娶的妻子甜蜜呢。谁说苦菜苦啊，我看它就像荠菜一样甜。

泾以渭浊，湜湜其沚。宴尔新昏，不我屑以。毋逝我梁，毋发我笱。我躬不阅，遑恤我后。

泾水因渭水而浑浊，旧人因新人而变丑。可是新人能做家务吗？她不禁担心新人乱动家里的捕鱼工具，可是转念一想，现在都自身难保了，还管得了这些吗？

就其深矣，方之舟之。就其浅矣，泳之游之。何有何亡，黾勉求之。凡民有丧，匍匐救之。

她为这个家操劳了很多，刚到时缺东少西，她都想办法补上；连邻居有了困难，也想方设法地尽力帮助。

不我能慉，反以我为雠。既阻我德，贾用不售。昔育恐育鞫，及尔颠覆。既生既育，比予于毒。

谁料丈夫不但不珍惜妻子的这些美德，反而以怨报德，把她当仇人。前些年，家境贫寒，他和她相依为命；现在家境转好，他却把她看成眼中毒刺。

我有旨蓄，亦以御冬。宴尔新昏，以我御穷。有洸有溃，既诒我肄。不念昔者，伊余来塈。

这就好比家里腌菜为过冬，丈夫娶她是为了抵穷，而她还要挨打受骂，他早就不念往昔的恩爱了。

这首诗以种种事实对比诉说了自己的劳苦贤淑和丈夫的喜新厌旧、薄情寡义，客观地说明了夫权社会里妇女的悲惨命运。

《卫风·氓》是一首更为惨痛的弃妇之诗：

氓之蚩蚩，抱布贸丝。匪来贸丝，来即我谋。送子涉淇，至于顿丘。匪我愆期，子无良媒。将子无怒，秋以为期。

乘彼垝垣，以望复关。不见复关，泣涕涟涟。既见复关，载笑载言。尔卜尔筮，体无咎言。以尔车来，以我贿迁。

桑之未落，其叶沃若。于嗟鸠兮！无食桑葚。于嗟女兮！无与士耽。士之耽兮，犹可说也。女之耽兮，不可说也。

桑之落矣，其黄而陨。自我徂尔，三岁食贫。淇水汤汤，渐车帷裳。女也不爽，士贰其行。士也罔极，二三其德。

三岁为妇，靡室劳矣。夙兴夜寐，靡有朝矣。言既遂矣，至于暴矣。兄弟不知，咥其笑矣。静言思之，躬自悼矣。

及尔偕老，老使我怨。淇则有岸，隰则有泮。总角之宴，言笑晏晏，信誓旦旦，不思其反。反是不思，亦已焉哉！

诗中二人的婚姻是因为男方最先的追求而成的。这种自由恋爱的婚姻一旦因男方而破裂，女方受到的伤害就会更加深重，所以女方的怨愤之情也会分外强烈。诗歌开头两节追忆从恋爱到结婚的经过，把当时男子如何找机会接近她，后来急切地催她出嫁讲得很清楚。第三节是一段议论，她告诫少女不要轻信男子的话，对女的来说付出的代价是不可挽回的，让人感到她对爱情的绝望。接着，她诉说了自己婚后的吃苦耐劳和丈夫的变心和休弃，想想回娘家以后还要受到嘲讽和歧视，深感孤苦无助，只能自伤自悼。此时，她也回忆起丈夫当初的誓言，既然他背信弃义，如此对待自己，那就从今一刀两断。和《谷风》相比，主人公的性格显得更为坚强，对这种不平等爱情婚姻的醒悟也更为深刻。

这首诗歌通过对爱情婚姻悲剧的描述，直接指出了男人爱情的不可靠和男尊女卑制度之下婚姻的不平等，是一曲有力的控诉悲歌。

（三）悲愤的平民之诗

最能代表《诗经》现实主义传统的内容就是其中反映下层劳动人民对统治阶级愤怒谴责的作品。其中最脍炙人口的一首就是《魏风·伐檀》：

坎坎伐檀兮，置之河之干兮。河水清且涟猗。不稼不穑，胡取禾三百廛兮？不狩不猎，胡瞻尔庭有县貆兮？彼君子兮，不素餐兮！

坎坎伐辐兮，置之河之侧兮。河水清且直猗。不稼不穑，胡取禾三百亿兮？不狩不猎，胡瞻尔庭有县特兮？彼君子兮，不素食兮！

坎坎伐轮兮，置之河之漘兮。河水清且沦猗。不稼不穑，胡取禾三百囷兮？不狩不猎，胡瞻尔庭有县鹑兮？彼君子兮，不素飧兮！

这首诗讽刺了不劳而获、贪心不足的贵族阶层，言辞激烈，悲愤之情溢于言表。《魏风》中还有一首更加生动形象、讽刺性更强的诗歌，那就是《魏风·硕鼠》：

硕鼠硕鼠，无食我黍！三岁贯女，莫我肯顾。逝将去女，适彼乐土。乐土乐土，爰得我所。

硕鼠硕鼠，无食我麦！三岁贯女，莫我肯德。逝将去女，适彼乐国。乐国乐国，爰得我直。

硕鼠硕鼠，无食我苗！三岁贯女，莫我肯劳。逝将去女，适彼乐郊。乐郊乐郊，谁之永号？

诗中把矛头直接指向最高统治者，讽刺其只知横征暴敛、不修政事，同时也表现了广大农奴对理想生活的向往，是乌托邦思想的滥觞。

《秦风·黄鸟》反映了奴隶社会中人殉制度的残酷。当时，奴隶主死后常常用活人陪葬。这首诗写的就是穆公死后，用“车氏三子”殉葬的事情。诗中表达了作者对这一制度的无比痛恨，并进行了愤怒的斥责和严词抗议，同时表达了对无辜牺牲者的惋惜和深切哀痛：

交交黄鸟，止于棘。谁从穆公？子车奄息。维此奄息，百夫之特。临其穴，惴惴其栗。彼苍者天，歼我良人！如可赎兮，人百其身！

交交黄鸟，止于桑。谁从穆公？子车仲行。维此仲行，百夫之防。临其穴，惴惴其栗。彼苍者天，歼我良人！如可赎兮，人百其身！

交交黄鸟，止于楚。谁从穆公？子车针虎。维此针虎，百夫之御。临其穴，惴惴其栗。彼苍者天，歼我良人！如可赎兮，人百其身！

（四）忧伤的爱国之歌

虽然当时战争不断、民不聊生，但人民对国家还是怀有深厚的感情。《诗经》中的一个重要内容就是反映当时人民的爱国、忧国之情。其中最为感人的一首诗就是《王风·黍离》：

彼黍离离，彼稷之苗。行迈靡靡，中心摇摇。知我者，谓我心忧；不知我者，谓我何求。悠悠苍天，此何人哉？

彼黍离离，彼稷之穗。行迈靡靡，中心如醉。知我者，谓我心忧；不知我者，谓我何求。悠悠苍天，此何人哉？

彼黍离离，彼稷之实。行迈靡靡，中心如噎。知我者，谓我心忧；不知我者，谓我何求。悠悠苍天，此何人哉？

西周灭亡后，平王东迁。周大夫行役，路过原来西周的宗庙宫室，只见原来的宫殿已尽为田地，满目都是禾黍。他心中凄恻，于是写下了这首诗。“黍离之悲”之后就成为怀念故国、忧国爱民的代称。

又如《秦风·无衣》：

岂曰无衣？与子同袍。王于兴师，修我戈矛。与子同仇！

岂曰无衣？与子同泽。王于兴师，修我矛戟。与子偕作！

岂曰无衣？与子同裳。王于兴师，修我甲兵。与子偕行！

诗歌表现了当时的战士勇于抵抗外辱、同仇敌忾的精神。朱熹在《诗集传》中说“秦人之俗，大抵尚气概，先勇力，忘生轻死。故见于诗如此”，揭示了产生此种精神的社会原因。

《小雅·采薇》是一首士兵还乡时的作品：

采薇采薇，薇亦作止。曰归曰归，岁亦莫止。靡室靡家，猃狁之故。不遑启居，猃狁之故。

采薇采薇，薇亦柔止。曰归曰归，心亦忧止。忧心烈烈，载饥载渴。我戍未定，靡使归聘。

采薇采薇，薇亦刚止。曰归曰归，岁亦阳止。王事靡盬，不遑启处。忧心孔疚，我行不来！

彼尔维何？维常之华。彼路斯何？君子之车。戎车既驾，四牡业业。岂敢定居？一月三捷。

驾彼四牡，四牡骙骙。君子所依，小人所腓。四牡翼翼，象弭鱼服。岂不日戒？玁狁孔棘！

昔我往矣，杨柳依依。今我来思，雨雪霏霏。行道迟迟，载渴载饥。我心伤悲，莫知我哀！

诗歌开头三节追忆从军打仗无法归乡又急切盼望回家的痛苦。野豌豆发芽，冬天过去了，可是战事正紧，不能回家；野豌豆肥嫩了，春天过去了，我军正在疆场拼杀，连家书都无人送；野豌豆长老了，夏天过去了，可是战争还未停息，恐怕这辈子都难归家了。第四、五节追忆危急紧张的战斗，强调了战斗的一触即发和敌人的来势汹汹，说明他虽然思乡心切，但是仍然要为国家奋勇杀敌。最后一节借景抒情，用春风杨柳来写当兵前的平和生活与惜别之情，之后又用寒冬雨雪比喻艰苦的征战生活和对家园的忧虑。

另外，《诗经》中还保存了周部族的史诗，主要是“大雅”中的《生民》、《公刘》、《绵》、《皇矣》、《文王》、《文王有声》、《大明》七首，记述了周族始祖后稷诞生直到武王灭商这一段历史传说和英雄事迹，构成了一部周部族的发展史。

三、《诗经》的特色和对后世的影响

《诗经》在我国文学史上有着崇高的地位，是我国诗歌文学发展的基石和光辉起点，对后世各种文学形式及人们的文化生活都有着深远影响。

首先，《诗经》中呈现的“饥者歌其食，劳者歌其事”的精神为后世文学奠定了现实主义的基础。这种精神促使诗人们去关心国家命运和人民疾苦。之后的历代民歌，从汉魏乐府直到近代的一些歌谣，都继承了这种现实主义的传统，成为人民手中最锐利的战斗武器。

后代有责任感的文人也都朝着《诗经》所开辟的道路前进，他们所倡导的“风雅”精神实际上就是提倡诗歌要敢于反映现实。现实主义诗人杜甫的大量诗歌作品都反映、讥刺社会状况，关心民生疾苦；白居易提出了“文章合为时而著，歌诗合为事而作”的主张；甚至浪漫主义诗人李白也曾发出这样的悲叹："《大雅》久不作，吾衰竟谁陈？"①这表明他对《诗经》也怀着深深的敬意，将继承其现实主义精神作为自己不可推卸的责任。

其次，《诗经》题材广泛，包括了抒情、叙事、讽喻、颂赞以至史诗等各种文学样式，内容丰富。其中所歌咏的很多内容都成为原型意象，启发了后世诗人们的创作。《诗经》中的许多诗歌主题都成为后世诗歌类型的源头。《硕鼠》、《黄鸟》、《伐檀》、《陈风·株林》、《邶风·新台》、《齐风·南山》等开启了讽喻诗的先河；《小雅·采薇》是我国最早的边塞诗；《秦风·无衣》、《豳风·东山》等是最早的从军诗；《王风·君子于役》、《周南·卷耳》、《卫风·伯兮》是早期的思妇诗；《邶风·谷风》、《卫风·氓》是最早写弃妇的诗歌。另外，《诗经》中对景物的描写也给后世的山水、田园诗以启发。

第三，《诗经》中赋、比、兴的手法成为后世诗歌创作最基本的表现方法。朱熹《诗集传》中说："赋者，铺陈其物而直言之也。比者，以彼物比此物也。兴者，先言他物以引起所咏之词也。"不论后人如何阐释，这些创作手法的本质是不变的。"赋"就是直接记事，直抒其情；"比"与今天所谓的比喻有相通之处；"兴"先描绘其他的事物做铺垫，再引出自己想要抒发的感情。赋、比、兴作为诗歌的经典创作方法，不同程度地被后代诗歌所继承。

《诗经》奠定了我国诗歌的现实主义基础，在五千年的文化长河中闪烁着永恒的光辉。

第四节 楚辞与屈原

一、楚文化和楚辞的形成

（一）楚文化的特点

"楚辞"是战国时代产生于楚国的一种新诗体，结构宏大，句式新

① 《古风五十九首》的第一首。其中的《大雅》、《王风》都是《诗经》的篇名，指代整部诗集。

颖，比《诗经》作品更富有个性、激情和想象力。楚辞以楚国人屈原为创始人和代表作家，是楚文化的高度成就在文学方面的集中体现。

中国古代的江汉之地被史书统称为“荆蛮”或“楚蛮”，当时是所谓的九黎、三苗居住之地。西周初年，楚国开始立国；到了春秋时代，楚文王迁都于郢，楚国成为独霸南方的大国；战国时，楚国国力更为强盛，成为问鼎中原、席卷南土的强国。随着向四周扩张，楚国吞并了许多殷、周以来的小国，并使百越、巴蜀、黔、滇等蛮夷之地臣服，由此江汉地区的楚国成为南方一个多民族杂处的国家。

楚国最早继承和吸取了夏、商、周时期的中原文化，他们的历史传统、知识构成、政治思想都深深地打上了中原文化的烙印。楚人在江汉地区建国并扩张领土之后，和南方各土著民族交往，必然会相互汲取、融合对方的文化。因此在千百年的发展过程中，楚国逐步形成了代表南方文化系统的特色鲜明的楚文化。

楚文化是多元的，同时表现出强烈的地域特色。这与楚地的地理、民俗及宗教信仰有着不可分割的联系。楚国统治者虽然不断吸收中原文化，但是大多数土著民族还保留着氏族社会遗存下来的一些习惯，包括在男女交往的社会生活里，不像北方那样严格地受到宗法制度和礼俗的束缚。尤其是宗教方面，“信巫鬼，重淫祀”。楚人的宗教是一种泛神论的多神教，所崇拜的神灵多是拟人化以后的山川草木、日月星辰。神有人性，人也可以有神性，人神可以相互交往，甚至恋爱。整个楚文化都处在蛮俗遍地、巫风盛行的浸染之中，所以后世产生“巫楚文化”的称谓。

多种文化融汇而成的独特的巫楚文化孕育、形成了具有独特风貌的楚辞作品。楚辞的丰富性、复杂性及所达到的辉煌成就都与楚地的文化背景密切相关。

（二）楚辞的形成

“楚辞”这一名称，按其本义来讲，指的是楚人或楚地的歌辞。宋人黄伯思说楚辞作品都是“书楚语，作楚声，纪楚地，名楚物”，意思就是用楚地的方言描写其风土民情。

从楚辞的艺术特点来看，楚辞和楚地的原始神话和巫风密切相关。原始神话是原始初民对自然现象的幻想和幼稚解释，反映了人们征服自然的愿望。巫术则是一种超自然的想象，企图用符咒、占卜、将神等神秘仪式来驱鬼降神，达到消除祸患、带来福音的目的。巫术利用某些神话而施展，神话又借助巫术而存在和流传。楚人进行巫术活动时的种种形式、唱词以及神话故事为楚辞的产生提供了内容和形式方面的素材和借鉴。比如：屈原的《九歌》就是诗人吸取楚地的民间神话，借用巫俗、巫歌，用祭歌的形式写成的一组优美动人的抒情诗；《招魂》一诗的创作则是直接模仿楚地的巫觋招魂词的形式；《离骚》中涉及许多神话人物和神话故事，而且其跌宕起伏的文理、宏伟的篇章结构、连篇累牍的铺陈，都是由巫术活动联系、组合而成的。要是没有古代楚国的神话和巫术，楚辞中的很多内容和一些重要的特点是不可能存在的。

屈原是楚辞体的创始人，吸取楚地的神话、巫俗文学和一些宗教活动的形式，以独创的精神加以改造，使之完全摆脱了宗教性，成为抒发爱国感情、表达对美好事物和理想的追求、表现心理创伤和挫折的工具，最终形成一种构思奇特、结构宏伟、词采华丽、形式新颖、充满浪漫主义精神的新诗体——楚辞。

楚地的乐曲对楚辞的产生和形成有很大作用。楚国的音乐和民歌在春秋战国时代被称作“南音”或“南风”，楚汉之际则被称为“楚歌”或“楚声”。上古时代诗乐不分，楚辞的产生和形成必然受到这些楚地乐曲的影响。楚辞作品中还保留着一些曲目的名称，比如屈原创作的《涉江》、《九歌》，楚辞作家宋玉写的《九辩》。从这些作品来看，楚辞的篇章很长，体制较大，比《诗经》更加宏伟繁复。从现存的屈原作品来看，很多诗歌的篇末都有“乱”。“乱”是一个音乐的专有名词，指的是乐曲结束时的结尾部分，也就是尾声。可见，屈原正是沿袭乐曲的体制而创作楚辞体诗歌的。他的作品中的“乱”词长短不一，《离骚》有“乱”词四句，《哀郢》有六句，《招魂》有十五句，《抽思》、《怀沙》各有二十句。这些“乱”词怎么唱，今天我们已经不清楚了，但是它们在诗中都有申明主旨、总结概括的作用。总之，当时楚国的乐曲虽未能流传下来，但楚辞受其深刻的影响是可以肯定的。

楚国的民歌同样影响着楚辞的形成，但大多都没有保存下来，只在一些古文献中偶有记载。如《刘向·说苑》中所载的《越人歌》：

今夕何夕兮，搴舟中流，今日何日兮，得与王子同舟。蒙羞被好兮，不訾诟耻，心几烦而不绝兮，得知王子。山有木兮木有枝（知），心说（悦）君兮君不知。

《吴越春秋》卷三载有《渔父歌》：

日月昭昭乎侵已驰，与子期乎芦之漪。日已夕兮予心忧悲，月已驰兮何不渡为？事寖急兮将奈何！芦中人，芦中人！岂非穷士乎？

《孟子·离娄上》载有《孺子歌》：

沧浪之水清兮，可以濯我缨。沧浪之水浊兮，可以濯我足。

刘向《新序·节士》篇中所载《徐人歌》：

延陵季子兮不忘故，脱千金之剑兮带丘墓。

以上所举的几首歌都是春秋时期产生于楚地的民间诗歌。在语言形式和造语风格上，屈原的楚辞体诗歌都与它们很接近。楚辞与《诗经》相比最明显的不同就在于句式和语调。《诗经》作品主要是四言体，重章叠句，篇幅不长。楚辞作品则是长句，并且大量使用“兮”字。以“兮”字为语气词几乎是楚辞最明显的特点。“兮”字在楚辞作品中既有表情的作用，又有调整节奏的功能，在散文化长句较多的篇章里面则主要起调整节奏的作用。因为楚辞的句式通常是两句一小节，上下对称构成长句，上下句需要稍加停顿以增强节奏感，所以“兮”字还有句读的作用。另外，“兮”字还有代替其他虚词的语法作用。这些特征都是楚辞所特有的，是屈原在学习和借鉴楚地民歌基础上的创造。

二、屈原

（一）屈原的生平

屈原，名平，字原，约生于公元前340年，即楚宣王三十年，死于公元前277年，即楚顷襄王二十二年。

屈原生活在战国中后期，是与楚王同姓的贵族。屈原的先人屈瑕是楚武王熊通的儿子，被封在屈地，所以以“屈”为姓氏。战国时代，楚国的公爵中以屈、景、昭三氏最为显达。刚开始，屈原以贵族的身份任三闾大夫之职，主要的职责是管理、教育公族子弟。由于屈原博闻强记，熟悉政治状况，善于外交辞令，不久就被楚怀王任命为左徒（仅次于令尹，相当于当时的副宰相）。在国内，屈原和楚怀王商讨国家大事、发布命令；对外，则接待宾客，应对诸侯。在他任职期间，楚国在政治和外交上都取得了一些成就，但当时楚国的内外都存在尖锐的斗争。在内政上，改革派和保守派斗争。屈原主张改革政法、举贤授能，限制旧贵族的利益。在外交上，亲齐派和亲秦派发生冲突。屈原派使节与齐国建交，主张合纵抗秦。屈原的主张和以怀王的小儿子子兰为代表的楚国贵族集团的做法尖锐对立。

那些旧贵族势力处心积虑地陷害屈原，离间他和怀王的关系，使楚怀王逐渐疏远了屈原。秦惠王派张仪到楚国，答应给楚国商于之地六百里，让楚和齐断交。楚王没想到与齐绝交后并没有得到土地，于是大怒而攻打秦国，但先后都失败了。接着韩魏又发兵攻打楚国，齐国则袖手旁观，怀王只好让屈原出使齐国，恢复了邦交。楚国的局势暂时稳定了。可是怀王被一群小人包围，昏庸怯懦，最终还是放逐了屈原，转而亲近秦国。公元前299年（怀王三十年），楚怀王被骗到秦国，两年之后客死于秦。顷襄王继位，以他的弟弟子兰为令尹，楚国政治更加黑暗，对秦国完全采取妥协投降的政策。诗人屈原痛恨子兰劝怀王到秦国去，子兰则加倍诋毁屈原，促使顷襄王一怒之下把屈原流放到江南。在长期的流放岁月中，诗人始终心怀故国，写下了许多不朽诗篇，抒发忧愤之情，揭露群小的乱政误国之罪，最终投汨罗江而死。

诗人具有高贵的品质和卓越的才能，并有着远大的政治理想，希望修明法度，举贤授能，让祖国富强起来，以统一当时长期分裂的中国。诗人在诗中一再强调、歌颂自己心目中的“美政”，为实现这种政治理想，实践自己的主张，他和昏聩误国的腐朽贵族们斗争了一生，并付出了生命的代价。屈原的全部作品都与他的经历有关，或叙事，或抒情，都在述说、阐发着他的美好理想、爱国热情以及受挫之后的忧伤、悲愤。

（二）屈原的作品

1.《离骚》

屈原的作品一字一句都倾泻着深沉的对祖国的热爱，成为千古传颂的经典。屈原作品的具体篇目，据王逸的《楚辞章句》所讲，包括《离骚》、《九歌》（十一篇）、《天问》、《九章》（九篇）、《远游》、《卜居》、《渔父》，共二十五篇。其中留有的《大招》一篇，模仿《招魂》，但词采远远不及，肯定非屈原之作。司马迁在屈原传中把《渔父》一篇作为与屈原有关的故事叙述，所以也不能算作屈原本人的作品。

《离骚》是屈原的代表作，是一篇卓绝古今的浪漫主义杰作，也是我国古典文学中最长的抒情诗，共三百七十三句，两千四百多字。这篇不朽之作千百年来深深震撼着人们的心灵，成为我国乃至世界诗歌史上具有永恒魅力的篇章。

对于诗题“离骚”两个字，司马迁说：“离骚者，犹离忧也。”班固说：“离，遭也；骚，忧也。明己遭忧作辞也。”王逸说：“离，别也；骚，愁也。”《离骚》中有一句话是“余既不难夫离别兮，伤灵修之数化”，上句意思是被疏远而离别朝廷，下句意思为伤心于失去君王的信任。可见，把“离骚”解释为别忧、别愁还是贴切的。

《离骚》写于诗人前期任左徒而遭到馋毁被疏远之后，是一首政治抒情诗，既有自传性质，又有浪漫主义色彩。司马迁解释屈原写《离骚》的原因时说：

> 屈平正道直行，竭忠尽智，以事其君，馋人间之，可谓穷矣。信而见疑，忠而被谤，能无怨乎？屈平之作《离骚》，盖自怨生也。

这“怨”情更确切地说是一种“忠怨”，构成了整首诗的感情基调。《离骚》正是诗人满怀着爱国之情，蘸着血泪写就的一首忧愤之歌。从全诗的结构层次来看，可以分为两大部分：从开头到“岂余心之可惩”是诗的前半部分，主要写诗人矢志报国的愿望与现实的矛盾，其受到不公正待遇仍然高洁自守，表现了作者对理想和责任的坚守；后半部分从“女须之婵媛兮，申申其詈予”一直到篇尾，主要写诗人被疏以后不放弃努力、继续求索的精神，以及内心的冲突和最终的抉择。前半部分虽然也运用了象征、想象和夸张手法，但基本是作者的现实生活经历；后半部分诗人在超现实的想象中释放自己的炽烈感情，表现了一个苦闷灵魂上天入地的求索。

首先，《离骚》塑造了一个纯洁高大的抒情主人公的形象，使我们看到了一个具有崇高的政治理想和高洁人格的诗人形象，屈原由此成为一个爱国诗人的典型，感召了后世无数文人。其次，《离骚》是一篇积极浪漫主义的作品，把古代神话的积极浪漫主义精神发展到非凡的高度。在前半部分中，诗人把自己的经历和遭遇集中表现为一种美与丑、善与恶、光明与黑暗的斗争，用新奇比喻、夸张描写表现善和美的崇高、恶与丑的卑劣、光明与黑暗的势不两立，爱憎分明，能够激励人积极向上的情感。后半部分在幻想和虚构的境界中，诗人对上天入地的描写，希望和失望的交织、反复，尽情倾诉了自己的苦闷，表现了环境的冷漠和坚毅的精神。在这部分中，诗人运用了神话传说中的很多形象，通过丰富的想象把他们连缀在一起，从而生成了层出不穷的动人情节和美丽画面。第三，《离骚》在诗歌形式和语言上也有很好的创新。屈原吸取和借鉴楚地民歌以及当时新体散文的写法，加长了诗句，扩展了结构，增加了诗歌的容量，强化了表现力。在语言上，《离骚》采用了大量的方言口语，用得最多的“兮”字就是民歌中的口语。这一语气词加强了诗歌的抒情气氛，以及诗句的节奏感和音乐美。总之，《离骚》文采绚烂、比喻丰富、形式新颖，诗的每一部分都感情充沛、优美动人，组合起来就是一篇艺术感染力很强的鸿篇巨制。

2.《九歌》

《九歌》的名称最早来源于古老的神话传说，“九”有九天之乐的意思，相传是天帝使用的音乐，后被盗下人间。屈原的《九歌》也取材于神话，是吸取楚地的神话传说、用民间祭歌的形式写成的一组深情、优美的抒情诗。《九歌》实际上包括十一篇作品，篇目为：《东皇太一》、《云中君》、《湘君》、《湘夫人》、《大司命》、《少司命》、《东君》、《河伯》、《山鬼》、《国殇》、《礼魂》。

《九歌》中一部分作品写人们对天神的热烈礼赞，如《东皇太一》、《云中君》、《东君》等。《东皇太一》是《九歌》的第一篇，共十五句，成功地描写了一次祭礼的盛况和祭礼的严肃、热烈氛围，表达了人们对宗教信仰的虔诚和楚人希望通过祭祀活动获得幸福生活的愿望。《东君》歌颂太阳神的瑰丽多姿。他是人世间光明的象征，既有自然界中太阳的特质，又有人间英雄的性格。太阳神出场的情景就像旭日东升时的绚丽图景，充分体现了千百年来人们对自然现象的细致观察。诗人也借描绘神的形象寄托了对光明和正义的向往，以及对一些英雄品格的礼赞。《云中君》写的是云神的高洁美丽。

除了这些礼赞神明的诗歌，《九歌》中更多描写的是神与神、人与神相恋的故事，如《湘君》、《湘夫人》、《山鬼》等。《湘君》、《湘夫人》两篇从内容上看是有关联的，实际是一首诗的两章，写的是湘水水神的一段美丽恋情。前一篇写女神湘夫人思念恋人湘君，驾舟到沅湘，打算在洞庭湖边相会，但久久等待而湘君不至，湘夫人因痛苦而流泪，怀疑起湘君对她的真心，最后毅然把爱人赠的定情之物抛入江心以示决绝。可是她的心底还保留着一丝希望，徘徊水边不忍离去。后一篇写湘夫人没有等到爱人，在无限的愁思中产生了幻觉，似乎看到湘君的身影飘然而至，似乎听到了爱人的呼唤，于是开始想象在水中筑起华丽的房屋，装饰以香花佳木，迎接夫君，共度良辰。可是结尾陡然一转，写实际上湘君并没有来，一切都是湘夫人痴情的幻想。整首诗犹如一首深情绵邈的梦幻曲。

《山鬼》写的是一位山中女神的恋爱片断。诗中山中女神的形象带着野性，却又清秀多情。诗中对她情感和心理的刻画让人觉得亲切，有着浓厚的生活气息。似乎除了既定身份之外，她就和人世间一个受伤、无助的女子没有什么区别。所以，这一形象同时包含了自然美和社会美，使诗歌产生了非凡的艺术魅力。

《国殇》是《九歌》中风格特殊的一篇，刚健质朴、雄浑悲壮，具有强烈的艺术感染力。全诗通过对激越的感情、壮烈战斗场面的描写，歌颂了楚国将士们的英雄气概。诗中的将士们同仇敌忾、视死如归："出不入兮往不反，平原忽兮路超远；带长剑兮挟秦弓，首身离兮心不惩。"诗歌的结尾，诗人极其崇敬地赞扬了这些为国捐躯的英雄："诚既勇兮又以武，终刚强兮不可凌；身既死兮神以灵，魂魄毅兮为鬼雄。"虽然是一次失败的战斗，但是仍写得激昂壮烈、正气凛然，充满爱国主义精神。诗中所塑造的英雄群像令人敬仰。

3.《九章》

《九章》包括九篇作品，分别是《惜诵》、《涉江》、《哀郢》、《抽思》、《怀沙》、《思美人》、《惜往日》、《橘颂》、《悲回风》。《九章》这个名称是表明实际篇数的，与《九歌》借用神话传说中的古乐曲名不同。《九章》中的作品并不是屈原一时一地所作，原来是单篇，因内容、形式相似而被后人集为组诗。《九章》这一名称一般认为是西汉刘向编《楚辞》时加上去的。

《橘颂》一篇是屈原的早期作品，其他各篇都是屈原在两次流放中所作，多数真实记录了诗人的生活经历和情感。

《橘颂》的内容和风格都比较特殊，在形式上是四言一句，句尾加"兮"字，说明是"楚辞"体初创时期的作品。诗人借对橘树的赞美表明自己的人生理想，感情基调乐观向上。"橘"是长江流域楚国的特产，"颂"是颂赞，从文体上讲这是一首咏物诗。诗歌赞颂了橘树"苏世独立，横而不流"、"秉德无私"等各种美好的品质，因此诗人要以橘树为学习榜样和良师益友。诗人把橘树作为一种高尚人格的象征，对橘树的歌颂也是对自己的情志和理想的抒写。

《哀郢》作于楚顷襄王二十一年（公元前278年）秦将白起攻克楚国都城郢都（今湖北江陵）后，是一首有代表性的作品。所谓"哀郢"就是哀悼国都的沦陷。当时楚王仓惶东迁，百姓四散逃亡，屈原目睹这国破家亡的景象，心中满是悲愤地写下了这首哀歌。诗人在辞中说：

曼余目以流观兮，冀一反之何时？鸟飞反故乡兮，狐死必首丘。信非吾罪而弃逐兮，何日夜而忘之？

这里表现了诗人对故土日夜难忘的深深眷恋，以及希望终有一天能够重返郢都、重建家国的愿望。

《九章》中的《涉江》、《惜诵》、《抽思》、《怀沙》等作品都是屈原被放逐时的抒情诗，真实记录了诗人被流放的经历和情感，用直接倾吐的方式来抒写复杂心曲和凄苦忠怨之情，读来感人至深。诗人感情的起伏、变化的节奏形成了诗歌的内在节奏，时而激越，时而低回，时而缠绵悱恻，深深地牵动着读者的心绪。

另外，屈原代表性的作品还有《天问》和《招魂》。

（三）屈原作品的地位和影响

屈原是我国文学史上第一位伟大诗人，他创造了一种不同于《诗经》的新的文学体裁——楚辞体。屈原运用这一形式写出了《离骚》等不朽诗篇，造就了诗歌从集体歌唱到个人独立创作的全新时代，塑造了文学史上第一个具有鲜明个性的丰满抒情形象，这一切都是空前的，对我国文学的发展产生了巨大影响。

屈原作品中所表现出的强烈爱国热情，在政治斗争中的高洁品格以及坚持理想、九死不悔的精神，为后世树立了典范。汉代的贾谊以屈原为自己的异代知己，在文学创作中大胆地揭露和鞭挞是非不明的黑暗时代。司马迁在《史记》中为屈原立传，并说：“余读《离骚》、《天问》、《招魂》、《哀郢》，悲其志。适长沙，观屈原所自沉渊，未尝不垂涕，想见其为人。”《史记》就是对屈原精神的继承，是一部“无韵之《离骚》”。李白也非常推崇屈原的作品：“屈平词赋悬日月，楚王台榭空山丘。”杜甫在诗中说：“窃攀屈宋宜方驾，恐与齐梁作后尘。”杜甫认为屈原和宋玉的作品思想内容充实，值得学习，如果只重文采，恐怕会步齐梁形式主义的后尘。到了现代，鲁迅先生给屈原作品以很高的评价，称其“逸响伟辞，卓绝一世”（《汉文学史纲要》），并且说屈原的作品对后来文章的影响甚至可能在《诗经》之上。

从艺术成就上来讲，屈原作品最伟大的影响就是继《诗经》之后，开创了影响深远的浪漫主义文学传统，大大丰富了文学的艺术表现力。作为积极浪漫主义的开端，屈原的作品对古代诗歌的发展意义重大。在艺术手法上，屈原发展了《诗经》的比兴方法，开始把情与景、物与我交融起来，更多地把物的一些特质和人的情感、品格、理想结合在一起，融为一体，让物开始有了象征意义，使情有了更具体的附着。比如屈原作品中以香花芳草象征高洁，用高冠奇服象征脱俗，用美人象征理想。形象是虚构的，但表达的思想感情是现实的。这就开创了“寄情于物”、“托物以讽”的表现手法，对诗歌创作影响极大。

另外，楚辞体本身对后来五、七言诗的产生起到了重要作用。楚辞体诗歌一方面吸取了民歌、俗曲的形式，在语言形式上又借鉴了战国时代新兴散文的句式。所以，它本身虽然没有定型、句式参差不齐，但却是最早打破四言句式的诗歌作品，为新诗歌形式的形成创造了条件，尤其是它大量使用三字一顿的节奏，为四言诗向五、七言诗转化提供了契机，开创了道路。

三、宋玉和其他楚辞作家

宋玉是继屈原之后又一位著名的楚辞作家。宋玉的词赋创作承袭屈原而又独具特色，在文学史上占有一席之地，因此后人每每以“屈宋”并称。关于宋玉的生平，资料很少，综合各种零星记载，大概情况如下：

宋玉是战国时代楚国的鄢都（今湖北宜城）人，生卒年不详，早年曾跟随屈原学习辞赋创作，与唐勒、景差同辈。但宋玉出身低微，有才学而不得志。作品流传下来的可以确知的只有《九辩》一篇。

《九辩》是一首长诗，共二百五十五句，是楚辞中的优秀之作。“九辩”之名和屈原的《九歌》一样，也是楚地古乐曲的名称。

《九辩》是一首政治抒情诗。宋玉在诗中抒发自己失志的不平和悲愁，是一首怀才不遇、老无所成而又忧国伤时的悲愁之歌，在一定程度上揭露了当时社会的黑暗。

诗歌开篇是一段著名的“悲秋”之语，渲染了凄怆的氛围：

悲哉秋之为气也！萧瑟兮草木摇落而变衰。憭栗兮若在远行；登山临水兮送将归。

泬寥兮天高而气清，寂漻兮收潦而水清，憯凄增欷兮薄寒之中人。怆怳懭悢兮去故而就新；坎廪兮贫士失职而志不平。廓落兮羁旅而无友生；惆怅兮而私自怜。

燕翩翩其辞归兮，蝉寂漠而无声；雁廱廱而南游兮，鹍鸡啁哳而悲鸣。独申旦而不寐兮，哀蟋蟀之宵征。时亹亹而过中兮，蹇淹留而无成。

在草木零落、肃杀清冷的秋季，诗人却要离家远行了，亲人们跋山涉水地送了一程又一程，不得不回转了。天空高远，秋水寂寥，孤独而憔悴的诗人独立在寒冷的秋风中，万分惆怅。归燕、寒蝉、南飞的大雁、悲鸣的鹍鸡和蟋蟀，这些秋景、秋声让诗人更加落寞，不由悲叹起自己已过中年却一事无成的境况。

诗人的坎坷遭遇都是社会现实造成的。在这样黑白不分的浑浊世界里，诗人表示要遵从圣人遗训，宁固穷守节，也不和小人同流合污。诗人的生活过得非常困苦："食不偷而为饱兮，衣不苟而为温。窃慕诗人之遗风兮，愿托志乎素餐。"甚至"无衣裘以御冬兮，恐溘死不得见乎阳春。"在这样衣食无着的情况下，诗人仍然洁身自好，对国家的现状与前途十分关切，可见他对自己怀才不遇的不满是与爱国之心紧密相连的。宋玉坚毅不屈、忧国爱民的精神正是屈原高贵品格的延续。

总的来看，《九辩》这首长诗的思想内容就是融合在一起的诗人的身世之感、怨刺之意、家国之痛，这也是诗歌的思想性之所在。

宋玉是楚辞艺术的优秀继承者。虽然在《九辩》中的词句多袭用屈原作品，但在艺术上仍有其独创性。首先，作为一首抒情长诗，《九辩》的抒情不是直接倾泻，而是通过自然景物的描绘创造出氛围和意境，从而达到一种情景交融的效果。这样就使诗歌的意境有了很大的开拓，提高了诗歌表达情意的作用。"悲秋"能够成为千百年来反复被吟咏的主题，也和这一艺术特点有关。其次，《九辩》还有铺叙状物、写景细微的特点。比如，宋玉在诗歌中写到秋天自然界的各种景物和生物时，写得非常细致入微，给人以身临其境的感觉。再次，在语言上也有它的独创性。宋玉的诗歌用词十分丰富、细腻，在刻画景物或摹写心理时往往连用很多近义词，构成排句。句式方面，它比屈原的作品更为灵活，从两字一句到十一字一句不等。另外，它还吸取了民歌双声、叠韵及重言叠字的特点。全诗用的双声词和叠韵词有近五十个，所以读起来音韵优美。

鲁迅先生评价《九辩》："虽驰神逞想不如《离骚》，而凄怨之情独绝。"虽然说宋玉的成就无法和屈原比肩，但他的卓越才情还是感染了许多诗人。宋玉的《九辩》也可称为长篇抒情诗的杰作。

另外，宋玉也是赋体文学的开创者，留下了很多传世名篇，代表作品有《高唐赋》、《神女赋》、《风赋》等。

除了宋玉以外，屈原以后还有唐勒、景差等楚辞作家，都是“以赋见称”的作家，他们把屈原的楚辞形式发展为赋体，在文学发展史上有开创之功。但唐勒、景差二人都未有完整的作品流传下来。

第二章

两汉诗歌

第一节　汉代诗歌概述

到了汉代，以《诗经》为典范的四言诗的运用仍然十分广泛，但是作为诗歌艺术形式已经走向僵化。楚辞也被贾谊演化为骚体赋，再由枚乘、司马相如发展成抒情大赋，已经完全改变了诗歌的性质。

两汉诗歌的主要成就是乐府诗和文人五言诗的形成。继《诗经》和《楚辞》之后，作为一种新诗体的两汉乐府诗开始出现，并以新鲜的内容为诗歌发展注入了活力。

汉代的乐府诗主要有郊庙歌辞、鼓吹曲辞、相和歌辞、舞曲歌辞、杂曲歌辞五种，其中以相和歌辞数量最多。两汉乐府诗的作者包括从帝王到平民的各个阶层。其中郊庙和舞曲因用于祭祀和宴会，多为贵族文人创作，内容通常是歌颂神灵、祈求社会安定，词句比较典雅。汉乐府民歌主要保存在鼓吹、相和、杂曲中。现存的乐府诗中，西汉的作品有《大风歌》、《安世房中歌》十七章、《郊祀歌》十九章、《铙歌》十八首以及几首民歌，其他的乐府诗都作于东汉。

西汉时，五言的民谣已经比较多了，这些歌谣的一部分被乐府采为歌诗，就是现在保存在汉乐府民歌中的五言诗，如《十五从军征》、《陌上桑》、《上山采蘼芜》等。五言诗在汉乐府中初步形成后，引起了文人的注意和模仿，他们吸取民歌的表现艺术和语言风格创作出成熟的五言诗，成为我国一种沿用了两千多年的诗体形式。

东汉前期班固的《咏史》是现存最早的文人五言诗，而成就最高的则是东汉后期一些中下层无名文人的创作，代表作品是《古诗十九首》。

第二节　乐府诗

一、乐府的概况

“乐府”本来指的是音乐机关，“乐”是音乐，“府”是官府。后来指的是由乐府所采集、创作的乐歌，于是“乐府”就成为一种音乐性诗体的名称。从魏晋至唐，只要是能够入乐的诗歌及文人们模仿乐府古题的创作，都可以称作乐府。

从汉朝到宋元，“乐府”的名称和性质经历了一个演变过程。“乐府”的名称最早出现于汉初，汉惠帝时有“乐府令”。到了汉武帝时，乐府扩大为一个专署——乐府署，与太乐署分管俗乐和雅乐。作为一个音乐机关，乐府署的主要职能就是采集民歌或是为御用文人创作的诗歌谱曲，从而创作歌舞。除了汉哀帝不喜欢音乐而罢去乐府令以外，乐府在汉代一直比较盛行。魏晋时有的旧乐府歌辞还在使用，朝野内外还流传着不少两汉乐府诗。六朝时乐府虽被当作一种诗体，但更注重其音乐性。到了唐代，文人们创作了大量反映社会现实的诗歌，都以乐府为名，如白居易的《新乐府》、元结的《系乐府》、皮日休的《正乐府》等，但都未入乐，当时的“乐府”成了一种讽刺诗的名称。宋元后，重新着眼于音乐上，所以也有把词、曲称为乐府的，和唐人乐府诗的性质又有了不同，已经不是乐府的本义了。

宋代的郭茂倩编了一套《乐府诗集》，把从汉代到唐代的乐府诗按音乐和用途的不同分为十二类：

（1）郊庙歌辞：用于祭祀。

（2）燕射歌辞：用于宴会。

（3）鼓吹曲辞：用短箫、铙鼓演奏的军乐。

（4）横吹曲辞：用鼓角在马上吹奏的军乐。

（5）相和歌辞：丝竹相和，都是汉代街头巷尾的民谣。

（6）清商曲辞：出自于相和三调（平调、清调、瑟调）。

（7）舞曲歌辞：分为雅舞和杂舞。雅舞用于郊庙、朝飨，杂舞用于宴会。

(8) 琴曲歌辞：有五曲、九引、十二操。

(9) 杂曲歌辞：内容有写心志，抒情思，叙宴游，发怨愤，言征战行役，或缘于佛老，或出于夷虏，兼收并蓄，故称杂曲。

(10) 近代曲辞：因是隋唐杂曲，故称"近代"。

(11) 杂歌谣辞：徒歌、谣、谶、谚语。

(12) 新乐府辞：是唐代的新歌，即事命题，辞模仿乐府而未配乐。

其中后两类都和音乐没有关系。

二、《陌上桑》和《孔雀东南飞》

(一) 汉代乐府诗的主要内容

两汉乐府诗的针对性很强，反映的都是社会的敏感问题，内容主要有以下几个方面：

1. 各个阶层人民的生活状况和家庭问题

《妇病行》、《孤儿行》、《东门行》写的都是社会最底层的平民的疾苦，真切地表现了汉代家庭生活中一个个悲惨的场景。《妇病行》描写的是一个穷苦男人在常年生病的妻子去世后，不得不乞讨度日，连自己的孩子都难以养活的痛苦。诗歌集中描写了病妻临终时对丈夫的殷切嘱托和丈夫无力抚养孩子的愧疚、悲哀。《孤儿行》写父母去世后，孤儿受兄嫂的百般虐待，产生了生不如死的想法，对生命完全丧失信心的痛苦生活。《东门行》写家中无衣无食，男人忍无可忍，起而反抗的情景。这三首诗歌都是社会生活的实录，是汉乐府中十分感人的名篇，不仅表现了百姓饥寒交迫、艰难度日的物质生活，而且通过人物的对话、行动和心理描写进一步揭示了他们所受的精神折磨和心灵创伤。作者是怀着深切同情来记述这些在死亡线上挣扎的贫民生活的，有很强的艺术感染力。

相和歌辞中的《相逢行》、《鸡鸣》、《长安有狭斜行》写的都是富贵人家的生活，但展现的画面截然不同。《相逢行》写的是两次进入侍郎府的所见所闻。第一次看到的是白玉为堂、黄金为门，堂上置酒宴、中庭种桂树。第二次看到的是园中养着鸳鸯和仙鹤，两个妇女在织锦，一个妇女在调瑟，展现一幅富丽堂皇、悠闲享乐的图景。《鸡鸣》和《长安有狭斜行》的表现对象更是有着非比寻常的显赫地位，都是兄弟几人同时为官，而且是高官显宦。《相逢行》和《长安有狭斜行》都是带着欣赏、羡慕的眼光去渲染富贵之家的生活；《鸡鸣》则有劝谏和批判的成分。

这两组乐府诗被编排在一起，反差极大：一边是衣食无着、朝不保夕的人间地狱；一边是妻妾成群、豪华奢侈的享乐天堂。这贫富悬殊的两极世界就是当时社会现实的真实写照。

2. 对长年战争和频繁徭役的控诉

《饮马长城窟行》和《战城南》是反映这个主题的杰作。前者是从思妇的角度去写战争给广大人民带来的痛苦；后者写战死沙场者的尸体无人埋葬，被乌鸦啄食。诗歌将残酷现实寓于奇特想象，写了乌鸦和死者的对话，在主人公豁达的心境中蕴含着深沉的悲痛。

除了这些死无所葬的战士，汉代社会还有大量被夺去土地后无家可归的流民。他们漂泊异乡，过着没有任何保障的生活，也许一辈子都回不了自己的家，对故乡的思念就成了萦绕在他们心头的愁绪，如《悲歌》：

悲歌可以当泣，远望可以当归。思念故乡，郁郁累累。欲归家无人，欲渡河无船。心思不能言，肠中车轮转。

3. 爱情诗

汉乐府中的爱情诗和《诗经》相比数量不多，但是对爱与恨的表白更为直接坦率、热烈奔放。如鼓吹曲辞《铙歌》十八首中的《上邪》：

上邪！我欲与君相知，长命无绝衰。山无棱，江水为竭，冬雷震震，夏雨雪，天地合，乃敢与君绝！

诗中女子指天发誓，连续举出五种在自然界中千年不遇的反常自然现象，只有这五者同时出现，她才会与意中人分开，真是满怀深情、心意坚决！

汉乐府中的女子爱得痴情，同样恨得决绝，如《铙歌》中的《有所思》：

有所思，乃在大海南。何用问遗君，双珠瑇瑁簪，用玉绍缭之。闻君有他心，拉杂摧烧之。摧烧之，当风扬其灰。从今以往，勿复相思，相思与君绝！鸡鸣狗吠，兄嫂当知之。妃呼豨！秋风肃肃晨风飔，东方须臾高知之。

诗歌叙述了女子由爱生恨的情感变化。女子想把精心制作的簪子送给远在大海南边的情人，发现男子负心后，当即把簪子烧成灰烬，连灰也让风吹走。想到当初约会时可能已被家人发觉，现在女子心中更是满腔怨恨，斩钉截铁地要和负心人分手。

这是汉乐府中仅有的两首反映青年男女不顾礼教自由结合的恋歌，其余则多是反映婚姻关系的，都表达了希望获得忠贞爱情、生死相守的美好愿望。

4. 对人生问题的思索

汉乐府中有很多反映的是对人生问题的思考，集中表现在对人生命短暂的慨叹，探索生命的价值，希望超越有限生命获得长生，充分表现了人们乐生恶死的愿望。如相和歌辞中收录的汉代丧歌《薤露》和《蒿里》。《蒿里》把死亡写得很悲惨："蒿里谁家地，聚敛魂魄无贤愚。鬼伯一何相催促，人命不得少踟蹰。"死亡是不能逃避，也是不由自己控制的，又如《薤露》：薤上露，何易晞。露晞明朝更复落，人死一去何时归！这首诗把人的生命和草上的露水相比。露水那么容易被晒干，可是第二天会重新聚集。人却是有去无回，连露水也比不上。

在这样的事实面前，从积极的方面思考，人们就产生了努力进取、珍惜光阴的思想；从消极的方面考虑，就认为人生苦短，应及时行乐，或是求仙采药，以求长生。

前者的代表作如《长歌行》：

> 青青园中葵，朝露待日晞。阳春布德泽，万物生光辉。常恐秋节至，焜黄华叶衰。百川东到海，何时复西归！少壮不努力，老大徒伤悲！

万物都有四季的轮回，光阴如百川东流注海，一去不回，其勉励人们应及时进取，不要等年华老去，空自伤悲。

后者表现在大量游仙诗中，写人和神沟通。作者或是幻想进入了天国、仙境，和神仙生活在一起，从而长生不老；或是幻想神仙莅临人间，和人生活在一起，也是诗人在暗示自己得到了神仙青睐，即将成为仙界中人。这些游仙诗的代表作为《步出夏门行》：

> 邪径过空庐，好人常独居。卒得神仙道，上与天相扶。过谒王父母，乃在大山隅。离天四五里，道逢赤松俱。揽辔为我御，将吾天上游。天上何所有，历历种白榆。桂树夹道生，青龙对伏趺。凤凰鸣啾啾，一母将九雏。顾视世间人，为乐甚独殊。

这首诗中描写的环境是以武帝为迎接神灵而建的宫殿为原型的，虽然是虚妄的幻想，但给人真切之感。

因为当时还没有佛教中的"来世"之说，也没有发展到对精神和肉体关系的哲理思辨，所以当人们逐渐发现这些幻想都是自欺欺人，长生如镜花水月般无法实现时，一方面感叹人生苦短，另一方面就产生了及时行乐的思想。这类诗歌反映的社会意识虽然落后，但是作为诗歌史上的首创，还是有其警世之处。

（二）《陌上桑》

《陌上桑》是一首嘲讽郡吏太守的抒情诗，塑造了一个美丽、机智、勇敢、坚贞的完美女性形象：

日出东南隅，照我秦氏楼。秦氏有好女，自名为罗敷。
罗敷善蚕桑，采桑城南隅。青丝为笼系，桂枝为笼钩。
头上倭堕髻，耳中明月珠。缃绮为下裙，紫绮为上襦。
行者见罗敷，下担捋髭须。少年见罗敷，脱帽著帩头。
耕者忘其犁，锄者忘其锄。来归相怨怒，但坐观罗敷。

这一部分用铺叙和侧面烘托的方法，大力渲染了罗敷出众脱俗的美貌。初升的太阳映衬着罗敷的光彩照人，桂枝和青丝编织的桑笼、细致的妆扮、清丽的裙襦更显示出罗敷的青春活力。如此美丽的女子倾倒了所有看到她的人，人们都忘了手头正在做的活，争相观看罗敷。

使君从南来，五马立踟蹰。使君遣吏往，问是谁家姝？"秦氏有好女，自名为罗敷。""罗敷年几何？""二十尚不足，十五颇有余"。使君谢罗敷："宁可共载不？"罗敷前致辞："使君一何愚！使君自有妇，罗敷自有夫。东方千余骑，夫婿居上头。何用识夫婿？白马从骊驹；青丝系马尾，黄金络马头；腰中鹿卢剑，可值千万余。十五府小吏，二十朝大夫，三十侍中郎，四十专城居。为人洁白皙，鬑鬑颇有须。盈盈公府步，冉冉府中趋。坐中数千人，皆言夫婿殊。"

下乡巡视的太守正好也看到了罗敷，便上前调戏，之后就展开了罗敷和太守机智斗争的对话。罗敷大胆嘲弄太守的愚蠢，故意夸张夫婿的权势和才貌，炫耀他的排场和步步高升的仕途，以压倒太守的淫威。罗敷越是说得活灵活现，像是真的一样，就越显示出她的聪明机智，太守则越听越扫兴。"坐中数千人，皆言夫婿殊。"诗到此结束，充满了喜剧色彩，同时显示了罗敷对太守的蔑视。

（三）《孔雀东南飞》

《孔雀东南飞》是汉代优秀的长篇乐府叙事诗，也是我国叙事长诗的名篇。徐陵的《玉台新咏》中收录了这首诗，题为《古诗为焦仲卿妻作》。

诗前有序曰：“汉末建安中，庐江府小吏焦仲卿妻刘氏，为仲卿母所遣，自誓不嫁。其家逼之，乃投水而死。仲卿闻之，亦自缢于庭树。时人伤之，为诗云尔。”说明了此诗的产生背景。

在汉代的封建家庭中，妻子只是家中劳动和生育的工具，是可以随时被丈夫及其家庭更换的附属品。《大戴礼记·本命》中说：“妇有七去：不顺父母去；无子去；淫去；妒去；有恶疾去；多言去；窃盗去。”汉代的“出妻”之风十分盛行，丈夫可以根据其中任何一条休掉妻子。在这种压迫之下，女性的反抗情绪也在增长，而且在建安出现了许多同情弃妇的文学作品。《孔雀东南飞》就产生于这样的社会背景中。

《孔雀东南飞》是一出爱情和婚姻的悲剧。因为这悲剧反映的是封建社会中一个十分普遍的社会问题，因而具有典型的社会意义。

这首长诗一共一千八百七十五字，语言生动活泼，故事曲折动人，结构完整紧凑，剪裁详略得当，因而读上去毫无冗长之感。全诗通过对人物对话的描写和人物行动的刻画，加之环境和场面烘托、渲染，一步步地写出故事的进展和人物性格的发展。首句“孔雀东南飞，五里一徘徊”，写出了爱人之间的眷恋之情，然后从刘兰芝向焦仲卿诉说所受的逼迫开始写起，中间是仲卿对母亲的询问和请求，逐渐发展到兰芝被遣、不得不离开焦家的地步。这里开始详细描写兰芝临走前对丈夫的交待、留赠物品和早上起来仔细梳妆打扮，一方面补叙了兰芝的美貌，另一方面透露出兰芝的复杂心理，想要打扮得齐齐整整出门，让夫家人无可挑剔，同时表现出对丈夫的留恋，想把自己最美的样子留在他的心中。然后，她上堂和焦母镇定得体地辞行，和小姑告别时却忍不住流泪。

兰芝回家后，进退无颜，被母亲和兄长逼迫与太守之子定亲，此时她已暗定死志，以表面上的顺从摆脱家人防范，争取到和丈夫见最后一面的机会。太守家三天后迎亲。这里铺叙了一段迎亲场面，写出了太守家的富贵荣华，突出了兰芝不怕家人逼迫和不为富贵所动的高贵品质。二人在最后一段对话中相约殉情，先是兰芝故意以话试探，说自从别离后，世事多变，不能如之前所愿，现在家人已把自己许配他人了。仲卿听后马上愤激地指责、讽刺她，表明自己要以死明誓。这时兰芝才说出了真实想法，并和仲卿约定共同赴死。然后仲卿辞别焦母，以死相告，焦母丝毫不让步，更加说明了悲剧之必然。诗的结尾，两家求合葬，写出了树木连理、鸳鸯交颈的美好幻想。这是一种对理想生活的追求，是浪漫主义的表现方式，也为全诗增添了浪漫色彩。

《孔雀东南飞》最为突出的艺术成就就是塑造了几个鲜明的人物形象，其中最有光彩的就是刘兰芝这个女主人公。她具有独立的个性，以死来保护爱情，反抗封建压迫。这种倔强性格和斗争精神使刘兰芝成为我国文学史上光辉的女性形象之一。

焦仲卿的性格和刘兰芝不同，他是个府吏，受封建思想影响较深，所以刚开始显得软弱。但他忠于爱情，是非分明，不屈服于母亲的威逼，也不受母亲为他另求美貌女子的引诱，始终坚定地站在兰芝一边。

他对宗法制度是无能为力的，最终只能以殉情来反抗："徘徊庭树下，自挂东南枝。"诗中对焦仲卿的行动和性格刻画得真实可信。他和兰芝一无牵挂的处境毕竟不同，思想上曾矛盾过，所以才会"徘徊"，但最后坚定地以死宣告了二人争取独立人格和平等爱情的胜利。

作为反面人物的焦母和刘兄，虽然只有寥寥几笔的描写，但焦母的专横、无情和刘兄势利、暴躁的性格已经跃然纸上。

《孔雀东南飞》以高度的思想艺术成就成为汉乐府民歌中最为光辉的篇章，也是汉魏诗歌中的优秀作品，为我国的叙事文学确立了典范。

三、汉乐府诗的特色与成就

《汉书·艺文志》中评价汉乐府是"感于哀乐，缘事而发"。所以汉乐府民歌最大的艺术特色就是叙事性。《诗经》、《楚辞》基本都是抒情诗，偶尔的叙事也是为抒情服务的，没有完整的人物和情节。而在汉乐府民歌中已经有第三人称讲述故事的作品，故事性和戏剧性都大大增强了。两汉乐府诗的艺术成就主要表现在以下三个方面：

（一）娴熟的叙事技巧

主要体现在叙事繁简得当。首先，详于叙事而略于抒情。乐府叙事诗的作者都力图把叙事诗和抒情诗区别开来，在诗中极少出现直接抒情的语句。许多乐府名篇都通过详尽的叙事来产生巨大的艺术感染力。比如《十五从军征》详细描写了老兵家园的残破、荒芜和他归家后的一系列行动，但是没有专门抒发内心感情的文字。其次，详尽地描写场面而略写开端和结尾。《陌上桑》中众人争观罗敷和罗敷向太守夸赞夫婿的场面都是详细铺陈。《孔雀东南飞》中对太守迎亲场面的渲染，也是在叙事过程中的描写，而开端和结尾写得都比较简略。第三，对于容貌和形体描写较简略，主要通过对服饰仪仗方面的描写加以衬托。除了《孔雀东南飞》中有对兰芝容貌进行“指如削葱根，口如含珠丹”这样的直接描写外，其他诗中很少出现对人物形貌的直接展示。

（二）生动的人物形象

在两汉乐府诗中产生了各具特点、性格鲜明的人物。同为敢于反抗强暴的女性形象，秦罗敷聪明机智，胡姬则坚贞刚烈。长诗《孔雀东南飞》中的人物形象虽多，但各有性情，刘兰芝的倔强刚毅、焦仲卿的软弱忠厚、焦母的专横、刘兄的暴虐都刻画得栩栩如生。乐府诗刻画人物主要是通过人物的语言和行动。有采用对话的，比如《陌上桑》里罗敷和使君的对话，《东门行》和《上山采蘼芜》中丈夫和妻子的对话。还有用独白的，如《孤儿行》、《上邪》用第一人称直接倾诉。另外，汉乐府也注重用行动和细节刻画人物。

（三）朴素自然、感染力强的语言

汉乐府的语言一般出自闾阎巷陌，没有雕饰，朴实无华。胡应麟在《诗薮》卷一中称其：“质而不俚，浅而能深，近而能远”，而且说是“天下至文”，没有能超过它的。汉乐府的语言都是口语化的，所以古直而朴素。比如《十五从军征》一诗几乎没有任何形容的成分，都是在朴素地白描。这样的语言虽然读上去平淡，实际上是高度凝练的，十分有韵味，如山间甘泉，看似清浅，实则醇美。这就是因为这语言里融入了广大人民丰富的阅历和深厚的情感。

另外，两汉乐府诗推动了四言诗向五言和杂言诗的演进，对于古代诗歌形式的进步有很大贡献。

第三节　两汉文人诗

西汉时期的文人诗非常少，而且几乎全是四言体和拟骚体，内容枯燥，成就不高。汉高祖的《大风歌》和汉武帝的《秋风辞》比较有特色。

《大风歌》:“大风起兮云飞扬，威加海内兮归故乡，安得猛士兮守四方!”这是刘邦平定英布叛乱后，在故乡沛县和父老宴饮时所歌，抒发了建立功业和创业守成的豪情壮志。《秋风辞》是武帝在一次祭祀后所作，是一首悲秋诗，抒发了作者乐极生哀、想要永享欢乐的愿望。全诗以萧瑟的秋天景象起兴，苍凉感伤。

东汉以后，五言诗取代四言诗成为诗歌的新形式。东汉的文人诗多数独立成篇。现存最早的文人五言诗是班固的《咏史》。《咏史》诗的内容是西汉的缇萦救父之事。受乐府叙事诗的影响，其文字朴拙、质木无文，虽然命名为“咏史”，实际上就和叙事诗一样。东汉早期，文人们仍然多用四言和骚体叙述严肃庄重的内容，五言诗则多用来抒写个人感情。

张衡的《同声歌》在东汉文人五言诗中别具特色。诗歌通篇以新婚女子口气自述，写新婚之夜女子好奇又胆怯的心理，同时表白自己的勤劳能干和对丈夫的体贴、关怀之情。其借鉴了民歌的表现方法，十分生动真切。

秦嘉、徐淑夫妇经历过生离死别，他们之间的诗文赠答也成为佳话。秦嘉的《赠妇诗》三首写得缠绵悱恻，写出了难舍难分的夫妻深情，坦率真挚，情深意长，艺术成就较高，是汉代文人五言抒情诗的成熟作品。

文人诗受乐府民歌影响很深，其风格和手法都源自乐府，在艺术上逐步成熟起来，其中以辛延年的《羽林郎》和宋子侯的《董娇娆》最为突出。《羽林郎》有模仿《陌上桑》的痕迹，写的是当垆卖酒的胡姬抗拒豪奴欺辱的经过。《羽林郎》和《陌上桑》用样的主题塑造出两个不同性格的妇女形象，描写了她们不同的身份和斗争方式，都歌颂了民间女子的斗争精神。《董娇娆》写因女子折花而和花儿相互对话，发出人不如花、盛年难再的感慨，显示出由叙事诗向抒情诗过渡的痕迹。

汉末灵帝时，郦炎、赵壹、蔡邕以五言诗叙志。郦炎有《见志诗》二首，抒写高远志向和怀才不遇、受到压抑的感慨、不平。赵壹有《疾邪诗》二首，以两个人对唱的形式讽刺当时用人重钱财而轻学问，用谄媚之人而轻耿直之士，以及世人趋炎附势、善恶不分的丑态，表现出对东汉王朝的彻底绝望，感情愤怒而激烈。蔡邕的《翠鸟》诗则反映了文人全身远害的心态，是身处乱世的文人心情和经历的真实写照。这些诗歌的出现标志着五言诗由抒情向言志的转化，五言诗成为文人们使用的重要诗歌形式。

"苏李诗"指的是《昭明文选》中收录的题为苏武的四首五言诗和李陵的三首五言诗。另外，据其他文集，还有李陵《别诗》八首，苏武《答李陵》、《别李陵》各一首，这些被明代人称为"拟苏李诗"。这些诗其实都是东汉人所作古诗，被后人附会为李陵、苏武的相别之作。前七首诗的内容都是送别，苏武诗比李陵诗更为朴拙，如其中的第二首《留别妻》：

结发为夫妻，恩爱两不疑。欢娱在今夕，嬿婉及良时。征夫怀往路，起视夜何其。参辰皆已没，去去从此辞。行役在战场，相见未有期。握手一长叹，泪为生别滋。努力爱春华，莫忘欢乐时。生当复来归，死当长相思。

丈夫要去服兵役，夫妻分别之际，丈夫叮嘱妻子要珍惜青春年华，记住今日的恩爱，也许相见无期，但只要我活着一定会回来，死了只能长相思了。话语娓娓道来，却令人倍感心伤。

李陵的诗更为短小精炼、更加空灵：

良时不再至，离别在须臾。屏营衢路侧，执手野踟躅。仰视浮云驰，奄忽互相逾。风波一失所，各在天一隅。长当从此别，且复立斯须。欲因晨风发，送子以贱躯。

这首诗写的是送别临近分手之时，欲别难别，欲走难离，看到天上浮云飘散，想到了以后相隔天涯的长相别离，把难舍难分的情景写得真切，但却显得冷静平和、怨而不怒。

"苏李诗"都是送别赠答诗，苏诗朴拙繁复，李诗短小空灵，但都有复沓回环的艺术效果。

第四节　古诗十九首

《古诗十九首》代表了汉代文人五言诗的最高成就，但不是一人一时的作品，作者是没有留下姓名的多个文人，产生于约东汉顺帝末到汉献帝之间。十九首诗歌的内容和风格大体相同，所以作为一个整体被收录在《昭明文选》卷二十九。

十九首诗歌都是游子之歌或思妇之词，主要内容有两类：一类是游子的怀乡之情和思妇的闺怨，如《行行重行行》、《冉冉孤生竹》、《青青河畔草》等诗；一类是抒发人生短暂和对人情、世态的感受，如《青青陵上柏》、《今日良宴会》、《生年不满百》等诗。

《古诗十九首》的作者多数是漂泊在外的游子，这些人大都是宦游子弟，为了步入仕途而常年在外奔波。他们每个人感受最深的就是强烈的思乡之情。在《诗经》中有写游子对妻子的思念，但大部分还是写对父母的牵挂，而《古诗十九首》中的思念对象则主要是妻子。乡情和恋情是密不可分的，那些在家苦苦守候的妻子自然也有空床难独守的怨叹。所以，游子和思妇吟咏实际上是同一个主题，相互补充，相互辉映。如《涉江采芙蓉》的作者采撷芳草想赠给妻子，可是又感叹道："还顾望故乡，长路漫浩浩。同心而离居，忧伤以终老。"又如《行行重行行》写妻子对远游在外的丈夫的思念：

行行重行行，与君生别离。相去万余里，各在天一涯。道路阻且长，会面安可知。胡马依北风，越鸟巢南枝。相去日已远，衣带日已缓。浮云蔽白日，游子不顾返。思君令人老，岁月忽已晚。弃捐勿复道，努力加餐饭。

诗的开头先写两人相距之远和道路的艰难险阻，然后又用马和鸟的行为表明鸟兽尚且依恋故土，何况人呢？游子一天天地越走越远，家中妻子在时光的流逝中思念，渐渐消瘦、老去。诗歌在悲凉的氛围中写出了绵绵的相思之情，反复的诉说和咏叹让诗歌具有很强的感染力。

又如《迢迢牵牛星》：

迢迢牵牛星，皎皎河汉女。纤纤擢素手，札札弄机杼。终日不成章，泣涕零如雨。河汉清且浅，相去复几许。盈盈一水间，脉脉不得语。

这首诗主要是用想象歌咏牛郎和织女的传说。诗歌的意境十分优美，用了"迢迢"、"皎皎"等重叠的词语，不仅让传说中的仙境变得生动起来，而且让诗歌婉转动听，增添了几分缥缈空灵。尽管只隔着一条清而浅的银河，可却是遥不可及、无法跨越的。织女每天在织机上忙碌，却从来没有织出布匹，只是泪落如雨，显得既虚幻又真实，既优美又含着哀愁，把幻境和实境结合得天衣无缝。

再如《凛凛岁云暮》：

凛凛岁云暮，蝼蛄夕鸣悲。凉风率已厉，游子寒无衣。锦衾遗洛浦，同袍与我违。独宿累长夜，梦想见容辉。良人惟古欢，枉驾惠前绥。愿得常巧笑，携手同车归。既来不须臾，又不处重闱。亮无晨风翼，焉能凌风飞。眄睐以适意，引领遥相希。徒倚怀感伤，垂涕沾双扉。

到了岁暮，天气慢慢变凉，思妇想到远方的游子还没有御寒的衣服，随后就产生了埋怨和怀疑。在无数个孤独的不眠之夜后，她梦到良人归来，像新婚时一样驾车来接她，两人携手同车而归。可是美好的情景还没过多久，梦境就随风而逝了。这时思妇倚门而立，翘首远望，只觉得更加百无聊赖，不觉泪湿双扉。

由于人生经历不同，古诗作者的感触和对人生意义的思考也各不相同。因为人生短暂，"人生寄一世，奄忽若飚尘"（《今日良宴会》），"人生天地间，忽如远行客"（《青青陵上柏》）。有的人产生了怀疑人生的消极态度，如"人生非金石，岂能长寿考"（《回车驾言迈》）；有的则产生了颓废和享乐的思想，如"为乐当及时，何能待来兹"（《生年不满百》）。稍微进步一些，则是要立身、扬名。《古诗十九首》中有很多诗歌直接抒发想占据要职、扬名后世的理想，如《今日良宴会》："何不策高足，先据要路津。无为守贫贱，坎坷常苦辛。"《回车驾言迈》也云："盛衰各有时，立身苦不早。……奄忽随物化，荣名以为宝。"

长期在外漂泊，这些作者对于人情世态也有切身的体会。如："去者日已疏，来者日以亲"（《去者日已疏》），这是作者对人际关系的哲理性概括，生者相亲，对死者越来越淡漠，世人之间也有来往亲疏之别，相亲而来，相疏而去，成朋友时亲密，抛弃时则疏远。《明月皎夜光》中说："昔我同门友，高举振六翮。不念携手好，弃我如遗迹。"从前的朋友飞黄腾达后，马上就忘了尚处贫贱中的旧友，这也是常见的一种世态。

《古诗十九首》是汉代抒情诗中最好的作品，这一组诗使质朴的乐府叙事诗向优美的抒情诗转化，达到了很高的艺术水平。

《古诗十九首》融合了平易的口语、《诗经》中的叠字和楚辞的比兴手法，语言炉火纯青。诗中没有生僻之词和艰深之语，句句明白晓畅，却具有高度概括性和丰富表现力，能够曲尽其意，道出真情至理，钟嵘《诗品》称为"惊心动魄，可谓几乎一字千金"。

刘勰的《文心雕龙》在谈到《古诗十九首》等作品时评价道："观其结体散文，直而不野，婉转附物，怊怅切情，实五言之冠冕也。"

第三章

魏晋诗歌

第一节　魏晋诗歌概述

汉献帝建安（公元196—220年）时，实际上曹操已经掌握了政权，汉朝名存实亡。魏晋文学开始于汉末建安，建安文学包括了建安和魏朝前期文学。建安文学是以诗歌为主体的，是一个诗歌新局面形成的时期。建安诗坛以曹操父子为中心，包括王粲、刘桢等作家，他们的创作是动乱时代的一面镜子，包含着高扬的政治理想、强烈的个性、浓郁的悲剧色彩和对人生短暂的哀叹，这些特点构成了“建安风骨”。

正始（公元240—248年）是魏齐王的年号，正始文学则泛指魏朝后期的文学。这时已到了魏晋易代之际，司马氏实际上掌握着政权。正始诗坛的代表人物是阮籍和嵇康。他们生活在司马氏的残暴统治之下，崇尚自然，反对名教，诗歌作品也主要是揭露礼教的虚伪，表达在人人自危的社会中的苦闷和反抗。

西晋太康（公元280—289年）前后，诗坛出现了繁荣的局面，以“三张、二陆、两潘、一左”为代表。太康诗歌已经丧失了建安风骨，主要特点是繁缛，在诗歌的语言上有所发展。

西晋末年，在清谈的风气下产生了玄言诗。到了东晋，玄学和佛学合流，促进了玄言诗的发展，使玄言诗占据东晋诗坛达百年之久。

第二节 三曹诗

一、曹操和曹丕

曹操是汉代末期的著名军事家、政治家、文学家，出身微贱、好权术，年轻时曾被名士许劭称为"治世之能臣，乱世之奸雄"（《三国志·魏书·魏武帝》）。他曾跟随袁绍讨伐董卓，后来迎汉献帝迁都许昌，自己做了大将军和丞相，"挟天子以令诸侯"。

曹操多才多艺，精通书法、绘画、围棋，而且创作出了很多优秀诗歌。现存的曹操诗歌有二十多首，都是乐府诗，继承了汉乐府"感于哀乐，缘事而发"的精神。他的一部分诗反映了汉末战乱的现实和人民的苦难，如写初平元年关东义军讨伐董卓的《蒿里行》。

曹操的乐府诗的内容多是抒写自己的政治主张和统一天下的雄心壮志。前者如《度关山》，写要以法治理国家，提倡节俭和省刑薄赋。《对酒》描写他理想中的太平盛世的景象，语言比较平实，如《短歌行》：

> 对酒当歌，人生几何？譬如朝露，去日苦多。慨当以慷，忧思难忘。何以解忧？唯有杜康。青青子衿，悠悠我心。但为君故，沉吟至今。呦呦鹿鸣，食野之苹。我有嘉宾，鼓瑟吹笙。明明如月，何时可掇？忧从中来，不可断绝。越陌度阡，枉用相存。契阔谈讌，心念旧恩。月明星稀，乌鹊南飞。绕树三匝，何枝可依？山不厌高，海不厌深。周公吐哺，天下归心。

前面六句写人生苦短的忧思时时萦绕心头，"青青子衿"四句写求贤才而不得时的渴慕之情，"呦呦鹿鸣"四句写贤才既得之后的欢迎和喜悦之情。忽忧忽喜充分表现了作者求贤若渴的心情，诗的末尾显示出统一天下的决心。

《步出夏门行·观沧海》是我国文学史上现存的第一首完整的山水诗：

> 东临碣石，以观沧海。水何澹澹，山岛竦峙。树木丛生，百草丰茂。秋风萧瑟，洪波涌起。日月之行，若出其中。星汉灿烂，若出其里。幸甚至哉，歌以咏志。

诗以雄健笔力写出了大海吞吐日月、包蕴群星的气魄，这也正是作者博大胸怀的写照。

曹操的诗歌成就得益于对汉乐府的学习。曹操用很多乐府古题来写时事，比如用本是挽歌的《薤露》和《蒿里》来写社会现实，用写罗敷的《陌上桑》去写求仙，用写“秋胡戏妻”故事的《秋胡行》抒发欲早成大业而前路坎坷的感慨。曹操的诗被评价为“古直”（《诗品》）、“慷慨悲凉”（《钝吟杂录》）、“气韵沉雄”。他的诗歌语言古朴真率，既反映了社会现实，又包蕴了很深的感慨。比如他的《步出夏门行·龟虽寿》：

神龟虽寿，犹有竟时。腾蛇乘雾，终为土灰。老骥伏枥，志在千里。烈士暮年，壮心不已。盈缩之期，不但在天。养怡之福，可得永年。幸甚至哉！歌以咏志。

神龟寿命很长，腾蛇可以兴云驾雾，可是它们都不存在了，万物消长的自然规律是谁也无法违背的。可是作者已是暮年，却一点没有流露出悲观情绪，依然“壮心不已”，读之令人激昂慷慨、奋发向上。

曹操是建安的诗坛领袖，不仅以自己的创作影响了一代诗风，而且聚集了一大批如“建安七子”这样的文士，他们共同开创了建安诗坛的繁荣局面。

曹丕，字子桓，是曹操的次子。在公元220年，曹丕代汉自立，是为魏文帝。他的诗作现存约四十首，可分为三类。第一类是宴游诗，如纪游玄武池的《于玄武陂作诗》、写夜游铜雀园的《芙蓉池作诗》等。这些诗多写游园赏景的乐趣，对山水刻画比较仔细，对偶较多，用词华丽。第二类是抒情言志诗。如《黎阳作诗》三首，记述了曹操南征时的事，既有对行军的艰辛的描写，也抒发了救民平乱的志向。第三类是写征人的思乡之情，以及征人思妇的离别相思，可以作为曹丕诗歌成就的代表，如《代刘勋妻王氏杂诗》、《于清河县见挽船士新婚与妻别》。他最著名的作品是《燕歌行》（其一）：

秋风萧瑟天气凉，草木摇落露为霜，群燕辞归雁南翔。念君客游思断肠，慊慊思归恋故乡，君何淹留寄他方？贱妾茕茕守空房，忧来思君不敢忘，不觉泪下沾衣裳。援琴鸣弦发清商，短歌微吟不能长。明月皎皎照我床，星汉西流夜未央。牵牛织女遥相望，尔独何辜限河梁？

这首诗是我国文学史上现存的第一首成熟的七言诗，写的是在一个无法入眠的秋夜，一个女子思念淹留他乡的丈夫，情思委曲深婉、动人心弦。

曹丕的诗有文人气，和曹操的悲壮风格不同，更加婉约细腻。曹丕对于人生中凄凉情感的体验尤为深刻：在宴会中，他会突然感到"乐极哀情来，寥亮摧肝心"（《善哉行》）；观看歌舞时，他会有"为乐常苦迟"的悲哀，尤其是那句"弃置勿复陈，客子常畏人"；对于游子处境和心情的体会，甚至超越了他们自己的感受。在曹丕的诗中，文人化的表现手法主要体现在语言的清丽工整和音韵的和谐上，形成了其诗歌的文士风格。

曹丕在邺城时常和文人们聚会欢宴、诗酒唱和，形成了一定的文人集团，开了文人雅集的先河。

二、曹植

曹植，字子建，曹丕之弟。曹植生于乱世，幼时就跟随曹操征战四方。在这样的环境中成长起来的他颇有壮志雄心，常以"戮力上国，流惠下民"（《与杨德祖书》）自期。曹植聪慧而有才思，深得曹操的赏识，差点就成为太子。可惜他恃才傲物，引起曹操的疑虑和不满，终于在激烈的王位竞争中失宠。建安二十五年（公元220年），曹操病逝，曹丕继位。曹植的心腹都被诛杀，他自己虽然身为皇亲，却和囚徒无异，郁郁寡欢，最后在忧愤中死去。曹植死后谥号为"思"，最后的封地在陈，故又被称为"陈思王"。而政治和人生的悲剧却在客观上成就了曹植诗歌创作的辉煌。

以曹植的哥哥魏文帝登基为分界点，曹植的创作可分为前后两个阶段。

青年时代的曹植对未来充满信心，满怀抱负，因此诗歌中充满积极乐观的情调，主要内容就是歌唱自己的理想。如《白马篇》赞扬了幽并游侠儿的非凡武艺和爱国热情，也寄托了诗人希望建功立业的心情。《薤露行》中有"怀此王佐才，慷慨独不群"和"孔氏删诗书，王业粲已分。骋我径寸翰，流藻垂华芬"的句子，表现出诗人对自己政治才能和文学才华的高度自信。

曹植的后期诗歌多表达悲愤之情，从内容来看可以分为四类：

第一类是抒写自己和友人遭到迫害的愤怒和压抑，如《野田黄雀行》：

高树多悲风，海水扬其波。利剑不在掌，结友何须多？
不见篱间雀，见鹞自投罗。罗家得雀喜，少年见雀悲。

拔剑捎罗网，黄雀得飞飞。飞飞摩苍天，来下谢少年。

开头两句的景物描写渲染出浓郁的悲剧气氛，词意高古，接着两句透出深深的无奈和愤懑，之后描写了一个黄雀为躲避鹞却不幸投进罗网的场景，表现出恶势力的强大和诗人的无能为力。诗歌以少年把黄雀救出的光明结尾而结束，表现出诗人希望有力量救助受害朋友的愿望。梁代刘勰称此诗“格高才劲，且长于讽谕”（《文心雕龙·隐秀》）。更为典型的作品是《赠白马王彪》，诗序中讲述了这首诗的写作背景：黄初四年五月间，诗人和白马王、任城王一起被召入京，到洛阳后任城王忽然暴卒。七月份，曹植和白马王同路回封地，有司却以道路不同制止他们同行。诗人心中无比愤慨，写成此诗。诗歌斥责了一些小人挑拨曹丕和他们的兄弟情谊，深切悼念了暴卒的任城王。全诗共分为七章，以作者的感情发展为线索，在抒情中穿插以写景、叙事，集中抒发了诗人多年来屡受迫害的感受，十分感人，是有名的长篇抒情诗。

第二类以思妇、弃妇自喻，寄托身世之感，表明心中的所思所想，如《七哀诗》、《美女篇》、《种葛篇》、《杂诗》等。这类诗歌或是悲叹盛年难嫁，或是叙述自己无辜被弃，都是为了表达失意。《七哀诗》是其代表作之一：

明月照高楼，流光正徘徊。上有愁思妇，悲叹有余哀。借问叹者谁？云是宕子妻。君行逾十年，孤妾常独栖。君若清路尘，妾若浊水泥。浮沉各异势，会合何时谐？愿为西南风，长逝入君怀。君怀良不开，贱妾当何依？

曹植与曹丕本是同母骨肉，却浮沉异势，逐渐疏远，诗是以孤独的思妇自喻，表现了深切的忧虑。这首诗感情凄婉、意味深长，尤其是后四句，凄然动人。

第三类是述志诗。曹植曾多次表达为国效力的愿望，《杂诗》（仆夫早严驾）是这一类的代表作：

仆夫早严驾，吾行将远游。
远游欲何之？吴国为我仇。
将骋万里途，东路安足由？
江介多悲风，淮泗驰急流。
愿欲一轻济，惜哉无方舟。
闲居非吾志，甘心赴国忧。

诗人表示想为讨伐吴国出力，可是却没有门路，最后两句进一步表明心志，慷慨激昂。

第四类是游仙诗。曹植在现实世界中无法实现理想，感到年华渐逝的悲哀，而且处处遭到压制，只有幻想在神仙世界里遨游，才能暂时解脱，如《仙人篇》、《五有咏》、《升天行》、《游仙诗》、《远游篇》等。其实曹植对神仙这些东西一直是不信的，可见他的游仙诗只不过是一种忧虑的外化。

钟嵘《诗品》评价曹植的诗：“骨气奇高，词采华茂，情兼雅怨，体被文质。”曹植的诗是风骨和文采的完美结合，他也是当时诗坛最为杰出的诗人。

曹植是文学史上第一个大力创作五言诗的文人，现存诗歌有多首，其中三分之二都是五言诗。他的诗歌既有《诗经》哀而不伤、怨而不怒的蕴藉，又包含着《楚辞》深邃窈窕的奇绝；既有汉乐府反映现实的笔力，又有《古诗十九首》温丽悲远的情调。这一切都融合在他的五言诗创作中，形成了他的独特风格，完成了从乐府民歌到文人诗的转变。

曹植对诗歌发展作出了卓越贡献，后人对他的评价也极高。钟嵘《诗品》说：“陈思之于文章也，譬人伦之有周孔，鳞羽之有龙凤，音乐之有琴笙，女工之有黼黻。”谢灵运说：“天下才有一石，曹子建独占八斗，我得一斗，天下人共分一斗。”这就是“才高八斗”这个成语的来历。

第三节　建安七子

孔融、陈琳、王粲、徐干、阮瑀、应玚、刘桢被曹丕在《典论论文》中称为“七子”。七子中，孔融是东汉旧臣，年辈较长，其余六人都是曹操的僚属。他们共同经历了汉末的战乱，先后在黄初前辞世，参与文学活动主要在建安年间。其中成就最突出的是刘桢和王粲。

孔融（公元153—208年），字文举，是孔子的第二十世孙和东汉末年的名士，在建安十三年被曹操杀害。孔融擅长写散文，诗歌不甚出色，现存的六首诗歌成就不高。《临终诗》是孔融的绝笔，整首诗都用比喻写成，痛斥世道人心，在怨愤中透出不屈之情。

王粲（公元177—217年），字仲宣，是山阳高平（今山东邹城）人，今存诗二十三首，被刘勰称为“七子之冠冕”（《文心雕龙·明诗》）。董卓之乱时，王粲南下避难，依附刘表，但不被重用。在建安十三年曹操平荆州时，他投身曹操幕下，建安二十二年病死于随曹征吴的途中。他的作品或记述汉末动乱，或写自己在十几年流离生活中的羁旅之情和政治失意、壮志难酬的感慨。《七哀诗》三首是他的代表作，以其一最为有名：

西京无乱象，豺虎方遘患。复弃中国去，委身适荆蛮。亲戚对我悲，朋友相追攀。出门无所见，白骨蔽平原。路有饥妇人，抱子弃草间。顾闻子泣声，挥涕独不还。未知身死处，何能两相完？驱马弃之去，不忍听此言。南登灞陵岸，回首望长安。悟彼下泉人，喟然伤心肝。

这首诗写的是作者离开长安、避难荆州途中的所见所闻和悲痛心情。这一年，董卓部将杀死王允，大肆屠杀，长安一片混乱。作者别离亲人，独自前往荆州，一路上见到的都是生灵涂炭的惨象。诗中特别描写了一位母亲抛弃亲生骨肉的情节，世间最难割舍的莫过于母子之情，诗中这一场景的特写典型地反映出当时社会民不聊生的惨状。这景象真令人目不忍视、耳不忍闻。作者策马登上灞陵岸，心中不仅有对长安的眷恋之情，更希望有贤明君主出现，救百姓于水火之中。

《七哀诗》其二写荆州荒凉的景物，由飞禽走兽尚有家可归，反衬自己滞留异乡的羁旅之愁苦。其三写边城荒无人烟的景色，对赴边的子弟表示深切同情。

投靠曹操后，王粲的诗歌作品较重要的有《从军诗》五首，主要写跟随曹操出征的感受和行军途中的见闻。诗中既有辞别家乡的痛苦、战乱后农村田园荒芜的景象，也有对曹操功德的赞美以及追随曹操报效国家的愿望。邺下时，王粲还有和曹植、曹丕等人唱和的诗歌，如《公宴诗》，在诗歌题材和表现技巧方面有所开拓。

刘桢（？—217年），字公干，东平（今山东东平）人，存诗二十余首，在当时诗名很高。钟嵘在《诗品》中说他“自曹植以下，堪称独步”。他性格狂放不羁，曾因举止失礼被判刑。刘桢的诗歌分为赠答诗和游乐诗两类。

赠答诗中，以《赠从弟》三首最为有名，其中第二首是他最好的作品：

亭亭山上松，瑟瑟谷中风。风声一何盛，松枝一何劲。冰霜正惨凄，终岁常端正。岂不罹凝寒，松柏有本性。

写松柏在和山风、冰霜的搏斗中所显示出的耐寒、挺劲本性和不俗的气概。刘桢的大多数诗歌都充盈着这种豪迈慷慨的气势，钟嵘称他的诗“仗气爱奇，动多振绝，真骨凌霜，高风跨俗”，十分贴切。这种气骨让刘桢诗显示出俊逸、清绮之风。

他的《赠徐干》诗写命运之多舛，抒发了愤懑之情。《赠五官中郎将》四首写了他和曹丕之间的深情厚谊，歌颂了曹氏父子的文武双全，情词真切而得体。

刘桢的游乐诗有《公宴诗》、《斗鸡诗》、《射鸢诗》等，是写游赏山水和娱乐的作品，没有什么深意，但也能显示出刘桢诗的一贯风格，就是无论写景、咏物、抒情都以气势取胜。

陈琳、徐干、阮瑀、应玚也有一些优秀作品传世。陈琳的《饮马长城窟行》假托秦代建筑长城之事，结合自己在乱世的生活经历，写无休止的徭役给广大人民带来的灾难和痛苦：

饮马长城窟，水深伤马骨。往谓长城吏，慎莫稽留太原卒！官作自有程，举筑谐汝声。男儿宁当格斗死，何能怫郁筑长城！长城何连连，连连三千里。边城多健少，内舍多寡妇。作书与内舍，便嫁莫留住，善事新姑嫜，时时念我故夫子。报书往边地，君今出语一何鄙！身在祸难中，何为稽留他家子？生男甚莫举，生女哺用脯。君独不见长城下，死人骸骨相撑拄！结发行事君，慊慊心意关。明知边地苦，贱妾何能久自全？

全诗以对话方式写成，语言质朴，叙事精炼，格调悲凉，神似汉乐府民歌。开头两句的起兴，悲壮苍凉。接下来是太原卒和长城吏的对话，虽然寥寥几句，但战士的悲愤、绝望和筑城吏的不耐烦、冷漠都如在眼前。以下荡开一笔，呈现出长城绵延千里的画面，这是多少人埋尸其下才建成的，由内舍的寡妇之多可见一斑，而现在那些健壮劳力和他们的妻子自然也逃脱不了这样的命运。所以在往来的书信中，丈夫深知自己难以回还，便劝妻子再嫁；妻子愤愤地责备丈夫，坚贞地暗示自己也不会久在人世间。两人的对话中只是平静地为后事做安排，并没有流露出悲伤，却让人感受到人间最为惨痛的感情。诗歌由点带面地说明这是整个时代和社会都在不断发生的景象。

陈琳还有《游览诗》二首，通过万物荣衰写出时光易逝，渴望能够及时建立功业的愿望。

阮瑀的《驾出北郭门行》写一个孩子偷偷地给亲生母亲上坟，诉说自己被后母虐待的情况，反映出汉末社会的一个普遍问题。这首诗受汉乐府民歌《孤儿行》的影响，故事性更强，但作者以旁观者的角度叙述，感情和思想的深度都不及《孤儿行》。

徐干今存的四首诗都是五言诗，以写情诗见长，其中《室思》是拟思妇词，分为六章，描写思妇的苦闷心情，文辞深婉，感情凄怨，如其中的第三章：

浮云何洋洋，愿因通我辞。飘飖不可寄，徙倚徒相思。人离皆复会，君独无返期。自君之出矣，明镜暗不治。思君如流水，何有穷已时！

诗的节奏流畅，婉转有致，尤其是最后一句，尤为后人所称道。

应玚的诗现存六首，多写羁旅行役之情，如《别诗》其一：

朝云浮四海，日暮归故山。行役怀旧土，悲思不能言。悠悠涉千里，未知何时旋！

诗中其淡淡地表达出对故乡的怀恋，情意悠长。但总的来讲，应玚的成就不如其他几人。

第四节　阮籍、嵇康与正始诗风

阮籍和嵇康是曹魏后期正史年间最重要的诗人，同列“竹林七贤”，是当时的名士。

正始时期，曹魏政权已成强弩之末，司马懿父子实际掌握朝政，大肆诛杀拥曹的文士，何晏、夏侯玄、嵇康等都先后被杀，阮籍则以终日饮酒、故作旷达来逃避迫害。所以正始时期的诗人大都有生之忧虑，对民生疾苦的关注和豪情壮志明显衰减，大多数诗歌都在抒发个人的忧愤。由于当时政治环境险恶，加上玄风的影响，诗歌逐步与玄理结合，显出“词旨渊永，寄托遥深”的独特风貌。

阮籍（公元 210—263 年），字嗣宗，是建安七子之一的阮瑀之子。他喜爱东平风土，因而做过十天的东平相，后听说步兵的厨子善酿酒，又求为步兵校尉，世称“阮步兵”。阮籍成日酣醉，不问世事，司马昭想和他通婚，钟会想找借口陷害他，都因此而得以免除。但阮籍的内心十分痛苦，常常独自驾车，不分路径，到了道路穷尽处就大哭而返。他行为放诞、不拘礼法，同时又小心谨慎，“口不臧否人物”，他这些表面矛盾的言行背后其实隐藏着理想和现实的尖锐冲突。

阮籍的代表作是《咏怀诗》八十二首。这些诗歌并非作于一时一地，反映了他的政治感慨，对万物盛衰、世事无常的感叹，以及对人生道路和处世哲学的探索和迷茫。

在他的诗作中，有对王朝盛衰的感叹和讽谏，针对曹魏王朝的如：

驾言发魏都，南向望吹台。箫管有遗音，梁王安在哉？战士食糟糠，贤者处蒿莱。歌舞曲未终，秦兵已复来。夹林非吾有，朱宫生尘埃。军败华阳下，身竟为土灰。

这首诗由古吹台想到战国时代荒淫的梁王，影射魏王耽于歌舞之乐，而不知养兵纳贤、巩固统治，难免会有兵败亡国的祸患。

针对司马氏恐怖政治而有所感触的，如：

嘉树下成蹊，东园桃与李。秋风吹飞藿，零落从此始。繁华有憔悴，堂上生荆杞。驱马舍之去，去上西山趾。一身不自保，何况恋妻子。凝霜被野草，岁暮亦云已。

诗歌由桃李的繁华到零落比喻曹魏从盛到衰的变化过程，寄托了及早避开祸患的感慨，同时又担忧在司马氏执政的严酷政治环境下，自己就像被严霜摧残的野草一般，难以保全，更别说妻子、儿女了。

抒发人生短暂、世事无常的孤独、苦闷情绪的诗歌也很多，如其一：

夜中不能寐，起坐弹鸣琴。薄帷鉴明月，清风吹我襟。孤鸿号外野，翔鸟鸣北林。徘徊将何见？忧思独伤心。

在清风朗月中，作者却因忧思而不能寐，景物清澈空灵，人却心事重重，给整首诗笼罩了一层忧戚的气氛。

又如其十七：

独坐空堂上，谁可与欢者。出门临永路，不见行车马。登高望九州，悠悠分旷野。孤鸟西北飞，离兽东南下。日暮思亲友，晤言用自写。

这首诗有一种孤独无望的幻灭感。空堂独坐，出门无人，登高也只见旷野一片，又注意到孤鸟和离兽，更增添了作者心头的凄惶之感。日暮时分，诗人不禁思念起远方的亲友，于是写下这首寂寞无依的诗。

探索在乱世应该采取的处世哲学是《咏怀诗》的又一个主题。如：

杨朱泣歧路，墨子悲染丝。

揖让长离别，飘飖难与期。

岂徒燕婉情，存亡诚有之。

萧索人所悲，祸衅不可辞。

赵女媚中山，谦柔愈见欺。

嗟嗟涂上士，何用自保持？

《淮南子·说林训》载：“杨子见逵路而哭之，为其可以南可以北；墨子见练丝而泣之，为其可以黄可以黑。”他对着人生的无数个岔路口，承受着难以抉择的痛苦煎熬：如果屈身就仕，就污染了自己的清白节操，如果隐居避世，又太虚无缥缈；不甘寂寞会灾祸临门，谦让和柔却越发被欺负。怎样才能既保住性命又保住名节呢？这真是令人苦闷的问题，正是这样的忧生之嗟反映出时代的险恶和黑暗。

《咏怀诗》学习楚辞、《庄子》、《古诗十九首》的特点，大量运用比兴和象征手法，诗意隐晦曲折，“言在耳目之内，情寄八荒之表”（《诗品》），思维恍惚玄远，“厥旨渊放，归趣难求”，形成了既高远又阴郁的特色。

嵇康（公元223—262年），字叔夜，谯郡铚县（今安徽宿县西南）人，仪表堂堂，才气超迈，是“竹林七贤”之一。嵇康和魏宗室通婚，官至中散大夫，世称嵇中散。司马氏专权时，嵇康公然表示不合作的态度，虽然平时恬淡，只是弹琴作诗，但他的性格中有正直、耿介的一面。他不满司马氏的统治，且声言“非汤武而薄周”，司马氏的亲信钟会去拜访嵇康受到冷遇，于是怀忿诬陷嵇康，导致其被司马昭所杀。

嵇康的诗现存五十多首，以四言诗成就最高，是继曹操之后四言诗的大者。诗歌的内容几乎都是抒写对世路险恶和人生忧患的感慨，表达自己厌弃功名富贵、崇尚自然的追求。

他在狱中所作的《幽愤诗》自述了一生的经历和抱负，愤慨地指出自己无辜蒙冤的事实：“欲寡其过，谤议沸腾。性不伤物，频致怨憎。”诗末写道：“采薇山阿，散发岩岫。永啸长吟，颐性养寿。”表达希望过上自由生活的心愿。这首诗词气爽利、语气峻切，控诉了那个黑暗的时代。但由于言必尽意、议论过多，所以缺少含蓄蕴藉的意味。

他的四言诗《赠秀才入军》十八首是为送他的哥哥嵇喜入司马氏军幕而作，各自成章却又相互关联。这十八章诗按照时间顺序把眼前的情景和想象的哥哥在军中的生活相穿插，反复抒写兄弟间的感情和离别的愁绪。作者通过兄弟二人从军和隐居的对比，表明自己远离纷争、怡情养性的处世哲学和守志固穷的决心，也表达了对哥哥选择的人生道路的遗憾。

如第九章和第十四章分别写了哥哥从军后戎马骑射的生活和自己悠然

自得的隐居乐趣，委婉地对两种生活作了对比：

良马既闲，丽服有晖。左揽繁弱，右接忘归。风驰电逝，蹑景追飞。凌厉中原，顾盼生姿。

息徙兰圃，秣马华山。流磻平皋，垂纶长川。目送归鸿，手挥五弦。俯仰自得，游心太玄。嘉彼钓叟，得鱼忘筌。郢人逝矣，谁与尽言。

一个意气风发，有豪侠气概；一个悠游自在，神清意远。尤其是“目送归鸿，手挥五弦”传神地刻画出诗人傲世独立的人格和精神。

其他的如《游仙诗》、《答二郭》三首、《述志诗》二首等，多写他鄙弃世俗的隐逸之志。

刘勰《文心雕龙》评价嵇康诗的风格为“清峻”，这与嵇康的为人和性情有密切关系。就艺术上来讲，嵇康的四言诗改变了《诗经》中多用虚字和单音词的句式，而大量运用双音词的对偶句，有时还将二者结合起来。无论是从句法的活泼还是意境的清远上讲，这些诗都开了陶渊明四言诗的先声。

第五节　两晋诗坛

两晋诗坛呈现出一种过渡时期的特点，上承建安、正始，下启南朝。西晋诗风繁缛，讲究形式的华美和词藻的绮丽，“采缛于正始，力柔于建安”（《文心雕龙·明诗》），缺乏现实内容，只有左思《咏史》独树一帜。东晋诗坛玄风盛行，王羲之、孙绰、许洵等都是玄言诗人，所创作的诗歌“理过其辞，淡乎寡味”，没有诗意。东晋末年，伟大的田园诗人陶渊明的出现，开创了以描写田园生活为主的古朴诗风，为诗坛增添了亮色。

一、西晋诗歌及其代表作家

晋朝自公元256年建立以后，在公元280—289年的太康年间出现了太平繁荣的气象，史称“太康之治”。西晋诗风主要是以陆机和潘岳为代表的太康诗风。

唯有左思和刘琨继承建安精神，诗歌脱离流俗、刚劲豪迈，故而能在西晋诗坛出类拔萃。

陆机（公元261—303年），字士衡，吴君（今江苏吴县）人。他的祖父陆逊是吴国宰相，父亲陆抗为吴国大司马。吴国被晋灭掉后，陆机和弟弟陆云在太康末入洛阳，成为太康文坛的重要作家。

模拟《诗经》、汉乐府和“古诗”，以及追求形式技巧是当时文坛的风气，陆机在这方面表现突出。他学习《诗经》的四言体诗歌有《与弟清河云诗》十章、《赠冯文罴迁斥丘令诗》八章。他还拟写了很多乐府诗保留在郭茂倩的《乐府诗集》的《相和歌辞》中，此外有模拟《古诗十九首》的《拟古诗》十二首。这些拟作在总体水平上都不如原作，而且内容方面没有创新，但优点是模拟得惟妙惟肖，而且在诗歌技巧方面进行了多方面探索，形成了“繁缛”诗风。和汉魏古诗相比，这种诗风的特征主要是：语言从朴素转向华丽，描写从简洁转为繁复，句式从散句转向对偶和骈俪。如《拟西北有高楼》：

高楼一何峻，迢迢峻而安。绮窗出尘冥，飞陛蹑云端。佳人抚琴瑟，纤手轻且闲。芳气随风结，哀响馥若兰。玉容谁能顾，倾城在一弹。伫立望日昃，踯躅再三叹。不怨伫立久，但愿歌者欢。思驾归鸿羽，比翼双飞翰。

这首诗和《古诗十九首》中的《西北有高楼》一诗内容一样，而且每两句所写情景类似、结构相同，但陆机的诗用词更为华丽藻饰，表现出文人化倾向。

陆机在某些诗歌中写景着力于刻画，细致生动，力求穷形尽相，以繁复取胜，如《猛虎行》中的景物描写：“崇云临岸骇，鸣条随风吟。静言幽谷底，长啸高山岑。”又如《招隐诗》中的：“轻条象云构，密叶成翠幄。激楚伫兰林，回芳薄秀木。山溜何泠泠，飞泉漱鸣玉。”他描绘山林景色，华丽工整，已有后来山水诗的韵致。

陆机的名作《赴洛道中作诗》二首多用偶句：

其一：

总辔登长路，呜咽辞密亲。借问子何之，世网婴我身。永叹遵北渚，遗思结南津。行行遂已远，野途旷无人。山泽纷纡余，林薄杳阡眠。虎啸深谷底，鸡鸣高树巅。哀风中夜流，孤兽更我前。悲情触物感，沉思郁缠绵。伫立望故乡，顾影凄自怜。

其二：

远游越山川，山川修且广。振策徙崇丘，安辔遵平莽。夕息抱影寐，朝徂衔思往。顿辔倚嵩岩，侧听悲风响。清露坠素辉，明月一何朗。抚枕不能寐，振衣独长想。

这两首诗除了首尾是散句外，其他语句全是对偶。但这两首诗中陆机融入了真实境遇和感受，与那些拟作不同，颇有些新意。第一首写自己辞别亲人入洛时的悲苦心情和对前途的忧虑。诗中主要描写了在路途中所见的人烟稀少的山川旷野的景色，深夜的虎啸和风声，清晨的鸡鸣和孤兽，这些物象触动了作者的离思，也增添了他顾影自怜的感觉。第二首诗写了行程的漫长和孤独。夜以继日地艰辛赶路，处于高山之中，夜晚山风悲鸣，明月朗照，作者连露珠闪着清辉坠落的细节都观察到了，说明他根本不能入睡，只好起来“振衣独长想”。

潘岳（公元247—300年），自安仁，荥阳（今河南中牟县东）人。潘岳姿容秀美，二十多岁就颇有才名，用来形容美男子的成语“沈腰潘鬓”中的“潘”指的就是他。

潘岳的诗歌代表作是《悼亡诗》三首，是最早出现的悼念亡妻的诗作。三首诗都作于妻子去世的周年，其一写丧妻后的悲伤：

荏苒冬春谢，寒暑忽流易。之子归穷泉，重壤永幽隔。私怀谁克从？淹留亦何益。僶俛恭朝命，回心反初役。望庐思其人，入室想所历。帏屏无仿佛，翰墨有余迹。流芳未及歇，遗挂犹在壁。怅恍如或存，回遑忡惊惕。如彼翰林鸟，双栖一朝只。如彼游川鱼，比目中路折。春风缘隙来，晨霤承檐滴。寝息何时忘，沉忧日盈积。庶几有时衰，庄缶犹可击。

潘岳脱去丧服准备回到任所，欲去不舍，留下无用。离开前潘岳在家中留连，妻子在世时的情景历历在目，恍惚间似乎感觉妻子还在，可是人死之后阴阳永隔，他很快从恍惚中惊觉，不禁悲从中来，极其真切地刻画出悼念亡人时的心理变化。就像那双宿双飞的同林鸟忽然落单，形影不离的游鱼突然失侣，作者长期沉浸在哀伤中，一时的心静就像春阳化冰。最后用庄子丧妻后反而击缶而歌的典故，说明他的沉忧不可能随时光流逝而淡化。

全诗旁写曲诉，写得透彻淋漓、婉转曲折，虽然显得冗繁，不像乐府古诗那样含蕴不尽，但只因情深所致，反复的倾诉寄托了作者缠绵不尽的哀思。

其二、其三场景有所改变，但表达的意思和第一首相似。潘岳其他诗歌则比较肤浅，甚至讲些大道理，显得枯燥。

在西晋诗坛上，唯有左思和刘琨继承了建安时代慷慨磊落的精神。

左思（公元250—305年），字太冲，齐国临淄（今山东临淄县）人。左思出身寒微，不好交游，但志向远大，博学能文，曾耗费十年作成《三都赋》，后来豪贵之家竞相传抄，以致洛阳纸贵。左思的诗作现存十八首，成就远远超出他的赋，尤其是《咏史》诗八首奠定了他在文学史上的地位。

西晋时的政治状况是"上品无寒门，下品无士族"，士族掌权，出身庶族的寒士很难跻身上层。左思因其妹被晋武帝选为贵嫔，全家迁到洛阳，左思被任命为秘书郎，但终因其出身不被重用。左思的《咏史》诗借咏史以咏怀，八首诗各自独立成章，但又有互相承接的关系，是一个有机整体。八首诗歌的主要内容是寒士的不平之鸣，指斥门阀制度对人才的埋没，表达对士族的蔑视和想要建功立业、留名后世的愿望。第一首描写了自己的文韬武略和进取之志；第二首表明自己的处境：

郁郁涧底松，离离山上苗。以彼径寸茎，荫此百尺条。世胄蹑高位，英俊沉下僚。地势使之然，由来非一朝。金张藉旧业，七叶珥汉貂。冯公岂不伟，白首不见招。

松树虽然高大可是长在涧底也显示不出挺拔之姿，树苗即便低矮，然而凭借山势就能高高在上，才能和地位的悬殊、颠倒鲜明地揭示了门阀制度的不合理，而且这种形势由来已久，西汉时代的金、张两家七代世袭为高官显贵，可是冯唐到老还是屈于郎署。层层对比、议论，最后喊出了寒士的不平。

第三首歌颂鲁仲连和段干木功成而不受赏的高节，表明了作者不图名利、只想立功的远志。第四首说明人生的永恒价值在于留下"悠悠百世名"。第五首写作者虽然要辞世归隐，但依然有和王侯争胜的豪情和气魄：

皓天舒白日，灵景照神州。列宅紫宫里，飞宇若云浮。峨峨高门内，蔼蔼皆王侯。自非攀龙客，何为欻来游。被褐出阊阖，高步追许由。振衣千仞冈，濯足万里流。

这首诗先极力形容宫廷和王侯之家的高大豪华，又对这些富贵表示鄙弃，因为对作者来说毫无意义，他宁可做一个像许由那样的高士。最后一句尤其显出作者的开阔胸襟和豪迈气概。

第六首大发议论，充分显示了对权贵的蔑视和自己的高尚气节。第七首历数主父偃、朱买臣、陈平和司马相如四位同样出身寒微的贤才的不幸命运，抒发了被弃草泽、不被重用的愤懑。第八首写贫士的穷困生活，批判了苏秦、李斯，肯定了安贫知足的士人。

这八首诗歌按照诗人一生经历的次序写成，借历史人物和故事发不平之鸣，借古讽今，在抒写理想、抱负的同时强烈批判了西晋社会的现实政治。

胡应麟在《诗薮》中评价他的《咏史》诗：“造语奇伟，创格奇特，错综震荡，逸气干云，遂为古今绝唱。”钟嵘《诗品》把左思列为上品，并评价其诗曰：“文典以怨，颇为精切，得讽谕之致。”

刘琨（公元271—318年），字越石，中山魏昌（河北无极县）人，是汉朝大士族之后。刘琨早年好老、庄，生活放旷，纵情声色，后来参加对抗外族侵略的战争，思想发生改变，颇有壮志，“闻鸡起舞”讲的就是他和朋友祖逖的故事。永嘉元年，刘琨任并州刺史，招募兵士数千人，辗转到达任所晋阳，抗击匈奴军队。刘琨的诗作仅存三首，其代表作《扶风歌》写的就是离开洛阳、转战晋阳途中的所见所感：

> 朝发广莫门，暮宿丹水山。左手弯繁弱，右手挥龙渊。顾瞻望宫阙，俯仰御飞轩。据鞍长叹息，泪下如流泉。系马长松下，发鞍高岳头。烈烈悲风起，泠泠涧水流。挥手长相谢，哽咽不能言。浮云为我结，归鸟为我旋。去家日已远，安知存与亡。慷慨穷林中，抱膝独摧藏。麋鹿游我前，猿猴戏我侧。资粮既乏尽，薇厥安可食。揽辔命徒侣，吟啸绝岩中。君子道微矣。夫子故有穷。唯昔李骞期，寄在匈奴庭。忠信反获罪，汉武不见明。我欲竟此曲，此曲悲且长。弃置勿复陈，重陈令心伤。

这首诗对偶工整，回环往复地抒写了对京城洛阳的眷恋、对存亡未卜的忧虑、在荒山资粮断绝的困苦，既使到了前线，又担心出师不利，被朝廷误解。诗中写景和抒情相交叉，对每一层心情都反复倾诉，曲折细致地反映了作者心中交织的种种情绪，凄楚感人，让人不觉其词句的堆叠和语序的杂乱。

刘琨的另外两首诗是《赠卢谌》和《重赠卢谌》，是他被拘时的绝命之作。

二、东晋诗歌及其代表作家

公元318年，司马睿在建康称帝，东晋王朝从此开始。魏晋玄学和清谈之风在东晋逐渐兴盛，玄言诗占据了诗坛的主导地位，代表作家是孙绰和许询。

东晋王朝建立之初，北方五胡混战，东晋数次北伐都失败了，眼看恢复无望，南渡的士人们就在风景秀美的江南定居了。他们把清谈的风气也带到江南，甚至以是否善于谈玄区分士人的雅俗。东晋的两位重要宰相王导和谢安都是玄谈高手，为政也崇尚清静。玄言诗就是老庄玄理和山水之美在这种社会氛围中相结合的产物。

王羲之（公元303—361年），字逸少，临沂（今属山东）人，家住会稽（今浙江绍兴），官至右军将军，被后世称为“王右军”，书法自成一家，被尊为“书圣”。王羲之是东晋名士，好隐居交游，以吟咏山水为乐，经常和一群诗友徜徉在山水之间，饮酒作诗。他的著作《兰亭集序》记载的就是晋穆帝永和九年（公元353年）三月三日的兰亭聚会。这次聚会采用流觞赋诗的方法，规定每人各作四、五言诗一首，最后共成三十七首诗，编为《兰亭集》。

兰亭集会的诗或写游赏山水的乐趣，表现在明山秀水中得到的陶冶和愉悦，如王羲之：“虽无丝与竹，玄泉有清声。虽无啸与歌，咏言有馀馨。”孙统：“时禽吟长涧，万籁吹连峰。”或借山水以写玄理，如王羲之：“群籁虽参差，适我无非新。”谢安：“万殊混一理，安复觉彭殇。”这些诗歌的艺术水平虽然都不高，但是说明自然山水已进入诗人的审美视野，他们开始尝试从山水中体悟玄理。

孙绰（公元314—371年），字兴公，太原中都（今山西平遥）人。他以文才著称，曾做过永嘉太守，后来至廷尉卿，领著作。

许询，生卒年不详，高阳（今河北蠡县）人，曾为道士，后隐居，现存诗歌数首，大多为残篇。

钟嵘的《诗品序》评玄言诗的特点是：“理过其辞，淡乎寡味。”从现存的玄言诗来看确实如此，但也有比较富有诗意的作品，如孙绰的《秋日诗》：

> 萧瑟仲秋月，飂戾风云高。云居感时变，远客兴长谣。疏林积凉风，虚岫结凝霄。湛露洒庭林，密叶辞荣条。抚菌悲先落，攀松羡后凋。垂纶在林野，交情远市朝。淡然古怀心，濠上岂伊遥。

这首诗写的是仲秋时节气和万物的变化引发了作者的感慨。前面一段是作者看到的秋意渐深时的种种景象。后面六句抒怀，用《庄子·逍遥游》中“朝菌不知晦朔”的语义写人生的短暂，用孔子“岁寒然后知松柏之后凋也”的意思写自己的节操，作者对现实世界早已厌倦，要在山林中过逍遥的日子，觉得这样就和庄子的“濠上之游”差不多了。整首诗的景物描写全用对偶句，借景抒情，具有一定的形象性。

三、陶渊明

陶渊明是晋宋之际最优秀的诗人，他用诗歌表达日常生活中的哲理，把魏晋以来的古朴诗风发挥到了极致，把平淡、自然提升到至真、至美的境界，同时他还开创了一种新的诗歌题材——田园诗。

陶渊明（公元365—427年），字元亮，一说名潜，字渊明，号五柳先生，浔阳柴桑（今江西九江西南）人。陶渊明的外祖父是晋朝大司马陶侃的女婿，祖父做过太守，父亲官职更低一些，且在陶渊明幼年时就去世了。陶渊明的少年时代是在柴桑的农村度过的，二十九岁时出任江州祭酒，不久辞职归田，之后又做过包括彭泽令在内的一些小官，时间都不长。尤其是公元405年，陶渊明在彭泽令任上仅八十多天时，郡里派督邮前去视察。县吏说：“应束带见之。”陶渊明说：“我不能为五斗米折腰向乡里小儿！”当天就解印绶去职了，此后就一直在家乡隐居。这次的辞官隐居，是陶渊明一生的分界，他结束了在仕与隐之间的矛盾和挣扎，彻底过上了躬耕隐居的生活，被称为“隐逸诗人之宗”。晋朝末年，朝廷曾征召他为著作郎，其称病不就。陶渊明的晚年贫病交加，在去世前一年，江州刺史檀道济去看他，赠以粱肉，被他拒绝了。元嘉四年，陶渊明在浔阳去世，朋友颜延之为他写了诔文，给他的谥号为“靖节先生”。

陶渊明的诗歌主要可以分为五类：田园诗、咏怀诗、咏史诗、行役诗、赠答诗。田园诗是陶渊明在诗歌史上首创的题材，而且是他最有特色的作品。田园诗主要是写农村生活、农夫及农耕。平静的田园生活、恬淡洒脱的襟怀、清高耿介的性格使陶渊明的诗歌形成了一种平淡、旷远、浑融的意境。而这些诗歌所透出的对人生的体验和思考，也为后世的知识分子提供了一个永恒的精神家园。

陶渊明的田园诗有的通过对恬静的田园景物和简朴的田园生活的描写，表现出悠然的心境和对乡村的喜爱，如《归园田居》（其一）：

少无适俗韵，性本爱丘山。误落尘网中，一去三十年。

羁鸟恋旧林，池鱼思故渊。开荒南野际，守拙归园田。

方宅十余亩，草屋八九间。榆柳荫后檐，桃李罗堂前。

暧暧远人村，依依墟里烟。狗吠深巷中，鸡鸣桑树颠。

户庭无尘杂，虚室有余闲。久在樊笼里，复得返自然。

读完此诗，眼前仿佛展开了一幅自然宁静的乡村风光。几亩地、几间屋、几种树、几株花，远村、近烟、狗吠、鸡鸣，这些农村最为平常的景色都被作者略一点化，立刻诗意盎然，而作者看到这些景物时的欣慰和惬意也溢于言表。“羁鸟”、“池鱼”一句写的是作者初脱俗世的心境。“暧暧”、“依依”音节舒缓，表现出诗人对乡村的依恋。“狗吠深巷中，鸡鸣桑树颠”则以动写静，十分真切。

全诗除了开头四句和结尾两句外，全为工整对仗，却丝毫没有雕琢、呆板的感觉，反而显得自然流畅，给人一气呵成之感。句句都是那么自然精当，简直一字不可更改。

《归园田居》(其三)：

种豆南山下，草盛豆苗稀。晨兴理荒秽，带月荷锄归。

道狭草木长，夕露沾我衣。衣沾不足惜，但使愿无违。

这首诗写陶渊明刚回到乡村时参加劳动的新鲜感。虽然地里的野草比豆苗还多，但是诗人种庄稼的热情仍然很高，早上出门，月亮升起来了才荷锄而归，而且不惜让露水沾湿衣服。作者这种兴奋的心情和清新的感受融合在一起，加上静谧的夜景描写，透出浓浓的诗情画意，让人感到自然真实。

又如《饮酒》(其五)：

结庐在人境，而无车马喧。

问君何能尔，心远地自偏。

采菊东篱下，悠然见南山。

山气日夕佳，飞鸟相与还。

此中有真意，欲辩已忘言。

作者心中没有尘俗的喧嚣，即使在喧闹的地方也不会受到干扰，所以在“人境”中自能体会到静趣。采菊东篱，偶一举首，无心而见南山，心与山悠然相会。在太阳落山的时候，飞鸟也结伴归巢，诗人沉浸在这黄昏的景色中，感到无比欢快，而且有一种不能言说的人生真谛藏于其中，辞淡而意远。“见”字尤为精妙，写出了诗人毫不在意的自然神情。

陶渊明有的田园诗能够从日常生活中自然地归纳出人生哲理，如《移居》(其二)：

春秋多佳日，登高赋新诗。过门更相呼，有酒斟酌之。务农各自归，闲暇辄相思。相思则披衣，言笑无厌时。此理将不胜，无为忽去兹。衣食当须纪，力耕不吾欺。

这是诗人搬家后所作的诗，主要写到了新的村落以后，与邻人们的和睦相处：在农忙时大家各自忙碌，闲暇时互相来往，登高赋诗，有酒共饮，言笑无厌。诗人把这些日常琐事串联起来，在这种淳朴的友谊中体会闲适的快意，而最后又悟出这种怡然自得的乐趣必须由辛勤的耕作来保障。诗歌以抒情为起点，以明理为结尾，把农家之乐最终归在辛勤劳动上，使诗歌的含蕴更为深厚。整首诗情理相融，朴实明快。

又如《庚戌岁九月中于西田获早稻》：

人生归有道，衣食固其端；孰是都不营，而以求自安。开春理常业，岁功聊可观；晨出肆微勤，日入负耒还。山中饶霜露，风气亦先寒，田家岂不苦？弗获辞此难。四体诚乃疲，庶无异患干。盥濯息檐下，斗酒散襟颜，遥遥沮溺心，千载乃相关。但愿长如此，躬耕非所叹。

衣食是人生之道的发端，虽然有体力上的艰辛、疲惫，但是也有劳动一天后心理上的安宁和快慰。自耕自食，这是诗人对农村生活有了切身体验后得出的人生理念，也是作者理想的生活方式，表明诗人对农活的苦有着充分认识，但仍然希望一直过这样的生活。

陶渊明把诗歌的题材范围扩大到了田园生活，创造出自然、平淡的诗风，为诗歌艺术的发展作出了很大贡献。陶渊明的诗歌善于体物、造语精到，但他又不刻意追求物象的形似和叙事的曲折，而是写大家都能看到的平常景象和普通事情，却能从平凡事物中体悟出至美和深理。苏轼在《与苏辙书》中称陶诗："质而实绮，癯而实腴。"陶渊明的诗歌语言并不是没有经过锤炼，而是工极反而显拙，不见雕琢之迹。也正如元好问《论诗绝句》中所说："一语天然万古新，豪华落尽见真淳。"陶渊明诗歌是魏晋诗歌的一个新的高峰。

第四章

南北朝诗歌

第一节 南北朝乐府民歌

魏晋以来，由于文人对汉乐府民歌的大量拟作，汉乐府已经逐渐僵化。南北朝乐府民歌的兴起给诗坛注入了新的活力。南北朝长期对峙的局面以及民族风尚、生活习惯、自然环境的差异，使南北朝乐府民歌呈现出截然不同的内容和风格。南朝民歌多反映纯洁的爱情，清丽缠绵，代表作是抒情长诗《西洲曲》；北朝多反映动乱的社会现实和当地的风俗习惯，粗犷豪放，代表作是叙事长诗《木兰辞》。

一、南朝乐府民歌

南朝乐府民歌主要产生于晋、宋（南朝）两代，大多数收录在郭茂倩（南朝宋）所编的《乐府诗集·清商曲辞》中，还有一小部分保存在杂曲歌辞和杂歌谣辞中。南朝乐府民歌主要分为吴歌和西曲两类。吴歌多产生于东晋及刘宋时期的江南一带，共三百二十六首；西曲多产生于宋、齐、梁、陈的湖北江陵、襄樊和河南邓县之间，共一百四十二首。另外，“清商曲辞”中还有神弦歌十八首。由于产生时间和地域的不同，它们虽同属南朝民歌，但在音乐和歌唱方式上有一定的差异。

汉代采诗以观风俗的观念到南北朝时期已经不存在了，统治者采集民歌完全为了满足纵情声色的需求，所以南北朝乐府民歌在反映社会现实的深广方面远远比不上汉乐府。现存的南朝民歌几乎全都是情歌，有一部分是士大夫们蓄养的歌伎所制，在一些真正来自民间的歌唱爱情的作品中，我们依然可以看到当时人民的生活景象和喜怒哀乐，有清新的生活气息。

在江南山清水秀、花木繁茂的自然环境下，青年男女间自然会产生缠绵的怀春之情，如《读曲歌》中所说："初阳正二月，草木郁青青。蹑履步前园，时物感人情。"而且江南发达的经济给人民带来的优裕生活也催生了民歌。长江流域最为富庶的是荆州和扬州，都市繁华，士女成群，在春风秋月下，桃花绿水间，歌舞盛行。南朝民歌主要出自城市中的中下层居民之口，反映了他们的思想感情。

吴歌多表现女子对于爱情的渴望，如：

朱光照绿苑，丹华粲罗星。那能闺中绣，独无怀春情？

——《子夜四时歌·春歌》

又如：

始欲识郎时，两心望如一。理丝入残机，何悟不成匹。

——《子夜歌》

"丝"和"匹"是谐音和双关语。"丝"指丝线，又指情思；"匹"指布匹，又暗说两人的匹配。

有表现相思之苦的诗，如：

寒鸟依高树，枯林鸣北风。为欢憔悴尽，那得好容颜？

——《子夜四时歌·冬歌》

有表现坚贞的爱情的诗，如：

华山畿，君既为侬死，独生为谁施。欢若见怜时，棺木为侬开。

——《华山畿》

伴侣为她而死，她也不愿独生，盼望以死相随。

有的诗以女子的痴情对照，质问男子的二心，如：

渊冰厚三尺，素雪覆千里。我心如松柏，君情复何似？

——《子夜四时歌·冬歌》

侬作北辰星，千年无转移。欢行白日心，朝东暮还西。

——《子夜歌》

常虑有贰意，欢今果不齐。枯鱼就浊水，长与清流乖。

——《子夜歌》

还有反映对婚姻不自由的苦闷和抗议的诗，如：

非欢独慊慊，侬意亦驱驱。双灯俱尽时，奈许两无由。

——《读曲歌》

未敢便轻许，夜闻侬家论，不持侬与汝。

懊恼不堪止，上床解腰绳，自经屏风里。

——《华山畿》

这些作品语言浅近清丽，感情柔弱细腻，风格缠绵哀怨，反映出江南女子在恋爱中的多样心理，同时女子总是被动和受伤害的境遇，也反映出当时女子婚前、婚后都处于被男子所支配的地位。

西曲反映的生活面比吴歌广一些，更多地表现了劳动人民的爱情，内容多是些水边船上旅客、商人和家人的离别之情。有表现送别时悲伤难禁的诗，如：

布帆百余幅，环环在江津。执手双泪落，何时见欢还？

——《石城乐》

闻欢下扬州，相送楚山头。探手抱腰看，江水断不流。

——《莫愁乐》

又如《那呵滩》中男女对唱的两首情歌：

闻欢下扬州，相送江津湾。愿得篙橹折，交郎到头还。

篙折当更觅，橹折当更安。各自是官人，那得到头还？

女子的歌唱天真热烈，痴心地希望篙折橹断，以挽留情郎；而男子则表现得很理性，老实地回应女子的幻想，表现出他因应官差而身不由已的无奈。

《那呵滩》共有六首，多是写江陵和扬州之间往返时的事情。其在表现送别情景的同时，也反映了舟人和纤夫的悲惨生活。如：

我去只如还，终不在道边。我若在道边，良信寄书还。

这首诗是写舟人出门时与家人的告别之词，他估计自己这一去应该不会死在路边，但如果真的发生那样的事，也会找个可靠的人寄信回去，让家人放心。平静的安慰反映出他对自己生命的毫无把握。

除了吴歌和西曲以外，在《杂曲歌辞》中有一篇抒情长诗《西洲曲》：

忆梅下西洲，折梅寄江北。单衫杏子红，双鬓鸦雏色。西洲在何处？两桨桥头渡。日暮伯劳飞，风吹乌臼树。树下即门前，门中露翠钿。开门郎不至，出门采红莲。采莲南塘秋，莲花过人头。低头弄莲子，莲子青如水。置莲怀袖中，莲心彻底红。忆郎郎不至，仰首望飞鸿。鸿飞满西洲，望郎上青楼。楼高望不见，尽日栏杆头。栏杆十二曲，垂手明如玉。卷帘天自高，海水摇空绿。海水梦悠悠，君愁我亦愁。南风知我意，吹梦到西洲。

这首诗抒写了女子对情人的四季相思之情，共有三十二句，可以看作由八首四句的小诗串联而成。前四句写的是初春时节少女萌生情思，也点出了地点、环境，由杏红的衣衫和鸦黑的双鬓衬托少女的青春美丽。接着写女子孤独等待情郎的惆怅，风吹树摇，鸟飞树空。无论是在家中等还是出门望，都不见朝思暮想的身影。于是，女子出门采莲以排遣寂寞。接下来写采莲的一段真是无比美好，塘中的红莲和女子温柔、妩媚的风姿相互映衬，也象征着她对恋人的情意就像如水的莲子一样清纯。转眼到了秋天，飞鸿满天，女子登上高楼，整日在曲折的栏杆旁远望，却只见天高水长，像无尽的相思梦。结尾女主人公幻想借南风吹梦西洲，重温当初的缠绵深情。

这首诗穿插了四季景物的变换和人物活动、情态的变化，一层层细腻、委婉地描写了女子那越来越深的相思之情。诗中用了顶针、双关等多种修辞方法，形成了婉转回环的旋律，声情并生，摇曳多姿。而且诗歌中场景的衔接十分自然、流畅，如行云流水一般。总之，这首诗歌代表了南朝民歌的最高艺术水平。

二、北朝乐府民歌

北朝乐府民歌大多数保存在《乐府诗集·横吹曲辞》的《梁鼓角横吹曲》中，产生时间在五胡十六国到北魏时期，约有七十首。

“横吹曲”本来指的是在马上演奏的军乐，后来流传到南方，南朝齐、梁时常被用于宫廷娱乐，由梁代乐府机构保存下来而得名。

北朝民歌产生时多为鲜卑等北方少数民族的歌唱，歌辞用的语言也是鲜卑语等少数民族的语言，这些诗歌后来逐步被翻译成汉语，著名的《敕勒歌》就是这样的。当然，其中有一些是直接用汉语创作的，有些传到南方后经过了乐工的润色和加工。由此可知，北朝民歌是各个民族智慧的共同结晶。

北朝民歌现存的有六十多首，数量不多，但却广泛而深刻地反映了社会生活的各个方面。北方民族独特的风俗和生活环境培养了人的独特气质，因此他们所创作的民歌的风格也迥异于南朝民歌。

首先，北朝民歌中描绘的景色和风俗都十分有地方色彩。如描写北方壮美景色、反映北方游牧生活的《敕勒歌》：

敕勒川，阴山下，天似穹庐，笼盖四野。天苍苍，野茫茫，风吹草低见牛羊。

这首诗十分简练，只有27个字，却生动地勾画出北方草原的辽阔和苍茫，也间接显示出以游牧为生的胡人的粗犷气质。意境雄浑壮阔，堪称千古绝唱。

又如写旅人漂泊之艰辛的《陇头歌辞》：

陇头流水，流离山下。念吾一身，飘然旷野。
朝发欣城，暮宿陇头。寒不能语，舌卷入喉。
陇头流水，鸣声呜咽。遥望秦川，心肝断绝。

飘零在外的旅人孤独地行走在荒凉旷野上，走入险峻难行的山川，天气又异常寒冷，勾起了他对家乡肝肠寸断的思念，望乡之人在风中悲泣，正像那山上流水在呜咽。

北方民族多善骑射，体魄雄健，个性豪放，且有豪侠尚武的精神，如："男儿欲作健，结伴不须多。鹞子经天飞，群雀两向波。"

——《企喻歌辞》

鹞子冲天一飞惊得群雀向两边散去，形象刻画了壮士所向披靡的气势。又如：

"新买五尺刀，悬著中梁柱。一日三摩挲，剧于十五女。"

——《琅玡王歌辞》

胡人对大刀的爱惜甚至比对妙龄女郎更甚，透出一股彪悍之气。不仅男子具有这样的豪侠行为，而且女子也毫不逊色，如花木兰这位巾帼英雄。

其次，北朝坦率直爽的情歌不同于南朝情歌的婉转缠绵。生活环境和习俗让北方女子性格开朗淳朴，表达爱情也很直接、现实，如写盼望早日嫁人的心情和劝说家人早点让自己出嫁的行动：

天生男女共一处，愿得两个成翁妪。

——《捉搦歌》

驱羊入谷，白羊在前。老女不嫁，蹋天呼地。

——《地驱乐歌》

小时怜母大怜婿，何不早嫁论家计。

——《捉搦歌》

门前一株枣，岁岁不知老。阿婆不嫁女，哪得儿孙抱。

阿婆许嫁女，今年无消息。

——《折杨柳枝歌》

他们认为姑娘大了要出嫁是很自然的，而且劝说家人时也是用过日子、抱孙子这样的现实理由。而且，他们对爱情的态度更为坦率、主动：

南山自念高，只与北山齐。女儿自言好，故入郎君怀。

——《幽州马客吟歌辞》

侧侧力力，念君无极。枕郎左臂，随郎转侧。

摩捋郎须，看郎颜色。郎不念女，不可与力。

——《地驱乐歌》

腹中愁不乐，愿作郎马鞭。出入擐郎臂，蹀座郎膝边。

——《折杨柳枝歌》

自己认为足以配得上意中人，就主动投入他的怀抱；爱上了他，就大胆说出对他无比想念、想时刻伴随着他、形影不离的心愿。一旦发现他并不爱自己，就断然分手，绝不犹豫再三、藕断丝连。

这些民歌质朴率真、开朗坦荡，没有丝毫的忸怩、害羞之态，这在南朝民歌中是绝对不存在的。

第三，由于北朝时各少数民族间战争频繁，所以民歌中有较多反映战争的诗。

战争让无数战死沙场的男儿连葬身之处都没有：

男儿可怜虫，出门怀死忧。尸丧峡谷中，白骨无人收。

——《企喻歌》

无休止的混战让同姓兄弟自相残杀：

兄在城中弟在外，弓无弦，箭无括。食粮乏尽若为活？救我来，救我来！

兄为俘虏受困辱，骨露力疲食不足。弟为官吏马食粟，何惜钱刀来我赎。

——《隔谷歌》

那些侥幸没有上战场的征夫戍卒也命悬一线、返乡无期：

高高山头树，风吹叶落去。一去数千里，何当还故处？

——《紫骝马歌辞》

男子的大量死亡造成了一个个家庭悲剧和反常的婚嫁状况：

东山看西山，水流盘石间。公死姥更嫁，孤儿甚可怜。

——《琅玡王歌辞》

烧火烧野田，野鸭飞上天。童男娶寡妇，壮女笑杀人。

——《紫骝马歌辞》

另外，北朝乐府民歌中出现了揭露贫富对立的作品。如：

雨雪霏霏雀劳利，长嘴饱满短嘴饥。

——《雀劳利歌辞》

快马常苦瘦，剿儿常苦贫。黄禾起羸马，有钱始作人。

——《幽州马客吟歌辞》

第一首诗由雪中雀儿觅食的场景联想到那些有手段的剥削者贪婪掠夺，使毫无办法的人民忍饥挨饿。第二首以快马喻“剿儿”，快马虽然跑得快，却苦于吃不饱而十分瘦弱，还不如那能有黄禾可吃的羸马，得出了“有钱才有资格做人”的结论，揭示出“社会上有能力的还不如有钱的”不合理现象。

北朝民歌中最为杰出的作品是长篇叙事诗《木兰辞》。《木兰辞》被收入《梁鼓角横吹曲》，约产生于北朝后期，由于陈释智匠的《古今乐录》中有著录，因此不会晚于南朝陈。《木兰辞》是一首杂言诗，最初在北朝民间传唱，在流传过程中可能被后来隋唐的文人润色加工过。

《木兰辞》主要写的是木兰代父从军、女扮男装征战沙场的故事，歌颂了木兰压倒须眉的英雄气魄和立功却不受封赏的高尚情操。诗中塑造的木兰形象有血有肉，十分动人。她是一位妙龄的闺中女子，又是一位令人敬佩的巾帼英雄；她既是勤劳善良、肯自我牺牲的北方妇女的代表，又显示了北方民族能骑善射的尚武之风。木兰在家只是个织布的普通女子，在战场上却屡立战功，而且胜利归来后能淡然面对皇帝丰厚的赏赐，只求回到家乡和亲人团聚。木兰身上融合了太多的优秀品质，寄托了广大人民的理想，而且在男尊女卑的社会里，这样一个女英雄尤其难能可贵。因此，千百年来，木兰的形象一直受到人们的喜爱，关于她的传说世代流传。

《木兰辞》开头八句：“唧唧复唧唧，木兰当户织，不闻机杼声，唯闻女叹息。问女何所思？问女何所忆？女亦无所思，女亦无所忆。”写木兰临窗织布，又停而叹息，引出了父亲被征入伍的事。接下来“阿爷无大儿，木兰无长兄”两句点出了木兰的心理斗争和非去不可的理由。之后一段渲染了木兰出征前的准备和昂扬的情绪。“旦辞爷娘去，暮宿黄河边，不闻爷娘唤女声，但闻黄河流水鸣溅溅。旦辞黄河去，暮至黑山头，不闻爷娘唤女声，但闻燕山胡骑鸣啾啾。”朝暮对举，写出了木兰出征的路线、艰苦的行军生活以及战场的紧张气氛，同时写出木兰对爷娘的依依不舍之情。木兰十年征战沙场的过程仅以“万里赴戎机，关山度若飞。朔气传金柝，寒光照铁衣。将军百战死，壮士十年归”六句精炼概括，以少胜多，气势飞动，从中可以想象出将士们的浴血奋战和木兰的飒爽英姿，在艺术表现上繁简得当。

“归来见天子，天子坐明堂。策勋十二转，赏赐百千强。可汗问所欲，木兰不用尚书郎；愿借名驼千里足，送儿还故乡。”这几句是口语化的散句，舒缓了前面的紧张气氛。然后就转回到归家的情景，爷娘、阿姐、小弟以合乎各自身份的方式迎接木兰：“爷娘闻女来，出郭相扶将；阿姊闻妹来，当户理红妆；小弟闻姊来，磨刀霍霍向猪羊。”接着写木兰充满喜悦地回到闺阁之中，换回了女儿的装扮，让相伴了十二年的战友惊讶不已，语句流畅而活泼。“雄兔脚扑朔，雌兔眼迷离；双兔傍地走，安能辨我是雄雌?”以比兴结尾，为全诗增添了喜剧色彩。

《木兰辞》是一首叙事诗，但有浓厚的抒情性，通过人物的行动刻画心理和性格，把叙事和抒情完美融合。全诗刚健清新，具有北方民歌特色，不愧为脍炙人口的优秀作品。

第二节　谢灵运和谢朓

《诗经》和楚辞中已经出现了山水景物的描写，但那时诗歌中的山水描写只是用于比兴或作为背景，山水还没有成为独立的审美对象。诗歌史上第一首完整的山水诗是曹操的《观沧海》。西晋时期，左思的《招隐诗》和郭璞的游仙诗中也都写到过山水美景，为山水诗创作积累了艺术经验。魏晋以后的隐逸之风使士大夫们越来越多地在诗歌中反映山水之美。晋宋时期，尤其是南渡以后，诗人们的生活环境里到处都是名山秀水，山水景物也多出现于诗歌里。刘勰的《文心雕龙·明诗》中说：“宋初文咏，体有因革，庄老告退，而山水方滋。”晋宋（南朝）时玄学盛行，玄学引导人们从山水中去体会哲理和意趣，借山水谈玄说理成为一种风气，在玄言诗中出现了大量描写山水的佳句。当时对自然山水的审美意识逐步增强，晋宋之际还出现了山水画及理论，客观上也促进了山水诗的发展。真正大力创作山水诗并使之成为一种题材的则是谢灵运。

继陶渊明的田园诗之后，谢灵运开创了山水诗这一中国诗歌的新题材，使山水以独立的审美客体进入诗中，把诗歌从玄言的束缚中解脱了出来，提高了诗歌的艺术性。山水诗的出现形成了南朝诗歌的新风貌。谢朓继承了谢灵运山水诗的风格，创造出新的表现手法，使山水诗进一步摆脱玄言成分，更为清新流丽。

谢灵运（公元385—433年），陈郡阳夏（河南太康）人，出身于东晋谢家人族，是谢玄之孙，袭封康乐公，世称谢康乐。刘裕以宋代（南朝）晋后，采取压抑士族的政策，谢灵运从公爵降封为县侯，食邑也随之从三千户降到了五百户。谢灵运曾出任永嘉太守、临川内史等职，但是一直感到不得其志，于是无论在任上还是离职隐居期间，经常出去游览，纵情于山水之间，每到一地必然吟咏赋诗，以发泄心中不满和抒发在自然美景中得到的心灵慰藉。元嘉五年谢灵运被免官后，曾带几百人在山上伐木开路，以致惊动邻郡的太守，竟被当成了山贼；又因为想把公湖变为自家庄田，和会稽太守也结了仇怨。元嘉十年，谢灵运以率众反叛罪在广州被处死，终年四十九岁。

谢灵运的诗歌现存九十多首，大部分是山水诗。谢灵运的山水诗语言富丽精工，主要描绘了永嘉、会稽、彭蠡湖等地的自然风光，风格清新细密，如《石门岩上宿》：

> 朝搴苑中兰，畏彼霜下歇。暝还云际宿，弄此石上月。鸟鸣识夜栖，木落知风发。异音同至听，殊响俱清越。妙物莫为赏，芳醑谁与伐？美人竟不来，阳阿徒晞发。

这是谢灵运诗中一首情景交融的佳作，写的是在石门独宿时的所见所感。第一句化用《离骚》中“朝搴阰之木兰兮”一句，第二句写暮色降临后月亮升起来了。接下来都是从听觉写景，听鸟鸣而知鸟儿归巢了，听叶落而知风起了。一时间，各种不同的声响都汇聚耳畔，清亮而悠扬。末尾化用《九歌·少司命》中“与汝沐兮咸池，晞汝发兮阳之阿。望美人兮未来，临风怳兮高歌”一段，表现出诗人如入仙境、自怜幽独之感。

谢灵运山水诗的结构往往是先写出游，次写景物，最后抒情或是讲玄理，如《石门精舍还湖中作》：

> 昏旦变气候，山水含清晖。清晖能娱人，游子憺忘归。出谷日尚早，入舟阳已微。林壑敛暝色，云霞收夕霏。芰荷迭映蔚，蒲稗相因依。披拂趋南径，愉悦偃东扉。虑澹物自轻，意惬理无违。寄言摄生客，试用此道推。

前面四句写徜徉在山水中的愉悦心情，接着精细描写夕阳西下时各种景物的变化。暮色在林壑间聚拢，云霞渐渐在天边暗淡了下来，芰荷在湖水中相互映衬，蒲稗在晚风中相互依倚，诗人也在暮色里回到家中，愉快地掩上了柴扉。描写夕阳暮霭中的景物十分细致真切，说明诗人对景物观察得十分深刻。最后四句谈玄说理，颇有画蛇添足之嫌。

谢灵运的诗歌非常注重对物象的描摹，他的诗歌中有很多名句。如我们熟悉的“池塘生春草，园柳变鸣禽”（《登池上楼》）、“云日相辉映，空水共澄鲜”（《登江中孤屿》）、“白云抱幽石，绿筱媚清涟”（《过始宁墅》）。谢灵运凭借细致观察和敏锐感受，用富有表现力的准确语言，对山水景物的每个细节不遗余力地描摹刻画，力图真实再现大自然的美丽，“情必极貌以写物，辞必穷力而追新。”（《文心雕龙·明诗》）这一特点正是谢灵运的创新，影响了南朝一代的诗风。不足之处在于，谢灵运诗中山水只是客观的审美对象，独立于诗人的性情之外，因而很难达到情景交融的境界。他诗歌中的美景就像一个又一个的分镜头，展示着自然美的一个个画面，不是一种整体的、物我合一的美。这也是谢灵运多名句而少名篇的原因之一。

总的来讲，谢灵运尽力地突破语言的局限性，努力创新词汇，探索新的表现方法，从各种角度、运用各种方法去描摹自然山水之美，显示了高超的语言能力，使山水诗进入“极貌以写物”的新阶段。

谢朓（公元464—499年），字玄晖，陈郡阳夏（今河南太康）人。因为擅长写山水诗，他被称为“小谢”。谢朓对山水诗的发展有突出贡献。在形式上，他继承了谢灵运写景加上说理抒情的模式，但是淡化了谈玄说理部分。在风格上，他继承了谢灵运清新、细腻的特点。但在表现手法上，他通过山水描写抒发意趣和情感，不同于谢灵运对山水景物的客观描摹。谢朓的诗避免了晦涩、情景割裂的缺点，而且摆脱了玄言成分，风格清新流丽。

《晚登三山还望京邑》是谢朓被李白所称道的一篇名作，主要写他在去宣城的路上回望京城和大江而引发的思乡之情：

> 灞涘望长安，河阳视京县。白日丽飞甍，参差皆可见。余霞散成绮，澄江静如练。喧鸟覆春洲，杂英满芳甸。去矣方滞淫，怀哉罢欢宴。佳期怅何许，泪下如流霰。有情知望乡，谁能鬒不变？

三山在建康西南的长江南岸，开头二句用了王粲“南登灞陵岸，回首望长安”（《七哀诗》）和潘岳为河阳令的典故，暗写离京的原因和对长安的眷恋之情。接下来的六句诗具体描写了诗人登临所见：在落日的余晖中，看到京城密集的宫殿参差错落，越发辉煌壮丽；锦绣般的晚霞在天边铺开，大江如白练一般柔和澄澈；春鸟在小洲长喧闹，遍地繁花似锦。虽然景物纷繁、绚烂，却透出春天黄昏的安宁氛围。这些景物又自然地与诗人思乡的情思相融合，显得含蓄深婉。

李白曾在《金陵城西月下吟》中赞美此诗："月下沉吟久不归，古来相接眼中稀。解道澄江静如练，令人长忆谢玄晖。"

谢灵运的山水诗侧重于真实摹写景物的形貌，谢朓进一步注意到了景物的动态美。如："朔风吹飞雨，萧条江上来。既洒百常观，复集九成台。空濛如薄物，散漫似尘埃。"（《观朝雨》）写出了雨丝的细密和随风飘洒的动态。又如："鱼戏新荷动，鸟散余花落"（《游东天》）、"花丛乱数蝶，风帘入双燕"（《和王主簿季哲怨情》）、"风碎池中荷，霜剪江南荨"（《治宅》）写游鱼戏动新荷，飞鸟撞落余花，群蝶散入花丛，双燕掠近风中，风霜对荷、荨的摧残，都飞舞灵动，充分表现出景物的情趣。

谢朓的山水诗进一步抓住了景物的细部特征，并加以剪裁，融入自身情感，因而能把景物写活，如《之宣城郡出新林浦向板桥》：

> 江路西南永，归流东北骛。天际识归舟，云中辨江树。旅思倦摇摇，孤游昔已屡。既欢怀禄情，复协沧洲趣。嚣尘自兹隔，赏心于此遇。虽无玄豹姿，终隐南山雾。

在浩浩东流的江水中，诗人站在船头，回望天际，隐隐约约辨认出远处的归舟和树木。一个"辨"，一个"识"，刻画出诗人回首远望的专注神情，景中显情。对于羁旅行役，孤独的作者已经厌倦了，他希望幽居以远害，脱离尘俗，最终的归宿也就是隐居山林了。

钟嵘《诗品》称谢朓的诗："奇章秀句，往往警遒。足使叔源失步，明远变色。"谢朓的诗中有很多清新隽永的名句，如"馀雪映青山，寒雾开白日。暧暧江村见，离离海树出"。(《高斋视事》)"窗中列远岫，庭际俯乔林。日出众鸟散，山暝孤猿吟。"(《郡内高斋闲望答吕法曹》)等等。这些诗句注重炼字炼意，从日常口语中提炼出浅易而明净的语言，对仗工整，音韵和谐，体现了谢朓清新流丽的风格。

第三节 齐梁诗风和永明体

齐梁诗风是南朝齐、梁、陈三代诗风的统称。齐梁诗歌内容空虚平庸，但是注重语言的形式美和音乐美，在诗歌艺术形式的革新和完善方面有所贡献。尤其是“永明体”的产生促进了古典诗歌艺术形式美的进步，为律诗形成奠定了基础。

齐梁时期，形成了几个以帝王宗室为核心的诗人集团，统治者的文学观念影响了当时的文学风貌。这三代帝王纵情声色，在政治上都没有什么作为，所以这时的诗风大体一致。梁、陈两代的宫廷诗人大量模仿民间情歌，词藻艳丽，诗歌中主要以女性为审美对象，或是描写宫室、器物、服饰等，只是为了满足娱乐的需求，趣味不高。但是南朝诗歌十分注重艺术形式和技巧的创新，为之后的诗歌创作提供了丰富的艺术经验。

齐、梁、陈三代形成了讲究声律和对偶的新体诗，因最初产生于南朝齐永明年间，故称“永明体”。永明体是沈约根据汉字中的四声和双声叠韵规定的诗歌声韵而产生的，沈约还指出八种应当避免的“声病”。

在永明体产生之前，诗歌创作讲的是与音乐有关的自然声韵，直到齐、梁时期，才总结、规定了五言诗创作的一套声律韵调。诗人们在创作时就开始把这种诗歌音律和晋、宋（南朝）以来的排偶、对仗结合起来，使诗歌具有和谐的音韵美。

在永明体诗人中，沈约在当时比较有名，他的诗歌具有清怨之风，为数不多的山水诗也是在清新中透出哀怨、感伤，如《登玄畅楼》：

> 危峰带北阜，高顶发南岑。中有陵风榭，回望川之阴。岸险每增减，湍平互浅深。水流本三派，台高乃四临。上有离群客，客有慕归心。落晖映长浦，焕景烛中浔。云生岭乍黑，日下溪半阴。信美非吾土，何事不抽簪？

这首诗先写登高之事以及高台周围的环境，然后写登临远望所见之景，景物描写比较清新，抓住了变化的特点，这些景物却更衬托出“离群客”的孤独，牵动了他的思归之心。

沈约的离别诗也显示了清怨的风格，如《别范安成》：

> 生平少年日，分手易前期。及尔同衰暮，非复别离时。勿言一樽

酒，明日难重持。梦中不识路，何以慰相思？

少年时的分别和暮年的分别不一样，抒发了深沉的哀伤之情。全诗语言虽然浅显平易，然而一片真挚之情自然流出，深婉动人。

沈约的诗歌在形式上讲究排偶、对仗，在语言上受到了南朝乐府民歌口语化的影响，从当时的口语中提炼新的词语，明白晓畅，浅近易懂。沈约以其诗歌创作革新了晋宋逐步凝滞、僵化的诗风，通过提倡声律，使诗歌的艺术形式在理论上获得了相对独立。

公元502年，萧衍以梁代齐，在位四十八年。在侯景之乱中，萧衍传位给梁简文帝萧纲，两年后萧纲被侯景杀掉。之后梁元帝萧绎建都江陵，仅三年就被西魏所灭。永明体的作者大多数进入了梁代，成为梁代诗风的主导人物。因此，在艺术、内容、题材方面，齐代诗歌为梁、陈的开端。

在沈约等人之后，萧纲、萧绎及其周围文人把梁代诗歌发展到一个新阶段。之前，齐梁诗歌的主要内容是赠别咏怀、羁旅行役，只有部分的咏物和艳情之作。由于萧纲等人的倡导，艳情、闲情诗在梁代中叶迅速发展、流行。萧纲训诫儿子说："立身之道与文章异，立身先须谨重，文章且须放荡。"（《诫当阳公大心书》）虽然萧纲强调谨慎立身，但同时他也注重诗歌摇荡性灵的特点。同时诗歌题材、内容越来越琐屑，主要是嘲风月、弄花草，刻画也越来越纤细，虽然增加了描写的真切感，但范围过于狭窄。

就诗歌的语言和形式来看，齐代还有不少典雅、艰涩的四言和五言应制诗，梁中叶后期语言逐步变得清新流利。诗歌形式方面，五言四句的小诗、七言诗、五言八句的新体诗逐步增多，而中篇古诗大大减少。在诗歌的构思方面追求曲折精巧，用典而不露痕迹，让人感到言浅意深，言有尽而意无穷。但诗人们的创作缺乏个性，有一点新意也被竞相模仿冲淡了。这充分反映出齐梁诗歌重形式而轻内容的特征。

到陈代，基本因袭梁诗，风格更为轻绮，艳情诗越来越盛行，扩大到乐府的各种题材。

齐梁诗歌在后世被提起常带有浮靡浅薄的贬义。总的来讲，齐梁诗风确实格调不高，但是诗人们能够在模拟南北朝乐府民歌的过程中提炼出新的语词，创造了更为浅近、规范的近体诗，形成了自然流畅的诗风，而且在诗歌的表现艺术和形式方面努力探索，取得了重要进步。齐梁诗歌在艺术上的创新和内容上的不良倾向都对后世产生了深远影响。

第四节　北朝诗风和庾信

北朝诗风是在南朝诗风的影响下逐步形成的，融合了南方的清绮和北方的质朴，经过了一个由模仿到形成自身特色的过程。在北朝诗风的形成过程中，一些由南入北的诗人起到了决定性作用，最为著名的是庾信。

庾信（公元513—581年），字子山，南阳新野（今河南新野县）人。他的一生以42岁为界，分为前后两期，分别生活在南朝和北朝。前期，庾信和父亲庾肩吾同仕于梁朝，庾信任东宫抄撰学士时，受到太子萧纲的赏识，“父子在东宫，出入禁闼，恩礼莫与比隆。”（《周书·庾信传》）公元555年，梁元帝在江陵兵败，庾信出使西魏，从此流寓长安，屈仕于西魏和北周。

庾信在南朝时所作诗文，风格绮艳，内容单薄，主要是奉和、应制之作，以供宫廷的消遣娱乐，尤其是他在东宫任职期间的作品，题材基本上都是风月花鸟、美人歌舞等，虽然其中能反映出个人的学养和才思，但基本不能表达自己的思想情感。庾信早年曾多次出使北朝，前期诗歌受到一些北方文风的影响，曾尝试融合南北诗风，但是因为缺乏生活体验，成就不高。

江陵在侯景之乱中陷落，梁朝彻底覆灭，庾信不得南归，就留在了长安。南北朝时期分裂和统一的战争不断，士人们的祖国观念不是很明确，虽然庾信的屈仕北方并非叛国投敌，但他常有失节的悔恨和对南方的思念。庾信亲历战乱，目睹了成千上万百姓被杀戮、被俘为奴的现实，自己也失去了二子一女，他清醒地认识到造成这些的根本原因就是统治者的腐败。生活阅历和认识的开阔、哀怨的乡关之思和羞愧的心理，这一切交融在一起，让庾信后期的诗歌内容丰富、情感深切、苍凉劲健，达到了更高的艺术水平。因此杜甫在《戏为六绝句》中评论道：“庾信文章老更成，凌云健笔意纵横。”又称他“暮年诗赋动江关”。（《咏怀古迹》）

庾信有《拟咏怀诗》二十七首，是五言组诗，在思想艺术上尤为突出。如其七：

榆关断音信，汉使绝经过。胡笳落泪曲，羌笛断肠歌。纤腰减束素，别泪损横波。恨心终不歇，红颜无复多。枯木期填海，青山望断河。

诗中写的是流落胡地的汉朝女子因听到胡笳、羌笛而引发了心中的思乡之痛，容貌越来越憔悴，比喻诗人归乡的心愿和仕北的隐恨。那愿望像枯木填海、华岳重合那样难以实现，那长恨就像大海、江河一样无法填平、截断，淋漓尽致地表现了诗人心中的绝望。

又如其十一：

摇落秋为气，凄凉多怨情。啼枯湘水竹，哭坏杞梁城。天亡遭愤战，日蹙值愁兵。直虹朝映垒，长星夜落营。楚歌饶恨曲，南风多死声。眼前一杯酒，谁论身后名。

首尾是起兴和诗人的感慨，中间八句以八个典故写出江陵陷落，梁王朝覆灭时的种种情形。国土步步陷落，君臣被杀，百姓妻离子散，士兵不堪一战，写出将要亡国时的悲惨气氛，充满凄凉愁怨之情。

再如其十八：

寻思万户侯，中夜忽然愁。琴声遍屋里，书卷满床头。虽言梦蝴蝶，定自非庄周。残月如初月，新秋似旧秋。露泣连珠下，萤飘碎火流。乐天乃知命，何时能不忧。

作者的愁思不在于地位不够显贵，而是没有实现做一番事业的志向。诗人空有满腹学识，却白白浪费了，琴声之“满”、书卷之“多”更让他心烦意乱。“残月”四句巧拙相间，一气贯通，写出了在岁月的轮回里、在相似的月色和秋景中，诗人的境遇却一成不变，道出他心中连绵不绝的忧思。全诗清静的意境更显出作者心情的烦乱。

庾信把齐梁文学的修辞技巧和北朝文学的刚健之风相融合，将自己悲凉的心境融入北方辽远、疏淡的景色中，使情与景高度统一，开拓了诗歌的审美意境。杨慎评价说：“子山之诗，绮而有质，艳而有骨，清而不薄，新而不尖，所以为老成也。”（《升庵诗话》）“以经史古语和俗语入诗，化典故为日常生活场景，捕捉带有偶然性的细节，不计工拙而自然亲切有味，是庾信在表现艺术上达到老成之境的重要标志。”（《八代诗史》）

北朝诗风的形成过程是一个南北诗风的融合过程，刚开始的一些北方文人模仿南朝诗文，主要是堆砌词藻，单纯追求对偶、排比，缺乏深切意蕴，水平不高。庾信是南北诗风交流中最为重要的诗人，使北朝诗歌在朴质劲健之外，更加注重声律、对偶等修辞方法和表现艺术，“以拙间秀、以生间熟、以钝间利、以深厚治浅易、以博大治单一”（《八代诗史》），从而扬长避短，很好地融合了南北诗风，为唐代诗风的形成准备了条件。

第五章

唐代诗词

第一节　唐诗概述

隋唐五代时期是中国古代诗歌发展和成熟的黄金时代。唐代在近三百年间留下了五万多首诗，而且出现许多各具风格的著名诗人，李白、杜甫更是整个中国诗歌史上的杰出诗人。

唐诗的发展一般分为初唐、盛唐、中唐、晚唐四个阶段。

初唐时期是唐诗繁荣的准备期。总的来讲，诗歌内容逐步从宫廷台阁走向塞外、关山；创作者从宫廷诗人扩大到中下层的文人、寒士；在风格上，融合了南朝文学的绮丽婉媚和北朝文学的清新刚健；在形式上，在永明体的基础上创作出了既有规范又有广阔创作空间的律诗。唐初，诗歌并没有随着经济政治的发展而同步转变，齐梁诗风仍统治诗坛。唐太宗时期的虞世南，唐高宗时的上官仪，武后时的沈佺期、宋之问都创作了大量的宫廷诗歌。不过沈、宋在五、七言律诗的形式确立方面作出了贡献。高宗时，“初唐四杰”已在诗坛崭露头角，尽管他们也未完全摆脱齐梁诗风的影响，但已不满于宫廷诗风，提出了轻“绮碎”而重“骨气”的主张，把诗歌题材扩大到从军报国的壮志、揭露贵族生活的荒淫等方面。武后时期，陈子昂提出在复古中求革新的诗歌主张，而他的诗歌创作也显示出刚健的风骨，彻底革除了齐梁的浮靡之风，为唐诗发展端正了方向。初唐时期的探索，无论是在题材意境、情感格调还是形式声律方面，都为唐诗繁荣做好了充分准备。

在开元、天宝的盛唐时代，唐诗达到繁荣的顶峰。这个时期，出现了风格各异的诗派，积极向上的浪漫主义成为他们的共同特点，也是诗坛主流。以王维、孟浩然为代表的山水田园诗派，受佛老思想影响很深，他们在政治失意后就开始隐居，诗歌以描写宁静恬淡的山水田园生活为主，艺术成就很高。以高适、岑参为代表，包括王昌龄、李颀、崔颢、王之涣等人的边塞诗派，描绘雄奇壮丽的边塞风光，表现将士们不畏艰苦的乐观精神和从军报国的英雄气概，同时反映战士们的思乡之情和将士间苦乐悬殊的不合理现象，给唐诗增添了无限壮丽的风采。诗人李白也出现在盛唐时期，以举世无双的才华、豪放飘逸的气质写出了想象丰富、纵横恣肆、变化无穷的光辉诗篇，表现出对光明理想的热烈追求和强烈的叛逆、斗争精神，是继屈原之后又一个伟大的浪漫主义诗人。

在唐诗发展的高峰期，唐代社会却从繁荣顶峰开始走向衰败。伟大的现实主义诗人杜甫就生活在这样一个由盛而衰的时期。他在天宝后期已注意到了不断激化的种种社会矛盾，用诗歌揭露统治阶级的骄横奢侈、穷兵黩武以及当时贫富对立的种种黑暗现象。天宝十四年（公元755年）冬，安禄山在范阳起兵，安史之乱爆发。安史之乱成为唐代由盛而衰的分水岭，这场历时八年的战争席卷了中原，毁灭了唐朝建立后一百多年来积累的社会繁荣。许多盛唐诗人的浪漫豪情消失了，诗歌的理想色彩和浪漫情调逐步消减，但很少反映动乱现实。诗人杜甫和广大人民一起经历了这场大动乱和饥寒流浪的生活，以大量惊心动魄的诗篇表现了战火中的人间惨剧、百姓血泪，期待祖国的中兴。他把强烈的感情融进叙事中，以叙事的方法写时事，反映了安史之乱前后社会生活的方方面面，有“诗史”之称。安史之乱虽然最终被平定，但国家元气大伤，社会矛盾越发尖锐，边患也日益严重。这时诗人们内心都心绪彷徨，大历时期诗人的作品中描写的都是秋风、夕阳等落飒景象，抒发的是凄凉落寞的情感。贞元、元和年间，在经济有所恢复、政治开始改革的同时，诗坛也由于革新而出现一个创作高潮。韩愈、孟郊发展了杜甫诗歌注重炼字、风格奇崛的一面，形成了韩、孟诗派。白居易、元稹、张籍、王建则从乐府民歌中吸取营养，力图写出通俗易懂的诗，形成了元、白诗派。在盛唐诗歌的基础上，中唐诗人通过努力又开辟出一片诗歌的新天地。

宪宗时表面的“中兴”没有维持多久，政治日渐腐败，人民负担加重，起义此起彼伏。士人们无所作为，心态消极内敛，感情趋向细腻深微，这时的诗歌题材狭窄，写法多是苦吟。在诗歌急剧衰落的氛围中出现了李商隐和杜牧两位著名诗人，他们被称为“小李杜”。李商隐诗歌以其敏锐、善感的内心，丰富细腻的情感，采用暗示、象征等手法，表现内心深处的朦胧情思，创造出朦胧多义的境界，把诗歌心灵表现的能力发展到一个无与伦比的高峰，这是唐代诗坛没落时的一线光芒和唐诗的最后辉煌。

第二节　初唐诗歌

一、上官仪等宫廷诗人

初唐时期，诗歌创作的主体是唐太宗及其群臣。唐太宗本人喜爱齐梁诗风，经常写一些宫体诗和宫廷诗，而很多执政的文臣也是受南朝影响的前朝遗老，诗风绮艳纤丽，他们的诗歌作为唱和应酬的工具，表现技巧和声律辞藻都日益精妙，但内容多数是奉和应制，在风格趣味上越来越宫廷化。

虞世南、魏征、房玄龄等人奉太宗之命编纂了《北堂书钞》、《艺文类聚》等类书，其中一个目的就是为宫廷诗人提供作诗的典故和辞藻，让他们写的诗尽量典雅而华美。虞世南是遗老诗人的代表。他在陈朝就因写一些婉媚繁缛的宫体诗而知名。入唐以后，他的诗歌内容几乎都是应诏、奉和、侍宴，很少抒发个人感情，缺乏兴寄之意。

贞观后期，出现了一位重要的宫廷诗人，那就是上官仪，继虞世南后受到太宗、高宗的赏识。上官仪，字游韶，陕州（今河南陕县）人。上官仪在贞观初年进士及第，召授弘文馆直学士，高宗朝官至三品，政治地位很高。上官仪的诗歌多数也是奉和应制之作，重视诗歌的形式技巧，追求声辞之美，风格“绮错婉媚”，被称为“上官体”。

上官仪的《八咏应制》就是一首典型的齐梁宫体诗，诗中写的“瑶笙燕始归，金堂露初晞。风随少女至，虹共美人归”，反映的都是浮华的宫廷生活。上官仪作于贞观年间的应制诗，风格清丽婉转，对仗工整，如《早春桂林殿应制》，其中有“风光翻露文，雪华上空碧”一联，写景灵动，意境空明。再如《奉和山夜临秋》：

殿帐清炎气，辇道含秋阴。凄风移汉筑，流水入虞琴。云飞送断雁，月上净疏林。滴沥露枝响，空蒙烟壑深。

这首诗句句都是在写秋天来临后气候和物态的变化：殿帐中、道路上暑气消退，开始有了秋天的阴凉。凉风和流水奏响秋天呜咽、凄清的乐曲；天高云淡，大雁南飞，林木萧条，月色清朗；露珠滴落，树枝轻响，雾气蒙蒙，烟壑幽深。整首诗体物细致，写景贴切，笔法精细，情隐于内而秀发于外。每一句都是一个相对独立的场景，紧扣秋的特点。虽然是一首奉和之作，但在写景状物方面颇有创新。

上官仪注重诗歌的形式、声韵、辞藻之美，总结出作诗对偶的六种对仗方式，对律诗形式的发展起到了促进作用。他的作品中有不少对仗精妙的佳句，并且以此描写景物，十分传神，如“落叶飘蝉影，平流写雁行”（《奉和秋日即目应制》），“鹊飞山月曙，蝉噪野风秋”（《入朝洛堤步月》），缘情体物，绮错成文，音响清越，雍容闲雅，代表了当时宫廷诗人创作的最高水平。

二、初唐四杰

宫廷诗人平时的生活见闻有限，而又志得意满，所写诗歌缺乏激情和豪迈气概，因此诗风变革只能由中下层士人来完成。当时，能够反映中下层一般士人精神风貌、创作追求的是“初唐四杰”。

“初唐四杰”指的是王勃（公元650—676年）、杨炯（公元650—693年）、卢照邻（公元634？—689年）、骆宾王（公元619—684年）。他们大都生于唐贞观年间，卢、骆年辈稍长，擅长写歌行，而王、杨则擅长五律。他们以文章齐名天下，创作主要集中在高宗到武后初年。他们位卑而名高，自觉肩负起开创新诗风的使命；他们反对齐梁诗风，努力开拓新的题材领域，探索诗歌的格律形式，强调诗歌的刚健气骨。这些都对诗风变革起到了重要作用。

王勃，字子安，绛州龙门（今山西河津）人，有《王子安集》。王勃虽然很有才华，但是仕途不顺，一直沉沦下僚，并且不到三十岁就溺海而死。因此王勃的诗歌中有一股不平之气，经常抒发个人不甘屈居人下的感情，慷慨悲凉。《游冀州韩家园序》中说王勃是：“高情壮思，有抑扬天地之心；雄笔奇才，有鼓怒风云之气。”

王勃的诗现存数量不多，但是形成了自己的风格，如名篇《送杜少府之任蜀州》：

城阙辅三秦，风烟望五津。与君离别意，同是宦游人。海内存知己，天涯若比邻。无为在歧路，儿女共沾巾。

这首送别诗把离别之情写得豪放昂扬，知己就在四海之内，哪怕相隔天涯也如同咫尺。二人同处宦游的复杂心情，送别时的惆怅被明朗的心境一扫而空，这让他们的离别也充满豪情，不同于缠绵的儿女之情，表现了诗人不凡的气质和广阔的胸怀。

又如他的小诗《山中》：

长江悲已滞，万里念将归。况属高风晚，山山黄叶飞。

诗中情景交融，表现出深切的思归之心。寥寥二十字却有一种悲壮苍凉的气势，一种直抵人心的力量。

此外，王勃还有《滕王阁诗》、《采莲曲》等。这些优秀诗篇从真实的生活经历而出，实践着他的革新主张，感情充沛，意境开阔，开始显示出唐诗的独特风貌。

杨炯，华州华阴（今陕西华阴）人，曾任盈川令，有《盈川集》。宫廷诗人的五言律诗多用于咏物和唱和，到了王勃和杨炯的时代，诗歌题材已逐步移到江山、塞漠。四杰中除了骆宾王以外，其他三人从来没有到过边塞，但他们都在诗中表现了强烈的希望立功边塞的豪情和雄心。在四杰里面，杨炯的诗歌数量最少，成就最低，但他以五言律诗见长，写边塞的五言诗有一定特色，如他的名作《从军行》：

烽火照西京，心中自不平。牙璋辞凤阙，铁骑绕龙城。雪暗凋旗画，风多杂鼓声。宁为百夫长，胜作一书生。

诗人希望到边塞去建功立业，整首诗歌充满了对边塞的幻想和向往，尤其是最后一句，直抒胸臆，表现出坚毅志向和慷慨情怀，有激发壮志的力量。

卢照邻，字升之，号幽忧子，幽州范阳（今北京大兴）人，有《幽忧子集》。卢照邻一生官职低微，很不得志。到了晚年，他又卧病十几年，最终自沉颍水而死。

卢照邻的诗歌以七言歌行见长。七言歌行是七言古诗和骈赋相融合而产生的一种诗体，以五、七言为主，夹杂一些三言句。卢照邻七言歌行的代表作是《长安古意》：

长安大道连狭斜，青牛白马七香车。玉辇纵横过主第，金鞭络绎向侯家。龙衔宝盖承朝日，凤吐流苏带晚霞。百尺游丝争绕树，一群娇鸟共啼花。游蜂戏蝶千门侧，碧树银台万种色。……楼前相望不相知，陌上相逢讵相识？借问吹萧向紫烟，曾经学舞度芳年。得成比目何辞死，愿作鸳鸯不羡仙。……俱邀侠客芙蓉剑，共宿娼家桃李蹊。娼家日暮紫罗裙，清歌一啭口氛氲。北堂夜夜人如月，南陌朝朝骑似云。……自言歌舞长千载，自谓骄奢凌五公。节物风光不相待，桑田碧海须臾改。昔时金阶白玉堂，即今惟见青松在。寂寂寥寥扬子居，年年岁岁一床书。独有南山桂花发，飞来飞去袭人裾。

这首长诗极力渲染古都长安的繁华景象，车骑如云，宫殿壮丽，歌舞升平，各类人物都沉醉于这繁华生活中，纵情享乐。作者在结尾点出这样的生活最终的结局是空虚、幻灭的，并且描写了自己寂寞、清贫的日子，与前面的华丽、狂热形成鲜明对比。诗中也蕴含了作者对世道变迁的慨叹和对自身处境的感伤。这首诗的题材和所用辞句都与齐梁宫体诗相近，但表达的思想内容却大不一样，是对宫体诗的继承和超越。

卢照邻的另一首七言歌行《行路难》也是通过对长安城中一些景物的描写，抒写对人生的思索，表达对世事艰辛、多变和人生短暂的感叹，蕴含着历史兴亡之叹，视野开阔，气势宏大。

骆宾王，婺州义乌（今浙江义乌）人，有《骆临海集》。骆宾王曾当过长安县主簿等小官，在徐敬业起兵讨伐武则天时写了有名的《讨武曌檄》，事败后被杀。骆宾王生活经历丰富，在四杰里面诗歌数量最多，其七言歌行名作《帝京篇》和《长安古意》的内容相近，篇幅更长，铺排更多，也抒发了人生有限、富贵如过眼烟云的感慨。

骆宾王曾经有很长时间的戍边经历，写过很多边塞诗，如《边城落日》、《边夜有怀》、《夕次蒲类津》等，既有在边塞立功的壮志，也有边塞生活的见闻。

他的《在狱咏蝉》是一首艺术上更为成熟的名作：

西陆蝉声唱，南冠客思深。那堪玄鬓影，来对白头吟。露重飞难进，风多响易沉。无人信高洁，谁为表予心？

这首诗借咏蝉寄托悲愤和沉痛。借蝉翼被露水沾湿而难以前飞、鸣声被大风阻遏而容易消逝，说明自己在政治道路上举步维艰。同时，“露重难飞”比喻自己因受到诬陷而难以辩白，“风遏响沉”说明谗言之多已让自己的辩辞难达。诗序中说：“情沿物应，哀弱羽之飘零；道寄人知，悯余声之寂寞。”物我合一，婉转贴切。这首诗是初唐律诗中的名作。

“初唐四杰”开拓了诗歌的表现领域，发展了律诗的形式，气骨和声律兼备的唐诗从他们开始形成了。

三、陈子昂

在四杰之后，更为坚决地反对齐梁诗风的是陈子昂。他从理论和实践两方面都表现出创造革新的精神，对唐诗发展有很大影响。

陈子昂（公元661—702年），字伯玉，梓州射洪（今四川射洪县）人。陈子昂生于富有的庶族地主家庭，自幼养成豪侠浪漫的性格。少年时，他闭门读书，遍览经史，二十一岁到长安游太学，次年到洛阳考试落第，二十四岁举进士。由于上书论政，受到武则天的赏识，陈子昂被任命为秘书省正字，后迁为右拾遗。在二十六岁和三十六岁时，他两次从军边塞，一次北征同罗、仆固，一次随武攸宜出击契丹，因为和武意见不合被排斥、降职，陈子昂愤而辞职还乡。后来他被武三思指使的县令段简诬陷入狱，遭受迫害，冤死狱中，终年四十二岁。

陈子昂具有儒家兼济天下的精神，关心国家安危和人民疾苦，对一些政治问题有真知灼见。对政治的热情是他革新诗歌的动力，其诗歌创作有强烈的政治倾向。

复归风雅是陈子昂的诗歌主张，他在《修竹篇序》中提出了正面的看法：

> 东方公足下：文章道弊五百年矣。汉、魏风骨，晋、宋莫传，然而文献有可征者。仆尝暇时观齐、梁间诗，彩丽竞繁，而兴寄都绝，每以永叹。思古人，常恐逶迤颓靡，风雅不作，以耿耿也。一昨于解三处，见明公《咏孤桐篇》，骨气端翔，音情顿挫，光英朗练，有金石声。遂用洗心饰视，发挥幽郁。不图正始之音复睹于兹，可使建安作者相视而笑。

这篇诗序也是陈子昂对于变革诗风的理论表述，坚决反对繁缛、浮华的齐梁诗风，提倡汉魏风骨和风雅、兴寄，并提出“骨气端翔，音情顿挫，光英朗练”的关于诗歌之美的理想，要求把昂扬、健康的内容与声律、辞藻之美结合起来。这篇态度鲜明的序言是唐代诗风转变和革新的一个标志。

陈子昂的创作也在努力实现这种主张，集中体现在他的《感遇》诗38首。这些诗并非作于一时一地，但基本都作于他入仕以后，有的讽刺时事、感慨现实，如《感遇》其四：“乐羊为魏将，食子殉军功。骨肉且相薄，他人安得忠?”其就是针对武后任用酷吏、滥杀无辜的现象而发的，也是出于关心国家命运的忠义立场，因此被杜甫称为“千古立忠义，感遇有遗篇”。有的抒怀言志、感叹身世，如《感遇》其三十五：

本为贵公子，平生实爱才。感时思报国，拔剑起蒿莱。西驰丁零塞，北上单于台。登山见千里，怀古心悠哉。谁言未忘祸，磨灭成尘埃。

这首诗作于诗人第一次随军北征时，慷慨悲歌，抒发报国济世的人生抱负。这是诗人亲临战场时的真情流露，展现了积极进取的精神风貌，有一股豪侠之气。

《感遇》中还有一些感怀身世的诗歌，写得十分动人，如其二：

兰若生春夏，芊蔚何青青。幽独空林色，朱蕤冒紫茎。
迟迟白日晚，袅袅秋风生。岁华尽摇落，芳意竟何成！

用楚辞里的草木零落、美人迟暮之意，抒写自己远大理想无法实现的苦闷。

随建安王武攸宜出征时，陈子昂写下了那首著名的《登幽州台歌》：

前不见古人，后不见来者。念天地之悠悠，独怆然而涕下。

作者心中充溢的是自感无人理解的孤独和苦闷，况且天地无穷和生命短暂的对比让诗人的这种孤傲之气无处安放，于是他心里产生了巨大的悲哀。这是“齐梁两百多年中没有听到过的洪钟巨响”（《中国文学史》），这首诗歌也得到后世无数读者的共鸣和同情。

在理论主张和创作实践上，陈子昂都影响了整个唐代。杜甫称赞他：“公生扬马后，名与日月悬。”（《陈拾遗故宅》）韩愈赞扬他：“国朝盛文章，子昂始高蹈。”（《荐士》）

第三节　盛唐诗歌

唐朝的开元、天宝年间，经济发达，国力强盛，民族意识高扬，涌现出一大批风格不同的重要诗人。

在黑暗、乱离的东晋，陶渊明开创了描写农村生活和田园风光的诗歌题材，盛唐时代的田园诗歌则产生于富庶、繁荣的社会，多由生活安逸的诗人创作。他们优游林下，追求个人的超脱，田园山水成为他们的精神家园和主要的诗歌题材。盛唐山水田园诗的代表作家是王维和孟浩然。

有一批诗人走向边疆、塞漠，描写亲眼看到的塞外风光、亲身体验的军旅生活和战争场面，同时描写边地人民的生活和征夫思妇的离情别恨，从军、出塞几乎成了每个诗人的题材，包括那些没有参加过战争的，反映这些内容的诗歌或雄奇，或清怨，形成一种独特的边塞诗风，代表诗人是高适和岑参。

总之，盛唐诗融合了近体的声律、词藻和古体的慷慨情怀，达到韵律和抒情完美结合、气骨与声律兼而有之的高超境界。这也是盛唐诗风的特点和标志。

一、“诗佛”王维

王维（公元701—761年），字摩诘，祖籍太原祁县（今山西太原），他的父亲徙官蒲州，所以他就成为河东（今山西永济）人。王维是盛唐山水田园诗的代表作家，除了能诗外，还精通音乐和书画。他十五岁就开始游学长安，二十一岁举进士，做大乐丞，后因事获罪，被贬为济州司库参军。他曾向宰相张九龄献诗，被提拔为右拾遗，后又任监察御史等职。安史判军攻陷长安时，他曾被迫任伪职，因此被定罪下狱，但很快又被赦免，官至尚书右丞。

王维在四十岁后就过着亦官亦隐的生活，开始隐居在终南别业，后来在蓝田辋川得到宋之问的别墅。到了晚年，他对仕途荣辱看得更淡，生活更加悠闲，常弹琴赋诗，坐禅诵经，于上元二年卒于居所，年六十一。

王维在青少年时期还是有着积极的人生态度和政治理想的，写了很多关于游侠和边塞的诗，如《少年行》：

新丰美酒斗十千，咸阳游侠多少年。相逢意气为君饮，系马高楼垂柳边。

这首诗写得意气风发，很有浪漫气息。王维曾到过塞外，出塞前后写了一系列气势壮大的诗歌，如《使至塞上》：

单车欲问边，属国过居延。征蓬出汉塞，归雁入胡天。大漠孤烟直，长河落日圆。萧关逢候骑，都护在燕然。

此诗意境雄浑壮阔，景物描写十分出色，“大漠”两句尤其壮丽，成为千古名句。诗歌中贯穿着一种豪迈的气概。

这些充满浪漫豪情的诗歌还有《从军行》、《老将行》、《燕支行》、《观猎》、《出塞作》等。《送元二使安西》还被配乐演唱，成为送别名曲《阳关三叠》。

王维四十岁后思想发生了变化，政治挫折和妻子去世给他带来创伤，更重要的是佛禅思想的影响让他逐步丧失了斗志和激情。这一时期他的诗歌内容主要写了隐居终南和辋川的悠闲宁静的生活。这些描写隐逸情怀的山水田园诗真正奠定了王维在唐诗史上的大师级地位。

前面提到王维精通音乐、擅长绘画，他把从音乐和绘画中领悟到的东西和山水田园诗结合起来，创造出“诗中有画，画中有诗”的优美意境，如《山居秋暝》：

空山新雨后，天气晚来秋。明月松间照，清泉石上流。竹喧归浣女，莲动下渔舟。随意春芳歇，王孙自可留。

这首诗歌的意境十分纯美。在清新、明净的山水中，感受着万物灵动、盎然的生机，诗人的心境此时也空明无碍，与自然之美完全融合在一起。

王维在《画学秘诀》中说：“凡画山水，意在笔先。”所谓“意”可以理解为作者想要表达的一种精神，这精神是画的灵魂，能让读者在欣赏中领悟到，从而在心理上产生共鸣。而且王维作画反对雕饰、刻画，注重意境象征。他师法吴道子的画派而加以变化，与当时色彩浓烈、工细典丽的画院风格不同，形成了萧疏清淡的水墨画风格，成为南宗之祖。王维作诗的风格和主张与作画一样，呈现出的是有独特思路的空明境界和宁静之美，如：

空山不见人，但闻人语响。返景入深林，复照青苔上。

——《鹿柴》

人闲桂花落，夜静春山空。月出惊山鸟，时鸣春涧中。

——《鸟鸣涧》

秋山敛余照，飞鸟逐前侣。彩翠时分明，夕岚无处所。

——《木兰柴》

木末芙蓉花，山中发红萼。涧户寂无人，纷纷开且落。

——《辛夷坞》

荆溪白石出，天寒红叶稀。山路元无雨，空翠湿人衣。

——《山中》

这些小诗表现的都是自然界中一个瞬间的景象、一个小小的片断、一段短暂的录影，然而其中的每一部分都有自己的生命，且与作者的生活和心境完全契合。正因为融进了诗人自身的精神，所以每一首诗歌都是有神韵、有风味的。

王维感受敏锐，对景物观察细致，善于在动态中捕捉景物的光、色变化，所以他的诗歌有强烈的色彩层次感，如：

日落江湖白，潮来天地青。

——《送邢桂州》

泉声咽危石，日色冷青松。

——《过香积寺》

荆溪白石出，天寒红叶稀。山路元无雨，空翠湿人衣。

——《山中》

白云回望合，青霭入看无。分野中峰变，阴晴众壑殊。

——《终南山》

各种颜色在王维笔下自然搭配、相衬相生，景物因色彩而神韵顿生，如一幅幅优美的风景画。

另外，王维的七绝抒情诗也写得婉转动人，如：

送君南浦泪如丝，君向东州使我悲。
为报故人憔悴尽，如今不似洛阳时。

——《送别》

渭城朝雨浥轻尘，客舍青青柳色新。
劝君更尽一杯酒，西出阳关无故人。

——《送元二使安西》

以上诗中以浅显的语言表达出深厚的感情，言有尽而意无穷。

王维的诗歌中既有雄奇壮阔的景物，又有对自然动态的细腻刻画，善于用意象构成能够表现自己生活情趣的独到意境。诗歌语言也十分清新洗练，朴素中有润泽华彩。王维诗歌像一首优美恬静的田园歌曲，又似一幅清新幽静的山水画，兼有陶渊明和谢灵运诗歌的优点。

二、山水田园诗派

山水田园诗派是盛唐时期兴起的一个以反映田园生活、描绘山水为作品主要内容的诗歌流派。诗派继承陶渊明的田园诗和谢灵运、谢朓山水诗的创作传统，以山水风光、田园生活为主要描写对象，歌咏清新脱俗的自然之美，表现返璞归真、宁静闲适的情趣，抒写隐逸生活的理想和志趣。作品以五言为主，风格清新自然，语言清丽洗练，意境淡远幽静，写景状物细致传神，提高了诗歌表现自然景物的艺术技巧，具有较高的审美价值。代表诗人有盛唐的王维、孟浩然、储光羲、常建、裴迪、祖咏、綦毋潜、丘为，中唐的韦应物、柳宗元等，而以王维、孟浩然成就最高，故又称“王孟诗派”。

盛唐时期社会安定、国力强大、文化繁荣，文人士大夫们生活优裕，有充分的物质条件去游山玩水。隐逸之风盛行，为自然山水、田园生活进入诗人的视野创造了无限可能。佛道思想流行，为山水田园诗的兴盛提供了文化及审美的基础。晋宋以来田园诗、山水诗的创作则提供了艺术上的借鉴。诗人们把目光投向山林、原野、村落、田陌，吟咏自然山水，描绘田园生活，用细腻的笔触创造出一个优美恬静、令人向往的世界。在表现自然之美时，他们善于捕捉种种形象，构成独到意境，既能概括地描写雄奇壮阔的景物，又能细致入微地刻画事物的动态。而且作者笔下的山水自然景观都融入了主观感情，或借景抒情，或情景交融。

王维、孟浩然等人诗歌的题材内容相同，艺术风格相近，但又各有特色。沈德潜的《说诗晬语》评云：“陶诗胸次浩然，其有一段渊深朴茂不可到处。唐人祖述者，王右丞有其清腴，孟山人有其闲远，储太祝有其真朴，韦左司有其冲和，柳仪曹有其俊杰，皆学焉而得其性之所近。”其中，王维和孟浩然的创作最为突出。王维是诗人、画家，还精通音乐，以画意、乐感、禅趣入田园山水诗，丰富了诗歌的表现力，创造出一种全新的艺术境界。王维的代表作品在前文中已有较详细的赏析，不再赘述。以下主要介绍孟浩然的创作情况。

孟浩然（公元689—740年），襄州襄阳（今属湖北）人，是与王维齐名的山水田园诗派的代表作家，也是唐代第一个大量写作山水田园诗的诗人。其诗虽不如王维诗境界开阔，但在艺术上有独特造诣，继陶渊明、谢灵运、谢朓之后开盛唐田园山水诗派之先声。孟浩然前半生主要在家闭门读书，以诗自适，曾一度隐居鹿门山。四十岁时，孟浩然到长安求仕，参加进士考试，没有中第。但在长安时，他与张九龄、王维等交谊甚笃，有诗名。后来他到吴越、江淮之地漫游，以排遣仕途失意的郁闷。张九龄做荆州长史时，孟浩然曾在他那儿做过一段时间的幕僚，最后返回襄阳，因纵情宴饮，食鲜疾发而亡。

孟浩然的隐居和王维有所不同，王维是官成身退的退隐，是经历了官场起落后才皈依佛教，优游山水，他的心境是恬静而平淡的。孟浩然虽然几乎一生都在隐居中度过，却有儒家的入世思想，因此内心一直不平静。他在《抒怀贻京邑故人》中说：“惟先自邹鲁，家世重儒风。……执鞭慕夫子，捧檄怀毛公。感激遂弹冠，安能固守穷。”可见他有着很强的进取心，希望得到朋友援引而走上仕途。孟浩然到长安应试，虽然赢得了诗坛的盛名，可是求仕的希望却完全落空了，因此他的心情抑郁而愤激。传说他曾在王维家为玄宗朗诵了一首诗而被斥责，就是《归故园作》：

北阙休上书，南山归敝庐。不才明主弃，多病故人疏。白发催年老，青阳逼岁除。永怀愁不寐，松月夜窗虚。

事情的真实性有待考证，但反映了诗人当时的想法和心境。他曾经“为学三十载，闭门江汉阴”。(《秦中苦雨赠袁左丞》) 他曾经“少年弄文墨，属意在章句”。(《南阳北阻雪》) 他曾经“昼夜常自强，词赋颇亦工”。(《书怀贻京邑故人》) 可是多年的努力却是一场空，让他更加落寞：

寂寂竟何待，朝朝空自归。欲寻芳草去，惜与故人违。当路谁相假，知音世所稀。只应守寂寞，还掩故园扉。

——《留别王侍御维》

哀叹明主之弃，慨叹知音之稀，反映出他“仕”与“隐”的矛盾和苦闷心情。到了晚年，他才逐渐从这种矛盾中解脱出来。

孟浩然的诗歌以山水诗居多，题材不广，或写游历所见的各地山水景色，或写家乡的自然风光，在抒写孤高的情怀时往往夹杂着失意的情绪，在以景自娱中融入羁旅乡思之情，如《宿建德江》、《临洞庭湖赠张丞相》、《江上思归》（一作早寒江上有怀）等。他的田园诗主要是写隐居生活的高雅情怀和闲情逸志，如《江上思归》：

木落雁南度，北风江上寒。我家襄水上，遥隔楚云端。

乡泪客中尽，孤帆天际看。迷津欲有问，平海夕漫漫。

这首诗是他漫游秦中、吴越时所作，隐含着身世之感。初冬时节，林木萧瑟，江上吹起寒冷的北风，诗人的家乡遥隔万里，他思归心切，陷入怅惘中。

又如《耶溪泛舟》：

落景余清辉，轻桡弄溪渚。澄明爱水物，临泛何容与。白首垂钓翁，新妆浣纱女。相看似相识，脉脉不得语。

这首诗写黄昏泛舟时的闲情逸致。诗人从容不迫地在泛着波光的明净水面上前行，看到垂钓的老翁和洗衣服的美丽少女相互对望，似乎认出了对方，但心照不宣，都默默不语。语句虽然清淡简朴，然而感受亲切真实，富有超妙自得之趣。

孟浩然还有大量描写故乡襄阳景物的山水诗，主要写了鹿门山、万山、岘山、鱼梁州、高阳池等名胜，如《秋登兰山寄张五》：

北山白云里，隐者自怡悦。相望试登高，心随雁飞灭。愁因薄暮起，兴是清秋发。时见归村人，沙行渡头歇。天边树若荠，江畔舟如月。何当载酒来，共醉重阳节。

此诗首句就写出了隐居生活的怡然自乐之情，接着描写了登高望雁以及清秋薄暮时分的种种情景，淡而有味，浑然一体，韵致飘逸，意境清旷。孟浩然的田园诗不多，但是平淡自然、质朴真淳，具有浓厚的生活气息，深受陶渊明的诗风影响，如《过故人庄》：

故人具鸡黍，邀我至田家。绿树村边合，青山郭外斜。开轩面场圃，把酒话桑麻。待到重阳日，还来就菊花。

绿树、青山、村舍、场圃、桑麻构成了一幅优美宁静的田园风景画，自然而亲切，不乏恬淡的艺术美，更不乏淳朴的生活美。孟浩然在乡村似乎寻找到一种皈依的感觉，终于摆脱了仕途失意的困扰和名利得失的羁绊，甚至连隐居中抑郁孤独的情绪也彻底丢开了，如《游精思观回，王白云在后》：

出谷未停午，到家日已曛。回瞻下山路，但见牛羊群。樵子暗相失，草虫寒不闻。衡门犹未掩，伫立望夫君。

虽然作者未必有农村劳动生活的体验，但他长期在农村生活，对乡村黄昏景色的描写非常真实。语言朴素，平淡而味浓，正如沈德潜所论："襄阳诗从静悟得之，故语淡而味终不薄。"（《唐诗别裁》）孟浩然的山水田园诗的风格大多是平和冲淡，清新自然，不尚雕饰，而又能超凡拔俗。沈德潜评论说："孟诗胜人处，每无意求工，而清超越俗，正复出人意表。"（《唐诗别裁》）闻一多说："淡得看不见诗了，才是真正孟浩然的诗。"（《唐诗杂论》）李白在《赠孟浩然》中说"吾爱孟夫子，风流天下闻。红颜弃轩冕，白首卧松云"，对作为隐逸诗人的孟浩然深怀敬意。孟浩然的诗歌风格清朗，感情纯挚，意境浑融，在艺术的完整、精美方面，堪与王维并驾齐驱。

王维和孟浩然创作了大量的山水田园诗歌，一方面是受当时隐逸之风的影响，另一方面受佛禅思想的熏染。只有甘于寂寞的隐居，才能静下心来观察、体悟山水，同时在隐居生活中，宁静秀丽的山水之美会给诗人以创作的灵感。王维受当时的北宗禅影响较大，很早就皈依佛法，精研佛理，孟浩然也和一些禅僧密切往来，因此他们的诗中富有禅意和禅趣。如王维《秋夜独坐》中的："雨中山果落，灯下草虫鸣。"孟浩然的《武陵泛舟》："水回青嶂合，云度绿溪阴。坐听闲猿啸，弥清尘外心。"在对山水景物的描绘中，透出清幽的禅趣，形成一种清淡诗风。虽然王维、孟浩然等人没有获得像李白、杜甫那样的盛誉，但赢得了后世许多文人的认同和共鸣。从《沧浪诗话》来看，严羽虽然标举李、杜，但实际上倾向于王、孟。作为山水田园诗派的代表人物，王维和孟浩然的诗歌以恬淡清幽的意境和平易近人的风格吸引着一代又一代的诗人。

三、高适和岑参

高适（公元 700—765 年），字达夫，渤海蓨（今河北景县）人，早年跟随父亲旅居岭南，生活困顿，是个狂放不羁的流浪者。开元年间他曾到长安求仕，也曾北上蓟门，奔走燕赵，希望可以从军到边塞，却没有结果。后来高适寓居宋中近十年，长期过着贫困失意的生活，他常常用诗歌表达自己怀才不遇的愤懑。天宝八年（公元 749 年），因被人举荐中举，高适做了封丘尉，三年后弃官，成为河西节度使哥舒翰的书记。安史之乱时，他跟随玄宗入蜀，拜谏议大夫，之后步步高升，历任淮南节度使和蜀、彭二州的刺史。代宗即位后，他又被召为刑部侍郎，转左散骑常侍，进封渤海县侯，食邑七百户。因此旧唐书本传说："有唐以来，诗人之达者，唯适而已。"在盛唐诗人中，做到高官且封侯的也就是高适了。

高适的大部分诗歌作品都是安史之乱以前写的，在他仕途畅达时作诗并不多。高适早期的诗歌中，多抒发怀才不遇的悲愤。"二十解书剑，西游长安城。举头望君门，屈指取公卿。……白璧皆言赐近臣，布衣不得干明主。归来洛阳无负郭，东过梁宋非吾土。兔苑为农岁不登，雁池垂钓心长苦。"（《别韦参军》）"曾是不得意，适来兼别离。如何一尊酒，翻作满堂悲。"（《宋中别周梁李三子》）高适慷慨悲歌，也显示出急于入世之心。

高适有着很强的功名心，希望通过在边塞立功而达到封侯的理想，因此不畏艰险，曾两次北上蓟门。在这种经历中，高适对边塞士卒的生活有了实际的体验。他创作的《蓟门五首》就描写了士卒的游猎生活和战斗精神。高适边塞诗中最杰出的作品是写于开元二十六年的《燕歌行》：

汉家烟尘在东北，汉将辞家破残贼。
男儿本自重横行，天子非常赐颜色。
摐金伐鼓下榆关，旌旆逶迤碣石间。
校尉羽书飞瀚海，单于猎火照狼山。

山川萧条极边土，胡骑凭陵杂风雨。
战士军前半死生，美人帐下犹歌舞！
大漠穷秋塞草腓，孤城落日斗兵稀。
身当恩遇恒轻敌，力尽关山未解围。
铁衣远戍辛勤久，玉箸应啼别离后。
少妇城南欲断肠，征人蓟北空回首。
边庭飘飖那可度，绝域苍茫更何有！
杀气三时作阵云，寒声一夜传刁斗。
相看白刃血纷纷，死节从来岂顾勋？
君不见沙场征战苦，至今犹忆李将军！

这首诗表现的内容十分丰富，也蕴含着极为复杂的思想感情。诗人以纵横错综的笔法写出了荒漠绝塞艰苦的自然环境，写出了紧张的战争气氛，也写出了士卒在战争中复杂的心理活动。诗中既有对男儿英雄气概的赞扬，也有对出征人及其家庭的深切同情；既歌颂了战士们忘我奋战的崇高精神，又表现出对将领们饮酒作乐的不满。全诗整体的风格还是昂扬向上、雄浑悲壮的。诗歌多用偶句，四句一换韵，形成了变化而和谐的韵律，跳跃起伏，极有气势。

高适的边塞诗大多写于北上蓟门和入河西幕府时，结合在边塞的所见所闻融入自己的思考和功名理想，表现出慷慨激昂的气概，表现形式上除了七言歌行外，多用长篇的五言古诗。如“功名万里外，心事一杯中。虏障燕支北，秦城太白东。离魂莫惆怅，看取宝刀雄”。(《送李侍御赴安西》)时而也透出一种冷静中的悲凉，如“匈奴终不灭，塞下徒草草。唯见鸿雁飞，令人伤怀抱！”(《武威作二首》其一)高适的绝句也有沉雄壮阔的特点，如《别董大》：“千里黄云白日曛，北风吹雁雪纷纷。莫愁前路无知己，天下谁人不识君。”又如《塞上吹笛》：“雪净胡天牧马还，月明羌笛戍楼间。借问梅花何处落，风吹一夜满关山。”

高适在漫游宋中到作封丘尉期间，有一些作品关怀人民疾苦，反映了丰富的社会内容，寄意深厚。如：《自淇涉黄河途中作》的第九首反映了广大人民在赋税和旱灾逼迫下的困苦生活，《东平路中遇大水》写农村发水灾的景象，还有《效古赠崔二》等，都是具有现实意义的作品，反映了“开元盛世”中的另一面。

在盛唐的边塞诗人中，与高适并称且诗风相近的是岑参。杜甫曾在诗中称：“高岑殊缓步，沈鲍得同行。意惬关飞动，篇终接混茫。”(《寄彭州高三十五使军适虢州岑二十七长势参三十韵》）严羽也说：“高、岑之诗悲壮，读之使人感慨。”

岑参（约公元715—770年），祖籍南阳（今河南南阳），生于江陵（今湖北江陵）。据杜确的《岑嘉州集序》记载，岑参出身于官宦之家，他的曾祖父、伯祖父和堂伯父都官至宰相，父亲也曾做过两任的州刺史。但岑参早岁丧父，家道中衰，从兄读书，全凭自身的刻苦努力，于天宝三载登进士第。天宝八载（公元749年），岑参弃官到龟兹（今新疆库车），入了安西四镇节度高仙芝的幕府，为安西节度使判官。两年后回长安，结识了杜甫、高适等诗人。天宝十三载（公元754年），岑参再度出塞，到了庭州（今新疆吉木萨尔县），在北庭都尉府封常清幕中任职。后来他历任起居舍人、嘉州刺史等职，晚年入蜀，流寓成都，卒于客舍。

岑参是一个有报国壮志和强烈进取精神的人，他曾说：“丈夫三十未富贵，安能终日守笔砚。”（《银山碛西馆》）他热衷于建功立业、获取功名，前后两次共六年的边塞生活是他一生中意义重大的经历，让他成为一名优秀的边塞诗人。

岑参早期的诗歌也有很优美、闲适的，如“涧水吞樵路，山花醉药栏”。（《初授官题高冠草堂》）又如“朝回花底恒会客，花扑玉缸春酒香”。（《韦员外家花树歌》）出塞后，环境变了，岑参的心境不一样了，诗风也发生了大的转变。岑参第一次出塞时就写了很多边塞诗，但没有引起注意。第二次出塞，岑参充满了乐观昂扬的精神，用豪迈的笔调和奇特的艺术手法表现西北塞漠的奇异风光及异域风情，写出了其边塞诗的代表作，如《走马川行奉送出师西征》：

> 君不见走马川行雪海边，平沙莽莽黄入天。轮台九月风夜吼，一川碎石大如斗，随风满地石乱走。匈奴草黄马正肥，金山西见烟尘飞，汉家大将西出师。将军金甲夜不脱，半夜军行戈相拨，风头如刀面如割。马毛带雪汗气蒸，五花连钱旋作冰，幕中草檄砚水凝。虏骑闻之应胆慑，料知短兵不敢接，车师西门伫献捷。

这首诗写封常清的一次西征。朔风夜吼，飞沙走石，塞外苦寒荒凉，气候条件恶劣，然而在诗人的印象中却是衬托将士们英雄气概的壮观景象。能够产生这样的感觉，是与诗人积极的人生态度、对边疆的热爱密切相关的。诗中没有写到直接的战斗场面，然而对行军中气氛的渲染已充分表现出变化莫测的军情和临阵前的紧张，有很强的震撼力，也显示出岑参险怪雄奇的诗风。

又如他的名作《白雪歌送武判官归京》：

北风卷地白草折，胡天八月即飞雪。忽如一夜春风来，千树万树梨花开。散入珠帘湿罗幕，狐裘不暖锦衾薄。将军角弓不得控，都护铁衣冷难着。瀚海阑干百丈冰，愁云惨淡万里凝。中军置酒饮归客，胡琴琵琶与羌笛。纷纷暮雪下辕门，风掣红旗冻不翻。轮台东门送君去，去时雪满天山路。山回路转不见君，雪上空留马行处。

诗歌开头就写了塞外八月飞雪的奇景，最令人叫绝的是诗人竟然用千万树梨花比喻雪花，让人感到浓郁的无边春意，用夸张的手法表现出遍地神奇的风光，同时显示出将士们战胜严寒的乐观精神。接下来写冰天雪地中军营的奇寒，写送别宴会上别具特色的异域音乐，写山回路转的离别，都表现出诗人对边塞的感情。把送别诗写得奇丽豪迈，正是诗人乐观好奇个性的体现。

这一时期，诗人写了很多优秀作品，因为亲身体验和立功边塞的豪情，军旅生活、边塞风景、风土人情在诗人笔下全都变得神奇而瑰丽，他用富于幻想和夸张的手法、清新奇巧的语言热情歌颂边塞生活，极大地丰富了边塞诗的题材和表现范围。

除了七言歌行外，岑参的七言绝句也有很好的作品，如《逢入京使》：

故园东望路漫漫，双袖龙钟泪不干。马上相逢无纸笔，凭君传语报平安。

如《山房春事》：

梁园日暮乱飞鸦，极目萧条两三家。庭树不知人去尽，春来还发旧时花。

前者表达对家乡亲友的思念，后者写萧条的春事，都十分动人。尤其是前一首诗，短短四句写出了出征人在马上的乡愁，情真意切，道出人人都有的感受。除了七言外，岑参的五言诗也有佳作，如“秋色从西来，苍然满关中。五岭北原上，万古青濛濛。”其中对自然景物的描写笔力惊人。

岑参是盛唐边塞诗人中留存作品最多的，约有七十多首，而且其中有的佳作在艺术方面已超过高适。殷璠称他的诗“语奇体峻，意亦造奇”（《河岳英灵集》），确实如此。

四、“诗仙”李白

李白是盛唐文化孕育出的一个天才诗人，生平经历之丰富和思想感情之复杂在中国诗人中是少有的。李白的籍贯有金陵、山东、陇西、四川、西域等说法，因为他一生到处漂泊、四海为家，根据一般可信的说法，他的祖籍应是陕西成纪（今甘肃秦安）。李白的身份除了诗人，还有游侠、刺客、隐士、道人、策士、酒徒等。这与他思想的复杂性有关，他既接受了儒家“兼济天下”的思想，又崇尚道家遗世独立、追求绝对自由的主张；他的头脑中既有无限的幻想，追求无限的超越自我，又注重现世的享乐、陶醉；他既豪放洒脱，又有对家庭的深厚感情。总之，他的非凡自信、傲世精神、洒脱气度、浪漫情怀是盛唐诗人时代性格和精神风貌的代表，是整个盛唐魅力之所在。

李白的诗歌也是风格多样的，汇集百川，熔炼铸造，兼有王维、孟浩然、高适、岑参诸家之长，无论长篇短制、五言七言，他都能写得非常出色，因此气象雄伟的长篇、悠远恬静的小诗在他的作品中都会出现。盛唐诗歌的神、情、气在李白的诗歌中发挥得淋漓尽致。

（一）李白的诗歌

李白在《古风》其一中说：“大雅久不作，吾衰竟谁陈。”他不满于“自从建安来，绮丽不足珍”的诗风，并说“我志在删述，垂辉映千春。希圣如有立，绝笔于获麟”。因此他发扬汉魏乐府的优良传统和风骨，大力拟作古乐府诗，以复古为革新，把南朝以来的柔靡诗风扫荡一空，完成了陈子昂的诗歌革新之功业。

李白运用乐府精神和民歌语言达到了极为纯熟的地步，诗歌少雕饰而近自然，创造性地发展了诗歌的内容和形式，突破了一些过于严格的格律。在诗体解放和对乐府民歌的学习上，他为后人开辟了很多道路。

床前明月光，疑是地上霜。举头望明月，低头思故乡。

——《静夜思》

长安一片月，万户捣衣声。秋风吹不尽，总是玉关情。何日平胡虏？良人罢远征。

——《子夜吴歌》

玉阶生白露，夜久侵罗袜。却下水晶帘，玲珑望秋月。

——《玉阶怨》

长相思，在长安。络纬秋啼金井阑，微霜凄凄簟色寒。孤灯不明思欲绝，卷帷望月空长叹。美人如花隔云端，上有青冥之高天，下有渌水之波澜。天长地远魂飞苦，梦魂不到关山难。长相思，摧心肝。

——《长相思》其一

这些乐府诗或写乡愁，或写闺怨，都能曲尽其意，细致入微。

长篇歌行则更能突出李白诗歌气象雄伟、情感奔放的特点。如他的《蜀道难》、《将进酒》、《行路难》、《梦游天姥吟留别》等，篇篇都有横扫千军的气概，在那些参差变化的语句中，在那些快速变换的音韵里，显示出他过人的才情和独特的艺术功力。这些诗歌中的很多语段都成为经典，如：

噫吁嚱，危乎高哉！蜀道之难，难于上青天！蚕丛及鱼凫，开国何茫然！尔来四万八千岁，不与秦塞通人烟。西当太白有鸟道，可以横绝峨眉巅。……黄鹤之飞尚不得过，猿猱欲度愁攀援。青泥何盘盘，百步九折萦岩峦。扪参历井仰胁息，以手抚膺坐长叹。问君西游何时还？畏途巉岩不可攀。但见悲鸟号古木，雄飞雌从绕林间。又闻子规啼夜月，愁空山。蜀道之难，难于上青天，使人听此凋朱颜！……

——《蜀道难》

君不见，黄河之水天上来，奔流到海不复回。君不见，高堂明镜悲白发，朝如青丝暮成雪。人生得意须尽欢，莫使金樽空对月。天生我材必有用，千金散尽还复来。……

——《将进酒》

金樽清酒斗十千，玉盘珍馐直万钱。停杯投箸不能食，拔剑四顾心茫然。欲渡黄河冰塞川，将登太行雪满山。闲来垂钓碧溪上，忽复乘舟梦日边。行路难！行路难！多歧路，今安在？长风破浪会有时，直挂云帆济沧海。

——《行路难》

……世间行乐亦如此，古来万事东流水。别君去兮何时还？且放白鹿青崖间，须行即骑访名山。安能摧眉折腰事权贵，使我不得开心颜？

——《梦游天姥吟留别》

这种李白式的抒情，如暴风骤雨，突起突落，如江河瀑布，一泻千里，写得激情澎湃，气势如虹，充分显示出诗人自信狂放的人格风采。这样的名篇还有《陪侍御叔华登楼歌》（原名《宣州谢朓楼饯别校书叔云》）：

弃我去者，昨日之日不可留。乱我心者，今日之日多烦忧。长风万里送秋燕，对此可以酣高楼。蓬莱文章建安骨，中间小谢又清发。俱怀逸兴壮思飞，欲上青天揽明月。抽刀断水水更流，举杯消愁愁更愁。人生在世不称意，明朝散发弄扁舟。

这首诗作于李白被以“赐金放还”的名义废逐后。一直以来，李白的高傲不为世所容，因此他的悲愤之情难以抑制地喷发出来。然而，这种不平和愤怒却丝毫没有影响到他的自负和狂傲。在诗歌中，他把悲愤表达得慷慨激昂、豪气十足，反而让人感到振奋，这正是李白的超凡之处。

当李白沉静下来时，也能写出像王维、孟浩然那样恬静淡远的诗歌。如：

问余何意栖碧山，笑而不答心自闲。桃花流水窅然去，别有天地非人间。

——《山中问答》

暮从碧山下，山月随人归。却顾所来径，苍苍横翠微。相携及田家，童稚开荆扉。绿竹入幽径，青萝拂行衣。欢言得所憩，美酒聊共挥。长歌吟松风，曲尽河星稀。我醉君复乐，陶然共忘机。

——《下终南山过斛斯山人宿置酒》

诗中笔致秀逸，心态悠然，和王、孟的风格十分接近，因此说李白诗歌兼具高、岑、王、孟之长，集盛唐诗歌之大成，是非常确切的。

李白的诗歌既有雄奇浪漫的壮美，也有自然明快的优美，这优美情韵主要体现在他的绝句中。在绝句方面，无论是五绝、七绝，李白都写得很好。明人胡应麟说：“太白五七言绝，字字神境，篇篇神物。”（《诗薮》内编卷六）如：

众鸟高飞尽，孤云独去闲。相看两不厌，唯有敬亭山。

——《独坐敬亭山》

这首诗写了片刻的超然意趣，人与山刹那间的相通、相应。寂静的山安慰了一人独坐的寂寞心境，让人感受到置身自然的亲近、温暖。

天下伤心处，劳劳送客亭。春风知别苦，不遣柳条青。

——《劳劳亭》

这首诗构思巧妙、情思委婉。作者猜测春风因为知道别离之苦，所以不让柳色变青，这样人们就不能折柳送别了。

以最简洁、明快的语言表达出深厚、无尽的情思，既自然又含蓄，达到绝句的最高境界。又如：

杨花落尽子规啼，闻道龙标过五溪。我寄愁心与明月，随风直到夜郎西。

——《闻王昌龄左迁龙标遥有此寄》

故人西辞黄鹤楼，烟花三月下扬州。孤帆远影碧空尽，唯见长江天际流。

——《黄鹤楼送孟浩然之广陵》

南湖秋水夜无烟，耐可乘流直上天。且就洞庭赊月色，将船买酒白云边。

——《陪族叔侍郎晔及中书贾舍人至游洞庭五首》其二

诗中意境清新，风神飘逸，具有超尘脱俗的韵味。

李白的七绝佳作还有《望庐山瀑布》、《望天门山》、《早发白帝城》、《黄鹤楼送孟浩然之广陵》、《山中问答》等。这些作品都是写诗人在现实生活中和面对自然时产生的感悟和情思，兴到神会，挥笔即成，景物和感觉都是片刻进入眼中、心中的，但是余味无穷，并且贴近自然的人情，富有生活情趣，有清水芙蓉之美。

（二）李白诗歌的艺术特色及影响

在中国诗歌史上，李白诗歌的艺术个性是独一无二的。

李白是一个浪漫主义诗人，称自己的诗歌是“兴酣落笔摇五岳，诗成啸傲凌沧州”（《江上吟》）。杜甫称赞他的诗是“笔落惊风雨，诗成泣鬼神”（《寄李十二白二十韵》）。他的诗歌最鲜明的特色就是这种无比神奇的艺术魅力。

李白的诗歌带有强烈主观色彩，很少对客观事物和事件做细致描述，主要就是抒写豪迈气概、激昂情怀。并且，他的抒情方式是火山喷发式的，一旦爆发就会喷涌而出，不可抑制。当平常语言不足以表达他的激情时，他就大胆夸张；当现实中的事物不足以形容他的思想时，他就借助神话和种种奇特的想象和幻想。李白诗歌中极度的夸张能让人感受到高度的真实，如“抽刀断水水更流，举杯消愁愁更愁”，“燕山雪花大如席，片片吹落轩辕台”。(《北风行》)。

李白诗歌中的想象是天马行空、变化莫测、奇丽惊人的。如“黄河落天走东海，万里写入胸怀间”（《赠裴十四》），“白发三千丈，缘愁似个长”（《秋浦歌十七首》其十五），“狂风吹我心，西挂咸阳树。”（《金乡送韦八之西京》）。而且，他的奇特想象跳跃极大，之间的衔接也不同寻常，充分显示出敏捷的才思。因为诗歌的宏大气魄和丰富想象，李白诗歌中的意象常表现出吞吐山河、包孕日月的壮美，大鹏、大鱼、大江、大河、雪山、沧海等，这些巨大、壮观的事物都是李白喜欢吟咏的对象，而且被放在广阔的背景之下，形成雄奇壮大的意象。

李白诗歌感情十分充沛，而又瞬息万变。比如在他的名作《将近酒》中，他正劝人开怀畅饮，及时行乐：“人生得意须尽欢，莫使金樽空对月。”似乎安于这种颓废生活，忽然又恢复了无比的自信：“天生我材必有用，千金散尽还复来。”在《梁园吟》中也是这样，诗人在尽情地写了痛饮狂欢后，忽然又感慨流泪，叹功名富贵之虚幻、无常，快到诗歌结尾时突然又道：“歌且谣，意方远。东山高卧时起来，欲济苍生未应晚。”如此复杂多变的感情，诗人却写得灵活洒脱，形成跳跃、变化的特点。

李白诗歌的语言用他自己的诗歌形容就是“清水出芙蓉，天然去雕饰”（《经乱离后……书怀赠韦太守良宰》）。李白的诗歌看似最平凡的地方，却是最难达到，这是他认真学习汉魏六朝乐府民歌的结果，因而李白的诗歌语言深得民歌的朴素自然之致。

杜甫在《春日忆李白》中说：“白也诗无敌，飘然思不群。清新庾开府，俊逸鲍参军。”认为李白的诗歌天下无人可比，推崇备至。李白确实是一位天才诗人，在当时就有很高的声誉、地位，被看作奇才。在中晚唐诗人中，李白有很大影响，韩愈和李商隐都很推崇他。宋以后，李白和杜甫并称诗坛。

李白诗歌的飘逸豪放、质朴清新影响了后世很多的诗歌大家，李白诗歌中反映出的个人魅力、人格力量曾吸引了无数士人，他的凛然风骨、潇洒风神、超凡自信、独立人格都让人为之倾倒。在中国诗歌史上，李白的地位是不可替代的。

第四节 中唐诗歌

一、“诗圣”杜甫

在诗歌方面，中唐诗歌没有了盛唐的浓烈的理想色彩，而代之以人间的艰辛和中年的思虑。

（一）杜甫的诗歌

盛唐的诗人们很多在战乱前沉寂了，只有少数人把目光投向底层，反映战争给社会和人民带来的苦难。其他诗人似乎还不习惯写战乱题材，在灾难前，他们感慨“强欲登高去，无人送酒来。遥怜故乡菊，应傍战场开”（岑参《行军九日思长安故园》）。李白写了不少涉及战乱的诗歌，但只是他参与战争的感受、抱负等，并没有写出普通百姓所遭受的苦难。杜甫是最早、最全面地以诗歌反映这场大灾难的，写了许多战争中的重要事件，深广生动、血肉饱满地展现了战火中整个社会的画面。因此，杜甫的诗歌有“诗史”之称。

杜甫在寄寓长安的几年已注意到尖锐的社会矛盾，写出很多反映社会现实的名作，如《自京赴奉先县咏怀五百字》：

杜陵有布衣，老大意转拙。许身一何愚，窃比稷与契。居然成濩落，白首甘契阔。盖棺事则已，此志常觊豁。穷年忧黎元，叹息肠内热。取笑同学翁，浩歌弥激烈。非无江海志，潇洒送日月。生逢尧舜君，不忍便永诀。当今廊庙具，构厦岂云缺？葵藿倾太阳，物性固难夺。……多士盈朝廷，仁者宜战栗。况闻内金盘，尽在卫霍室。中堂舞神仙，烟雾散玉质。暖客貂鼠裘，悲管逐清瑟。劝客驼蹄羹，霜橙压香橘。朱门酒肉臭，路有冻死骨。……老妻寄异县，十口隔风雪。谁能久不顾，庶往共饥渴。入门闻号咷，幼子饿已卒。吾宁舍一哀，里巷亦呜咽。所愧为人父，无食致夭折。岂知秋禾登，贫窭有仓卒？生常免租税，名不隶征伐。抚迹犹酸辛，平人固骚屑。默思失业徒，因念远戍卒。忧端齐终南，澒洞不可掇。

天宝十四载，大乱前夕，杜甫前往奉先看望妻儿。全诗的中心就是“穷年忧黎元”。开头写自己虽有济世之志，却不得伸展，但是历尽艰辛，仍不愿改初衷，虽然当前也许不缺人才，但忧国忧民就像葵花总是向着太阳一样，已经化为作者的本质。中间一部分揭露在骊山行宫中的玄宗等人沉缅声色、挥霍享乐的生活，对严重贫富分化的现实和政治民生的黑暗、苦痛极尽笔墨，对动乱苗头和日益急迫的危机表达了深重的忧虑。最后一部分写诗人因为牵挂着妻儿，回到家里，可是幼子已经因为饥饿而死，面对着夭亡的孩子，作为父亲的杜甫心中的悲痛和愧疚可想而知，然而此时他却想到了那些“失业徒”和“远戍卒”。杜甫因为父亲已免于赋税和兵役，可是家庭仍然穷困至此，那些底层的人民的生活景况又当如何呢？

《兵车行》对于统治阶级穷兵黩武的战争给民众造成的苦难进行了深刻揭露。最后诗人竟发出这样的感叹：“信知生男恶，反是生女好。生女犹得嫁比邻，生男埋没随百草。君不见青海头，古来白骨无人收。”这种反常的真实想法更加折射出现实的残酷。《丽人行》则是写杨贵妃兄妹的骄横和奢侈生活，揭示了在当时的社会状况下的宫廷生活内幕，表达作者的谴责和愤怒之情。

安史之乱到作者入蜀的几年间是社会最为动乱，也是杜甫生活最为艰辛的时期，这让他更贴近战乱、饥荒下的人民生活和生产被破坏的真实状况，使他更加深入地观察社会，对人民的痛苦感同身受，同时诗歌艺术也趋于成熟。这一时期，杜甫写了大量优秀的诗歌。如：

国破山河在，城春草木深。感时花溅泪，恨别鸟惊心。烽火连三月，家书抵万金。白头搔更短，浑欲不胜簪。

——《春望》

峥嵘赤云西，日脚下平地。柴门鸟雀噪，归客千里至。妻孥怪我在，惊定还拭泪。世乱遭飘荡，生还偶然遂。邻人满墙头，感叹亦歔欷。夜阑更秉烛，相对如梦寐。

——《羌村三首》其一

四郊未宁静，垂老不得安。子孙阵亡尽，焉用身独完！投杖出门去，同行为辛酸。幸有牙齿存，所悲骨髓干。男儿既介胄，长揖别上官。老妻卧路啼，岁暮衣裳单。孰知是死别，且复伤其寒。此去必不归，还闻劝加餐。土门壁甚坚，杏园度亦难。势异邺城下，纵死时犹宽。人生有离合，岂择衰盛端！忆昔少壮日，迟回竟长叹。万国尽征戍，烽火被冈峦。积尸草木腥，流血川原丹。何乡为乐土？安敢尚盘桓！弃绝蓬室居，塌然摧肺肝。

——《垂老别》

这些诗都是以实际的体验和感受来写战乱中的民间疾苦的，写历史环境、人物遭遇、他们内心的怆痛，这些都十分真实，让人身临其境，如见其人，如闻其声，千载之下，犹令人为之动情。

在杜甫入蜀直到去世的一二十年里，他的生活虽然颠沛流离，但比起战乱时已略为安定。这个时期诗人对于诗歌艺术更加用心钻研，尤其是在律诗上大用心力。《蜀相》、《野老》、《绿夜抒怀》、《登楼》、《闻官军收河南河北》、《秋兴》、《登高》等律诗中的杰作都作于此期。如：

岁暮阴阳催短景，天涯霜雪霁寒宵。五更鼓角声悲壮，三峡星河影动摇。野哭千家闻战伐，夷歌数处起渔樵。卧龙跃马终黄土，人事音书漫寂寥。

——《阁夜》

昔闻洞庭水，今上岳阳楼。吴楚东南坼，乾坤日月浮。亲朋无一字，老病有孤舟。戎马关山北，凭轩涕泗流。

《登岳阳楼》

风急天高猿啸哀，渚清沙白鸟飞回。无边落木萧萧下，不尽长江滚滚来。万里悲秋常作客，百年多病独登台。艰难苦恨繁霜鬓，潦倒新停浊酒杯。

——《登高》

杜甫说自己：“晚节渐于诗律细。”（《遣闷呈路十九曹长》）这三首诗就声律艺术来讲，达到了炉火纯青的地步。

为了写一些较复杂、宽泛的内容，杜甫还写了很多组诗，其中以七律组诗写得最好。如《咏怀古迹五首》、《诸将五首》、《秋兴八首》，尤其是《秋兴八首》，堪称杜甫律诗中的精品。

《秋兴八首》写于杜甫在夔州时。这时安史之乱已经结束，但藩镇叛乱和外族入侵仍然不断。作者的挚友相继去世，他仍漂泊在沧江，老病而孤苦。山城秋色引起了他的故园之思，进而是对自己一生的回顾和感悟。这八首诗就在这样的思绪中展开。其一：

玉露凋伤枫树林，巫山巫峡气萧森。江间波浪兼天涌，塞上风云接地阴。丛菊两开他日泪，孤舟一系故园心。寒衣处处催刀尺，白帝城高急暮砧。

江峡的秋色渐浓，“丛菊两开”说明作者已滞留在夔州两年了。看到那弥天盖地的秋色，作者不禁陷入对故乡的深深思念中，这时却被城中的砧声惊断，原来家家都在赶制冬衣了，更加深了作者的孤独心情。而且，诗中也寄寓了作者的抚今追昔之感，秋天一年一度地如期而至，而人的生命就在大自然的岁华摇落中渐渐逝去。只有那波浪滔天的大江见证了历史和未来，阅尽人世沧桑……

杜甫的律诗在格律中极尽变化，写得极其工整却又不露痕迹。如：

剑外忽传收蓟北，初闻涕泪满衣裳。却看妻子愁何在，漫卷诗书喜欲狂。白日放歌须纵酒，青春作伴好还乡。即从巴峡穿巫峡，便下襄阳向洛阳。

——《闻官军收河南河北》

此诗淋漓尽致地表现了突然而至的狂喜心情，生动地描写了作者在这种心情下的行动。整首诗联结紧密流畅，整体感很强，有一种风驰电掣的气势。

清江一曲抱村流，长夏江村事事幽。自去自来梁上燕，相亲相近水中鸥。老妻画纸为棋局，稚子敲针作钓钩。但有故人供禄米，微躯此外更何求？

——《江村》

作者似乎不经意地写出夏天乡村中的一幕幕场景，随意亲切，而且把律诗的体式写得无迹可寻、浑成天然。

（二）杜甫诗歌的艺术特色和影响

杜甫诗歌有多种风格，最为主要的特征就是沉郁顿挫。沉郁是情感的壮大和悲慨；顿挫是表达感情时的回环往复、波澜起伏。"时代环境的急遽变化，个人生活的穷愁困苦，思想感情的博大深厚，以及表现手法的沉着蕴藉，是形成这种风格的主要因素。"

动乱时代、个人遭遇让杜甫的诗歌充满深切的忧思，无论是写人民苦难还是自己的艰辛坎坷，都蕴含着阔大深沉的情感。杜甫的诗是以强烈的感情为基础的，但由于他的思想所蕴含的儒家平和处世的态度，在抒写这种感情时，则会缓慢而曲折地表达，从而显示出一种特殊的深沉感。如《自京赴奉先县咏怀五百字》，先写自己理想的落空，既不能入仕，又不甘退隐，反复考虑、陈述自己的志向，感情起伏多变，最后对个人遭遇的悲慨转为对人民苦难的忧虑。《新婚别》也是曲折反复地表达感情，低回而深沉。《梦李白二首》先写梦中见到李白，怀疑他真的来到，确定是真来，又怀疑他如何逃出牢笼，肯定不是真的，而说不是真实的，又那么清晰地看到他月光下的憔悴形容，起起伏伏，深沉低回，表现出对李白的深切挂念之情。

杜甫的诗歌风格又是多样的，如胡震亨所说：“精粗巨细，巧拙新陈，险易浅深，浓淡肥瘦，靡不毕具。”（《唐音癸签》卷六）杜诗除了沉郁顿挫以外，还有闲适自然的一面，最能代表这一风格的是他的《江畔独步寻花七绝句》。如其三：“江深竹静两三家，多事红花映白花。报答春光知有处，应须美酒送生涯。”其五：“黄四娘家花满溪，千朵万朵压枝低。留连戏蝶时时舞，自在娇莺恰恰啼。”其七：“不是爱花基欲死，只恐花尽老相催。繁枝容易纷纷落，嫩蕊商量细细开。”诗中表现在大自然的宁静氛围中，有一种闲适、优雅的情思，令人陶醉。

在现实主义诗歌的发展过程中，杜甫有着承前启后、继往开来的重要地位。杜甫诗歌博采众家之长，兼收并蓄，又能超出师法的对象。从思想感情上，继承了屈原等诗人忧国忧民的情怀；在表现手法上，受到《诗经》、《离骚》的深刻影响，而杜甫诗歌关注现实的精神、深沉的感情、赤诚的情怀、热烈的抒写，又是与乐府和建安诗风相联系的。杜甫兼备众体而又独具特色的创作，丰富了诗歌的艺术经验，为后世诗人提供了许多可以学习、借鉴、发展的层面，因此杜甫在诗歌史上的影响经久不衰。

二、韩愈和孟郊

贞元、元和年间相继出现艺术风格多样的诗人和诗派，诗坛开始新一轮的繁荣，诗人们在艺术上各有独创，影响最大的则是韩孟一派。

贞元八年（公元 792 年），孟郊到长安参加进士考试，韩愈赠诗两首，因此两人开始交往，为韩孟诗派的形成和崛起奠定了基础。在贞元和元和年间，韩愈和诗派成员孟郊、张籍、李翱等有过两次重要的聚会。在此期间，孟郊和韩愈都形成了各自的诗风，并且韩愈在诗歌方面的独创得到大家的认同和效仿，由此大家相互切磋，形成比较一致的诗歌主张和创作方向。其中，最重要的就是韩愈和孟郊的“不平则鸣”说。

韩愈（公元 768—824 年），字退之，河阳（今河南孟县）人，郡望昌黎，故被后人称为韩昌黎。韩愈三岁时就成了孤儿，由嫂嫂抚养成人。贞元八年（公元 792 年），韩愈登进士第，做过监察御史、潮州刺史等官，有《昌黎先生集》。韩愈还是一个勇于创新的诗人，致力于诗歌的革新。

韩愈写了很多长篇古诗，其中包括不少揭露现实矛盾以及表达个人感情的佳作，也有清新飘逸近似盛唐诗风的诗歌，如《早春呈水部张十八员外二首》其一：

天街小雨润如酥，草色遥看近却无。最是一年春好处，绝胜烟柳满皇都。

但是韩愈诗歌中最有特色的是那些气势壮大、意象新奇的作品。韩愈平生喜欢追求新鲜奇异的事物，欣赏壮美的景象，而且本身具有一种敢做敢为的气概和豪放刚劲的气质，表现在诗中便气豪势猛、声情激越、超越凡俗。如《卢郎中云夫寄示送盘谷子诗两章歌以和之》：

昔寻李愿向盘谷，正见高崖巨壁争开张。是时新晴天井溢，谁把长剑倚太行！冲风吹破落天外，飞雨白日洒洛阳，东蹈燕川食旷野，有馈木蕨芽满筐。马头溪深不可厉，借车载过水入箱。平沙绿浪榜方口，雁鸭飞起穿垂杨。……

诗歌开头给人的感觉就很开阔壮观，接下来把飞瀑比喻为长剑。诗人驰骋想象，写瀑布被风吹破，洒向洛阳，情景新奇而壮阔。又如《石鼓歌》：

张生手持石鼓文，劝我试作石鼓歌。少陵无人谪仙死，才薄将奈石鼓何。周纲凌迟四海沸，宣王愤起挥天戈。大开明堂受朝贺，诸侯剑佩鸣相磨。搜于岐阳骋雄俊，万里禽兽皆遮罗。……

诗中展现了石鼓形成的远古历史，雄浑苍劲，气势飞动，有酣畅淋漓、飘逸豪放之感。韩愈一直追求怪奇的诗风，大胆探索诗歌的表现手法，在写诗时有时会采用赋的表现手法，铺张罗列，穷形尽相，代表作是《南山诗》和《陆浑山火一首和皇甫湜用其韵》。这两首诗都比较长，巨细不遗，描述详尽，创造出超乎寻常的意象和意境，有一种清新感。这也正是韩愈努力的方向。

孟郊（公元751—814年），字东野，武康（今浙江德清）人，一生执著追求功名，却因性格狷介孤傲、不善变通而屡次受挫，直到四十六岁才中了进士，五十岁被任命为溧阳尉。他的生活充满了贫穷、饥饿、疾病等种种苦难。这样的人生对他的诗歌创作有很大影响，他的诗歌体裁、内容以及苦吟的作诗方法都与生活经历有关。他作有《孟东野诗集〉，存诗四百多首。

孟郊作诗习惯苦吟，注重构思和造语，锤炼字句，不辞辛苦。如写思妇怨情的《怨诗》："试妾与君泪，两处滴池水。看取芙蓉花，今年为谁死！"妻子和丈夫比谁的泪水能把莲花浸死，以显示怨之深切，构思巧妙奇绝，发前人之未发。又如“声翻太白云，泪洗蓝田峰”（《远愁曲》），“风叶乱辞木，雪猿清叫山”（《送殷秀才南游》）。孟郊的诗歌中有大量抨击现实、表现自己贫寒生活和悲慨的作品，如“食荠肠亦苦，强歌声无欢。出门即有碍，谁谓天地宽!”（《赠崔纯亮》）本诗虽然用朴拙的语言写出，却自有感人肺腑的力量。

苏轼有“郊寒岛瘦”之评，“寒”其实在孟郊的诗歌意象上表现突出。孟郊的诗中有许多凄清、幽僻、苦涩、清冷的意象，让人读起来就能感到一丝寒意，如“天色寒青苍，北风叫枯桑”（《苦寒吟》），“日短觉易老，夜长知至寒”（《商州客舍》）。而最有代表性的则是他的《秋怀十五首》，如其二：“秋月颜色冰，老客志气单。冷露滴梦破，峭风梳骨寒。”其九：“冷露多瘁索，枯风饶吹嘘。秋深月清苦，虫老声粗疏。”用秋天的“风”、“露”、“虫鸣”、“冷月”等意象，渲染出一种清寒、萧索的氛围，让人仿佛看到诗人老病、孤苦的形象以及不可抑制的悲伤。

孟郊最脍炙人口的诗歌还是那首《游子吟》：“慈母手中线，游子身上衣。临行密密缝，意恐迟迟归。谁言寸草心，报得三春晖!”

三、白居易和元稹

清人赵翼在《瓯北诗话》中说：“中唐诗以韩、孟、元、白为最。韩、孟尚奇警，务言人所不敢言；元、白尚坦易，务言人所共欲言。”和韩孟诗派同时，稍后出现了以白居易和元稹为代表的，重写诗、尚通俗的元白诗派。

（一）白居易诗歌作品

在《与元九书》中，白居易说：“仆志在兼济，行在独善。奉而始终之则为道，言而发明之则为诗。谓之讽喻诗，兼济之志也；谓之闲适诗，独善之义也。”白居易把自己诗歌分为讽喻、闲适、感伤、杂律四类，讽喻体现他的兼济之志，闲适则蕴含独善之义，因此这两类诗最受他的重视。

从入仕到被贬为江州司马之前，是白居易“志在兼济”的时期，这期间他创作了大量讽喻诗。他主张“文章合为时而著，歌诗合为事而作”，认为诗歌应反映人民疾苦，因此觉得诗歌必须写得真实可信，通俗易懂，容易入乐歌唱，这样更有利于把民情传达到朝廷，从而使诗歌起到

"补察时政"的作用。

白居易的讽喻诗有一百七十多首，都是重写实，尚通俗，且强调讽喻作用，《秦中吟》、《新乐府》就是代表作。《秦中吟》是包含十首诗歌的组诗，每首诗歌针对一件具体的时事，主要就是揭露当时社会的弊端和人民群众所受的压迫。如：其中的《轻肥》写出宦官集团花天酒地的生活和旱灾下地方"人食人"的鲜明对比；《伤宅》则揭露一些为富不仁的达官显贵们，家中肉臭、钱腐，却"忍不救饥寒"；《歌舞》是"朱轮车马客，红烛歌舞楼"与"岂知阌乡狱，中有冻死囚"，这些对比会让我们想到杜甫的一句诗："朱门酒肉臭，路有冻死骨。"从写时事这一点来讲，白居易和杜甫确实有相通之处。

《新乐府》共五十首，作于元和四年，这一组诗具有明确的政治目的，经过了严密的组织，内容十分广泛，涉及到很多方面，反映民生疾苦、抨击权贵和弊政的篇章是其中价值较高的作品。这些诗歌也是一篇专咏一事，题目就是咏的事件，而且篇下有小序，点出主旨。如：《卖炭翁》是"苦宫市也"，《秦吉了》是"哀冤民也"，《红线毯》是"忧桑蚕之费也"，《上阳白发人》是"愍怨旷也"……中心很明确。这些篇章有民歌的情调，形式灵活，开头多用三字句，后面接七字句，如"卖炭翁，伐薪烧炭南山中。满面尘灰烟火色，两鬓苍苍十指黑"。再穿插以口头语和俗语，明白晓畅，琅琅上口。《新乐府》的缺点也是显而易见的，尤其是与杜甫那些真情实感自然流露而又意蕴深厚的作品相比，白居易的有些诗歌现实功利性太强，多是议论和说教，显得枯燥乏味，另外语言也不够精炼。

白居易的闲适诗多表现淡泊悠然的情调，"知足保和，吟玩性情"（《与元九书》）。他的闲逸心境、佛道思想、诗酒人生全都在诗中显现："世间好物黄醅酒，天下闲人白侍郎"（《尝黄醅新酎忆微之》），"七篇《真诰》论仙事，一卷《坛经》说佛心"（《味道》），"绿蚁新醅酒，红泥小火炉。晚来天欲雪，能饮一杯无?"（《问刘十九》）。

白居易铺叙身边琐事、写衣食俸禄的一些浅俗的闲适诗作，随手写出，内容毫无新意，苏轼说"元轻白俗"（《祭柳子玉文》），白居易的"俗"主要就体现在这些作品里。他的一些写景记游的诗歌则很有特色，以独特的审美眼光和清新笔调关照自然，有超然物外的韵味，如《大林寺桃花》：

人间四月芳菲尽，山寺桃花始盛开。长恨春归无觅处，不知转入此中来。

诗歌虽短，却富含理趣，活泼清新。另外还有《游悟真寺一百三十韵》、《读谢灵运诗》、《题浔阳楼》、组诗《效陶潜体十六首》等。白居易的闲适诗语言浅近平易，意境悠然淡泊，尤其是诗中表现出的佛老思想及对政治的退避，容易使后代诗人产生共鸣，因此影响深远。

白居易"感伤"诗中的《长恨歌》和《琵琶行》是长篇叙事诗的优秀作品。《长恨歌》作于元和元年，主要是以唐明皇、杨贵妃的爱情故事为题材，受到了佛教、道教故事的影响，同时也融进了诗人自己不能和所爱之人常相厮守的憾恨之情。全诗以咏叹李、杨爱情为主，在叙事中运用了想象和虚构，贯注了深厚、浓烈的情感，流转生动，产生了极强的艺术感染力。《琵琶行》作于元和十一年的江州贬所。诗歌通过诗人亲身的经历和见闻写了琵琶女嫁作商人妇的命运，抒发了"同是天涯沦落人，相逢何必曾相识"的人生感慨。这两首诗歌虽然篇幅较长，但是写得明白晓畅，以一个主要事件为中心，渲染环境气氛，刻画人物心理，意境深远，色彩鲜明，抒情性很强，在当时就广为传颂。

（二）元稹的诗歌创作

中唐的贞元和元和年间，以白居易和元稹为代表的元白流派，重写实，尚通俗，大力推崇杜甫的写实之作，致力于创作通俗易解、针对时事的诗歌。

元稹和白居易齐名，文学主张也完全相同，被时人并称为"元白"。他们都很推崇杜甫，元稹更是总结出了杜甫"即事命篇，无复依傍"的诗歌创作经验，即便用的是古题，反映的也应该是时事。这一主张推动了新乐府运动的开展。元和十二年（公元 817 年），元稹创作了 19 首《乐府古题》，"寓意古题，刺美现事"，都是一些讽喻诗。其中《织妇词》写织妇因为要缴纳紧迫租税而不停劳作，头白了还不能出嫁。《田家词》写农民一年忙到头，却被官军剥削殆尽的苦难生活。这些诗歌基本上每首述一意，题旨集中，但是语言还没达到明白晓畅的地步。

元稹的代表作《连昌宫词》作于元和十三年（公元 818 年），是可以和白居易的《长恨歌》并称的长篇叙事诗。诗人采取对话体的形式，借宫边老人之口，通过连昌宫的兴废变迁，探讨了安史之乱前后治乱的缘由。开头写了连昌宫的荒凉，然后由老翁追忆昔盛今衰的对比，随后提出了"老翁此意深望幸，努力庙谟休用兵"的中心思想，期望通过政治手段消灭内乱，有讽劝之意。诗歌把事实和传说融合在一起，生动曲折，增加了诗歌的容量和表现力。小诗《行宫》写得含蓄婉转："寥落古行宫，宫花寂寞红。白头宫女在，闲坐说玄宗。"和《连昌宫词》有相通之处。

另外，元稹还是一位多情的才子，写过许多情诗，如《离思五首》(其四)："曾经沧海难为水，除却巫山不是云。取次花丛懒回顾，半缘修道半缘君。"寥寥几句，却深情款款。在妻子死后，元稹写了很多悼亡诗，其中《遣悲怀三首》十分有名，诗歌描写的都是亡妻生前身后的琐事，却饱含着至情和哀思，如："惟将终夜长开眼，报答平生未展眉。""昔日戏言身后意，今朝都道眼前来。""诚知此恨人人有，贫贱夫妻百事哀。"读之令人心痛。

元稹和白居易之间有许多唱和诗，记述了二人之间的真挚情谊。从他们相识之初到因被贬而相隔千里，酬唱不断，有长达数百句的长篇排律，如白居易的《东南行一百韵》、元稹的《酬乐天东南行诗一百韵》。这两篇篇幅很长，还要严格按照原诗之韵，是施展才情、锻炼诗艺的好方式，但不利于真实情感的抒发，反而是一些小诗更清新耐读。如白居易的《舟中读元九诗》："把君诗卷灯前读，读尽灯残天未明。眼痛灭灯犹暗坐，逆风吹浪打船声。"元稹的《酬乐天舟泊夜读微之诗》："知君暗泊西江岸，读我闲诗欲到明。今夜通州还不睡，满山风雨杜鹃声。"当时，很多人模仿他们，竞作新词，自称"元和诗"，实际上就是元稹所说的"元和体"。

四、"诗鬼"李贺

在韩愈、孟郊之后，诗坛上又出现一个天才诗人李贺。

李贺（公元790—816年），字长吉，福昌昌谷（今河南宜阳县）人，是唐宗室郑王的后裔。李贺的父亲李晋肃曾做过县令，因为"晋"与"进"同音，"肃"与"士"音近，为避讳父亲的名字，李贺便不能参加进士考试，后来受荫举做了从九品的奉礼郎，不久辞归，27岁就卒于故里。

李贺少时能文，成名很早，少年时代"以长短制名动京华"（《唐摭言》）。18岁的李贺带着所作的诗去拜谒韩愈，韩愈大为欣赏。李贺很有才华，作为宗室后裔自视甚高，但又敏感忧郁、体弱多病，贵族血统和贫寒家境之间的落差，才能、抱负与无情现实之间的对比，让李贺一直处于极度的压抑中。人还未老，已出现早衰的迹象："我当二十不得意，一心愁谢如枯兰"（《开愁歌》）；"长安有男儿，二十心已朽"（《赠陈商》）；"壮年抱羁恨，梦泣生白头"（《崇义里滞雨》）。

对人生短暂的恐惧和怀才不遇的失落时时折磨着李贺，他只能借诗歌来抒发苦闷。他写鬼怪、游仙、梦幻、生死，又骑驴觅诗、废寝忘食，把一生的才华和精力都投进了诗歌创作中。他的诗歌特别善于熔铸语言，富有艺术幻想，有很多有现实性而又表现出浪漫主义精神的佳作。如：

老兔寒蟾泣天色，云楼半开壁斜白。玉轮轧露湿团光，鸾佩相逢桂香陌。黄尘清水三山下，更变千年如走马。遥望齐州九点烟，一泓海水杯中泻。

——《梦天》

这是一首幻想的诗，写在梦中，诗人从天上看到渺小的尘世和沧海桑田的快速变化。这实际上反映了诗人无力改变现实从而对现实生活产生的厌弃情绪，从天马行空的想象中可以看到诗人的迷茫和苦闷。

桐风惊心壮士苦，衰灯络纬啼寒素。谁看青简一编书，不遣花虫粉空蠹。思牵今夜肠应直，雨冷香魂吊书客。秋坟鬼唱鲍家诗，恨血千年土中碧。

——《秋来》

又到了最易触动人心的秋天，秋风起，桐叶落，蟋蟀哀鸣，仿佛在提醒着人们天寒秋深，年岁将末。对时光流逝异常敏感的诗人甚至会因落叶的声音而心惊。一年又一年过去了，功业无成的处境让他无限悲苦。"青简一编书"是作者呕心沥血写就的诗篇，有谁来欣赏而不致让蠹虫蛀为粉末呢？现世恐怕难以找到这样的知音了，只有希望古代诗人的魂魄能来凭吊、理解他这个生者了。秋风秋雨中仿佛听到秋坟中的鬼魂在唱着鲍照的"长恨"之诗，那遗恨会化为碧血，永不消逝。诗人借此抒发自己的痛苦，怀才不遇正是古今志士的千古同恨。

寻章摘句老雕虫，晓月当帘挂玉弓。不见年年辽海上，文章何处哭秋风。

——《南园》

寻章摘句，作者把它看作雕虫小技，可是仍然苦苦执著、废寝忘食，可知其内心的矛盾和痛苦。辽海之上战乱不息，文士只能哀悼穷途之悲了。

茂陵刘郎秋风客，夜闻马嘶晓无迹。画栏桂树悬秋香，三十六宫土花碧。魏官牵车指千里，东关酸风射眸子。空将汉月出宫门，忆君清泪如铅水。衰兰送客咸阳道，天若有情天亦老。携盘独出月荒凉，渭城已远波声小。

——《金铜仙人辞汉歌》

这首诗大约写于诗人辞官离京的时候，他借诗里金铜仙人被迁离故土的悲哀寄托了自己的身世之感。铜人流下清泪，衰兰有送别的惆怅，它们如果都如此多情，天也会变老了，他实则是愤怒于现实的无情。

幽兰露，如啼眼。无物结同心，烟花不堪剪。草如茵，松如盖。风为裳，水为佩。油壁车，夕相待。冷翠烛，劳光彩。西陵下，风吹雨。

——《苏小小墓》

作者的想象和幻想迥异于常人，这首诗歌结合南齐苏小小的传说，写了一个凄艳、迷离的幽灵世界，把人带入一个别样的场景。

这些诗歌都能显示出李贺诗歌特有的风格：造语奇特、想象怪异、色彩冷艳、险僻幽奇。李贺的艺术思维常常超出常规，偏向怪奇、幽僻的审美。这一方面与他偏执、忧郁的性格有关，另一方面也是因为李贺非常注意对字词的锤炼。李贺常以独特思维，选择最为恰当的动词、形容词来强化诗歌意象的感染力，创造出通感的艺术效果。如在他的笔下有“香雨”、“酸风”，有“吹日色”的箫声。他会自创奇语，或者用出人意料的短语搭配来创造全新的意象和意境，如多次使用“啼”、“泣”等字营造悲戚的意境，又如“露压烟啼千万枝”（《昌谷北园新笋四首》之二）、“冷红泣露娇啼色”（《南山田中行》）等。

李贺也有一些积极向上、揭露现实矛盾的作品，如写边塞将士英雄气概的《雁门太守行》，反映采玉工人悲惨命运的《老夫采玉歌》等。

李贺是一个创造力很强的诗人，在短暂的生命中为唐诗开辟了新天地。他在诗歌的用词、意象、比喻等方面都有开拓创新，而且更深入地描写内心世界，注重主观化的幻想和想象。但是由于生活面的狭窄和过分追求奇诡险怪，他的诗歌很多情绪低沉，缺乏思理，晦涩荒诞，甚至阴森恐怖。

在意境、手法或者语言上，李贺的诗歌对晚唐的杜牧、李商隐、温庭筠有一定的影响。

第五节　晚唐诗

在朋党相争、宦官专权的政治局面下，晚唐时中央王朝的势力日益衰微，而藩镇势力逐渐强大起来。晚唐诗歌也呈现出没落时期的衰飒之气，一般诗人的作品题材和境界狭小，情调感伤、低迷，风格则朝着纤巧华艳的形式主义发展。李商隐和杜牧的诗歌却达到很高的艺术水平，尤其是李商隐，他在描写爱情时着力探索心灵世界，提高了诗歌的艺术表现力。

一、凄艳朦胧的李商隐

李商隐（公元812—858年），字义山，号玉溪生，又号樊南生，怀州河内（今河南沁阳）人，从祖父起迁居郑州（今河南郑州市）。父亲李嗣曾任获嘉（今河南获嘉县）县令。李家父系中一连几代都过早病故，在李商隐十岁时，父亲也不幸去世。这种少年丧父的孤苦让李商隐形成了易于感伤的性格，也促使他发奋读书，希望通过科举来振兴家道。

文宗大和三年（公元829年），十九岁的李商隐谒令狐楚，以文才得到牛党令狐楚的赏识，被聘入幕府。他在开成二年（公元837年）二十五岁时中进士。这一年年底，令狐楚病逝。李商隐于次年入李党泾原节度使王茂元幕，王茂元爱其才，辟为书记，并把小女儿嫁给他。当时牛李党争斗激烈，李商隐的行为被视为“背恩”。从此，牛党执政时期，他一直受到排挤，沉沦下僚，辗转于各处的幕府，一直到死都过着清寒的幕僚生活。

李商隐的才情、善感的心灵、细腻的感情，再加上内向的性格，让他对外部世界有着十分丰富和深入的感受，现实政治、时序交替、世态人情、恋爱经历所引起的心理活动都反映在他的诗歌创作中。

李商隐实际上是一个关心国家命运的诗人，在他现存的约六百首诗中，各种各样的政治诗不下百首，从宦官专权、藩镇叛乱、统治腐败、人民穷困、治安混乱等各个方面揭示了唐王朝衰落时期的社会现实，表现出对国家前途的忧虑。文宗大和九年（公元835年）的甘露事变发生后，李商隐写了《有感二首》等诗抨击宦官的残暴专横。名篇如讽刺唐玄宗的《马嵬》:

海外徒闻更九州，他生未卜此生休。空闻虎旅传宵柝，无复鸡人报晓筹。此日六军同驻马，当时七夕笑牵牛。如何四纪为天子，不及卢家有莫愁！

“他生”、“此生”、“空闻”、“无复”、“此日”、“当时”，处处鲜明对比，尖锐嘲讽玄宗的失政导致的叛乱，读来抑扬顿挫，感慨深沉。

李商隐的咏史诗也多映射、讽刺当时的统治，如《隋宫》：

紫泉宫殿锁烟霞，欲取芜城作帝家。玉玺不缘归日角，锦帆应是到天涯。于今腐草无萤火，终古垂杨有暮鸦。地下若逢陈后主，岂宜重问《后庭花》。

诗歌虽然是咏隋宫，其实委婉含蓄地讽刺了隋炀帝的荒淫误国。又如《贾生》：

宣室求贤访逐臣，贾生才调更无伦。可怜夜半虚前席，不问苍生问鬼神。

诗中写有贤明之称的汉文帝召见贾谊一事，尖锐讽刺了皇帝不问国事，只知求仙、希冀长生的事实，同时抒发了对皇帝不能任用贤才的不满和怀才不遇的感慨。

李商隐的咏物诗写得也很好，善于借咏物寄托人生的感慨，如《蝉》：

本以高难饱，徒劳恨费声。五更疏欲断，一树碧无情。薄宦梗犹泛，故园芜已平。烦君最相警，我亦举家清。

“一树碧无情”写出了诗人所处环境的冷酷和险恶，蝉的悲鸣正是诗人的心声，也反映了中晚唐许多士人的共同感受。

“巧啭岂能无本意，良辰未必有佳期。”（《流莺》）“芳心向春尽，所得是沾衣。”（《落花》）也都寄托了诗人的不遇之感。

李商隐的抒情诗歌中写得最好的还是那些无题的爱情诗，代表了他诗歌创作的独特风貌和艺术水平，如《无题》：

相见时难别亦难，东风无力百花残。春蚕到死丝方尽，蜡炬成灰泪始干。晓镜但愁云鬓改，夜吟应觉月光寒。蓬山此去无多路，青鸟殷勤为探看。

这首诗几乎每一联都是经典名句，写尽了刻骨铭心的离愁别恨，写得缠绵而又纯净，有细致入微的体贴关心，有绝不放弃一丝希望的执著和深情。用情之真挚、深厚，笔力之深刻、浑成，都是古诗中所罕见，成为流传千年的名篇也就不足为奇了。

李商隐以一种平等、纯情的态度对待女性，写那种目成心许的爱情，写那种远在天涯、难以追寻的爱情，写一生都无法忘怀的爱情，写无法表白、萦绕心头的爱情，情真意挚，表现出高尚的情操和美好的理想。

二、高朗俊逸的杜牧

杜牧和李商隐并称“小李杜”，是晚唐时期的著名诗人。杜牧（公元803—852年），字牧之，京兆万年（今陕西西安）人，宰相杜佑之孙。他才气纵横，二十六岁举进士，希望能有一番作为，但性格刚直，一直受到排挤，很不得志，做了十年的幕僚。直到三十六岁，杜牧才内迁为京官，但后来又被宰相李德欲排挤出京，出任地方刺史，官终中书舍人。

杜牧继承了祖父的经世致用之学，读书时很关注“治乱兴亡之迹，财赋兵甲之事，地形之险易远近，古人之长短得失”（《上李中丞书》）。在诗歌创作方面，杜牧“苦心为诗，本求高绝。不务奇丽，不涉习俗”（《献诗启》），因此他的诗歌有一种高情远志，同时融进了丰富的情感。

晚唐读书人面对危机四伏的末世王朝和毫无希望的前途命运，常常有悲凉之感，这种悲凉感多体现在大量出现的怀古咏史诗中。杜牧也写了许多著名的怀古咏史诗，如《题宣州开元寺水阁阁下宛溪夹溪居人》：

六朝文物草连空，天淡云闲今古同。鸟去鸟来山色里，人歌人哭水声中。深秋帘幕千家雨，落日楼台一笛风。惆怅无因见范蠡，参差烟树五湖东。

盛衰一时，六朝的繁华已消逝如云烟，可知今日也会如古时那样成为历史。天淡云闲，似乎一切都没有变化，可是人世易变，一代代人都已湮没在时间的长河中，哪怕像范蠡这样的人物也一样踪迹难寻了。平淡地生活，坦然地面对生死，让岁月自然地带走一切吧！诗人借此宽慰自己，笔意超脱。

有的怀古咏史诗，借古讽今，表达自己的政见和忧思，如《过华清宫绝句三首》的其中两首：

长安回望绣成堆，山顶千门次第开。一骑红尘妃子笑，无人知是荔枝来。

新丰绿树起黄埃，数骑渔阳探使回。霓裳一曲千峰上，舞破中原始下来。

诗中写的是唐明皇和杨贵妃的故事，意在讽刺晚唐帝王的荒淫享乐。

《赤壁》："折戟沉沙铁未销，自将磨洗认前朝。东风不与周郎便，铜雀春深锁二乔。"此诗带有史论特色，有伤悼历史之情，更是慨叹自己抱负的难以实现。《登乐游原》："长空澹澹孤鸟没，万古销沉向此中。看去汉家何事业，五陵无树起秋风。"诗中伤悼历史上的繁荣昌盛一去不返。

杜牧的诗歌写景如画、情思委婉，在劲拔的诗风中透出流美之致。

第六节　晚唐五代词

一、晚唐五代民间词和早期文人词

（一）民间词

唐五代民间词主要就是敦煌曲词，是清末在敦煌石室中发现的。

唐五代民间词的题材广泛，有军事、政治，也有日常生活，这里写的人物包括妓女、商人、书生、渔父等各类人物。关于边疆战争、农民起义的，如一首《酒泉子》词：

每见惶惶，队队雄军惊御辇。蓦街穿巷犯皇官，只拟夺九重。长枪短剑如麻乱，争奈失计无投窜。金箱玉印自携将，任他乱芬芳。

这里写的大概是黄巢起义时攻破京城的情况。上阙写起义军来势汹汹、威风凛凛，一心要夺取皇位。下阙写的是失败后，军队大乱，有人就带着抢来的东西逃跑，不管别人死活，其中的心理刻画颇为深刻。

又如一首《菩萨蛮》：

敦煌古往出神将，感得诸蕃遥钦仰。效节望龙庭，麟台早有名。只恨隔蕃部，情恳难申诉。早晚灭狼蕃，一齐拜圣颜。

这首词写一些边疆将士被蕃部隔绝，希望重返祖国，表现了他们的爱国之情，具有现实意义。

这些内容在当时的文人词和诗歌中都比较少见，记载了一些历史事实。不过民间词中艺术成就最高的还是写日常生活的作品，尤其是女性，或以女性口吻抒写内心感情的。

在封建社会中，妇女地位低下，很多妇女不满于自身的处境，词在当时不少是由歌妓传唱的，唱出了她们不平的心声。如《望江南》两首：

莫扳我，扳我太心偏。我是曲江临池柳，者（这）人折去那人扳，恩爱一时间。

天上月，遥望一团银。夜久更阑风渐紧，为奴吹散月边云，照见负心人。

这里用民歌中常用的比兴手法，或托物抒情，或触景生情，写了妇女被随意玩弄、抛弃的不幸命运。前一首中那任人扳折的柳枝更是妓女屈辱生活的生动写照。

又如《抛球乐》：

珠泪纷纷湿绮罗，少年公子负恩多。当初姊妹分明道，莫把真心过于他。子细思量着，淡薄知闻解好么？

少年公子的负恩让女主人公伤心不已，但是得到同样处境的姐妹们的同情和支持，而且她们能在痛苦之后看清事实，提高认识，这一点是难能可贵的。

再如写别后相思怨恨的《凤归云》：

征夫数载，萍寄他邦。去便无消息，累换星霜。月下愁听砧杵起，塞雁南行。孤眠鸾帐里，枉劳魂梦，夜夜飞殇。想君薄行，更不思量。谁为传书与，表妾衷肠？倚牖无言垂血泪，暗祝三光。万般无奈处，一炉香尽，又更添香。

上阙写了女主人公的寂寞和对离家数载的征夫的思念，因相思之深而逐渐生出怨恨和猜疑。他走之后杳无音讯，是不是一个薄性的人？而自己又忍不住想念之情，又无人带信诉说衷肠，更加无奈和痛苦。物换星移，月下砧杵，南行塞雁，孤眠鸾帐，无聊添香，情与境相融合，一步步烘托出女主人公的孤独心境和感情的发展、变化。

《凤归云》重在写别后相思，《别仙子》则侧重写分别时的情景：

此时模样，算来似，秋天月。无一事，堪惆怅，须圆阙。穿窗牖，人寂静，满面蟾光如雪。照泪痕何似，两眉双结。晓楼钟动，执纤手，看看别。移银烛，猥身泣，声哽咽。家私事，频付嘱。上马临行说，长思忆，莫负少年时节……

这里从男子的角度写别离时女子的悲愁。人的分离和相聚正如月亮的圆缺一样。月亮现在很圆满，可是总会残缺，缺后还会圆，男子以此安慰自己。可是在夜的静谧中，在月光下，妻子却双眉紧锁、泪痕满面。下阙的第一句写晓钟敲响，眼看就到了必须分离的时刻，妻子满心的悲伤再也无法抑制。“移银烛”这个动作说明两人对着蜡烛坐了一夜。临别时互相叮嘱，也写得情深意切。

这些民间词总的来说写得都比较朴素，词牌字数不固定，平仄无限制，押韵比较自由，词牌名就可以作词的题目，从中可以看到词的早期形态。

（二）文人词

中唐前后，民间词广泛流传，一些诗人也开始尝试词的创作。一般认为文人词始于中唐，但据说为李白所写的《菩萨蛮》和《忆秦娥》两首词流传很广，略作介绍。词的内容如下：

《菩萨蛮》

平林漠漠烟如织，寒山一带伤心碧。暝色入高楼，有人楼上愁。玉阶空伫立，宿鸟归飞急。何处是归程，长亭更短亭。

《忆秦娥》

箫声咽，秦娥梦断秦楼月。秦楼月，年年柳色，灞陵伤别。乐游原上清秋节，咸阳古道音尘绝。音尘绝，西风残照，汉家陵阙。

这两首词虽然题材常见，但意境开阔，情感深沉，艺术成就都很高。尤其是第二首，王国维评“西风残照，汉家陵阙”时说道：“寥寥八字，遂关千古登临之口。”这两句是走向没落的唐帝国的生动写照，曾勾起很多封建士人的感伤。

中唐比较重要的文人词作者有张志和、韦应物、王建、刘禹锡、白居易等。

张志和最著名的就是《渔歌子》词五首，描写水乡的美丽风光，写理想化的渔父生活，寄托了对自然和自由生活的热爱。如其一：

西塞山前白鹭飞，桃花流水鳜鱼肥。青箬笠，绿蓑衣，斜风细雨不须归。

词的前两句写春天景色，生机盎然，悠然宁静，与渔父悠然自得的生活情状相结合，形成了一幅幽美的自然风景画。

最早描写边塞的文人词是韦应物和戴叔伦的两首《调笑令》，韦应物的词作如下：

胡马，胡马，远放燕支山下。跑沙跑雪独嘶，东望西望路迷。迷路，迷路，边草无穷日暮。

戴叙伦的词是：

边草，边草，边草尽来兵老。山南山北雪晴，千里万里月明。明月，明月，胡笳一声愁绝。

这两首词都写了久戍边疆的兵士的愁苦。前一首的胡马实际就象征了远戍边塞的战士。后一首词写雪夜月明、胡笳声起，用这些情景烘托悲愁。虽然在情调上没有盛唐边塞诗的悲壮，但也颇有苍凉之感。

白居易和刘禹锡是写词较多的作家，有一些很好的词作，写爱情的如白居易的《长相思》：

汴水流，泗水流，流到瓜洲古渡头。吴山点点愁。思悠悠，恨悠悠，恨到归时方始休。明月人倚楼。

刘禹锡的《潇湘神》：

斑竹枝，斑竹枝，泪痕点点寄相思。楚客欲听瑶瑟怨，潇湘深夜月明时。

这些词音韵和谐、含蕴不尽，既有民间词的本色，又有词句方面的加工润色。

白居易和刘禹锡的《忆江南》词更为人所称赏，白居易的词作内容如下：

江南好，风景旧曾谙。日出江花红胜火，春来江水绿如蓝，能不忆江南？

刘禹锡的词：

春去也，多谢洛城人。弱柳从风疑举袂，丛兰裛露似沾巾。独坐亦含嚬。

白词写出了春天热烈、浓丽的美；刘词以“弱柳”和“丛兰”比喻女子，写了伤春之情。词作中间一句都对仗工整，文人气很浓。

早期的文人词题材较为广泛，也出现了少数优秀作品，但还是较多地用写诗的手法写词，没有形成独特风格。

二、温庭筠和韦庄

到了晚唐五代，填词的风气更为普遍。温庭筠是晚唐作词最多、影响最大的词人。

后蜀的赵崇祚编成《花间集》十卷，选录了十八位词人的五百首词，是最早的文人词总集。其中温庭筠被列在《花间集》的首位，入选的词有六十六首。

欧阳炯在《花间集》描述西蜀词人的写词情景时说：“绮筵公子，绣幌佳人，递叶叶之花笺，文抽丽锦；举纤纤之玉指，拍按香檀。不无清绝之词，用助娇娆之态。自南朝之宫体，扇北里之倡风。”花间词很多直接描写女性的容貌、体态和内心，中心则是男女情爱。与这些内容相适应的是，词的风格艳丽婉媚，用语精致，充溢着脂粉气。温庭筠长期出入秦楼楚馆，“能逐弦吹之音，为侧艳之词”，他的词自然具有这些特点，也有一些其他风格。“江上柳如烟，雁飞残月天”（《菩萨蛮》）意境就比较开阔，“梳洗罢，独倚望江楼。过尽千帆皆不是，斜晖脉脉水悠悠，肠断白蘋洲”（《望江南》）就比较清新明快。

温庭筠词的主要内容是写闺中女子的姿色和内心世界。写女子容貌有名的是一首《菩萨蛮》：

小山重叠金明灭，鬓云欲度香腮雪。懒起画娥眉，弄妆梳洗迟。照花前后镜，花面交相映。新帖绣罗襦，双双金鹧鸪。

这首词是花间集的第一首，通常也被认为是温的代表作。其写美人睡梦中的样子、慵懒地起床，梳洗打扮，照镜穿衣，透出娇柔的情态，而且写了闺房的陈设，衣饰的华丽，给人以强烈的视觉冲击。但从镜中看到自己的影像和罗襦上成双成对的鹧鸪相对比，隐隐透出寂寞空虚之感。只是这种寂寞给人的感觉很淡，倒是那密集、艳丽的词藻所描绘的女性形体给人的印象更为深刻，像一幅精致的仕女图，具有装饰性而非抒情性特征。

写女子情感方面的词，一种是直接写出女子的心绪，另一种则比较隐晦，但两种类型的词都能让人对女性产生同情。前一类如《更漏子》：

玉炉香，红蜡泪，偏照画堂秋思。眉翠薄，鬓云残，夜长衾枕寒。

梧桐树，三更雨，不道离情正苦。一叶叶，一声声，空阶滴到明。

在秋夜里，红烛流下的蜡泪已经滴满烛台，玉炉中的香也即将燃尽，可是女主人公却一直没有入睡。孤枕单衾，更觉夜长天寒，外面的雨水不断滴到梧桐叶子上，又滴落到台阶上，一声声她都听得真切。因为离别的相思和寂寞，她一夜未眠。我们完全可以理解、感受到她的痛苦。

夜来皓月才当午，重帘悄悄无人语。深处麝烟长，卧时留薄妆。当年还自惜，往事哪堪忆？花露月明残，锦衾知晓寒。（《菩萨蛮》）

这首词则写得比较隐晦，只知道女主人公为如今的处境而痛苦，却不知她到底为何而感慨往事。从睡觉时还留着薄妆可知她可能是在等待丈夫或恋人归来，她仔细留意外面的声音，月已当午，还用“才”来安慰自己，他也许还会回来。可是四处悄无声响，只有麝烟在静静飘散。于是，她一面深感悔恨地回忆往事，一面让自己耐心地等待。月色将残，清晨的寒气袭来，她才知道又空等了整夜，天就要亮了。

这两首词都是写恋情的，虽然手法略有差别，但写得都很细腻，而且作者对他们的痛苦给予了真心的同情，因此能够打动读者。

在《花间集》中，西蜀词人韦庄的词也很有特色，韦庄与温庭筠齐名，词作收入《花间集》的有四十八首。韦庄的词也有花间词的共同特征，如“红楼别夜堪惆怅，香灯半卷流苏帐。残月出门时，美人和泪辞”（《菩萨蛮》其一）就写得艳丽、缠绵。与温庭筠绵密、雕饰相比，韦庄的整体风格是清丽、疏朗的。而且，韦庄的优秀词作中蕴含的感情大都出自切身感受，如《荷叶杯》：

记得那年花下，深夜，初识谢娘时。水堂西面画帘垂，携手暗相期。

惆怅晓莺残月，相别，从此隔音尘。如今俱是异乡人，相见更无因。

这首词写的是韦庄在家乡的恋情。其中“谢娘”应是歌妓一类的女子。作词时，韦庄和她都已流落他乡，今生今世可能再无相见之期了。韦庄还清晰记得初识和相别时的情景，如今也只能在回忆中寻觅她的影子了。对往事的深情回忆和词人心中的失落、绝望都真实可感。

又如《女冠子》：

四月十七，正是去年今日。别君时，忍泪佯低面，含羞半敛眉。不知魂已断，空有梦相随。除却天边月，没人知。

回忆去年的今天和情人的一次离别，想到两人欲说难言的离情，用白描手法直接、分明地描写，真切动人。

韦庄的词“似直而纡，似达而郁”（陈廷焯《白雨斋夜话》）。他的词能让人在表面的直率、旷达之下体会到曲折、深婉之情，有相辅相成的效果，如《菩萨蛮》其二：

人人尽说江南好，游人只合江南老。春水碧于天，画船听雨眠。垆边人似月，皓腕凝霜雪。未老莫还乡，还乡须断肠。

他人都夸赞江南好，风景秀丽，人物美丽，可是却非自己的故乡，暗写因战乱而有家难回的痛楚。

下面这首《浣溪沙》也能显示出韦庄词的清新之致：

绿树藏莺莺正啼，柳丝斜拂白铜堤。弄珠江上草萋萋。日暮饮归何处客？绣鞍骢马一声嘶，满身兰麝醉如泥。

三、李煜及南唐其他词人

南唐建都于金陵（今江苏南京），是五代时社会相对安定、经济比较繁荣的一个国家。南唐词的兴起比西蜀略晚，成就最高的词人是元老冯延巳、中主李璟和后主李煜。从花间词到南唐词，风气有雅化的倾向。

冯延巳（公元903—960年），字正中，广陵（今江苏扬州）人。冯延巳深得李璟的信任，几度担任宰相，作品数量居于五代词人之首。他的词写女性和男女之情的有很多，但不像花间词那么浓艳，着重表现的是人物内心的意绪，可以让人产生多重含义的联想，如《谒金门》：

风乍起，吹绉一池春水。闲引鸳鸯香径里，手挼红杏蕊。斗鸭阑干独倚，碧玉搔头斜坠。终日望君君不至，举头闻鹊喜。

这是冯延巳的名作之一，写的是女子的闺怨，但已不局限于对女性体貌的细致描写，只有“斗鸭”两句点出了女子的姿态，而且突出的是她的寂寞无聊，全词集中表现的是女子因思念他人而不胜愁怨的心理。景物描写也很清疏。

冯延巳的词擅长描写惆怅之情，惆怅的原因有男女情爱，但能让人体会到更深的人生悲哀，所以他的词作已超出对具体恋情的叙述，仅仅表达一种心境，如《鹊踏枝》：

谁道闲情抛掷久。每到春来，惆怅还依旧。日日花前常病酒，不辞镜里朱颜瘦。

河畔青芜堤上柳。为问新愁，何事年年有？独立小桥风满袖，平林新月人归后。

词中的青年男子本以为自己不会因为“闲情”而惆怅了，可是春天一到，那怅然若失、无法摆脱的愁绪还是猛烈袭来，他只能天天用酒麻醉自己，日益消瘦。为什么年年都有新愁产生呢？他站在春天的小桥上苦恼地沉思，不觉风满衣袖、月上林梢。词中写的隐隐约约与爱情有关的愁绪，是人生中不能抛开的情绪。引起愁绪的原因很多，作者没有明说，这就给人以广阔的想象空间，能引起很多人的共鸣。王国维说：“冯正中词虽不失五代风格，而堂庑特大。”（《人间词话》十九）

中主李璟（公元916—961年），只有四首词留存下来，《浣溪沙》（菡萏香消翠叶残）一首实为千古绝唱：

菡萏香销翠叶残，西风愁起绿波间。还与韶光共憔悴，不堪看。

细雨梦回鸡塞远，小楼吹彻玉笙寒。多少泪珠何限恨，倚阑干。

这首词上片代思妇抒情，以香消叶残的荷花比喻青春渐逝的女子，她都不忍再看自己的容颜了。下片写细雨中梦到与丈夫相见，然而醒来后，丈夫还是在遥远的鸡塞，小楼中不知从何处传来凄凉的笛声，思妇的委屈和怨恨终于无法抑制，倚着栏杆，泪如雨下。词中蕴含着更深的忧患，写美好事物的凋零、写环境的清寒，大有“众芳芜秽，美人迟暮”之感。

李璟的另一首《摊破浣溪纱》也很有感染力：

手卷真珠上玉钩，依前春恨锁重楼。风里落花谁是主？思悠悠。

青鸟不传云外信，丁香空结雨中愁。回首绿波三楚暮，接天流。

这也是一首怀人的词。与前一首相比，女主人公显得更加无依无靠，所怀之人或许不会回来了，谁是风中落花之主呢？李商隐《无题》中有“蓬山此去无多路，青鸟殷勤为探看”的诗句，这里反其意而用之，写女子或许已被抛弃的凄凉之情。重楼春恨，风里落花，雨中丁香，江天暮色，都让人有一种生命的惆怅和迟暮之感，超越了男女之情。

李煜，字重光，是中主李璟的第六子，二十五岁时继承帝位。他多才多艺，精通诗文、书画、音乐，但是没有治理国家的才能，三十九岁时被宋军俘虏，南唐灭亡。李煜被迫降宋后，在汴京囚居三年，被宋太宗赐药毒死。

李煜的词现存的有三十多首，可以他被俘为界，分为前后两期。前期的词多写宫廷中的享乐生活，沉迷、陶醉；后期词则写亡国之痛，字字血泪。

李煜长于深宫之中，个性纯真，在词中不加掩饰地倾吐自己的真情实感。前期的词如《玉楼春》：

晚妆初了明肌雪，春殿嫔娥鱼贯列。笙箫吹断水云间，重按《霓裳》歌遍彻。临春谁更飘香屑？醉拍阑杆情味切。归时休放烛花红，待踏马啼清夜月。

其记录了欣赏宫廷音乐、歌舞的生活。宫女一个个肌肤似雪、妆容精致，从殿后鱼贯而出，载歌载舞。演奏的音乐是失传已久的《霓裳羽衣曲》，悠扬动听。又如《清平乐》：

别来春半，触目柔肠断。砌下落梅如雪乱，拂了一身还满。雁来音信无凭，路遥归梦难成。离恨恰如春草，更行更远还生。

这首词相传是他亡国前所作，虽然还是伤别离的传统内容，但是字里行间可见词人心情之沉重。王国维说："词至后主而眼界始大，感慨遂深，遂变伶工之词而为士大夫之词。"（《人间词话》十五）李煜的词表现的都是本色和真性情，词作多用口语和白描，本色而不加雕饰，但由于亡国之痛，他对人生悲剧性有了切身的体验，直接感悟到人生的苦难，所以他是用血泪写出了国破家亡的不幸，又扩展到人世间普遍的悲哀。最能体现这种感情的词作有以下三首：

春花秋月何时了，往事知多少。小楼昨夜又东风，故国不堪回首月明中。

雕阑玉砌应犹在，只是朱颜改。问君能有几多愁，恰是一江春水向东流。

——《虞美人》

林花谢了春红，太匆匆，无奈朝来寒雨晚来风。胭脂泪，相留醉，几时重，自是人生长恨水长东。

——《乌夜啼》

帘外雨潺潺，春意将阑。罗衾不耐五更寒。梦里不知身是客，一晌贪欢。独自莫凭栏，无限江山，别时容易见时难。流水落花春去也，天上人间。

——《浪淘沙》

故国之思与心底的哀痛交织在一起，言情深而广，加上景物和气氛的渲染，容易引起普遍的共鸣，感染力极强。

南唐词情致缠绵，把人所难言的虚无缥缈之情写得委婉真切，境界较为开阔。

第六章

宋代诗词

第一节　宋代诗词概述

宋诗以迥异于唐诗的筋骨、思理攀上了中国诗歌史的又一高峰，甚至被看作五七言古体、近体诗歌的终结期，如叶燮在《原诗》卷二中的比喻："譬诸地之生木然，三百篇则其根，苏、李则其萌芽由蘖，建安则生长至于拱把，六朝则有枝叶，唐诗则枝叶垂荫，宋诗则能开花，而木之能事方毕。"宋以后，元代学唐诗与魏晋诗，明代模拟盛唐诗，清代又逐步转为宋诗，但都未能形成独立的诗风，由此可见宋诗的成就与地位。在题材方面，宋诗不断地开拓日常生活的领域，在艺术方面总体的追求是平淡美，诗中抒情主人公的形象大多是普通人，使宋诗更加平易近人，但与唐诗相比却少了一份奇情壮采。

宋代成就最高的、唯一可与唐诗媲美的是宋词。在词史上，宋词的地位是无与伦比的。在宋代，词首次取得了正统地位，与诗歌相提并论。而且，宋代词作者名家辈出，如柳永、苏轼、晏几道、秦观、周邦彦、李清照、辛弃疾、姜夔等人，都能够自成一家。在题材内容方面，除了延续词的爱情题材以外，又大大开拓了词的表现范围，田园词、咏史词、咏物词、赠答词、送别词，争奇斗艳；在词的声律、章法、句法等方面，宋代建立了严格的规范，无论小令还是长调，最常用的词调都在宋代定型。同时词的艺术水平不断提高，豪放词和婉约词都发展到成熟阶段，产生了大量优秀作品，丰富了我国的古典诗歌园地。

第二节 北宋诗词

一、欧阳修

欧阳修（1007—1072年），字永叔，号醉翁、六一居士，庐陵（今江西吉安）人，幼孤家贫，在母亲郑氏的教育下于天圣八年（1030年）考取了进士。开始时，他任西京留守推官，然后入朝为馆阁校勘。在吕夷简和范仲淹的政治斗争中，欧阳修因为站在范仲淹一边，结果被贬为夷陵县令，康定初年又官复原职。之后他任知谏院，及龙图阁直学士、河北都转运按察使。庆历五年（1045年），欧阳修支持范仲淹的“新政”，被再次贬官，出知滁州、扬州、颍州。至和年间，欧阳修被召回朝，任翰林学士，做到枢密副使、参知政事等重要职务。他晚年曾出知青州等地，因政治见解和王安石冲突，多次上书告退，终于在熙宁四年（1071年）获准致仕，回到颍州，次年去世。他著有《欧阳文忠公集》。

欧阳修是古文运动的领袖，不仅在于他的文学观点，也和他的创作实绩有关。经过北宋前期趋时和复古两种思潮的对峙、消长局面后，欧阳修承担起诗文改革、建立“宋调”的重任。欧阳修不仅是散文大家，而且在诗、词、骈文方面都取得了很高的成就，加上他在政治上、学术上的地位，威望很高，他周围聚集了梅尧臣、苏舜钦、苏轼、王安石、曾巩等一批文士，为诗文革新运动创造了条件。

在文学思想方面，欧阳修是文道并重的。他认为：“大抵道胜者，文不难自至也。”（《答吴充秀才书》）与此相应，欧阳修欣赏那种理性的、不卖弄才学的文章。在他任知贡举的时候，在科举考试中力除奇涩险怪的文风，倡导平易畅达、简而有法，提拔了“三苏”等一批人才，对转变文风起到了很大的作用。唐宋八大家（韩愈、柳宗元、欧阳修、苏洵、苏轼、苏辙、王安石、曾巩）的散文系统开始建立起来。骈文变为古雅的散行，由律赋产生了散文赋，代表作如苏轼的《赤壁赋》、欧阳修的《秋声赋》。

与此同时，欧阳修对诗风也进行了革新，提出“诗穷而后工”的理论，重视生活内容在诗歌中的反映，如《戏答元珍》：

春风疑不到天涯，二月山城未见花。残雪压枝犹有橘，冻雷惊笋欲抽芽。夜闻归雁生乡思，病入新年感物华。曾是洛阳花下客，野芳虽晚不须嗟！

这首诗寄托着欧阳修深沉的人生感慨，在偏僻的山城凄冷的春景中写出了自己的寂寞之情，接着又自我宽慰，字里行间透出诗人内心的感触，委婉动人。

欧阳修的诗歌受到韩愈影响，多用散文手法，以议论入诗，却平易畅达，富有情韵，避免了韩愈的艰涩枯燥，形成了流丽婉转的诗风。

二、王安石

王安石（1021—1086 年），字介甫，晚号半山，抚州临川（今江西临川）人。北宋时期著名的政治家，二十二岁中进士，开始做淮南判官、鄞州知县等地方官，关心民生疾苦。熙宁二年（1069 年），宋神宗特拔王安石为参知政事（副宰相），次年拜相，实行变法。

王安石把诗歌作为抒情言志的工具，作诗注重实际功用，抒发个人情感和表现现实生活，内容较为丰富。王安石早年的诗歌有很多反映社会现实的作品，写平民的生活，批判贪官污吏，具有现实意义。他的抒情诗中也不乏优秀作品，如写亲情的《示长安君》、写友情的《思王逢原》等。王安石的咏史诗写得尤为出色，常借咏史述志，表达对历史事件的独特看法，如《明妃曲二首》其一：

明妃初出汉宫时，泪湿春风鬓脚垂。低徊顾影无颜色，尚得君王不自持。归来却怪丹青手，入眼平生几曾有；意态由来画不成，当时枉杀毛延寿。一去心知更不归，可怜着尽汉宫衣；寄声欲问塞南事，只有年年鸿雁飞。家人万里传消息，好在毡城莫相忆；君不见咫尺长门闭阿娇，人生失意无南北。

这首诗不像以前咏史的人那样，把昭君出塞的罪责全部归于画师毛延寿，而是写美貌本来就难以通过图画传达，比起那些终老汉宫的宫女，昭君的命运也许还要好些。文中议论精警过人。

王安石五十六岁退居江宁后，诗风发生了较大的改变，不再参与政事，心情平静，所写诗歌含蓄深沉、巧妙精工。叶梦得说：“王荆公晚年诗律尤精严，选语用字，间不容发。”（《石林诗话卷上》）他最具代表性的就是那些写景绝句，如《书湖阴先生壁》：

茅檐长扫净无苔，花木成畦手自栽。一水护田将绿绕，两山排闼送青来。

又如《雪干》：

雪干云净见遥岑，南陌芳菲复可寻。换得千颦为一笑，东风吹柳万黄金。

又如《北山》：

北山输绿涨横池，直堑回塘滟滟时。细数落花因坐久，缓寻芳草得归迟。

宋代大诗人黄庭坚评论说："荆公暮年作小诗，雅丽精绝，脱去流俗。"王安石的晚期诗歌以其风神远韵表现出唐诗的特征，后来为人所称道的"王荆公体"主要指的也是王安石的晚期诗风。

三、苏轼

苏轼（1037—1101 年），字子瞻，号东坡居士，眉州眉山（今属四川）人，是北宋也是中国文学史上的一个伟大作家。苏轼天资聪颖，七岁知书，十岁能文。少年时，他已经"学通经史，属文数千言"。他的父亲远游，母亲程氏亲自教他读书，并以古代节义之士勉励他以气节自重。宋仁宗嘉祐二年（1057 年），苏轼二十一岁就和弟弟苏辙一起考取了进士，当时的主考官是欧阳修，此后苏轼便成了欧阳修的门生。

苏轼做过翰林学士、礼部尚书，但还是以外任居多，大半生都辗转于地方官职，有杭州、密州、徐州、湖州、黄州、汝州、登州、颖州、定州、惠州、昌化、廉州，最后在常州去世。政治方面的蹉跎和苏轼的性格有关，他是一个极其认真的人，做事认理不认人。早年他反对王安石的新法，被看作旧党，屡次和新党中人发生矛盾，自求外放。元丰二年（1079 年），他以在诗文中攻击新法的罪名被逮捕入狱，即著名的"乌台诗案"。出狱以后，苏轼被贬为黄州团练副使。神宗去世后，司马光等旧党执政，全部废除新法，这时苏轼又站出来反对，认为应该保留合理的部分，因而受到旧党人的排挤，自求出朝做地方官。哲宗亲政后，作为旧党的一分子，苏轼被再三贬谪，远至当时蛮荒的海南岛。直至徽宗即位，大赦旧党，他才得以北归，到常州时一病不起，终年六十四岁。

（一）苏轼的诗

苏轼的诗歌规模宏大、题材广泛、形式多样、内蕴深厚，在宋诗的创新方面作出了巨大贡献。

在理论和创作上，苏轼并不特别推尊某一风格，而是兼收并蓄，陶渊明、李白、杜甫、韩愈、孟郊及同时代的黄庭坚，都是他学习、模仿的对象。苏轼的许多佳作能够融合柔美和壮美，刚柔相济，如《游金山寺》：

> 我家江水初发源，宦游直送江入海。闻道潮头一丈高，天寒尚有沙痕在。中泠南畔石盘陀，古来出没随波涛。试登绝顶望乡国，江南江北青山多。羁愁畏晚寻归楫，山僧苦留看落日。微风万顷靴文细，断霞半空鱼尾赤。是时江月初生魄，二更月落天深黑。江中似有炬火明，飞焰照山栖乌惊。怅然归卧心莫识，非鬼非人竟何物？江山如此不归山，江神见怪惊我顽。我谢江神岂得已，有田不归如江水。

程千帆在《宋诗精选》中评价了这首诗的艺术特色，十分精辟：“诗题为游寺，通篇寓景于情。其写蜀人远宦，写冬季来游，写金山特色，写登山望乡，都很分明。以下转入山僧留看落日，但以‘微风’二句略作形容后，便将难见之江中炬火代替了常见之江中落日，从而抒其所见所感。至于炬火是否江神示意，则更不加以说明，留供读者推想。起结遥相呼应，写出了蜀士之远游，而中间由泛述金山，而进写傍晚江干断霞，深夜江中炬火。笔次骞腾，兴象超妙，而依然层次分明。”诗人惆怅的心情中又显示出潇洒、豪迈之气，同时体现了苏轼七古诗开阖自如、波澜壮阔的特点。

苏轼人生阅历丰富，也善于总结经验和客观事物的规律，把人生感受转化为理性的反思，这样的诗我们称为理趣诗，如《饮湖上初晴后雨》、《泗州僧伽塔》等。我们比较熟悉和喜爱的有《题西林壁》：

> 横看成岭侧成峰，远近高低各不同。不识庐山真面目，只缘身在此山中。

《和子由渑池怀旧》：

> 人生到处知何似？应似飞鸿踏雪泥。泥上偶然留指爪，鸿飞那复计东西？老僧已死成新塔，坏壁无由见旧题。往日崎岖还记否？路长人困蹇驴嘶。

从日常生活和最平常的自然景物中提炼出深刻的哲理，而且表达得十分生动、鲜明，让人印象深刻，又能受到启发。

苏轼宠辱不惊，冷静、深刻的思考让他一直保持着乐观旷达的心态，因此他从不向命运低头，敢怒敢骂，即使身处逆境，也很少表现出消沉之态，如《六月二十日夜渡海》：

参横斗转欲三更，苦雨终风也解晴。云散月明谁点缀？天容海色本澄清。空余鲁叟乘桴意，粗识轩辕奏乐声。九死南荒吾不恨，兹游奇绝冠平生。

这首诗作于苏轼从儋州遇赦北归时，表现了作者的坚韧和豁达，尤其是最后一句，令人感佩。

清人赵翼评价苏轼："天生健笔一枝，爽如哀梨，快如并剪，有必达之隐，无难显之情，此所以继李、杜后为一大家也。"苏轼博学多才，诗艺纯熟，诗歌表现力非常强，如《百步洪》中描写流水："有如兔走鹰隼落，骏马下注千丈坡。断弦离柱箭脱手，飞电过隙珠翻荷。"妙喻连生，新奇贴切。苏诗用典较多，多数都稳妥精当，浑然天成，如水中着盐，如"山忆喜欢劳远梦，地名惶恐泣孤臣"（《八月七日初入赣过惶恐滩》）。又如《出颍口初见淮山是日至寿州》：

我行日夜向江海，枫叶芦花秋兴长。长淮忽迷天远近，青山久与船低昂。寿州已见白石塔，短棹未转黄茅冈。波平风软望不到，故人久立烟苍茫。

诗人写了在路途上的所见所感，情与景相交融，自然而韵味悠长，毫无雕琢的痕迹。

（二）苏轼的词

从根本上转变词风、开拓词的内容与境界的还是苏轼。苏轼认为诗词是一体的，突破了"词为艳科"的传统，使词转变为一种独立的抒情诗体，提高了词的地位，同时他在创作上以"自成一家"为目标，创造出一种新的风格。

在柳永之后，苏轼对词体全面改革，破除了诗尊词卑的观念，扩大了词的表现功能，开拓了词境。他让词除了抒发女性化的柔情之外，也可以表现男性化的豪情，把传统的以写爱情为主要内容的词变革为写性情的词，凡是以诗可以表达的性情怀抱、人生感悟同样可以用词写出。有时苏轼的词写得比诗更能表现真性情，所以他的词比诗有更多脍炙人口的作品，流传更广，如作于熙宁七年（1074 年）的《沁园春·赴密州早行，马上寄子由》：

孤馆灯青，野店鸡号，旅枕梦残。渐月华收练，晨霜耿耿，云山摛锦，朝露团团。世路无穷，劳生有限，似此区区长鲜欢。微吟罢，凭征鞍无语，往事千端。

当时共客长安。似二陆初来俱少年。有笔头千字，胸中万卷，致君尧舜，此事何难。用舍由时，行藏在我。袖手何妨闲处看。身长健，但优游卒岁，且斗尊前。

此词上片回忆往事，对起起落落的人生感慨万分；下片情绪转为高昂，回忆起少年时和弟弟同到长安的情景，像晋代的陆机和陆云两兄弟一样，才华横溢，名满京都，辅佐君王，又有何难？真是写得意气风发、信心满怀。《江城子·密州出猎》更加豪迈激昂：

老夫聊发少年狂。左牵黄，右擎苍，锦帽貂裘，千骑卷平冈。为报倾城随太守，亲射虎，看孙郎。酒酣胸胆尚开张。鬓微霜，又何妨。持节云中，何日遣冯唐。会挽雕弓如满月，西北望，射天狼。

词中表达了作者希望驰骋疆场、为国捐躯的豪情壮志，充满进取精神，改变了词的柔弱情调。

苏轼也常常把对人生的思索融进词中，力求超脱、旷达地看待人生，如《定风波》：

莫听穿林打叶声，何妨吟啸且徐行。竹杖芒鞋轻胜马，谁怕？一蓑烟雨任平生。料峭春风吹酒醒，微冷，山头斜照却相迎。回首向来萧瑟处，归去，也无风雨也无晴。

苏轼在词中进一步展现了壮丽的自然风景，或气势壮大，或清新秀美，或雄奇壮阔，或宁静和谐，可见词是无事不可写、无意不可入的。苏轼把诗的表现手法用到词中，“以诗为词”，使词有了表现社会现实的功能。他有时把自然山水和对历史人生的感悟结合起来，把深沉的人生感慨和历史感悟注入壮美的风景中，我们熟悉的《念奴娇·赤壁怀古》就是如此。

有时作者也单纯描写自然风光，表达超然忘我的状态，如《西江月》：

照野弥弥浅浪，横空隐隐微霄。障泥未解玉骢骄，我欲醉眠芳草。

可惜一溪风月，莫教踏碎琼瑶。解鞍欹枕绿杨桥，杜宇一声春晓。

苏轼的词现存三百六十二首，大多数接近传统的婉约之风，但感情充沛、想象丰富，语言变化自如，不为音律所局限。他的词中已出现相当数量的豪迈奔放之作，为辛派词人开拓了道路。

四、柳永

柳永约生于雍熙四年（公元987年），死于皇祐五年（1053年），初名三变，字景庄，后名永，字耆卿，崇安（今属福建）人。柳永是景祐元年的进士，但只做了个屯田员外郎的小官，世称柳屯田。柳永早期就以擅制曲而闻名，经常出入妓院和歌楼酒肆，在江淮、两湖等地流浪，创作了很多受大众欢迎的俗曲词。他著有《乐章集》。

柳永迷恋于繁华都会，也深刻体验了下层百姓的生活，怀才不遇使他生活颓废，也在客观上成就了这个"才子词人"。他终生落魄而穷困，死了以后是几个妓女凑钱把他埋葬。后世人还把他"诗酒风流"的故事写进了小说、戏曲，如《清平山堂话本》中就有《柳耆卿诗酒玩江楼》。

关于柳永还有许多传说和故事，他有一首《鹤冲天》词云：

黄金榜上，偶失龙头望。明代暂遗贤，如何向？未遂风去便，争不恣游狂荡？何须论得丧。才子词人，自是白衣卿相。烟花巷陌，依约丹青屏障。幸有意中人，堪寻访。且恁偎红倚翠，风流事，平生畅。青春都一晌。忍把浮名，换了浅斟低唱！

相传，仁宗皇帝在放榜时看到了柳永这首词，尤其是那句"忍把浮名，换了浅斟低唱"，就说："且去浅斟低唱，何要浮名"，于是柳永被黜落。从此，柳永自称"奉旨填词柳三变"，流连于歌楼坊曲之中，他的词广泛地反映了城市生活。从他的词中可以看出当时经济的繁荣和人民生活的状况，如他的《望海潮》：

东南形胜，三吴都会，钱塘自古繁华。烟柳画桥，风帘翠幕，参差十万人家。云树绕堤沙，怒涛卷霜雪，天堑无涯。市列珠玑，户盈罗绮，竞豪奢。

重湖叠巘清嘉，有三秋桂子，十里荷花。羌管弄晴，菱歌泛夜，嬉嬉钓叟莲娃。千骑拥高牙，乘醉听箫鼓，吟赏烟霞。异日图将好景，归去凤池夸。

《望海潮》是柳永所创新词。这首词上片写杭州，下片写西湖，展现了一片富庶繁华、国泰民安的景象，可谓"承平气象，形容曲尽"（陈振孙《直斋书录解题》)。“三吴都会”、“十万人家”、“三秋桂子”、“十里荷花”、“千骑拥高牙”，或实写，或虚指，烘托出一种豪壮的气势。

柳永词最鲜明的特点就是其世俗化的格调，所谓“凡有井水处，皆能歌柳词”。他的词中写情不像五代时那么含蓄而精致，而是充满了热烈、率真之意绪，如《法曲第二》：

青翼传情，香径偷期，自觉当初草草。未省同衾枕，便轻许相将，平生欢笑。怎生向、人间好事到头少。漫悔懊。细追思，恨从前容易，致得恩爱成烦恼。心下事千种，尽凭音耗。以此萦牵，等伊来，自家向道。洎相见，喜欢存问，又还忘了。

以女性的口吻写陷入恋情中的女子的烦恼、懊悔、欢喜，传神地刻画了人物的心态和神情。尤其是词的结尾，写女子等待心上人的迫切心情，本来积累了千般怨恨，想等见面时好好责问他为何毫无音讯，等到真的相见时却全都忘了，只是满心欢喜地叙别后之情。整首词都是口语化的，通俗易懂且直截了当，完全没有南唐词的蕴藉含蓄。

这样的词在柳永的词集中还有很多，如《昼夜乐》：

洞房记得初相遇。便只合、长相聚。何期小会幽欢，变作离情别绪。况值阑珊春色暮。对满目、乱花狂絮。直恐好风光，尽随伊归去。一场寂寞凭谁诉。算前言、总轻负。早知恁地难拼，悔不当时留住。其奈风流端正外，更别有、系人心处。一日不思量，也攒眉千度。

言情以含蓄为好，写得太“露”、太“俗”是这类词的通病。但是另一方面，这词却有那些雅词所不具备的“真”。如柳永一首著名的“俗”词《定风波》：

自春来，惨绿愁红，芳心是事可可。日上花梢，莺穿柳带，犹压香衾卧。暖酥消，腻云亸。终日厌厌倦梳裹。无那！恨薄情一去，音书无个。

早知恁么。悔当初、不把雕鞍锁。向鸡窗，只与蛮笺象管，拘束教吟课。镇相随，莫抛躲。彩线慵拈伴伊坐。和我。免使年少，光阴虚过。

据张舜民的《画墁录》记载，柳永因词触怒了皇帝，吏部不放改官，他去见晏殊。“晏公曰：‘贤俊作曲子么？’三变曰：‘只如相公亦作曲子。’公曰：‘殊虽作曲子，不曾道彩线慵拈伴伊坐。’柳遂退。”说明当时的士大夫崇尚雅词，看不上柳永所作的俗调。但柳永写出了真实的世俗人情，这首词就反映出当时的普通女性渴望长久、安宁感情生活的愿望，有一种日常的动人情趣。

柳永成就最高的是那些描写羁旅行役、离恨乡愁的词。在这些词中，他以严肃的情感、风雅的形式描写流落天涯之人的所感所思，表现了高超的抒情技巧，如《八声甘州》：

对潇潇暮雨洒江天，一番洗清秋。渐霜风凄紧，关河冷落，残照当楼。是处红衰翠减，苒苒物华休。惟有长江水，无语东流。

不忍登高临远，望故乡渺邈，归思难收。叹年来踪迹，何事苦淹留？想佳人、妆楼颙望，误几回、天际识归舟。争知我，倚栏杆处，正恁凝愁。

苏东坡称“霜风凄紧，关河冷落，残照当楼”一句“不减唐人高处”，评价很高。这首词境界开阔，感情真挚，把漂泊沦落之感写得淋漓尽致。同时语言明白晓畅，音韵和谐婉转，“对”、“渐”、“是”、“望”、“叹”都是入声字，加重了语气，只觉得层层逼紧，由悲秋转至苍茫秋色，再转入细致沉思和百感交集的心理，每一番转折都多一份情致。下片更是推己及人，以佳人登楼远望，盼天际归舟的心态来写自己同样深刻的乡愁，怀人之苦，思归之情，交相辉映，蕴藉深沉。此词不愧为传诵千古的名作。

又如《雨霖铃》：

寒蝉凄切，对长亭晚，骤雨初歇。都门帐饮无绪，方留恋处、兰舟催发。执手相看泪眼，竟无语凝噎。念去去千里烟波，暮霭沉沉楚天阔。多情自古伤离别，更那堪、冷落清秋节！今宵酒醒何处？杨柳岸、晓风残月。此去经年，应是良辰好景虚设。便纵有千种风情，更与何人说？

此词写的是别离给有情人带来的深切的悲伤和无尽的惆怅。上片是写现实中的景物，寒蝉、暮雨，雾霭笼罩中的浩渺无际的天空和江水，一切都是凄清低迷的。沉浸在别情中的恋人紧握着对方的手，泪水满眼地注视着对方，却说不出一句道别的话。下片首句感叹别离的心碎断肠自古如此，更何况在令人黯然神伤的清秋时节。然后虚拟二人离别后的场景，词人想象酒醒之后是“杨柳岸，晓风残月”，景色清丽，然而佳人已不在身边。与唯一挚爱的人分离之后，哪怕有更多的良辰美景，也都形同虚设，千种风情又向何人表达呢？这种发自内心的真爱是柳永的词具有强烈感染力的根源，也是宋代其他情词无法企及的原因之一。

柳永从自己的感受出发，创作了不少意境深邃的词作，为此后的宋词创作开辟了许多富有启发性的题材和意境，也为宋词进入更为开阔、豪放的境界奠定了基础。虽然柳永开创了慢词长调，增加了词的表现形式和手法，然而表现真情的“俗”词却并未得到进一步的发展和深化。

五、秦观

秦观（1049—1100年），字太虚，后改字少游，扬州高邮（今属江苏）人。年轻时他也是壮志满怀，一心想到边疆建功立业，觉得“功誉可立致，而天下无难事”（陈师道《秦少游字叙》）。可是秦观到三十七岁时才中进士，后经苏轼推荐，任太学博士，兼国史院编修官。绍圣初年，新党执政，他随着苏轼屡遭贬斥，先后被流放到郴州等几个地方，最后死于藤州，时年五十二岁。

秦观一生对自己有很高的期望，所以在现实中受的打击就更为沉重，当希望不断破灭时，他就异常痛苦，因此他的词中也满是眼泪和愁恨。“恨悠悠，几时休。飞絮落花时候一登楼。便做春江都是泪，流不尽，许多愁。”（《江城子》）“自在飞花轻似梦，无边丝雨细如愁。”（《浣溪沙》）“日边清梦断，镜里朱颜改。春去也，飞红万点愁如海。”（《千秋岁》）词的悲苦情调与他的个性、气质和坎坷经历是有关的。秦观的词写得非常好，被认为是最能体现当行本色的，如代表作《满庭芳》：

山抹微云，天粘衰草，画角声断谯门。暂停征棹，聊共饮离尊。多少蓬莱旧事，空回首、烟霭纷纷。斜阳外，寒鸦万点，流水绕孤村。

销魂。当此际，香囊暗解，罗带轻分。谩赢得青楼，薄幸名存。此去何时见也？襟袖上、空惹啼痕。伤情处，高城望断，灯火已黄昏。

寒鸦流水、灯火黄昏等凄清之景烘托着离别的感伤，往日的柔情、别后的思念也融入了对景物的渲染里。词的结尾不直接把情思说尽，而结以一句景语留给人万千思绪，含蓄而有韵味。这首词与柳永的《雨霖铃》在意境上十分相似，却比柳永“便纵有千种风情，更与何人说”的结句更高一筹。“抹”字和“粘”字用得很传神，显然经过了锤炼，但仍是贴切自然的。

又如《鹊桥仙》一词：

纤云弄巧，飞星传恨，银汉迢迢暗度。金风玉露一相逢，便胜却、人间无数。

柔情似水，佳期如梦，忍顾鹊桥归路。两情若是久长时，又岂在、朝朝暮暮。

这首词情辞俱佳，把人世间追求朝朝暮暮、耳鬓厮磨的爱情升华到一种超越世俗的崇高精神境界，富有新意，给人以美好的希望和劝勉。

秦观把一生的辛酸都融进了词中，但都不是直接倾吐，而是以离愁别恨为载体，“把身世之感打并入艳情”（《宋四家词选》眉批），使传统的艳情词有了新的内涵，如《踏莎行》：

雾失楼台，月迷津渡，桃源望断无寻处。可堪孤馆闭春寒，杜鹃声里斜阳暮。

驿寄梅花，鱼传尺素，砌成此恨无重数。郴江幸自绕郴山，为谁流下潇湘去？

这是秦观在贬谪时所作，开头就写了一片凄清、迷蒙，令人黯然销魂的景色准确地反映出作者情绪的低落、迷惘。他幻想着陶渊明的桃花源，久久地伫立凝望，可是唯有失望而已。春寒料峭，杜鹃声声，斜阳沉沉，勾起词人的一腔身世之感。远方亲友的来信不但不能安慰词人，反而让他的离恨层层累积。结尾是词人面对无言的山水，从自身处境而发的感叹。苏轼最爱这首词的最后两句，听说秦观去世的消息，悲叹道：“少游已矣，虽万人何赎！”

秦观的词典型地体现了婉约词的艺术特征，善于以凄迷景色、婉转语调表现感伤情绪，引起了一些文士的共鸣，对周邦彦和李清照的词有直接的影响。周邦彦得其“丽”，进一步发展为典雅精工；李清照得其“清”，更趋于本色自然。秦观也一直被看作婉约派的代表作家。

第三节　南宋诗词

一、李清照

李清照（1084—约1151年），自号易安居士，章丘（今属山东）人，是宋代最有名的女词人。她出身名门，父亲李格非是礼部员外郎，母亲是状元王拱辰的孙女，家中藏书丰富，有浓厚的文学氛围。李清照十八岁嫁给赵明诚。赵明诚是一个艺术鉴赏力很高的金石学家，父亲也是北宋有名的官员。婚后，二人诗词唱和，共同收集和研究古代的金石，生活十分美满幸福。北宋的灭亡一下子摧毁了他们充满诗意的家庭生活，他们带着一部分收藏逃到江南，没几年赵明诚病故，李清照一个人孤苦无依地在南方生活。李清照带着一颗破碎的心，在贫困悲苦、动荡漂泊的江南旅居中死去。

李清照是北宋十分出色的女词人，有着极高的艺术鉴赏力，是创作者，也是批评家。这和李清照的生活密切相关，她的创作也以北宋灭亡为界，分为前后两期。前期主要写对外界敏锐、纤细的感受，活泼明快而又热情天真；后期的作品伴随着家亡国破的切肤之痛，显出缠绵凄苦和低沉伤感。

前期词作的代表，如《如梦令》(之二)：

昨夜雨疏风骤，浓睡不消残酒。试问卷帘人，却道海棠依旧。知否，知否？应是绿肥红瘦。

暮春时节，女主人公雨后酒醒，在和侍女的问答之中透露出对春天即将消逝的悲慨。侍女只是粗疏地感到海棠依旧，敏感、细腻的词人却凭推断就知道"绿肥红瘦"，用两个"知否"对侍女的说法表示疑问和纠正。"绿肥红瘦"这种拟人化的写法，把花儿凋零而显出绿叶增多的景象写得立体生动，更加突出了伤春惜花的心情。

在这一时期，因为与丈夫的短暂离别，李清照还写了一些离别相思的词，如《一剪梅》：

红藕香残玉簟秋，轻解罗裳，独上兰舟。云中谁寄锦书来？雁字回时，月满西楼。

花自飘零水自流。一种相思，两处闲愁。此情无计可消除。才下眉头，却上心头。

这首词写出一种无法摆脱的浓重的离愁别绪。因为夫妻情感的深挚，所以离别后的相思才会时时萦绕心头，虽然有鸿雁传书，虽然可以共同望见天边的那一轮明月，然而当月光洒满小楼时，夫妻却因不能相见而惆怅不已。"花自飘零水自流"，以外物的无情无感反衬人的深厚感情。最后三句化自范仲淹的《御街行》："都来此事，眉间心上，无计相回避"，但多了一种时间上的延续感，动静结合，缠绵动人。

流寓江南后，李清照对人生的艰辛和苦痛有了深切体会，在艺术表现上也达到了很高的境界，如著名的《声声慢》：

寻寻觅觅，冷冷清清，凄凄惨惨戚戚。乍暖还寒时候，最难将息。三杯两盏淡酒，怎敌他、晚来风急。雁过也，正伤心，却是旧时相识。

满地黄花堆积，憔悴损，如今有谁堪摘？守着窗儿，独自怎生得黑？梧桐更兼细雨，到黄昏、点点滴滴。这次第，怎一个愁字了得！

这首词开头连用七组叠字，以齿音为主的凄清的音乐性语言增强了艺术感染力，直接描写个人悲戚的内心感受，很快把读者带入特定的情境中。接下来，词人叙述在冷清的生活里，借酒消愁，大雁飞过勾起对往事的回忆，伤心不已。下片节奏更为急促，词人面对肃杀的秋景连续发出不可能有回应的疑问，把弥漫的悲情推到极点。“这次第，怎一个愁字了得”，近乎绝望的感叹里反映出一个孤苦无依的女性无法排遣的愁苦。这首《声声慢》以完美形式、深挚情感成为“卓绝千古”（万树《词律》）的名作。

又如《武陵春》：

风住尘香花已尽，日晚倦梳头。物是人非事事休，欲语泪先流。

闻说双溪春尚好，也拟泛轻舟。只恐双溪蚱蜢舟，载不动、许多愁。

这首词大约作于李清照绍兴年间在金华时。上片表现了因国破家亡而无法抑制的悲痛，尽管有了安身之处，然而已物是人非，词人心中的创伤是永远无法抚平的。下片尽量控制情绪，想办法排解内心的伤痛，试图重温往日优雅恬静的生活，然而一切都只是表面的，词人内心的愁绪时时袭来。在她的笔下，“愁”变成了真实可感，甚至可以称出重量的物质性的东西，那轻盈小舟根本无法承载愁绪的沉重。

李清照精通音律，又很擅长作词，因此对词的批评也有独到见解。她的词论文风犀利，提出词“别是一家”的说法，强调诗词的界限，主张作词要遵循音律，典雅和情致并重。她的看法虽然不尽正确，但抓住了词的主要特征，对音律的强调代表了北宋末年的词坛趋势。

李清照的诗和大部分宋诗一样，强调表现正统的道德，有时说理太多，枯燥无味，写得较好的有《乌江》这首小诗：

生当作人杰，死亦为鬼雄。至今思项羽，不肯过江东！

这短短二十字的作品表现出无论如何都要出人头地的上进、好强的人生观，充满豪迈、激昂的情感，又反映出士人们面对危难不甘屈服的心情。这与李清照的婉约词差别很大，谁能想象这样的诗竟然出自一个婉约女词人之手呢？

二、陆游

在南宋四大家中，成就最高的是陆游。汴京陷落后，皇室南迁，当时当政的几任宰相多半是毫无气节、不顾国家危亡、贪图一时富贵的小人，对于那些强烈要求恢复中原、报仇雪耻的官员一味打压，并在这种形势下形成激愤满怀的热烈爱国之情。集中反映广大人民爱国之情的词人是辛弃疾，诗人则是陆游。

陆游（1125—1210 年），字务观，号放翁，越州山阴（今浙江绍兴）人。北宋宣和末期，陆游出生后就遭逢金兵南下、东京陷落，幼年一直跟随父亲逃难，三岁时跟着父亲南归。自幼的生活环境和家庭氛围让陆游受到了深刻的爱国主义教育和传统的文学、文化教育，有了崇高的爱国思想和良好的文学功底。但青年时代的陆游在婚姻和政治上都遭受了沉重打击，由于母亲的压力，陆游和妻子唐婉结婚没多久就离婚了，然后到临安参加科举考试，省试名列第一，最后却被奸相秦桧一党之人黜落。之后他在福州做过一些小官，直到绍兴末孝宗即位，即三十八岁时才被赐予进士出身。之后陆游做过通判等官职，后来投身军旅，直接参加抗金的战斗。他有远大的政治抱负，坚决反对议和，一心想要收复中原，并提出许多切实可行的军事、政治建议，但多数未被南宋统治者采纳、执行。陆游终生没有看到宋朝收复中原，在憾恨中离开人世，终年八十五岁。他的著作有《剑南诗稿》、《渭南文集》、《老学庵笔记》等。

陆游在南宋四大家中最为长寿，经历了北宋徽、钦二宗，南宋高、孝、光、宁四宗，共六代宋朝君主的统治。在任夔州通判后，他曾游览山水，凭吊屈原、李白、杜甫、白居易等大诗人的遗迹。入川陕宣抚使王炎的幕府以后，陆游有过一段实际的军旅生活，到过大散关和陇县一带，都是西北的军事前线。沦陷区人民对祖国的怀念、对于南宋军队的热切盼望都激发了陆游的豪情壮志。

陆游十八九岁时就跟随诗人曾几学诗，最初所学的作诗法出于江西诗派。只是陆游中年自编诗集时，大量删削早年诗作，现在我们看到的基本都是他四十二岁以后的作品。陆游入蜀前主要在南昌任隆兴府通判，这时所作的诗和江西诗派风格相近，注重“活法”和诗家修养，其中有名的一首是《游山西村》：

莫笑农家腊酒浑，丰年留客足鸡豚。
山重水复疑无路，柳暗花明又一村。
箫鼓追随春社近，衣冠简朴古风存。
从今若许闲乘月，拄杖无时夜扣门。

诗歌描写的是春日所见的农家生活和淳朴民风。全诗结构精巧，力图表现奇巧的意境，尤其是第二联以简练句式表达了一种常见的乡间景色，同时蕴含了意味深长的哲理，被传为抚慰人心、磨砺意志的名句。

陆游四十六岁入蜀任夔州通判，在《剑门道中遇微雨》一诗中写道："衣上征尘杂酒痕，远游无处不销魂。此身合是诗人未，细雨骑驴入剑门。"国难当头，陆游的理想不是做一个诗人，而是驰骋沙场、为国杀敌的英雄。在四川的几年里，雄奇秀丽的自然山水、现实生活的经历丰富了陆游的诗歌创作内容，提高了他的艺术技巧，而且他的诗歌中始终贯穿着爱国之情，如《关山月》：

和戎诏下十五年，将军不战空临边。
朱门沉沉按歌舞，厩马肥死弓断弦。
戍楼刁斗催落月，三十从军今白发。
笛里谁知壮士心？沙头空照征人骨。
中原干戈古亦闻，岂有逆胡传子孙？
遗民忍死望恢复，几处今宵垂泪痕！

诗中表达了诗人对宋金议和与南宋王朝苟且偷安的不满，对文臣武将醉生梦死生活的讽刺，对兵士们壮志难酬、白白地老死边关的悲叹。最后四句更是沉痛反映出遗民们对于收复中原连年失望的痛苦。整首诗充满了强烈的时代精神和忧愤悲痛的感情。

陆游在蜀中生活了八九年时间，从淳熙五年（1178 年）到淳熙十六年（1189 年）罢官前，他一直任职于福建、江西、浙江一带，这一时期他生活阅历更为丰富，诗歌的艺术水平进一步提高，爱国热情是始终如一的，如《书愤》：

早岁那知世事艰，中原北望气如山。楼船夜雪瓜洲渡，铁马秋风大散关。塞上长城空自许，镜中衰鬓已先斑。出师一表真名世，千载谁堪伯仲间！

这首诗写出了早年的远大理想被现实阻碍的无奈和遗憾，也写出了功业未建而鬓发已斑白的悲愤。最有气势和韵味、也最为人称道的是"楼船夜雪瓜洲渡，铁马秋风大散关"一联，全部是用名词性意象连缀而成，既记录了陆游曾经的经历，又有一种历史性的寓示，“瓜洲渡”和“大散关”是宋金交战的战场，再加上夜雪、秋风，显示出一种阔大的气势。

陆游的诗歌气势奔放、境界壮阔，对南宋后期诗歌的发展作出了重要贡献。而他的爱国诗歌更是影响深远，鼓舞了一代又一代人勇敢地抵抗外来侵略。

三、辛弃疾

辛弃疾（1140—1207 年），字幼安，号稼轩，山东历城（今山东济南）人，生长在金人占领区，从小就立志收复失地。高宗绍兴三十一年（1161 年），辛弃疾二十二岁时揭竿而起，与耿京一起反抗金朝的残暴统治。他二十六岁向孝宗奏《美芹十论》；三十一岁进献《九议》，详细实用地论析复国中兴的策略；三十三岁时预言金朝六十年必亡；四十一岁在湖南创建威震一方的飞虎军；四十三时基本上开始了退隐的生活。

辛弃疾平生以气节自负，以功业自许，南归之后本想有一番作为，“了却君王天下事，赢得生前身后名”（《破阵子》），不料南宋王朝却一味求和，而且辛弃疾作为从金人统治区回来的“归正人”不被信任，这样一种处境使得他英雄无用武之地、报国无门，在军事和政治上都不能取得很大的建树。但这种积极进取的人生理想和精神却让他在词坛上开疆拓土，为词史增添了浓墨重彩的一笔。辛弃疾继承、弘扬苏轼词抒情言志的传统，词作内容丰富、意象雄奇、情怀热烈、境界雄浑、语言刚劲，有一种英雄气质。他还确立并发展了“豪放”诗派，和苏轼并称“苏辛”。

辛弃疾从小就受到祖父辛赞崇高的民族气节和强烈的爱国主义精神的熏陶，少年时代曾师从亳州刘瞻，深入而广泛地学习了儒家经典，受到了良好的传统儒家思想的教育。他自己又喜欢研读兵法，所以文韬武略，曾四任帅臣，三为运使。青年时他就意气风发，聚众两千余人联合耿京义军，后于金兵大营中活捉叛贼张安国，之后又连上《十论》、《九议》，以果敢刚毅之魄力建湖南“飞虎军”，救江西灾荒。这些条件和经历使辛弃疾颇有自信，积极进取、获取功名之心十分强烈，加之根植在他心中的儒家思想、家族教育与当时现实相结合，使这“功名之心”有了一个具体目标，那就是收复中原。辛弃疾一生无时不以收复为己任，即便退隐时也怀着一颗强烈的入世之心。辛弃疾一生的理想就是成为曹操、刘备那样的英雄人物，为收复中原的事业鞠躬尽瘁。他的词中也一再表达这样的志向："天下英雄谁敌手，曹刘。生子当如孙仲谋。"（《南乡子》）"道男儿、到死心如铁。看试手，补天裂。"（《贺新郎·同父见和再用前韵》）

辛弃疾虽然在词中说："功名浑是错，更莫思量着。"（《菩萨蛮·稼轩日向儿童说》）"功名自误。"（《摸鱼儿·观潮上叶丞相》）但是谈起功名时，他还是十分自豪地回忆起自己"壮岁旌旗拥万夫"（《鹧鸪天·有客慨然谈功名，因追念少年时事，戏作》）的英气和壮举。上面我们已经提到过，辛弃疾所谓的功名不同于一般士人心目中的金榜题名、加官进爵，而是有着具体的内容，那就是做收复中原的英雄人物，希望"了却君王天下事，赢得生前身后名"（《破阵子·为陈同甫赋壮词以寄之》）。辛弃疾在建康通判任上时给人的寿词里道："从容帷幄去，整顿乾坤了。"（《千秋岁·为金陵史致道留守寿》）在退居时期给人祝寿的词里也依然信心百倍地道："算平戎万里，功名本是，真儒事，君知否。……待他年，整顿乾坤事了，为先生寿。"（《水龙吟·为韩南涧尚书寿甲辰岁》）在送友人赴召的词中道："此老自当兵十万，长安正在天西北。"（《满江红·湖海平生》）恢复乾坤之事辛弃疾何曾一刻忘记啊？

辛弃疾即使在政治理想一再受挫、悲愤难抑时，依然心怀天下，有词为证：《水调歌头·汤朝美司谏见和，用韵为谢》

白日射金阙，虎豹九关开。见君谏疏频上，高论挽天回。千古忠肝义胆，万里蛮烟瘴雨，往事莫惊猜。政恐不免耳，消息日边来。

笑吾庐，门掩草，径生苔。未应两手无用，要把蟹螯杯。说剑论诗余事，醉舞狂歌欲倒，老子颇堪哀。白发宁有种，一一醒时栽。

上片写朋友虽然经历"蛮烟瘴雨"，现在马上就有"消息日边来"的希望了，以激励对方，意气飞扬。下片写自己，情景忽换，由一"笑"字领起，这种强装的苦笑越能让人感到作者心里极度压抑的苦闷，接下去仍是正语反出，愈写得轻松愈见其沉痛，"醉舞狂歌"暂可忘世，却终有醒时，"白发宁有种，一一醒时栽"，作者心中郁积的满腔忧愤难以抑制，切齿而出。然而在他自己如此愤懑之时，得知友人复起的希望，还能耐心劝说他不要疑猜，尽心激励他为国效力，足见作者对国家民族深重的忧患意识和强烈的责任感已经远远超越了对一己之私的在意，所以无时无刻不在关注国家命运。虽苍颜华发，他却仍念着故国河山：

绕床饥鼠，蝙蝠翻灯舞。屋上松风吹急雨，破纸窗间自语。平生

塞北江南，归来华发苍颜。布被秋宵梦觉，眼前万里江山。（《清平乐·独宿博山王氏庵》）

除了英雄气概和为民族事业奋斗的使命感以外，辛弃疾的词反映出更为深广的忧患意识和人生苦闷，如《水龙吟·登建康赏心亭》：

楚天千里清秋，水随天去秋无际。遥岑远目，献愁供恨，玉簪螺髻。落日楼头，断鸿声里，江南游子。把吴钩看了，阑干拍遍，无人会，登临意。

休说鲈鱼堪脍，尽西风、季鹰归未？求田问舍，怕应羞见，刘郎才气。可惜流年，忧愁风雨，树犹如此。倩何人唤取，红巾翠袖，揾英雄泪？

英雄也有难以排解的孤独感，也有漂泊在外的思乡情，也有理想不能实现的焦虑，也有归隐还是继续奋斗的矛盾挣扎，这种种感情交织在一起，让英雄不禁流下了悲愤的眼泪。这首词用典巧妙、情感曲折，充分表现了心理的深度和复杂性，大大提高了词的表现力。

如《摸鱼儿》：

更能消几番风雨？匆匆春又归去。惜春长怕花开早，何况落红无数。春且住，见说道、天涯芳草无归路。怨春不语，算只有殷勤，画檐蛛网，尽日惹飞絮。

长门事，准拟佳期又误。蛾眉曾有人妒，千金纵买相如赋，脉脉此情谁诉？君莫舞，君不见、玉环飞燕皆尘土。闲愁最苦。休去倚危栏，斜阳正在，烟柳断肠处。

首先，这首词音韵抑扬顿挫，为表达感情奠定了好的基础。这首词表面上表达了惜春、留春、怨春之情，感叹生命易逝、时不我待。正是这种对时间的焦虑让词人对玉环、飞燕这等小人切齿痛恨，确信他们的得意只是暂时的，他们终将化为尘土。这首词强化了词的社会批判功能。

另外，辛词中也有描写田园生活和自然风光的，除了我们很熟悉的那首《西江月·夜行黄沙道中》（明月别枝惊鹊）以外，再举一首充满生活气息的《清平乐》：

茅檐低小，溪上青青草。醉里吴音相媚好，白发谁家翁媪。大儿锄豆溪东，中儿正织鸡笼。最喜小儿无赖，溪头卧剥莲蓬。

这些词描绘的乡村风景和人物虽平常，但却鲜活生动，展示了辛词的另外一面。

第七章

元代诗词

第一节　元代诗词概述

一、元代社会背景和元曲的兴起

宋朝灭亡以后，在中国诗歌史上大放异彩的主要是散曲，其次是小曲和歌谣等。

从1276年到1368年这九十余年是元朝统治时期。蒙古族剽悍强健，精于骑射，建立元朝以后入主中原，对待汉人颇为苛酷。由于汉人所受的待遇很不平等，使得元代的作品里充满反抗情绪。如胡侍在《真珠船》中道："元曲中如《中原音韵》、《阳春白雪》、《太平乐府》、《天机余锦》等集，《范张鸡黍》、《王粲登楼》以及《敬德不服老》、《苏子瞻贬黄州》等传奇，率皆音调悠扬，气魄雄壮，后鲜有作者能比肩。盖当时台省元臣，郡邑正官，及雄要之职，中州人多不得为之，每抑沉下僚，志不得伸。如关汉卿乃太医府尹，马致远行省务官，宫大用钓台山长，郑德辉杭州路吏，张小山首领官，其他屈在薄书，老于布素者尚多有之。于是以其有用之才，而一寓之于声歌之末，以抒其拂郁感慨之怀，所谓不得其平而鸣焉者也。"

这说明元曲繁盛的原因之一在于作者们要用曲子来抒发在这样统治下内心的不平和愤慨。

从体制来看，元代的戏剧分为杂剧和南戏两种类型。这两个剧种的剧本虽然都包括曲词、宾白以及科（介）三个部分，但体制又有不同。杂剧在大江南北一带流传很广，一般由四折组成一个剧本，每折相当于今天的一幕。演剧角色可分末、旦、净三类。在音乐上，一折只采用一个宫调，不相重复。而全剧只能由正末或正旦一人主唱，正末主唱的称为“末本”，正旦主唱的称为“旦本”。

南戏流行于东南沿海。剧本由若干“出”组成，“出”数不作规定。曲词的宫调也没有规定。南戏角色分为生、旦、净、末、丑等各类，均可歌唱。歌唱形式多种多样，既有独唱，又可对唱、合唱、轮唱，不像杂剧只能一个人独唱到底。

从内容和题材来看，北方杂剧的剧作较多以水浒故事、公案故事和历史传说为题材，有较多的作家敢于面对黑暗现实，渴望有清官廉吏或英雄豪杰为被压迫者撑腰。北方杂剧的作品因而更多给人激昂、明快的感受。南戏则更注重表现爱情婚姻和家庭伦理等社会问题，像郑光祖的《倩女离魂》，乔吉的《两世姻缘》、《金钱记》，南戏《琵琶记》、《荆钗记》和《拜月亭》等堪称代表。

二、元代诗词概论

作为元代诗坛“正宗”的传统诗词，在此时尽管有所创新，像萨都剌、杨维桢等诗人也写出了令人瞩目的作品，但就诗词的总体创作而言，成就逊于唐、宋和清代，也逊于同时代的散曲。

若以诗词两种体裁相比较，元诗的成就则又大于词。元诗承金代大诗人元好问的余绪，在辽金诗歌的基础上有所推进。元初，许多诗人或看到金室的倾颓，或看到南宋的覆灭，他们的身世际遇虽然有所不同，但是都怀念旧朝。所以，故国之思和沧桑之感曾是元初众多诗作的主题。另外一方面，通俗文学追求新奇热闹的审美情趣，也在一定程度上影响了诗人。这几种因素的合力导致了诗风的形成。作为正统文学样式的诗文，元代与前代相比，显然处于低谷时期。然而元代的诗文作家和作品数量相当多，而且出现许多擅长诗文的少数民族作家，元代诗人鄙弃宋诗而转学唐诗的风气对明代诗歌有很大的影响。元代许多诗人在创作上提倡“宗唐得古”，以唐诗和魏晋古诗为皈依，这是由于他们不满宋代以文为诗、以理入诗的倾向，要求重视诗歌的形象性。例如描绘自然景物，许多作者把兴趣放在审美客体的局部或者细节上，善于捕捉自然界中声色的细微变化，捕捉审美主体内心世界的细微变化，再用流畅的语言和韵律表现出来。

元朝的诗人在主观上努力学习唐人的浑融流丽、体式端雅，而努力矫正宋人的瘦硬生涩之弊。但是在实际创作中，他们的学唐多止于形貌，且多取平和淡远、温润流丽一类。

元初有几位开国功臣是重要的诗人，其中以契丹族的耶律楚材最为突出。他曾追随成吉思汗西征，驰骋万里，所以能在诗中描写壮丽奇伟的西域风光，如《过阴山和人韵》等，写得动荡开阖、气象万千。可以说，在元初的少数民族诗人中，他的成就是最值得重视的。

第二节　元散曲的成就与代表人物

一、散曲的特点及成就

散曲包括小令和套数。小令是散曲的基本形式。套数是由同一宫调中两首以上的小令相连而成的组曲，其中各支曲子必须押同一韵，一般有尾声。散曲的体制风格不同于诗词。

第一，曲和词都是长短句。但曲的句子长短更为参差，一般少的可以只有一两个字，长的可达到二三十字。如关汉卿《南吕·一枝花》中的《不伏老》："我是个蒸不烂，煮不熟，捶不扁，炒不爆，响当当一粒铜豌豆。恁弟子每谁教你钻入他锄不断，锗不下，解不开，顿不脱，慢腾腾千层锦套头。"

第二，词中没有衬字，曲中可以衬字。正字和衬字互相配合，既保持了曲调的腔调，又增加了语言的灵活性和通俗性。如钟嗣成《醉太平》（失题）："风流（贫）最好，村沙（富）难交，（拾）灰泥补砌了旧砖窑，（开一个）教乞儿市学，（裹一顶）半新不旧乌纱帽……"

第三，散曲用韵虽然比词加密了，有的每句都押韵，但平声韵和仄声韵在词里不能通押，而在曲里可以通押。如徐再思《阅金经》（春）："紫燕寻旧垒，翠鸳栖暖沙。一处处绿杨堪系马。他，问前村沽酒家。秋千下，粉墙边红杏花。"

总之，散曲的用韵和音节都比诗词自由，所以接近自然的语调而又适合采用口语。它的出现意味着诗体的又一次解放。散曲的风格基本可以概括为通俗和超脱两种。它可以学诗歌的庄重，也可以学词的柔媚，但本色还有几分幽默、俏皮、超逸，写不好的话更容易流于油腔滑调。

因为年代渺远和书籍散佚的关系，对于散曲的起源目前只能做试探性的研究。大概在1200年以前散曲已经有萌芽了，到了元代就宛如词在北宋，是如日中天的太阳。就作者来言，上有达官贵人（如杨果、卢挚等），下有倡优妓妾（珠帘秀、行院王氏等），皆有作曲者。从内容来说，有戏谑的（如关汉卿的《醉扶归·嘲秃指甲》等），有劝诫的（如刘庭信的《寨儿令·诫飘荡》等），有咏物的（如张可久的《红绣鞋·竹凉衫》等），有怀古的（如马九皋的《塞鸿秋·凌黔台怀古》等），有叙别情的（如卢挚的《落梅风·别珠帘秀》等），还有写幽会的（如贯云石的《红绣鞋》等）……甚至于以散曲代替说贴者（如刘致的《上高监司·端正好》）。就篇幅来看，有一套用曲至三十余支者。就作风来看，有“滑雅”，或“平熟”，或如“少美临杯”，或如“天马脱羁”。在许许多多的作者中，有两位富有代表性的作者：马致远与张可久。在这种种不同的风格中，有两种比较重要的风格：豪放与清丽。豪放的以马致远为领袖，相同者有张养浩、冯子振等；清丽的以张可久为领袖，相同者有卢挚、乔吉等。在散曲上，虽然张可久地位更为重要，但豪放者的开山祖当属马致远，清丽的来源应追溯到白朴。

二、白朴、马致远

元剧四大家是关汉卿、王实甫、白朴、马致远。在关汉卿、王实甫双峰对峙的元代剧坛上，能够在艺术上别树一帜、受到人们推崇的剧作家还有白朴和马致远。

白朴，字仁甫，号兰谷，幼年饱经丧乱，长大后又曾漂流于大江南北，看到了社会凋残、山河破碎的情况，心情十分沉重，因此作品中经常流露出沧桑、失落之感。

白朴擅长词曲，词集名《天籁集》，多颓唐凄楚之调。其散曲现存四十多首，多以本色的语言抒写闲情逸致。杂剧代表作有《梧桐雨》和《墙头马上》。

《梧桐雨》是描写杨玉环和李隆基爱情生活和政治遭遇的历史剧。他向经历过沧桑剧变的元代读者宣示深刻沉痛的人生变幻的主旨。在剧本中，白朴把梧桐与杨李的悲欢离合结合起来，李隆基对着梧桐回忆：“当初妃子舞翠盘时，在此树下；寡人与妃子盟誓时，亦对此树；今日梦境相寻，又被它惊觉了。”在我国的诗文中，梧桐本来就包含着伤悼、孤独、寂寞的意蕴，白朴让梧桐作为世事变幻的见证，让梧桐雨淅淅沥沥、敲愁助恨的景象，搅动了沉淀在人们意识中的凄怨感受，使得剧本获得了独特的艺术效果。

马致远是元代创作最丰富的散曲作家之一。元代传统文人积极进取以及超脱旷达交叠辉映的悲剧性人格，在他的散曲创作中表现得最为鲜明突出。

马致远早年热衷于功名，但仕途却并不得意，长期饱受屈辱的生活使得他对黑暗的现实有了较为清醒的认识，产生了人生的幻灭感，把超尘绝世的隐居生活作为理想的人生境界，以此来逃避现实获得心理平衡。他在著名的散曲《双调夜行船·秋思》中把这种心态淋漓尽致地描摹了出来：

蛩吟罢一觉才宁贴，鸡鸣时万事无休歇，争名利何年是彻？看密匝匝蚁排兵，乱纷纷蜂酿蜜，闹攘攘蝇争血。裴公绿野堂，陶令白莲社。爱秋来那些？和露摘黄花，带霜烹紫蟹，煮酒烧红叶。想人生有限杯，浑几个重阳节。人问我顽童记者：便北海探吾来，道东篱醉了也。

作品里描绘了一种陶情山水与退隐田园的高雅旷达，将湖山诗酒的恬静闲适当作人生的归宿，在表面的放浪潇洒之下激荡着愤世嫉俗的深沉感情。

马致远的散曲带有很多传统文人的气息，他的擅长把透辟的哲理、深沉的意境以及奔放的情感和旷达的胸怀结合在一起，语言宏利放逸而不离本色，对仗则工整妥帖，被看作元散曲豪放派的代表作家。他的小令则写得俊逸疏宕，别具情致，如脍炙人口的《天净沙·秋思》：

枯藤老树昏鸦，小桥流水人家。古道西风瘦马。夕阳西下，断肠人在天涯。

仅仅二十八字就勾勒出一幅秋野夕照图，特别是前面三句连用九个名词勾绘出九组剪影，交相叠映，创造出苍凉萧瑟的意境，渲染出漂泊天涯茫然无依无助的孤独与彷徨。全曲景中含情，情自景生，情景交融，隽永含蓄。周德清在《中原音韵》中赞其为“秋思之祖”，王国维《人间词话》中说它“寥寥数语，深得唐人绝句妙境”。

三、关汉卿

关汉卿（约1225—1300年），字汉卿，号已斋叟，大都人，是元代剧坛最杰出的作家之一。他对元代社会的腐败与黑暗广泛反映、深刻揭露；对受迫害者的痛苦经历，寄予很大的同情；对于弱小者抗击罪恶、见义勇为的意识和行动，又能给予热情的赞颂。从艺术上来看，他的创作“一空倚傍，自铸伟词”，“曲尽人情，字字本色”，汪洋恣肆，慷慨淋漓，具有震撼人心的力度。

金亡时，他尚为少年，入元之际大概已年近半百，后来成为名震大都的梨园领袖。关汉卿的前半生是在血与火交织的动荡不宁中度过的，作为封建时代的知识分子，他熟读儒家经典，深受儒家思想影响，但是所处的年代又使得他仕进无途，进则无门，退则不甘。但是关汉卿生性开朗通达，胸襟开阔，在困境中能够调整自己的心态，“偶倡优而不辞”。他的散曲《南吕·一枝花》声称自己是“蒸不烂，煮不熟，捶不扁，炒不爆，响当当一粒铜豌豆”。由于关汉卿面向下层，流连市井，受民间文化影响较深，因而写杂剧、撰散曲的时候能得心应手地运用民间俗众的白话，也比较了解弱小人物的悲欢离合和下层社会的生活气息与思想情态。

关汉卿一生创作的剧作多达六七十种，比较著名、保留至今的有《窦娥冤》、《鲁斋郎》、《救风尘》、《望江亭》、《蝴蝶梦》、《谢天香》、《单刀会》、《西蜀梦》、《拜月亭》等。

关汉卿熟悉剧场、演员和观众，是梨园中的行家里手，有许多实际演出经验，因此他的杂剧创作具有鲜明的剧场性。他的戏剧语言向来以本色当行著称，即王国维所称道的“曲尽人情，字字本色”。他所写的人物唱词，在抒情中蕴含着鲜明的动作性，切合特定的戏剧情境。他还对语言有着敏锐和精细的辨析能力，注意到在不同的环境中，同一个人物的语气、措辞会随情势心态的变化而变化。像杂剧《谢天香》，写谢天香在钱大尹面前由于悬殊的身份，常常小心谨慎，“文绉绉地施才艺”，不敢造次，说话显得典雅；而在钱大尹不在的场合，说话就比较粗俗，骂起人来还用上“臭驴蹄”、“臭尸骸”等字眼。对于不同的人物，关汉卿根据身份、教养、地位等让其语言当俗则俗、当雅则雅，完全体现了不同人物的气质和个性。他既立足于戏剧语言性格化，又博采现实生活中的种种语言素材，包括谚语、俚语、俗语、成语以及口头禅等，形成一个自然真切、色彩斑斓的语言世界。这是关汉卿对元代剧坛以及诗坛的一个突出贡献。

四、张可久、张养浩

与前期代表人物多为北方人不同，后期散曲家的主体基本上由南方人或移居南方的北方人构成。如今公认的后期散曲作家创作成就最高的两位是张可久与张养浩。前者为浙江庆元人，后者为长期流寓杭州的太原人。这一现象表明，元代后期散曲创作在南方得到更为蓬勃的发展。与前期散曲创作相比，后期散曲创作风貌也有比较明显的变化。首先，散曲的内容和题材不断被开拓，写景、言情、赠别、怀古、咏物、赠答、抒怀等等，几乎无所不包，表现领域得到极大扩张。其次，在思想情调方面，前期散曲创作中大量存在的那种对现实强烈不满和激情喷发的作品大为减少，哀婉蕴藉的感伤情调渐渐成为散曲创作的主流。第三，出现比较明显的追求形式美的倾向，从前期的豪放为主转向以清丽为主。

张可久，字小山，约生活于1280年至1348年前后。他在仕途上很不得意，曾做过典史一类小官，平生好遨游，足迹遍布江南各地，晚年居于杭州。他著有《苏堤渔唱》、《小山乐府》等散曲集，是元人中专攻散曲并存世作品最丰富者。他的散曲取材广泛，举凡写景抒情、男女恋情、叹世归隐、酬唱赠答等文人生活的各方面几乎都有涉及。但最能代表他清而丽、华而不艳创作风格的是大量的写景之作，如《人月圆·春晚次韵》：

> 萋萋芳草春云乱，愁在夕阳中。短亭别酒，平湖画舫，垂柳骄骢。一声啼鸟，一番夜雨，一阵东风。桃花吹尽，佳人何在，门掩残红。

全曲以写景见长，景语又是情语，而所写的眼前景物多与故实相关，显得典雅工丽，很能体现缠绵委婉的情味。它取用了唐代崔护《题都城南庄》的诗意入曲，使得意境更加幽眇。张可久的这一类散曲，明显体现了散曲的雅化趋势。对于元后期曲风的转变，张可久实在是一个关键人物。

后期比较重要的作家还有乔吉、张养浩和刘时中等。

张养浩字希孟，号云庄，山东济南人，累官礼部尚书，以直谏敢言著称。张养浩的散曲多写寄情林泉之乐，但也不乏关怀民生疾苦之作，如这首《山坡羊·潼关怀古》：

> 峰峦如聚，波涛如怒，山河表里潼关路。望西都，意踟蹰，伤心

秦汉经行处，宫阙万间都做了土。兴，百姓苦；亡，百姓苦。

它最为人称道的是最末一针见血地揭示出兴亡后面的历史真谛：“兴，百姓苦；亡，百姓苦。”这八个字鞭辟入里，使得全曲闪烁着耀眼的思想光辉。

第八章

明清两代诗词

第一节　明代诗词概述

一、明代诗词的发展历程及特点

明初诗坛活跃着以高启、杨基等人为代表的作家群，他们大多生活在元明交替时期，经历过元末动荡的战乱与明初整饬政策下的高压统治，不少作品表现了时代的创伤以及作家在这种特殊环境下愁苦郁闷的心态和反思人生的内容，格调凝重悲怆。与明初创作状态相比，明永乐至成化年间，文学的发展步入低潮期，文坛风行的是“台阁体”的创作。“台阁体”的内容大多为歌颂太平、粉饰现实，艺术上讲究雍容典丽，缺乏生气，它的盛行与当时作家的生活际遇和稳定清平的政治局面有关系。成化至弘治年间，以李东阳为首的茶陵诗派崛起，在一定程度上冲击了“台阁体”的创作风气。李东阳的作品虽然还有“台阁体”的痕迹，但侧重反映个人生活与精神方面的内容。

作为传统文体主导的诗歌，在变革历程中步履相对艰难。到了明朝中后期，李贽以及公安派的出现才更为明显地表现出一些新的特点。以袁宏道为代表的公安派在接受李贽重视个性精神的学说的同时，提出以“性灵”为核心的文学主张，并着力矫正“前后七子”在文学复古运动中暴露的某些拟古蹈袭的弊端。但是公安派在创作中也矫枉过正，从“独抒性灵”走到俚俗肤浅的极端，客观上淡化了文学创作的艺术审美特性。

明代末年，社会动荡不安，明朝面临覆灭的危机。特殊的时代环境给文坛带来新的影响。以陈子龙为代表的一些文人重新举起复古的旗帜，力图救世报国，多有表现国变时艰的作品，带有鲜明的时代特征。

二、高启与杨基

明初的诗坛有“吴中四杰”，即高启、杨基、张羽、徐贲，四人均为吴中（今江苏苏州）人。在明初众多诗人中，高启（1336—1374年）是最有成就的诗人，所谓“天才高逸，实据明一代诗人之上”。他生活在元明交替之际，作品烙上了某些鲜明的时代特征，反映当时的战乱生活便是其中的一个方面。如《和周山人见寄寒夜客怀之作》：“乱世难为客，留年易作翁。百忧寻岁暮，孤梦怯山空。”。还有《吴越纪游·过奉口战场》：

路回荒山开，如出古塞门。惊沙四边起，寒日惨欲昏。……白骨横马前，贵贱宁复论？不知将军谁，此地昔战奔。我欲问路人，前行尽空村。登高望废垒，鬼结愁云屯。当时十万师，覆没能几存？应有独老翁，来此哭子孙。年来未休兵，强弱事并吞。……

这首诗以纪实的手法向我们展示了一幕战后的景象：空荒的村落、横地的白骨、枯萎的蓬根，还有不时发出凄厉叫声的鸟，这一切在寒日与飞沙的笼盖下显得惨烈荒寂。诗中表现了身处乱世的诗人愁绪难解，以及希望能安邦定国、有所作为的心志。

诗人除了忧国忧民的抱负之外，还有自己的生活理想与精神境界。早在元末时所作的《青丘子歌》中，他就直接表达了自己的生活志趣，散发着较为强烈的个性化气息。

……不肯折腰为五斗米，不肯掉舌下七十城。但好觅诗句，自吟自酬赓……冥茫八极游心兵，坐令无象作有声。……

青丘子系高启号，诗中所描绘的这位“青丘子”显然是作者自我形象的化身。尽管作者出自奇特的想象将自己塑造成一位降谪人世的“仙卿”，使得这一文学形象多了一层奇幻浪漫的色彩，但还是不难使人感受到他真实的内心世界和独特的个人气质。

高启的一些登览怀古之作也较有特点，其中《登金陵雨花台望大江》堪称代表：

大江来从万山中，山势尽与江流东。钟山如龙独西上，欲破巨浪乘长风。江山相雄不相让，形胜争夸天下壮。……英雄乘时务割据，几度战血流寒潮。我生幸逢圣人起南国，祸乱初平事休息。从今四海永为家，不用长江限南北。

作者面对金陵雨花台与滚滚不尽的长江，联想起历史上的割据局面和亲身经历的元末战乱，自然倾向于眼下没有战祸、相对安定的生活。全诗写景与抒情融为一体，缅古思今自然交织，结构跌宕有致，于雄豪奔放的气势中透露出几分苍凉的意味，是登览怀古作品中的佳作。

与高启同称为“吴中四杰”的杨基也是一位在明初诗坛较有影响的作家，不少作品还保留着元末诗风艳丽纤巧的痕迹，但也时见佳作，如《新柳》：

浓于烟草淡于金，濯濯姿容袅袅阴。渐嫩已无憔悴色，未长先有别离心。风来东面知春早，月到梢头觉夜深。惆怅隋堤千万树，淡烟疏雨正沉沉。

全诗描绘的新柳风姿细致入微、构思新巧、遣词清丽，显示出作者一定的状物写景的能力。

杨基有不少诗作中也反映了当时环境下坎坷的生活遭际，表现了亲人离别的痛苦、行途的困疲以及异乡饱经屈辱生活的心酸与孤寂，感情自然亲切，不带雕琢痕迹。

三、台阁体与茶陵派

自明朝永乐年间至成化年间，相对于明初高启、杨基等人的创作态势，文学的发展步入一个低潮期，在文坛占据主导地位的是“台阁体”。台阁主要指的是当时的内阁与翰林院，又称“馆阁”。台阁体则指的是以当时馆阁名臣杨士奇、杨荣等为代表的一种文学创作风格。

台阁体诗文内容大多较为贫乏，多为应酬题赠之作，题材常是歌颂太平，粉饰政局，艺术上追求平正典雅，如杨士奇《赐游西苑同诸学士作》：

东风御苑物华新，吉日游观命近臣。金瓮特颁千日酝，玉盘兼赐八珍淳。翠含杨柳桥边雾，香泛芙蓉水上云。……

诗中内容无非是盛世祥瑞气象，歌颂帝王的功德，格调雍丽典雅，体现出台阁体的典型特征。这样的作品很难让人感受到文学反映社会生活的丰富性与作者真实的个性化的思想感情，必然使得作品成为粉饰太平的工具，无艺术生命力可言。

从成化到弘治年间，台阁体诗文创作日趋衰落，这一时期对文坛影响较大的是茶陵派。茶陵派以李东阳为主。李东阳是以台阁重臣的身份主持文坛的。针对台阁体委琐卑下的风格，他提出诗学汉唐的复古主张，在学古的问题上主要强调对法度声调的掌握。他的有些作品摆脱了台阁体的束缚，表现出更为广阔的生活视角，刻画了个人的真情实感。如《春至》中的“流离遍郊野，骨肉不成怜”，《马船行》则从一个侧面反映了“凭官附势如火热”、“乘时射利习成俗”的仕途恶习，具有较强的现实感。

李东阳的某些作品还反映了个人的生活状况与精神状态，如《除夕》：

独吟孤坐总伤神，谁伴长安守岁人？卦数已周无那老，年华初转又逢春。思亲泪尽空双眼，哭女声高彻四邻。还向灯前添旧草，拟从新岁乞闲身。

诗中真实地刻画出诗人生活的一个方面与他内心世界的一角。

四、前后七子

15世纪前后，明代诗歌领域经历了一次新的变化，这变化的一个重要特征便是文学复古思潮日趋活跃。以李梦阳、王世贞等人为代表的“前后七子”在这一阶段中扮演着重要角色。在复古的旗帜下，他们重新审视文学状况、寻求文学出路，尤其是针对明初以来受理学风气及台阁体创作影响而形成的萎靡不振的文学局面，他们提出重新构筑文学的主情理论，注意文学艺术体制的建设，并给民间俗文学以应有的重视。但是由于他们又过分注重法度格调等创作规律，从而陷入拟古的窠臼，无法自拔，从而造成了创作理论与实践脱节的弊病。

明代中期的文学复古运动发轫于“前七子”的文学活动。前七子的主要活动时期在弘治（1488—1505年）、正德（1506—1521年）年间，成员有李梦阳、何景明、王九思、边贡、康海、徐祯卿、王廷相，是一个以李梦阳为核心代表的文学群体。他们倡导复古，意气激愤，对卑弱靡芜的台阁体文学有着一定的冲击，欲借助复古达到一定的变革目的。李梦阳提出文学应该重视表现的主情论调，将民间创作与文人学士的作品进行对比，认为“真诗乃在民间”。文人学子之作则“出于情寡而工于词者多”。这一学说反映了以李梦阳为代表的前七子文学观念由雅向俗转变的特征，散发出强烈的庶民化气息。

当然，前七子从复古入手来改变文学现状的态度也包含着某些弊端。他们过多重视古人诗文法度格调，如李梦阳曾提出“文必有法式，然后中谐音度”，“高古者格，宛亮者调”。这些都多多少少束缚了他们的创作手脚，影响了作家情感自由充分地流露，难免暴露出守古而泥古的毛病。

从前七子的创作情况来看，除了大量拟古之作以外，也有值得注意的地方，其中重视时政题材是一个重要的方面，这跟前七子中一些成员自身的政治命运和干预时政有关系。在这些作品中，他们或描写个人生活遭遇，或直言政治弊端与民生忧苦，有较为浓厚的危机感与批判意识。如李梦阳的《述愤》、《离愤》诗，便是描写自己不幸的遭遇和不平的心绪。又如《自从行》：

自从天倾西北头，天下之水皆东流。若言世事无颠倒，窃钩者诛窃国侯。君不见，奸雄恶少椎肥牛，董生著书翻见收。……

此诗针对现实中的弊政有感而发，语气慷慨激烈，内心蕴含着愤懑之情。而且李梦阳、何景明都写过《玄明宫行》诗，揭露刘瑾穷奢极欲的罪恶。

到了嘉靖、万历年间，外患更甚，社会矛盾也进一步复杂化、尖锐化，明王朝的统治日益腐败不堪。这时，文学上又出现以王世贞、李攀龙为代表的“后七子”，再一次发起复古运动，试图给文学发展指出一条新的道路。

李攀龙（1514—1570 年），字于鳞，历城人。王世贞（1528—1590 年），字元美，江苏太仓人。他们与谢榛、宗臣、梁有誉、徐中行、吴国伦被称为“后七子”。李攀龙的诗多以模拟剽窃为能，特别是《古乐府》，篇篇模拟，句句模拟，恰如写字的“临摹帖”。文亦生吞活剥三代两汉，“无一语作汉以后，亦无一字不出汉以前”，诘屈聱牙，难以入目。李攀龙死后，王世贞独主文坛二十年，声势更大，一时士大夫及山人词客多奔走其门下。他主张“文必秦汉，诗必盛唐，大历以后书勿读”，所持论点和李攀龙完全相同，认为诗歌是越古越好，一代不如一代。他的诗歌自《诗经》而下，至汉、魏、晋、南北朝乐府、李杜诗歌无不模拟，连篇累牍，令人生厌。但他又用古诗、古调写时事，比李攀龙的模拟更巧妙活泛。他的《乐府变》更学杜甫的“即事而命题”。如《钧州变》，揭露贵族藩王的荒淫残暴，有一定意义。不过他始终不忘模拟，大堆的陈词滥调，不免淹没了它们的现实意义。王世贞学问广博，著作甚为丰富，其拟古主义的恶劣影响也因此颇大。谢榛（1495—1575 年），字茂秦，山东临清人，是“后七子”初期的代表人物，后为李攀龙所排斥。他认为“文随世变”，“有意于古，而终非古也”。在理论上，他似乎并不主张以拟古为目的，而是要通过拟古自成一家。他推崇和取法的是李、杜等盛唐十四家，比之李攀龙要高明一些。但他忘记了“世”，即现实生活对创作的决定作用，只强调从格律声调上去揣摩盛唐诸家诗歌，却不知道它们也是“世变”的产物，因而依然是一种拟古主义或者说形式主义的理论。宗臣在“七子”中名并不显，他的《报刘一丈书》描摹无耻文人奔走“权者之门”的丑态，揭露大宦官、大官僚、大贵族等统治集团的横行霸道，淋漓尽致，有深刻现实意义，无心拟古，却传诵至今。

五、明代散曲与民歌

作为一种源自于民间的文学样式，散曲在元代十分兴盛，而在明代又有了较大的发展，从题材开掘到艺术风格出现了一些新的特点。比起曲调清新自然、语言浅俗活泼的元代散曲，明代散曲有了脱离民间本色而文人化的趋向。特别是明朝中期以后，辞藻化、音律化的现象比较突出。从作家的地域分布和风格特征来看，明代散曲大致上可以分为南北两派，北派风格大多豪爽雄迈、质朴粗率，南派则清丽俊逸、细腻婉约。

民歌创作则在明代迎来了繁盛期，尤其是明中后期，民歌在南北地区广为流行。不少作品以男女情爱为主题，具有浓郁的民间生活气息。晚明时期，由通俗文学家冯梦龙编辑的民歌专辑《挂枝儿》、《山歌》很有特色，代表着明代民歌创作的主要成就。

相对于中后期来言，明初的散曲创作显得比较沉寂，成就不高，当时较有影响的数皇室贵族朱权，其著有散曲集《诚斋乐府》。他的作品在艺术上追求音律之美，受生活环境的影响，朱氏散曲中庆贺、游乐、赏咏等题材占大多数，表现出雍容华贵、放逸闲适的贵族趣味，内容比较单调。到了弘治、正德年间，散曲创作开始走向兴盛，作家不断出现，像北方的王九思、康海，南方的王磐、陈铎等人都是当时具有代表性的作家。王九思和康海分别有散曲集《碧山乐府》、《沜东乐府》等，且都是前七子文学阵营中的成员，政治上也有相似的遭遇，都曾被列为宦官刘瑾同党或遭贬官，或遭罢职。他们的不少作品写到罢职后放情任性的生活态度，以抒发胸中块垒，风格雄爽质朴、浑厚跌宕，体现着北方作家豪放雄迈的创作特征，如：

热功名一枕蝶，冷谈笑两头蛇，老先生到此瞧破些。枉费喉舌，枉做豪杰，越伶俐越着呆。绕柴门山色横斜，扫香街花影重叠。……（王九思《寨儿令·对酒》）

数年前也放狂，这九日全无况。

闲中件件思，暗里般般量。真个是不精不细丑行藏，怪不得没头没脑受灾殃。从今后花底朝朝醉，人间事事忘。……（康海《雁儿落带过得胜令·饮中闲咏》）

这些作品放达中寄予着失意，悠闲中含藏着不平，显露了传统士大夫既不愿放弃仕途进取，又对自身遭遇无能为力而聊以自慰的心态，包含了浓厚的感情色彩。

与王九思、康海这些北方作家相比，王磐、陈铎等南方散曲作家的作品内容则显得较为广泛，风格大多清丽俊逸。王磐著有《王西楼乐府》散曲集，作品数量不多，但取材比较丰富，或记事写景，或咏物述志。他的《朝天子·咏喇叭》讽刺了宦官横行霸道的行径，是常为人提及的名作。陈铎的散曲集子有《秋碧乐府》、《梨云寄傲》、《滑稽余韵》等。其中《秋碧乐府》、《梨云寄傲》两集是前期的作品，题材大多模仿前人风月闺情之作，并没有多少新的开拓，但文字清丽可观。较有特色的应数《滑稽余韵》，描写的对象主要是城市各行各业中的人物，取材上有新的突破。对于这些人物，作者有表示赞美同情的，如写泥匠“弄泥浆直到老，数十年用尽勤劳”，铁匠“锋芒在手高，锻炼由心妙”；有的也加以嘲讽痛斥的，比如牢子“归家欺侮街坊，仗势浑如虎狼”，表现出鲜明的爱憎态度；有的作品刻画人物较为成功，如写媒人“沿街绕巷走如飞，两脚不沾地”。应该说，这个集子广泛而真实地反映了明朝中叶以来逐渐繁荣的城市生活面貌。

自嘉靖年间以来，与整个文学创作演化的步调一致，散曲创作进一步繁荣，南北方都有不少作家涌现，其中冯惟敏、梁辰鱼等都是当时较有成就的人物。各家创作风格从总体上来看更趋向于丰富多样。随着昆山腔的兴起，一些地区南曲盛行，而北曲有衰落趋势。

梁辰鱼有散曲集《江东白苎》。他“素蹈歌场，兼猎声囿”，精通音律，曾采用昆山腔创作传奇《浣纱记》。其散曲作品讲究锻字炼句，文辞典丽华美，并注意吸收词的写作手法，因而不少曲文呈现出词味重而曲味淡的特征，如《暮秋闺怨·白练》：

西风里，见点点昏鸦渡远洲。斜阳外，景色不堪回首。寒骤，漫倚楼，奈极目天涯无尽头。消魂处，凄凉水国，败荷衰柳。

梁辰鱼散曲注重词藻，另外一位散曲家沈璟则注重音律，两者在明代后期散曲领域产生很大影响，受到不少人推崇，明代散曲逐渐转向词藻化、音律化。但过分注重文辞声律，又在一定程度上束缚了散曲的创作。

明朝中期以后，城市工商经济不断发展，市民阶层逐渐崛起，像民歌这样直接反映民众生活而又具有鲜活艺术生命力的俗文学越来越受到广大民众尤其是市民阶层的欢迎。一些文人士大夫经过耳濡目染，也对它们另眼相看，有的甚至亲自参与整理创作与传播中，这对民歌的兴盛也起着一定的推动作用。现存最早的明代民歌集子，有成化年间的《新编四季五更驻云飞》、《新编题西厢记咏十二月赛驻云飞》等。其中不少是描写男女情爱婚姻的作品，内容上较有特色，刻画了女性在传统婚姻制度下所表现出的苦闷与不满的情绪，她们希望能由自己来掌握命运，获得自由幸福的婚姻生活。

晚明时期，文人冯梦龙对民歌整理收集表现出极大的热情，投入相当大的精力编辑了两部明代民歌专集《挂枝儿》和《山歌》。这两部民歌从一个侧面表现了明代社会尤其是晚明时期下层民众的生活面貌，内容与艺术形式大致体现出这样几个特点：

一是真实地描绘出社会平民阶层的各种世情俗态，民俗味道浓烈。

二是热烈歌咏青年男女自由的爱情生活。这里有很大一部分是情歌，它们往往运用大胆率真的口吻吐露出男女主人公对爱情的强烈渴望和执着追求，如《挂枝儿·分离》：

要分离，除非是天做了地！要分离，除非是东做了西！要分离，除非是官做了吏！你要分时分不得我，我要离时离不得你。就死在黄泉也，做不得分离鬼。

诗中以朴实而坚定的语气表达出对爱情至死不渝的执着。

三是形象刻画、语言运用等艺术手法丰富新颖，显示出明代民歌创作技巧进一步趋于成熟，如《山歌·送郎》：

送郎出去并肩行，娘房前灯火亮瞪瞪。解开袄子遮郎过，两人并做子一人行。……

诗中语言生动奇妙，让人耳目一新。

第二节　清代诗词概述

一、清代诗词的发展历程及特点

清朝从定都北京开始，经过40年的征战统一了中国。为巩固政权，它采取了恢复生产、安定社会的措施，一度国势增强、社会繁荣、版图辽阔，出现了史家所称的“康乾盛世”。但随着社会的发展，清统治阶层腐朽，社会矛盾日益加深，又走向了衰落。待到19世纪中叶的道光年间，中国受到外国列强的侵略，清朝的社会性质却发生了根本性变化，中国历史进入现代。清代文学呈现出一种集中国古代文学之大成的景观，各种文体都再度辉煌，取得不容忽视的成就，包括诗歌。曾经兴盛过的文体再度兴盛，实际上也是中国文学传统精神和古典审美特征的复归与昂扬。

诗歌在唐代已经定型，体式完善，成就极高，成为后世之典范，再经过宋诗之补充，元明后代作者紧跟其后，缺少开拓、创新。在明清革鼎之际，社会动乱，人们饱经磨难，诗歌创作转向伤时忧世，与学术思潮由空疏之心转向复古形态的经世致用之学相呼应，遗民诗人之呼号、悲愤、励志，其他诗人之徘徊观望、黍离之悲、沧桑之感，成为清代前期诗歌的主旋律。遗民诗人关注国运民生，缘事而发，虽然他们的身世遭遇、才学性情各异，却几乎一致地以前代心忧天下、关注民生且志节高尚的诗家为师法对象，如屈大均师法屈原、顾炎武推崇杜甫、吴嘉纪学习杜甫诗法中取法汉乐府之一格。清初诗从整体上来说是继承和发扬了贯穿中国诗史中的缘事而发，有美刺之功，行“兴观群怨”之用的传统精神，同时继承和发扬了传统的审美艺术特征。如吴伟业的歌行诗，专取明清之际关乎兴亡之事，创作了《圆圆曲》、《鸳湖曲》一批叙事活脱、词藻富丽、情韵悠然的诗篇，在白居易之后又开拓出叙事诗的新境界。稍后的王士祯追踪六朝以来的诗歌淡远一格，他的神韵诗将中国诗尚含蓄蕴藉的特征推向极致，在中国诗史上也是一个贡献。可以说，中国诗歌的传统精神和古典审美特征在清代又一次获得发扬。

康熙末年，清朝开始步入中期，即雍正、乾隆两朝号称“盛世”的阶段。这一时期，受统治者稽古右文政策和训诂考订的朴学影响，社会上读书风气高涨，文学创作活跃，差不多历代出现过的风格和流派都有回应和接响。诗歌方面有沈德潜、厉鹗，以及袁枚和赵翼等分庭抗礼。自成风格的郑燮、黄景仁等也竞逐其间。

在词方面，周济、张惠言开创常州词派，把词的理论和创作推向尊词体、重寄托的阶段。

词作为一种抒情诗体，曾在两宋度过了黄金时代，元明两代呈现衰落之势。在明清革鼎之际，词发生了转机，走出俚俗，归于雅道，成为彷徨苦闷中的文人委婉曲折地抒写心曲的方式。在政治环境的压力之下，词更成为文人曲写心迹的方式。词人蔚为大观，出现地方性的词人群和大的倡和活动。以陈维崧为宗主的阳羡词派、朱彝尊为领袖的浙西词派的形成，使词的创作呈现“中兴”的局面。陈维崧、朱彝尊都扬弃了词为“小道”的观念，认为词与经和史同等重要，可与诗歌比肩。他们的词取材不尽相同，风格各异，但都开拓了词的境界，带动了清朝一代词家的投入，出现了被誉为“北宋以来，一人而已”的纳兰性德。清人词无论从规模或成就上来说都足称大观，再次显示并发展了词特异的抒情功能。

二、清初诗坛和钱谦益

明清革鼎激化了民族矛盾和斗争，中原板荡，沧桑变革，唤起了人们的民族意识和文人的创作才情，给文学注入新的生命。富有民族精神和忠君思想的遗民诗人的沉痛作品体现了那个时代的主旋律，即便一度仕清的诗坛名流也在诗歌里抒发家国之痛和寄予失节的忏悔。稍后的诗人及其他作者虽无强烈的民族思想和家国之悲，但也慨叹时事、俯仰人生，写出风格独特的篇什。

清初最富有时代精神的诗歌是遗民的作品，诗歌近三千首，比南宋遗民诗在数量和质量上皆有过之。著名的诗人有顾炎武、黄宗羲、王夫之、屈大均等，他们受传统的民族思想和爱国主义熏陶，反对清朝的民族压迫和歧视。遗民诗人用血泪写成的诗篇，或悲思故国，或讴歌贞烈，或谴责清兵，或表白气节，具有抒发家国之悲和同情民生疾苦的共同主题，体验深切，感情真挚，反映易代之际惨痛的史实与民族与俱的感情，笔力遒劲，沉痛悲壮，开启了清诗发展的新天地。

以气节高尚而被后世敬仰的是顾炎武、黄宗羲和王夫之三大学者。

顾炎武（1613—1682 年），初名绛，明亡后改名炎武，学者称为亭林先生，江苏昆山人。他论诗主性情，反对模拟，提倡文须有益于天下。他现存四百多首诗歌，拟古、咏怀、游览、即景等围绕抒发民族感情和爱国思想的主题的诗作皆有，反清复明和坚守气节是其诗突出的色调。《秋山》写江南人民的反清斗争和清兵屠戮烧杀的罪行。《精卫》讽刺专营安乐窝的燕雀之辈，表示“我愿平东海，身沉心不改”的决心。《京口即事》是歌颂史可法镇守扬州的英雄业绩。《千里》叙述他参加抗清义军的经历。《海上》四首则以凝练沉重之笔抒发登高望海的悲壮情怀，坚苍质实，如第一首：

日入空山海气侵，秋光千里自登临。十年天地干戈老，四海苍生痛哭深。水涌神山来白鸟，云浮仙阙见黄金。此中何处无人世，只恐难酬烈士心。

顾炎武的诗歌是诗人崇高人格和深厚学力的表现，笔墨矜重，不假巧饰，其格调沉雄悲壮，往往接近杜甫，如《酬王处士九日见怀之作》：

是日惊秋老，相望各一涯。离怀销浊酒，愁眼见黄花。天地存肝胆，江山阅鬓华。多蒙千里讯，逐客已无家。

沈德潜曾评价顾炎武诗歌说：“词必己出，事必精当，风霜之气，松柏之质，两者兼有。就诗品伦，亦不肯作第二流人。”（《明诗别裁集》卷十一）

黄宗羲（1610—1695 年），字太冲，号南雷，学者称梨洲先生，浙江余姚人，是明末著名的思想家、史学家和文学家。他论诗称“情者，可以贯金石，动鬼神”，强调诗写现实，“夫诗之道甚大，一人之性情，天下之治乱，皆所藏纳”；注重学问，推崇宋诗，扩大了宋诗影响，推动浙派形成。他所作的《云门游记》、《感旧》以及《宋六陵》、《哭外舅叶六桐先生》等，抒发亡国之痛和怀念殉难亲友，虽有悲凉之感，但不消沉颓丧，屡屡表白身处逆境而不低头的顽强精神。如《书事》的“莫恨西风多凛冽，黄花偏奈苦中看”，《周公瑾砚》的“砚中斑驳遗民泪，井底千年尚未消”等，皆具浩然正气。

王夫之（1619—1692 年），字而农，湖南衡阳人，为明崇祯举人，曾从永历桂王举兵抗清，南明灭后隐遁归山，埋首著述，博通经学、史学和文学，贡献卓著，人称船山先生。他生于“屈子之乡”，受楚辞影响，步武《离骚》，用美人香草寄托抒怀，如《绝句》：“半岁青青半岁荒，高田草似下田荒。埋心不死留春色，且忍罡风十夜霜。”这里表现孤愤是其诗歌突出的内容，以诗明志，直到“垂死病中魂一缕，迷离唯记汉家秋”，仍然不忘故国岁月，于凄楚中见其高风亮节。

遗民诗人里可与顾、黄、王三位并肩的当推吴嘉纪和屈大均。吴多作危苦之词，屈则富于浪漫幻想。

吴嘉纪（1618—1684 年）是一介布衣，与煮盐佃户为伍，困厄潦倒，深受压迫剥削和灾祸肆虐，诗歌常写灾祸和民生疾苦，如《绝句》：

白头灶户低草房，六月煎盐烈火旁。
走出门前炎日里，偷闲一刻是乘凉。

诗中运思深刻，写状如绘，明白如画，不加雕饰。文中靠内在情感把盐工之苦写到极致，幽淡似陶，沉痛似杜，形成直朴古淡的苍劲风格。

屈大均（1630—1696 年），曾削发为僧，后还俗改今名。他曾北上游历，密谋抗清，备尝其苦，诗歌是其心灵历程的写照。他以屈原后代自居，学屈原和《离骚》，兼学李白和杜甫，诗歌奔放纵横，激荡昂扬，于雄壮中飞腾驰骋，在遗民乃至整个诗界独树一帜。他所作的《大同感叹》、《猛虎行》以及《菜人哀》等揭发清兵屠戮暴行，《旧京感怀》、《过大梁作》、《登罗浮绝顶》等述说家国兴亡悲哀，《梅花岭吊史相国》以及《赠傅青主》等抒发仰慕忠节之情。其表现坚定的民族立场和抗清意志的诗歌，可与顾炎武相比，如“万里丹心悬岭海，千年碧血照华夷”，凭吊沧海，想象奇伟，写出“超然独行”的豪迈气概。

清初诗坛沿袭明朝风格，云间派、虞山派和娄东派鼎足而立，而虞山派因为有钱谦益主领，影响很大。

钱谦益（1582—1664 年），字受之，一字牧斋，晚号绛云老人等，江苏常熟人。他曾是东林党魁，清流领袖，南明时却依附马士英等，后又事清，丧失大节，为士林所诟病。他晚年密谋从事反清复明的活动，与明朝遗民如黄宗羲等密切往还，忏悔自赎，以取得世人谅解。

在明朝，钱谦益仕途蹭蹬，历经坎坷挫折，感世郁事。《初学集》中的诗歌，愤慨党争阉祸，痛心内忧外患，如《狱中杂诗三十首》：“感时独抱忧千种，叹世常流泪两痕。”他退居林下期间，为柳如是写恋慕诗、倡和诗，以及游黄山的一组诗歌，清新可颂，而描绘黄山壮丽美景的山水诗则是不可多得的佳作。

经历故国沧桑、身世荣辱的巨大变故，钱谦益入清后的诗歌更加显出鲜明的艺术个性和创作特色。除了悲悼明朝、反对清廷和恢复故国的主调外，还弥漫着首鼠两端的耻辱和忏悔自白。至于其集入《投笔集》的诗歌，则一扫哀悼明亡的悲怆凄苦，为郑成功反清复明的胜利唱起凯歌，如第一叠《金陵秋兴八首次草堂韵》之一：

龙虎新军旧羽林，八公草木气森森。楼船荡日三江涌，石马嘶风九域阴。扫穴金陵还地肺，埋胡紫塞慰天心。长干女唱平辽曲，万户秋声息捣砧。

中兴在望，欣喜若狂，诗人对郑成功进军南京和人民的支持，给予了热情歌颂，气魄宏大。随着军事失利，功败垂成，他愤激之情不可遏止，连叠十三韵，记录郑成功与南明永历政权的军事斗争，以及他和柳如是的抗清活动，实为一部“诗史”。

明朝灭亡，孤寂无主，无所归依的失落和葬地无身的哀痛使得《投笔集》笼罩上沉郁悲凉的情调，表现“不成悲泣不成歌”的愤慨，画出思想情绪演进的轨迹。

钱谦益致力于清诗建设，对明代复古派和反复古派进行了尖锐的批判，也各有所取。他强调时代、遭遇和学问的重要性，建立起“诗有本”的真情论，以真诚的具有时代意义的感情为核心，达到性情、世运、学养三者并举。他主张转益多师、兼采唐宋、广收博取、推陈出新，对补救明七子模仿盛唐与公安，竟陵的粗疏草率、幽深孤峭，确立新一代诗风，起了导平先路的作用。他所作诗歌叙事抒情，各体兼擅，尤工近体，七言律诗请辞怆恻、沉雄苍凉。他又提拔后进，褒赞新人，王士祯、冯班、施闰章等人都是由他提携成名。由于在诗歌领域的重要地位，他被称为清诗的开山宗匠。

三、清代词坛

经过元明两代的沉寂，词在明清易代之际摆脱柔靡，出现中兴的气象。当时的朱彝尊说：“词虽小技，昔之通儒巨公往往为之，盖有诗所难言者，委曲依之于声，其词愈微，而其旨益远，善言词者，假闺房儿女子之言，通之于《离骚》，变雅之义，此犹不得志于时者所易寄情也。”此时词人云集，高才辈出，仅顺治、康熙两朝就逾越两千家，词作五万余首，绽开色彩各异的奇葩。

揭开清词帷幕的是陈子龙（1608—1647 年），他推尊五代北宋，以“婉畅浓逸”为宗。沧桑变后，其《湘真词》抒写抗清复明之志和黍离亡国的哀思，突破了闺房儿女的纤柔靡曼。接着是移民词，以王夫之、屈大均等为代表。王夫之有《船山鼓棹词》和《潇湘怨词》。其词以顺治八年为界，前期词哀怀故国、婉转多思，如：《满江红·新月》托意圆满的未来，表达复国信念；《忆秦娥·灯花》象征南明残局，表明自己的孤忠；《昭君怨·咏柳》以千丝万缕，诉亡国悲哀等等，皆比兴寄托，寓意深邃。后期他归隐衡阳，有《摸鱼儿》“潇湘小八景”八首，摹写河山秀丽，缅怀故国，激励斗志。康熙十年他再写“大八景”，表达志节，抱定“石烂海还枯，孤心一点孤”的意志，体兼骚雅，芳菲缠绵，多曲寄托情味，风格遒劲。

屈大均以辛弃疾《摸鱼儿·暮春》情韵，兼宋王沂孙《碧山乐府》遗意，不时突破音律的限制，熔铸“字字楚骚心”的蕴藉萧瑟的风格。他的诗作有辛词的气骨，如：《道援堂词》，又称《骚屑》，诗文纵横跌宕，豪健雄放；《长亭怨·与李冬生冬夜宿雁门关作》，纯以白描的潜气内转，抒发矢志复明之心；《紫萧香慢·送雁》，咏物抒情，抒发身世和处境的忧危感，声情激越。另外，《梦江南》和《木兰花慢》都一字一泪，感伤凄婉，包含遗民的亡国悲怀。

清初词坛，流派纷纭，高潮迭起，出现以陈维崧为首的阳羡词派、以朱彝尊为首的浙西词派和独树一帜的著名满族词人纳兰性德。

阳羡词派词宗陈维崧（1625—1682 年），字其年，号迦陵，江苏宜兴人。陈维崧少有才名，入清后出游四方，晚年举博学鸿词科，官翰林院检讨。他学识渊博，性情豪迈，才情卓越，学习苏辛，使得豪放词大放异彩。其平生所作词作一千八百余首，居古今词人之冠。他尊词体，以词并肩经和史，摒弃“词为艳科”的传统观念，继承《诗经》和白居易“新乐府”精神，敢拈大题目，写出大意义，反映明末清初的国事，无愧“词史”之称。其风格导源于苏、辛，但开疆辟远。他的词比辛词抑郁悲哀更重。他也学苏轼逸怀浩气，却因生活沉重，没有苏词的洒脱旷达。其词中的感伤故国之情于悲愤苦涩里盘旋曲折，名词《醉落魄·咏鹰》咏物言志，抒发壮志难酬的襟怀，个性更为突出：

寒山几堵，风低削碎中原路。秋空一碧无今古。醉袒雕裘，略记寻呼处。男儿身手和谁赌？老来猛气还轩举。人间多少闲狐兔？月黑沙黄，此际偏思汝。

词中描写鹰睥睨一切的雄姿，比喻作者像鹰一样搏击人间“狐兔”，却难以奋飞，苦闷感慨，词气激烈，以豪情抒悲愤是其词的风格特征。他在唐宋之后异军突起，成为清词的一面旗帜，集结万树等大批阳羡派词人，为词的振兴作出重要贡献。

随着清朝统一全国，走向鼎盛，阳羡派悲慨健举、骚雅凄怨之声，渐成难合形势要求的别调异响，以朱彝尊为代表的浙西派则顺应太平世态，以醇正高雅的盛世之音播扬上下，直至康熙、雍正、乾隆三朝。

朱彝尊（1629—1709 年），号竹垞，晚号小长芦钓鱼师，浙江秀水人。康熙十八年应他博学鸿词试，出仕清廷。他博通经史，工诗词古文，尤长于词，有《江湖载酒集》等词集四种。他是浙西派开创者，和陈维崧并称为“朱陈”。他推崇词体，崇尚醇雅，宗法南宋，以姜夔、张先为圭臬，自述“不师秦七，不师黄九，倚新声玉田差劲”。他在清朝步入盛世时，提出词的功能宜于宴嬉逸乐，以歌咏太平，投合文人学子由悲凉意绪转于逸乐的心态，也适应统治者歌颂升平的需要，故天下向风，席卷南北。

朱彝尊词集里“宴嬉逸乐”的欢愉之辞，有《静志居琴趣》中写男女爱情的，及《茶烟阁体物集》和《蕃锦集》里咏物的集句。其清词为世所称颂，独具风韵，如《桂殿秋》描写心心相映的男女爱情，含蓄不露，情致深婉，是情词的佳作：

思往事，渡江干。青娥低映越山看。

共眠一舸听秋雨，小簟亲衾各自寒。

因为他身逢易代，故国沧桑，也提出词中的“言愁苦者”，要“假闺房儿女之言，通之于《离骚》，变雅之义”，织进时代的悲哀和亡国的感慨，将磊落不平之气和吊古伤今之情化为歌儿檀板。所以《江湖载酒集》中的词作，时见愤激，时而哀婉沉郁，如《长亭怨慢·雁》、《风蝶令·石城怀古》、《百字令·度居庸关》等。尤其是《卖花声·雨花台》抚今追往昔，感慨物是人非，写得视野开阔，精警有力，最能体现他的才情和风格：

衰柳白门湾，潮打城还。小长干接大长干，歌板酒旗零落尽，剩有鱼竿。

秋草六朝寒，花雨空坛。更无人处一凭栏。燕子斜阳来又去，如此江山。

浙西派在其影响下，标举清空醇雅风格，蕴藉空灵，无轻薄浮秽之弊，也不落浓艳媚俗。即使艳情咏物，也力除陈词滥调，独具机杼，音律和谐。他重在字句声律上用功夫，限制了创造的天地，也给浙西派带来堆填弄巧的风气。

四、纳兰词

纳兰性德（1654—1685年），原名成德，因避讳改名性德，字容若，满洲正黄旗人，太傅明珠长子。康熙朝进士，官至一等侍卫，深受宠信，但他厌倦随驾扈从的仕宦生涯，产生“临履之忧”的恐惧和志向难酬的苦闷，再目睹官场的腐败，日夕读《左传》、《离骚》自我排遣，失望和烦恼靠写词来宣泄，如扈驾外出所写的《蝶恋花·出塞》：

今古河山无定据。画角声中，牧马频来去。满目荒凉谁可语？西风吹老丹枫树。

从前幽怨应无数。铁马金戈，青冢黄昏路。一往情深深几许？深山夕照深秋雨。

景色荒凉，设色冷淡，个人命运的“幽怨”和回顾历史引发的惆怅，同悼亡的心灵创伤融为一体，酿成哀郁凄婉的情调，贯穿其全部词作。如《好事近》中的“马首望青山”、《望海潮·宝珠洞》中的思古伤今、《忆王孙》中的“西风一叶剪芭蕉”抨击黑暗现实等，都透现出词人的极度烦闷和不平，也折射出其悲哀和怨愤。

纳兰词主情，崇尚入微有致。爱情词低回幽眇，执着缠绵，是其词作的重要题材。如《相见欢》中的“落花如梦凄迷”、《蝶恋花》中的“眼底风光留不住”等。他与原配卢氏伉俪情笃，而他必须扈驾随从，轮值宫廷，难以忍受别离与相思的痛苦。孰料婚后三年，卢氏死于难产。为爱妻早逝所写的悼亡词，如《金缕曲·亡妇忌日有感》、《蝶恋花》中的“辛苦最怜天上月”等一字一咽，不仅极哀怨之至，也显示了纯正的情操，可与苏轼《江城子·记梦》相比。纳兰词标出“悼亡”的有七阕，未标题而词近追恋亡妇、怀恋旧情的有三四十首。其中既有“唱罢秋坟愁未歇，春丛认取双栖蝶”的倾诉，也有《山花子》梦见亡妻，醒来唯见遗物的无限哀伤：

欲话心情梦已阑，镜中隐约见春山。方悔从前真草草，等闲看。

环佩只应归月下，钿钗何意寄人间。多少滴残红蜡泪，几时干。

纳兰词真挚自然，婉丽清新，善用白描，不事雕琢，运笔如行云流水，纯任感情在笔端倾泄。他还吸收李清照、秦观的婉约特色，铸造出个人的独特风格。《惠风词话》的作者况周颐甚至把他推到“国初第一词人”的位置。

五、王士祯

清朝继遗民诗人之后崛起的诗人有王士祯、朱彝尊、查慎行等人，最负盛名的当推王士祯。当时还有“钱王代兴”的说法。

王士祯（1634—1711年），字贻上，号阮亭，别号渔洋山人，山东新城人。钱谦益去世后，王士祯成为一代诗宗，论诗以神韵为宗。他指出所谓的“神韵”，指的是诗歌要具有含蓄深蕴、言尽意不尽的特点。以此为宗旨，对清幽淡远、不可凑泊而富有诗情画意的诗歌特别推崇，唐代的王维和孟浩然正是其创作的典范。

在王士祯的诗作中，风神独绝的神韵诗占了主流，尤其是模山范水、批风抹月的“山水清音”，冲和淡远，风致清新，继承王维、孟浩然、韦应物一派的家数，含情绵渺而不露斧凿痕迹，词句明俊圆润，音节流丽跌宕。王士祯二十四岁在济南大明湖所作的《秋柳四首》，为其成名之作，大江南北和者不下数十家。诗中广泛采取秋柳凋伤的自然意象和历史兴废的人事意象，把对秋柳的感伤推向历史、空间的无限，使人感到秋柳无时不关情、秋柳无处不销魂、秋柳无人不伤神，表达了江山易代之后人们普遍具有的物是人非、盛景难住的幻灭感。此后他在南京作的《秦淮杂诗》二十首以及《冶春绝句二十首》都委婉地表现了朝代更替的悲哀，如《秦淮杂诗》第一首：

年来肠断秣陵舟，梦绕秦淮水上楼。十日雨丝风片里，浓春烟景似残秋。

这首诗含蓄空灵，把革鼎后的失落与迷茫都表现了出来，有幽静淡泊的审美特征。

还有《寄陈伯玑金陵》：

东风作意吹杨柳，绿到芜城第几桥？欲折一枝寄相忆，隔江残笛雨潇潇。

作者思念孤居南京的朋友，不直陈其情，借“杨柳”、“残笛”和“潇潇”细雨表达出悠悠思念的心曲，言近意远，令人低回遐想。

康熙时期的诗坛，朱彝尊和王士祯并称为“南朱北王”。朱彝尊的主要成就在词，诗也是名家大手笔，被称为浙西派开山祖。他早年生活贫困，遭逢丧乱，参加抗清斗争，《梅市逢魏壁》等诗歌里面可看出抗清斗争的蛛丝马迹。他的诗歌感慨沧桑、沉痛激切，如《同沈十二咏燕》：

节物惊人往事非，愁看燕子又来归。春风无限伤心地，莫近乌衣巷口飞。

诗中咏物抒怀，借飞燕表达亡国之悲；笔触所及，反映社会矛盾和民生疾苦。《捉人行》和《马草行》等揭露兵火乱后的萧条景象和统治者的残酷野蛮，有比较浓郁的生活气息。晚年归田后描写自然山水的如《天游观万峰亭》、《延平晚宿》等，生动形象，清丽可读。而作于康熙四十年的《玉带生歌》推崇民族英雄文天祥及其抗元气节，曲折地流露自己的心绪，是前期诗歌的回声。他的诗歌以学力、词藻见长，用笔雄健，叹息故国沦亡，感慨民生疾苦，俯仰艰难身世，大抵苍凉悲壮、郁怒激烈。但后期追求格调平和、醇雅，安于恬淡，师法也从学唐到兼取两宋，诗歌风格的转变，比较鲜明地反映了清初诗坛演变的趋势，带有典型的过渡意义。

查慎行（1650—1727年），受学于黄宗羲，诗歌学苏轼、陆游，致力于苏轼，得宋人之长，是浙西派承前启后的大家。赵翼对其评价极高，说："功力之深，则香山、放翁后一人而已。"其诗歌擅长白描，气求调和通畅，词句清新，深入浅出。短诗如《舟夜书所见》：

月黑见渔灯，孤光一点萤。微微风簇浪，散作满河星。

极力写出渔灯变幻之妙处。在清初学宋诗人中，他的成就最高。

六、龚自珍

龚自珍是首开近代新诗风的最杰出的诗人，自称"精严"的少时作品大都遗失，今存的六百多首诗，主要是他三十岁以后的作品，同样堪称"精严"。他的诗歌与散文一样，紧紧围绕着现实政治这个中心，或批判或愤慨，富有社会历史内容，为清朝一代所罕见，一新诗坛面貌。

龚自珍以深邃的史识为诗，撕下"盛世"面纱，把清朝统治的腐朽本质及其没落形势清晰地揭示给人们，特别具有警世、醒世和惊世的力量，如《杂诗》其十二云：

楼阁参差未上灯，菰芦深处有人行。凭君且莫登高望，忽忽中原暮霭生。

诗文以高度概括的诗句形象地表现出清朝没落的形势与气氛，可与唐代李商隐的"夕阳无限好，只是尽黄昏"媲美，不过现在连那将落的夕阳也没了，只是暮霭蒸腾即将进入暗夜。国家在这样的状态中一步步日薄西山。作者深知前途与希望在于风雷飚发、人才蕴起，以强有力的变革使得社会重获生机，因而喊出了时代的最强音。《己亥杂诗》一二五首：

九州生气恃风雷，万马齐喑究可哀。我劝天公重抖擞，不拘一格降人才。

这富有震撼力的诗句包含着深邃的意蕴。这里所谓的“人才”，是不受统治者愚弄而能打破万马齐喑局面掀起风雷改造现实的力量。作者的《西郊落花歌》以奔放酣畅的笔墨热情歌颂落花，也是对人才的颂美：

如钱塘潮夜澎湃，如昆阳战晨披靡；如八万四千天女洗脸罢，齐向此地倾胭脂。……

诗人的拔俗特立在当时的社会里是孤立无援的，“侧身天地本孤绝”，他的不少抒怀诗歌充满忧国忧民而不容于世的压抑感、孤寂感。与污秽的现实形成对比的是，作者常常在诗歌中呼唤童心，怀恋真情。如《已亥杂诗》一七〇首中说：

少年哀乐过于人，歌泣无端字字真。既壮周旋杂痴黠，童心来复梦中身。

在名利场中周旋，有时不能不装呆卖傻，所谓“痴”；有时又不得不要弄狡诈，所谓“黠”，真是“客气渐多真气少，汩没心灵奈何已”。诗人十分厌恶这种逐渐失去真人面目的生活，也是个性解放精神的一种体现。

批判、呼唤、期望等诗文情绪集中体现了诗人高度关怀民族、国家命运的爱国激情。直到他辞官南归之时，还唱出“落红不是无情物，化作春泥更护花”的动人诗句，即使已是落花身世，仍要用自己的全部生命去培植新的花朵。

龚自珍从十九岁开始填词，早年与晚年词作较多，共存词一百五十余首。他的词在传统上是抒情的，尤其是把词作为抒情的工具。他的《长短言自序》即提出“尊情”，把自己所作的词视为感情的供词。因此他的词主要是抒写对理想的憧憬、失落的感慨以及乡情友思等，如《桂殿秋》：

明月外，净红尘，蓬莱幽窅四无邻。九霄一派银河水，流过红墙不见人。

惊觉后，月华浓，天风已度五更钟。此生欲问光明殿，知隔朱扃几万重？

词以夜梦之蓬莱仙境作为理想追求的目标，表现了一种难料前程的迷惘，据说这词是他十九岁所作。又如《减字木兰花》词：

人天无据，被侬留得香魂住。如梦如烟，枝上花开又十年。十年千里，风痕雨点斓斑里。莫怪怜他，身世依然是落花。

此词大概是作者二十六岁，即嘉庆十三年尚未中举时所作，他面对一包十年前的海棠花瓣，想到自己十几年来在风雨落花中南北奔波不已，仍是飘零的落花身世，不禁泫然泪下，多了一层怜惜之情。他在《丑奴儿令》中说：“沉思十五年中事，才也纵横，泪也纵横，双负箫心与剑名。”两者都是相似的感慨。

龚自珍的词直率真挚地抒情，不拘声律，发扬豪放派词的精神，开创了经世派作家的新词风。

第九章

近代诗词

第一节　近代诗词概述

一、近代社会背景和诗词风格的转变

近代诗词是中国诗歌史的最后一个乐章，以1840年鸦片战争为开端，到1919年五四新文化运动兴起结束。西方资本主义开辟世界市场，进入中国本土，结束了中国独自发展的道路，中国被纳入世界资本主义发展的浪潮中。在这一阶段里，中国社会的性质和结构开始发生变化，逐渐形成新的经济成分和阶级成分，在思想领域中也掀起巨大的震荡。

近代文学与政治关系密切，文学风貌的变法与社会变革基本同步。近代文学发展的流程依照社会变革的阶段，大体可以中日甲午战争（1894年）为界分为前后两期。前期，鸦片战争以后，西学的输入刚开始，几乎谈不上什么影响；洋务运动时期，主要集中在西方的科学技术上，也谈不上什么深层次的思想影响，对传统的思想文化和制度的信仰还没有产生根本性动摇。但是随着西方资本主义的入侵，清朝的腐败无能刺激了经世思潮的发展，文学与现实的关系趋于紧密，主要反映在较为敏感的诗词领域中。帝国主义的侵略危及国家与民族的生存，成为人们关注的焦点，反帝爱国思想得到最突出的表现。此外，只有个别作家能反映出带有新时期色彩的内容。对于太平天国，所有作家无一例外地站在反对立场，文学与现实关系的密切并没有促成有价值作品的产生。随后不少人陷入所谓

"同治中兴"的迷梦中，少有新颖的表现。倒是湘乡派的个别作家因出使西方而写下一些反映外国情况的作品，带给文坛一些新的气息。

后期明显不同了，一连串对外战争的失败、洋务运动的破产、"同治中兴"迷梦的破碎，刺激了已经登上政治舞台的资产阶级，从托古改制一跃而采取洋制，自觉地转向求新声于异邦。西学输入达到高潮并进入深层次，开始大量引进资产阶级哲学、社会学说，进化论的物竞天择思想，民权论的天赋人权思想以及民主、自由、平等等一整套资产阶级观念都涌了进来，深刻地影响着人们的世界观以及政治、国家等观念。向民众进行思想启蒙的意识成为进步知识分子的共识，各种文化传播工具和文化设施几乎都用来为这一目标服务。因此，各种文学革命口号都提出来并付诸实践。整个社会思想风气和文学面貌发生了具有历史转折性的变化。在上述背景下发展的近代文学，从作家身份、文学观念到文学载体、接受对象都逐渐发生变化，显示出与此前封建时代明显不同的特色。与此相应，诗词文创作也流派纷呈、新旧交错。

在传统的文坛上，宋诗派兴起，常州词派继续发展，桐城派在努力扩大其影响领域后出现湘乡派。这些文学流派在新的形势下虽然都有一定的变化和成就，但总体说来思想基础比较陈旧，跟不上时代的步伐。农民起义所建立的政权——太平天国的文化政策及其诗文所表现出的反对封建文化的激进色彩，在其势力所及的地域内给旧文化以重大冲击，但随着太平天国运动的被镇压而未能发生重大影响。本时期成就卓著、反映了时代的新变化、并对后来产生了深远影响的是一些异军突起的经世派作家，他们以符合时代前进步伐的新思潮和高度的爱国激情，在诗词各方面都唱出了新声，改变了文坛旧貌，翻开了近代文学的新篇章。

二、黄遵宪

近代后期登上政治舞台的资产阶级相继发动了改良主义运动和民主革命运动，文学成为资产阶级改良派和革命派进行维新与革命斗争的武器，因此激起文学领域中的广泛"革命"。最引人瞩目的是诗歌领域出现的"诗界革命"，而在此中获得创作成功的是黄遵宪。

黄遵宪（1848—1905 年）早年经历动乱，因此关心现实，主张通今达变以"救时弊"。他深感古典诗歌"自古至今，而其变极尽矣"，所以突破古诗的传统天地，形成了足以自立、独具特色的"新派诗"，被梁启超赞誉为“独辟境界，卓然自立于二十世纪诗界中”，成为“诗界革命”的巨匠和旗帜。

黄遵宪的诗“诗之外有事，诗之中有人”（《人境庐诗草自序》），广泛反映了诗人经历的时代，具有深厚的历史内容。反帝卫国、变法图强是其诗歌的两大重要主题。在反帝方面，从抵抗英法联军到庚子事变，他的诗都有鲜明反映。特别是关于中日海战，他写下《悲平壤》、《哀旅顺》、《哭威海》等系列诗作，反帝卫国思想尤为突出。诗人在这类主题的作品里颂扬抗战，抨击投降，充满爱国主义的激情和深挚的忧国焦思。如：《感事》：“忍言赤县神州祸，更觉黄人捧日难。”和《赠梁任父同年》：“黄人捧日撑空起，要放光明照大千。”

值得注意的是，处于新旧交替时代的黄遵宪的诗歌，较早地描写了海外世界以及伴随近代科学而涌现的新事物，拓宽了题材和反映生活的领域，写出了古典诗歌所没有的新内容。他的《今别离》四首分别吟咏在出现轮船、火车、电报、照相机和已知东西两半球昼夜相反的条件下离别的新情况，别开生面，令人耳目一新。

如其一：

别肠转如轮，一刻既万周。眼见双轮驰，益增心中忧。古亦有山川，古亦有车舟。车舟载离别，行止尤自由。今日车与舟，并力生离愁。明知须臾景，不许稍绸缪。钟声一及时，顷刻不少留。……

他从一个封建国家踏入资本主义世界，万事万物都触动他的诗心歌绪，把古人不曾接触的海外世界反映到中国诗歌中来。《八月十五夜太平洋舟中望月作歌》以流美浩荡的笔墨勾勒出太平洋中夜航所独有的情境。至于各国奇异的风光，如写日本樱花的《樱花歌》、伦敦大雾的《伦敦雾行》、巴黎铁塔的《登巴黎铁塔》等，无不收摄在诗人笔下。其诗作的海外篇也涉及到外国民俗和时事政治。《日本杂诗》从多方面反映了日本的历史和社会生活。《纪事诗》风趣地描写了美国总统大选时，共和、民主两党千方百计地宣传自己，激烈争夺选民的情景。

黄遵宪深知诗歌的生命在于变化和创造。他的诗歌就在广泛吸取前人成就的基础上，本着“善作”的精神，沿着“矜奇”的趋势，推陈出新，加以创作，形成了自己的独特面目。首先，他的诗歌虽然有一种前瞻追求的浪漫豪情，但更主要的是真切写实。他有不少鸿篇巨制，篇幅都超越古人，往往自成某一方面的“小史”。如《蕃客篇》就类似于华侨南洋开发史。此外，为了表现丰富的现实内容，他比较注意吸收古人以文为诗的经验，所谓“以单行之神运排偶之体”，“用古文家伸缩离合之法以入诗”（《人境庐诗草自序》）。但他懂得取其长而避其短，在篇章结构上，注意波澜曲折，长而不呆板；叙写上多用比兴与描写，减少抽象直陈；议论尽量精要，并安置于描写之后，使之有水到渠成、画龙点睛之妙。再次，作者广泛采摘语言资料，同时又不排斥“流俗语”，这使得他的诗歌词汇丰富，富于表现力，典雅中多生气与变化。但他用的典雅词语过多，不免带来艰奥晦涩的缺陷。黄遵宪的诗“以旧风格含新意境”，体现了由旧到新的过渡。

改良派的诗人除黄遵宪以外，主要还有康有为、梁启超、谭嗣同、陈三立等，他们的诗歌成就也很突出。康有为作为改良派的政治领袖，表现出横扫陈腐诗坛、开拓诗歌新境的叱诧文坛的气概：“新世瑰奇异境生，更搜欧亚造新声”。他要创作出一种悱恻雄奇的境界，其诗歌突出地表现了这种胸怀与气势，如《出都留别诸公》其二：

天龙作骑万灵从，独立飞来飘渺峰。怀抱芳馨兰一握，纵横宙合雾千重。眼中战国成争鹿，海内人才孰卧龙？扶剑长号归去也，千山风雨啸青锋！

康有为的诗歌富于浪漫主义色彩，重在抒发主观感受，而在抒情写怀中，高视阔步，气魄宏伟，感情奔放，艺术上又以雄奇的想象、瑰丽的语言产生一种豪情壮丽的美。

三、近代后期四大词人

近代后期即清末的词的创作基本上是在常州词派理论的笼罩之下，他们注重推尊词体，既讲求词的传统艺术轨范，又重视词的厚重内容，不把词视为“小道”。“清末四家”此时面临更多的危难国势，不但具有爱国感情，而且大都赞成变法维新，企望自强。

清末四家中，王鹏云（1848—1904年）年岁最长，作词亦早，有领导风气的作用。王词总的格调豪健畅疏，密而不涩，如《浪淘沙·心事共疏擎》、《点绛唇·饯春》、《祝英台近·次韵道希春感》等将感情与物象融化为一，境界浑成，表现了其词作的艺术成就。

朱祖谋（1857—1931年），被叶恭绰称为“词学之一大结穴”。其《鹧鸪天·九日丰宜门外过裴村别业》、《减字木兰花》其五（盟鸥知否）都是伤悼“戊戌六君子”之一刘光第的。前者曰“红萸白菊浑无恙，只是风前有所思”，以极淡之语写出极深之情。其《鹧鸪天·庚子岁除》云：

似水清尊照鬓华，尊前人易老天涯。酒肠芒角森如戟，吟笔冰霜惨不花。

抛枕坐，卷书嗟。莫嫌啼煞后栖鸦。烛花红换人间世，山色清回梦里家。

结尾二句表现了因失望而思归的情绪，他的词较之王鹏运多了一些书卷气，词语刻练未免有伤自然。

况周颐（1859—1926 年）有更多名士气，早年填词主性灵，其词炼意炼句而不失自然。叶恭绰称他“寄兴渊微，沉思独往，足称巨匠”。如其所作《南乡子》：

一笠一诗瓢。随分沧州听雨潮。何止黄花堪插帽，娇娆。江上芙蓉亦后凋。

词中活脱脱画出一个狂放名士的形象。

文廷式（1856—1904 年）为爱国志士，“帝党”人物，因反对中日议和，支持变法维新而被革职，忧伤憔悴以终。他的词作更富有时代感，他论词反对“意多柔靡”，“用字则风云雨露，红紫芬芳”，强调思想内容和气势。他不尚苟同，不重戒律，不拘一格，自写胸臆，豪迈劲雄，而又颇注重词的艺术表现，故能独树一帜。文廷式反映时政的词作较著名的有《翠楼吟岁暮江湖，百忧如捣，感时抚己，写之以声》：

石马沉烟，银凫蔽海，击残哀筑谁和？旗亭沽酒处，看大艑，风樯轲峨。云龙高卧。便冷眼丹霄，难忘青琐。真无那，冷灰寒，笑谈江左。……

词中滚动着报国无门的哀愤之情：虽心系朝廷国事，却不被容于朝廷；想袖手江湖，又不能忘情国事，声情凄厉感人。

第二节　新诗与新文化运动

一、新文化运动的兴起与对文学的影响

1917 年初发生的文学革命，在中国文学史上树起一个鲜明的界碑，标志着古典文学的结束和现代文学的起始。1917 年的新文化运动为文学

革命提供了动力和契机。新文化运动本质上是企求中国现代化的思想启蒙运动。新的知识精英们要求在传统文化的劣根上动手术，打破以“三纲五常”为核心的专制主义文化的束缚。1915 年 9 月《青年杂志》在上海创刊（第二卷起，改名为《新青年》，新文化运动即以此为肇始）。在《新青年》阵地上集结的激进的知识分子主要从两方面推进思想启蒙运动。第一是重新评判孔子，抨击文化专制主义，倡导思想自由。陈独秀、李大钊等纷纷发文，猛烈攻击历代统治者独尊孔子学说来维护帝制的行为。他们希望以此作为反封建反传统的突破口，打破专制主义的思想统治，争得普遍的精神解放。新文化运动在思想启蒙上面所做的第二大工作在于广泛引进和吸收运用西方文化。无论是陈独秀主张的“以欧化为是”，胡适提出的“输入学理”，还是蔡元培主张的兼容并包，都以恢宏的气度、充沛的热情大力输入西方文化，最大限度地吸收新的信息。新文化运动直接促成了文学革命，而文学革命又成为新文化运动最重要、最有实绩的一部分。文学革命的性质与导向、成就与局限都与新文化运动息息相关。

1917 年 1 月，胡适在《新青年》上发表了《文学改良刍议》，提出文学改良应该从“八事”着手，即须言之有物、不模仿古人、须讲究文法、不作无病呻吟、务去滥调套语、不用典、不讲对仗、不避俗字俗语。紧接着 2 月份，陈独秀又发表了措辞激烈的《文学革命论》，表明了更坚定的文学革命论的立场。文中提出“三大主义”作为文学革命的目标，即：推倒雕琢的阿谀的贵族文学，建设平易的抒情的平民文学；推倒陈腐的铺张的古典文学，建设新鲜的立诚的写实文学；推倒迂晦的艰涩的山林文学，建设明了的通俗的社会文学。

文学革命是我国历史上前所未有的一次伟大而彻底的文学革新运动，带来了文学观念、内容形式各方面、全方位的大革新、大解放。在文学观念上，其将“文以载道”、“游戏消遣”等各种传统的文学思想作为封建制度及其思想体系的产物加以否定，表现人生和反映时代的积极的文学思想成为新文学作者的共同倾向。

在语言和形式上，近代文人摒除了文言文和僵化的传统文学样式，用白话写作，广泛吸收运用外国多样化的文学样式，促进文学语言和形式更加适于表现现代生活、接近人民大众。

梁启超当年在设计“诗界革命”时，曾有一个演变过程。开始，他设想，要有“新意境”、“新语句”和“古风格”，不仅要吸收新名词、引入新句式，在语法结构以至在内在的思维方式上进行根本的变革，还要打破传统诗词格律。以胡适为代表的“五四新诗运动”正是选择了梁启超这个观点作为理论出发点和努力目标。胡适在纲领性的《谈新诗》里明确地提出：必须“推翻词调曲谱的种种束缚；不拘格律，不拘平仄，不拘长短；有什么题目，做什么诗；诗该怎么做，就怎么做”。后来，他又将上述主题概括为“作诗如作文”。这个观点代表了两方面的要求：一是打破诗的格律，换以“自然的音节”；二是以白话写诗，不仅以白话词语代替文言，而且以白话的语法结构代替文言语法，并吸收国外的新语法。胡适“作诗如作文”的主张背后，蕴含着时代所要求的诗歌观念的深刻变化。胡适在提倡“诗体的解放”的同时，还提出“诗的经验主义”，其核心就是“言之有物”，要表现著作人的性情和见解。这正是五四时期的文化启蒙主义在诗歌观念上的反映。这种诗歌观念重视的是精神和观念的表达，所谓“有什么题目就做什么诗；诗该怎么做就怎么做”的要求，就是诗歌口语化、明白易懂的要求。

二、胡适的新诗

胡适无疑是第一位“白话诗人”。他的《尝试集》显示出了从传统诗词中蜕变，逐渐寻找、试验新诗的艰难过程。尽管《尝试集》里“真白话的新诗”不过《一颗星》、《“威权”》、《一颗遭劫的星》等不多的几首，但确实从中国古典诗歌的形式传统中挣脱出来，开始具备现代汉语抒情诗的形式法则的雏形，人们因此把这个集子当作沟通新旧两个艺术时代的桥梁。另一方面，胡适的诗歌又具有鲜明的艺术个性，以至后来有“胡适体”之说。胡适曾把自己的追求概括为：“说话要明白清楚”，“用材料要有裁剪”，“要抓住最扼要最精彩的材料，用最简练的字句表现出来”。胡适曾经指出，和他一样从旧诗词曲里脱胎出来的早期白话诗人还有新青年社中的沈尹默（1883—1971 年）和新潮社俞平伯（1900—1990 年）、康白情（1896—1958 年），他们的一些作品可以说是“词化了的新诗”。沈尹默后期转向写旧体诗，但他的《三弦》、《月夜》都是初期新诗的代表作。俞平伯的《冬夜》集以及康白情的《草儿》集都是当时最有影响的诗集。俞平伯的诗里杂糅着旧文学的意象与新思潮的哲理，旧诗词格律的影响与欧化的文法，最能反映早期白话诗的过渡性。

三、郭沫若的诗

郭沫若（1892—1978 年）在现代文学史上是足以代表一个时代的诗人和历史剧作家，是鲁迅在 20 世纪初热切呼唤并终于出现的摩罗诗人，也是新中国的预言诗人。他的第一本诗集《女神》出版于 1921 年 8 月，以崭新的内容与形式开一代诗风，堪称中国现代新诗的奠基之作。

《女神》的成功在于时代的需要和诗人创作个性的统一。狂飙突进的五四时代需要用高昂热情的浪漫主义来表现，而诗人郭沫若正是艺术想象力很发达的人。个人和民族的郁闷纠结在这个作品里得到了喷火口，也找到了爆发的方法。

《女神》的自我抒情主人公首先是“开辟鸿荒的大我”——五四时期觉醒的中华民族的自我形象。在《炉中煤》中，老化的中华古国在诗人笔下成了一位“我心爱的人儿”、“年青的女郎”，这个为时代再造的中华民族的崭新形象在《女神》中第一次得到充分的艺术表现。郭沫若是一个具有彻底破坏和大胆创新精神的诗人，在诗里把自己的本质加以神化，热烈地追求精神自由与个性的解放。《女神》里处处喧嚣着这样自觉的声音：“我……我崇拜我”，“我赞美我自己”，“我效法造化底精神，我自由创造，自由地表现我自己。我创造尊严的山岳，宏伟的海洋，我创造日月星辰，我驰骋风云雷雨”，“我飞奔，我狂叫，我燃烧，我如烈火一样地燃烧！我如大海一样地狂叫！我如电气一样地飞跑！……”这在中国历史上是第一次使人的自我价值得到肯定，人的尊严得到尊重，人的创造力得到承认。《女神》显示出来的人的精神的自由状态，更是永远令人神往。这是一个空前自由的审美世界，人的一切情感——喜怒哀乐都被引发出来做奔放无拘无束的表现，无所顾忌地追求天马行空的心灵世界。

闻一多曾经批评俞平伯的《冬夜》是缺少幻想力的作品。想象力和形象性不足确实是早期白话诗的共同特点。郭沫若是使新诗插上想象翅膀飞腾的第一人。《女神》的艺术想象力和形象体现很完善丰富。诗人把整个大自然都当作自己的抒写对象，于是宇宙地球、日月星辰、山岳海洋、风云雷雨、草木飞禽统统被纳入笔底。大自然被充分地拟人化，地球成了有生命的母体。而作为人的自我被赋予创造与驱使自然万物的神力。“我创造尊严的山岳，宏伟的海洋，我创造日月星辰，我驰骋风云雷雨。”

和《女神》所表现的五四狂飙突进的时代精神以及雄奇风格相适应，《女神》创造了自由诗的形式。每首诗的节数，诗节的行数，每一行的字数都不固定，押韵没有统一的规律，但在每一首诗中却要求格律的某种统一。

四、新月派代表诗人

郭沫若以《女神》极端自由、极端自主的彻底革新精神突破了传统诗词的形式，连他本人以后也没能再写出《女神》这样的诗作。在这个作品为新诗的发展开辟了道路以后，迫切需要出现形式与内容严格结合和统一的、可供学习和充当范例的新诗作品，确立新的美学原则和艺术形式，使得新诗走向规范化的道路。以闻一多和徐志摩为代表的前期新月派诗人正是充当这一历史使者的典型。

新月派在1927年以前是以北京《晨报副刊》为基本阵地的诗人群，主要诗人有闻一多、徐志摩、朱湘、孙大雨等。他们主张在新诗与旧诗之间建立一架不可少的桥梁，而把创造的重心从白话转向诗歌本身，应该使诗的内容和形式都表现出美的力量，成为一种完美的艺术。他们认为郭沫若的《女神》太过欧化，因而提出要写“中国的新诗”。同时，他们反对郭沫若关于诗歌只是一种“自然流露”，“不是作出来的，只是写出来”的主张，强调要“诚心诚意地试验做新诗”。因此，新月派诗人提出“理性节制情感”的美学原则与诗的形式格律化的主张，矛头指向的是他们所认为的“感伤主义”与“伪浪漫主义”，即诗歌中情感的过分泛滥，以及不加节制的直抒胸臆的抒情方式。与此相适应，新月诗人提出以“和谐”与“均齐”为新诗最重要的审美特征，而作为依据的正是中国的诗歌传统。

闻一多（1899—1946年）正是前期新月派诗人的领导人物，与郭沫若一样具有无羁的自由精神和想象力，使得诗歌飞腾起想象的翅膀，获得浓烈的繁复的诗的形象。而闻一多与郭沫若不同的是，他又以更大的艺术力量将解放了的新诗收回到诗的轨范之中。他留学美国，热情地学习西方文化，却又强烈地感受到民族与文化所受的压迫，作为一种反抗，他写下了被称为爱国主义的诗篇，倾吐着流落异国、备受凌辱感的痛苦，如《孤雁》，以及对于故土焦灼难眠的思念的《太阳吟》，还有对祖国赞美的《忆菊》。回到祖国后面对噩梦般的惨痛现实，他又写有表达痛心疾首的失望和呕心沥血的热爱的《发现》，和对中华古国光荣苦苦追寻的《祈祷》。深邃而炽热，悲怆又激越，写尽了这位根植在深厚的传统文化土壤中的现代知识分子内心的痛苦与矛盾。巨大而深刻的思想矛盾时时冲击着诗人的心，他的本性又是如此激烈热情，内心的“火山”几乎要决堤冲出，而他又自觉地追求传统的感情的克制，要把过量的情感压缩在凝固的形式中，这一冲击和压抑之间就形成了他诗歌“沉郁”的风格。

徐志摩（1896—1931 年）是贯穿新月派前后期的重要代表人物，热烈地追求自由、美和爱，追求人与自然的和谐，这与他那活泼好动、潇洒空灵的个性以及不受羁绊的才华和谐地统一，形成了徐志摩诗歌飞动飘逸的艺术风格。

徐志摩的诗歌中经常出现神来之笔一样的意象和句子，例如《黄鹂》中那“像是春光，火焰，像是热情”的黄鹂，那匹“冲进黑茫茫的荒野”的“拐腿的瞎马”（《为要寻一个明星》），那“半夜深巷”的“琵琶”《半夜深巷琵琶》。徐志摩正是用这些显示了活跃的创作力与想象力的新意象，丰富了新诗的艺术世界。徐志摩对诗歌外在形式的美也有特殊的敏感。试看《雪花的快乐》：“假如我是一朵雪花、翩翩地在半空里潇洒，我一定认清我的方向——飞扬，飞扬，飞扬，——这地面上有我的方向。”在这一节里，一二行每行三顿，每顿二至四个字，形成一种比较舒缓的节奏，并采用了“花”和“洒”这样比较开放的韵脚，与雪花翩翩潇洒的神韵相适应。

朱湘（1904—1933 年）是新月派又一位重要诗人，在短暂的生命里献出了《夏天》和《草莽集》两本诗集。余作由友人编成《石门集》。朱湘最认真地实践了新月派“以理性节制情感”这一美学原则。对诗歌的形式美的探索，讲究形式的完整与“文学的典则”是他的追求中心。《草莽集》表现了诗人向中国古典诗词传统汲取艺术养料的独特眼光和巨大热情，《石门集》则集中了诗人模拟西洋诗体的成果。虽然不尽成功，但试验范围之广、用力之深，为同时代之人所不及。在诗歌的章法上，他倾向于全章各行整齐划一，章与章之间各部对称这种形式。在音韵的选择上，他试验根据诗的内容和情绪来安排诗韵，取得了很大的成功。比如《采莲曲》中在描写采莲荡舟的时候插入了“左行，右撑”、“拍紧，拍轻”这样的短语，以轻重不同的韵来表现莲舟过路时随波上下的感觉。

中篇

诗词种类与写作篇

第十章

诗的种类与写作手法

第一节　诗的种类

一、按形式分类

诗歌是世界上最古老、最基本的文学样式之一，是因劳动生产、两性相恋、原始宗教等而产生的一种有韵律、富有感情色彩的语言形式。《尚书·尧典》云："诗言志，歌咏言，声依永，律和声。"早期，诗、乐、舞是合为一体的。诗即歌词，在实际表演中总是配以音乐、舞蹈而歌唱，后来诗、乐、舞各自发展，彼此独立自成体系，诗与歌统称诗歌。从广义上来说，诗歌按形式可以分为四大类：古体诗、近体诗、词和曲。

（一）古体诗

古体诗又称古风或古诗，是相对于近体诗而言的，包括格律发展成熟之前的一切诗歌，如二言古谣、《诗经》、楚辞、乐府诗等。古体诗不讲对仗，押韵较自由，不像近体诗有一些严格的规则。古体诗以字数分有四言诗、五言诗、七言诗、杂言等。唐代以后，五言、七言的古风比较盛行，四言诗却不常见了。古体诗的大致发展轨迹为：《诗经》→楚辞→汉乐府→建安诗歌→魏晋南北朝文人的诗歌以及民歌→唐代的古风、新乐府。

1.《诗经》。它是我国最早的诗歌总集，艺术成就主要体现在“国风”和“小雅”之中。《诗经》中保留了大量先秦人民生活的现实图景和民风民情，开创了诗歌的现实主义创作道路，影响深远。同时，从诗经中概括出来的“赋”、“比”、“兴”的表现手法，成为后世诗歌创作的重要艺术手法。

2. 楚辞。它指的是战国时期楚人或楚地的歌辞，特点是运用楚地方言、声韵描写楚地的风土民情，具有浓厚的地方色彩。楚辞富有浓烈的抒情成分和浪漫气息，篇幅长且形式自由，句子末尾常用“兮”字或“啊”字来加强语气。由于屈原的《离骚》有极高典范性，后世出现了“楚辞体”（即骚体）。

3. 乐府。即乐府歌辞，是由汉、魏、南北朝乐府官署收集和创作的乐歌，简称乐府。历代乐府诗主要分为两类：一类是汉魏古乐府诗和原辞，一类是后人的模仿作品和唐代新乐府诗。古乐府诗叙事成分比重较大，语言平易无华，风格质朴明快。唐朝新乐府诗主要相对于古乐府诗而言，是一种用新题写时事的乐府诗。新乐府有三个显著特点：一是用新题；二是写时事；三是不以入乐与否为衡量标准。新乐府诗多未尝“播于乐章歌曲”。如白居易的《卖炭翁》这首乐府诗中有三字句、七字句，多次换韵，平仄多不相对，更没有相粘。

4. 歌行体。对于“歌行”，褚斌杰先生界说为：“所谓歌行，乃是由古乐府发展而来的一种诗体，它与乐府诗的不同表现在既不入乐，又不沿袭乐府古题。但是属于这类性质的诗并不都称之为歌行，而这类诗中的七言体和兼有七言句的杂言体，方称之为歌行。”明人胡震亨说：“歌，曲之总名。衍其事而歌之曰行。歌最古，行与歌行皆始汉，唐人因之。”汉、魏以来的乐府诗题名“歌行”的比较多，它们的音节、格律一般比较自由，形式也多采用五言、七言、杂言的古体，富于变化，写作灵活。如魏文帝曹丕之《燕歌行》：“秋风萧瑟天气凉，草木摇落露为霜，群燕辞归鹄南翔。含君客游思断肠，慊慊思归恋故乡，君何淹留寄他方？贱妾茕茕守空房，忧来思君不敢忘，不觉泪下沾衣裳。援琴鸣弦发清商，短歌微吟不能长。明月皎皎照我床，星汉西流夜未央。牵牛织女遥相望，尔独何辜限河梁？”这首诗描写闺中少妇思念久戍夫君之情，婉转缠绵，一唱三叹，是典型的歌行体。

（二）近体诗

近体诗也叫格律诗，其基本特征就是要讲平仄、对仗和押韵。按句数划分，我们可以把格律诗分为绝句、律诗和排律，四句为绝句，八句的为律诗，八句以上的称长律或排律，每两句诗称为一联。这样，绝句就有两联，八句律诗有四联。从言数上来看，则可以分为五言诗、七言诗。把两者结合起来看，格律诗就可以分为五言绝句、五言律诗、五言排律、七言绝句、七言律诗和七言排律。

1. 五言绝句。每句五字，每首四句，共二十字。此体源于汉代乐府小诗，深受六朝民歌影响，仅二十字便能展现出一幅幅清新的图画，传达一种种真切的意境。因小见大，以少总多，在短章中包含着丰富的内容，是五言绝句的最大特色。如王维的《鹿柴》：

空山不见人，但闻人语响。
返景入深林，复照青苔上。

又如杜甫的《八阵图》：

功盖三分国，名成八阵图。
江流石不转，遗恨失吞吴。

再如李端的《听筝》：

鸣筝金粟柱，素手玉房前。
欲得周郎顾，时时误拂弦。

2. 五言律诗。又称五律，是中国近体诗（格律诗）中的一种样式，全诗共八句，每句五个字，第三四句、五六句均为对仗句，共四十字。如杜甫的《江汉》：

江汉思归客，乾坤一腐儒。
片云天共远，永夜月同孤。
落日心犹壮，秋风病欲苏。
古来存老马，不必取长途。

又如杜甫的《旅夜书怀》：

细草微风岸，危樯独夜舟。
星垂平野阔，月涌大江流。
名岂文章著，官应老病休。
飘飘何所似，天地一沙鸥。

再如王维的《山居秋暝》：

空山新雨后，天气晚来秋。

明月松间照，青泉石上流。

竹喧归浣女，莲动下渔舟。

随意春芳歇，王孙自可留。

3. 五言排律。它是近体诗排律中的一种，由五言律诗扩大而成，一般在十句以上。五言排律最短要有十句（往往是两句押一韵），可以有六韵十二句、八韵十六句的排律等。唐人的排律多用整数，如十韵、二十韵、三十韵、四十韵、五十韵等。

4. 七言绝句。绝句的一种，属于近体诗范畴，每句七字，每首四句，共二十八字。如贺知章的《回乡偶书》：

少小离家老大回，乡音无改鬓毛衰。

儿童相见不相识，笑问客从何处来？

又如王昌龄的《芙蓉楼送辛渐》：

寒雨连江夜入吴，平明送客楚山孤。

洛阳亲友如相问，一片冰心在玉壶。

再如韦应物的《滁州西涧》：

独怜幽草涧边生，上有黄鹂深树鸣。

春潮带雨晚来急，野渡无人舟自横。

5. 七言律诗。每句七字，每首八句，共五十六字。如白居易的《钱塘湖春行》：

孤山寺北贾亭西，水面初平云脚低。

几处早莺争暖树，谁家新燕啄新泥。

乱花渐欲迷人眼，浅草才能没马蹄。

最爱湖东行不足，绿杨阴里白沙堤。

又如杜甫的《登高》：

风急天高猿啸哀，渚清沙白鸟飞回。

无边落木萧萧下，不尽长江滚滚来。

万里悲秋常作客，百年多病独登台。

艰难苦恨繁霜鬓，潦倒新停浊酒杯。

再如李白的《登金陵凤凰台》：

凤凰台上凤凰游，凤去台空江自流。

吴宫花草埋幽径，晋代衣冠成古丘。

三山半落青天外，二水中分白鹭洲。

总为浮云能蔽日，长安不见使人愁。

6. 七言排律。它是排律的一种，属近体诗范畴，是由七言律诗扩大而成的，每句七个字，一般在十句以上，往往是两句押一韵，可以有六韵十二句、八韵十六句的排律等。七言排律在唐人诗集里是极为少见的，在以律诗著称的杜甫诗集中也只有数首，主要是由于律诗本身音律严格，有一定的难度，再加以延长其格律，难度自然更大。

（三）词

词又称为诗余、长短句、曲子、曲子词等。其特点是：调有定格，句有定数，字有定声。若按乐曲之长短来划分则可以分为令、引、近、慢。如依字数多少分类，则 58 字以内的称“小令”；59 字至 90 字的称“中调”；91 字以上的称“长调”。

（四）曲

曲又称为词余、乐府。元曲包括散曲和杂剧。散曲兴起于金，兴盛于元，体式与词相近，可以在字数定格外加衬字，且较多使用口语，用韵也比词更宽泛，可以平仄通押。散曲包括小令、套数（套曲）两种。小令一般字数较少，且多口语化。套数则是连贯成套的曲子，至少是两曲，多则几十曲。每一套数都以第一首曲的曲牌作为全套的曲牌名，全套必须同一宫调。它无宾、白、科、介，只供清唱。其风格特征与表现手法为：豪迈、通俗、自然、诙谐等。

二、按内容分类

诗歌按题材内容来分，可分为怀古诗、咏物诗、山水诗、田园诗、边塞诗、行旅诗、送别诗、悼亡诗、讽谕诗等。

（一）怀古诗

诗人以历史上的事件、人物和历史古迹为题材，通过描写古迹、咏叹史实、怀念古人来达到寄托哀思、感慨兴衰、讽刺现实的目的。这类诗由于多写古人往事，且多用典故，手法委婉，充分地反映了诗人对自我、对人生、对人事的认识，达到一种哲学层面的终极关照，并引发阅读者的共鸣。作为一类内容与思想都比较沉重的作品，怀古诗常运用典故、对比、借古讽今、吊古伤今的写作手法，因此语言含蓄，正如方若虚云：“怀古者，见古迹，思古人。其事无他，兴亡贤愚而已。”在具体写作时，作者往往会有以下表现手法：第一，怀古“点”的相对统一。既然是怀古诗，诗人抒怀的情感必须有一个触发点，也就是说，怀古诗中一般都会出现一处让诗人产生联想的“点”。这些“点”既可以是某处遗迹，也可以是遗迹旁的景或物，还可以是由遗迹联想起的历史事件、某个历史人物等。第二，怀古形式的相对统一。从怀古形式的角度看，一般怀古诗都会选择“物是人非”和“物的盛衰变迁”这两种对比的模式。具体说来，从物是人非的角度看，诗人往往选取的是遗迹旁的景或物，将穿越时空依然存在的景或物和当时已然不存或残存的遗迹进行对比，从而形成一种比较关照，抒发出时空更替的兴亡之感；从物的盛衰变迁的角度看，诗人往往将着眼点放在遗迹本身，由遗迹现实的衰败联想到遗迹当年的繁盛，两相对比，进而抒发时空沧桑之感。第三，蕴涵情感趋向的相对统一。诗歌的终极目的都是抒发情感，怀古诗在抒发情感的趋向性上也表现出相对的统一，一般可分为三类：一是寄托个人境遇；二是借古讽今，忧国伤时；三是感慨人世无常。

（二）咏物诗

咏物诗就是托物言志或借物抒情的诗歌，即通过对事物的咏叹体现人文思想。咏物诗中所咏之“物”往往是作者的自拟，与诗人的自我形象完全融合在一起，在描摹事物中寄托了一定的感情。因此，多数咏物诗的特点是托物言志。古人很喜欢咏物，因此咏物诗成为我国民族传统诗歌中的重要组成部分。据统计，仅《全唐诗》已存咏物诗 6021 首，其中初唐 504 首，盛唐 746 首，中唐 1455 首，晚唐 3556 首。创作咏物诗，诗人通常要做到以下几方面：第一，对于所咏之物的特点要仔细把握和刻画，即意象分析。这就是说，写咏物诗要做到“不即不离”，即既不停留在事物的表面（不滞于物），又要切合所咏之物的特点（曲尽其妙）。第二，在描摹事物中要寄托自己的感情。咏物诗既然要托物言志，就要表达自己寄托的感情。不同的作者往往会有不同的际遇、情趣爱好以及对事物观察的角度，因而对于同一事物往往会有不同的感受，会表达出不同的感情来。第三，在具体描写上经常用到拟人、比喻、双关、借代等修辞手法。此外，在整体构思上，通常习惯于运用侧面烘托的手法。如陆龟蒙《白莲》:“素花多蒙别艳欺，此花端合在瑶池。无情有恨何人觉?月晓风清欲堕时。”就是用“月晓风清”的背景写出白莲独特的气质、神韵来。

(三)山水诗

南朝谢灵运开山水诗先河。这类诗歌以描写自然风光为主，以山水为独立的审美对象，表现诗人对山水之美的观察和欣赏。山水诗的出现增强了诗歌的表现力，提高了诗歌表现自然景物的艺术技巧，不仅使山水成为独立的审美对象，为中国诗歌增加了一种题材，而且开启了南朝新一代的诗歌风貌。通常来说，要想创作一首好的山水诗，作者必须做到以下几点:第一，应包涵着深刻的人生体验，而不单单是模山范水。如“欲穷千里目，更上一层楼。”(王之涣《登鹳雀楼》)以理势入诗，兼有教化和审美的双重功能，它表现出的求实态度和奋进精神对读者无疑是有力的鞭策和激励。又如“蝉噪林愈静，鸟鸣山更幽。”(王籍《入若耶溪》)除生动再现山林特有的幽静氛围，还揭示了矛盾的对立统一关系，显然有启迪智慧、拓展襟怀的作用。第二，应该营造一种“诗中有画，画中有诗”的意境。所谓“诗中有画”，就是用画笔把山水风景中精深微妙的内涵点染出来，使读者获得直接的审美感受。第三，多采用“叙事—写景—说理”的结构，虽然失于变化，却容易将写景与抒怀融为一体，来抒发作者的内心感受。如谢灵运的《登江中孤屿》一诗，全诗开头两联叙事，说明出游的打算;中间两联描写江中孤屿的景色;末尾三联发表人生感想并说明延年益寿与自然环境的关系。这首诗结构缜密、前后呼应、层次井然、开合有致，丝毫没有生拼硬凑的痕迹。

(四)田园诗

东晋陶渊明开田园诗先河。田园诗以描写农村生活、农夫和农耕为主，也会写到农村特有的景物，真切地表现了躬耕之甘苦，同时通过对田园景物和简朴生活的描写，表现诗人悠然自得的心境和返璞归真的性情。

(五)边塞诗

以边塞、战争为题材的诗，主要内容包括边塞风光、杀敌报国的理想、将士的生活及思乡之情。边塞诗在整个唐代都十分盛行，主要是对边塞和军旅生活有切身体验的诗人创作，另外还有对乐府旧题的翻新。初、盛唐边塞诗的基调是积极进取、昂扬奋进的，中晚唐边塞诗则多表达诗人的感慨忧思。

（六）行旅诗

古人或久宦在外、或久戍边关，长期的流离漂泊总会引起浓浓的思乡怀人之情，行旅诗就是抒发诗人这方面感情的诗歌。诗中或写羁旅行役之感，或写亲友之思，或写征人思乡，或写闺中怀人。此外，诗中还贯穿着行旅生活所引发的人生思考和人生感受。

（七）送别诗

古代交通不便，通讯极不发达，亲人朋友之间往往一别数载难以相见，所以人们对离别很在意。离别之际，人们往往设酒饯别、折柳相送，有时还要吟诗话别，因此离情别绪就成为诗人吟咏的一个永恒主题。送别诗在抒发离情之外，还兼有激励劝勉、歌咏友情、寄托理想等作用。

（八）悼亡诗

悼亡词专指为悼念死去的妻妾而作的诗。魏晋之前并无悼亡诗，最早的是西晋的潘岳为悼念亡妻写的《悼亡诗三首》。后世专以悼念亡妻的诗词为“悼亡诗”。

（九）讽喻诗

讽喻诗就是以惩恶劝善、补察时政为目的，以美刺褒贬、讽喻劝诫为手段的诗歌。其艺术特点为：首句标其目，卒章显其志。其辞质而径，其言直而切，其事核而实，其体顺而肆。其强调用质朴通俗的语言直白显露地表达对社会时政的看法。

此外，根据不同的题材内容，诗歌还可以概括出很多其他的类别，比如游仙诗、赠答诗、咏怀诗、闲适诗、哲理诗等等。

第二节 诗的基本写作手法

一、古体诗的写作要求

（一）古体诗的平仄

古体诗基本上没有格律的限制，不讲平仄。唐代以后，古体诗也有讲究平仄的，不过未成定式。如孟浩然的《夜归鹿门歌》：

山寺钟鸣昼已昏，渔梁渡头争渡喧。

人随沙岸向江村，余亦乘舟归鹿门。

鹿门月照开烟树，忽到庞公栖隐处。

岩扉松径长寂寥，惟有幽人自来去。

这首诗是古体诗，平仄不符合格律要求。从第一、二句来看，出句第四字"鸣"为平声，对句第四字"头"为平声；出句第六字"已"为仄声，对句第六字"渡"为仄声。平对平，仄对仄，而不是平仄相对。

又如《古诗十九首》中的《行行重行行》：

行行重行行，与君生别离。相去万余里，各在天一涯；道路阻且长，会面安可知？

胡马依北风，越鸟巢南枝。相去日已远，衣带日已缓；浮云蔽白日，游子不顾反。

思君令人老，岁月忽已晚。弃捐勿复道，努力加餐饭！

第一句连用五平，第二句"与"仄、"生"平不合格律，第五、九、十、十二句连用四仄，第十四句连用五仄，都不合律。通篇看下来，只有最后一句为"仄仄平平仄"是合律的。所以从音的方面来讲，整首诗都不对偶。

（二）古体诗的用韵

古体诗的押韵也比较自由。每首诗可用一个韵，也可以用两个或两个以上的韵；中间允许换韵，允许使用邻韵；可以在偶数句押韵，也可以奇数句、偶数句都押韵；既可以押平声韵，又可以押仄声韵，押仄声韵最为常见。如李绅的《悯农》：

锄禾日当午，汗滴禾下土。

谁知盘中餐，粒粒皆辛苦。

这首诗的韵脚都是仄声字，都是押的仄声韵。

又如杜甫的《石壕吏》：

暮投石壕村，有吏夜捉人。老翁逾墙走，老妇出门看。吏呼一何怒，妇啼一何苦。听妇前致词，三男邺城戍。一男附书至，二男新战死。存者且偷生，死者长已矣。室中更无人，惟有乳下孙。有孙母未去，出入无完裙。老妪力虽衰，请从吏夜归。急应河阳役，犹得备晨炊。夜久语声绝，如闻泣幽咽。天明登前途，独与老翁别。

这首诗是唐人典型的古体诗，不拘篇幅，平仄随意，也不讲究对偶，而且前后换了六次韵，如："村"为元韵；"人"为真韵；"看"为寒韵；真、元、寒通韵，为第一韵；"怒"、"戍"为遇韵；"苦"为麌韵，遇、麌通韵，为第二韵。

再如岑参的《白雪歌送武判官归京》：

北风卷地白草折，胡天八月即飞雪。忽如一夜春风来，千树万树梨花开。散入珠帘湿罗幕，狐裘不暖锦衾薄。将军角弓不得控，都护铁衣冷难着。瀚海阑干百丈冰，愁云惨淡万里凝。中军置酒饮归客，胡琴琵琶与羌笛。纷纷暮雪下辕门，风掣红旗冻不翻。轮台东门送君去，去时雪满天山路。山回路转不见君，雪上空留马行处。

在这首诗中，中间几次换韵，而且邻韵通押。"折"、"雪"为屑韵；"来"、"开"为灰韵；"幕"、"薄"、"着"为药韵；"冰"、"凝"为蒸韵；"客"为陌韵，"笛"为锡韵，陌锡通韵；"门"、"翻"为元韵；"去"、"处"为御韵，"路"为遇韵，御遇通韵。

（三）古体诗的句法

古体诗每首句数不定，少则两句，多则几十、几百句。每句字数也不定，四言、五言、六言、七言乃至杂言都有，句子参差不齐。例如李白的《梦游天姥吟留别》中有四言、五言、六言、七言、九言等句式，它实际上就是一首杂言诗，且全诗的韵、声、对都不符合律诗的格律，所以被归入七言古体诗。

（四）古体诗的对仗

古体诗是不需要对仗的，即使有些地方用了一些对偶句，也只是修辞上的需要，不是格律上的要求，而且对仗用在哪里是不固定的。可见，当时诗人头脑中还没有格律意识，偶尔出现对偶只是碰巧而已。后来的诗人们为了追求高古的境界，甚至有意求拙。如《古诗十九首》中的第一首《迢迢牵牛星》：

迢迢牵牛星，皎皎河汉女。
纤纤擢素手，札札弄机杼。
终日不成章，泣涕零如雨。
河汉清且浅，相去复几许？
盈盈一水间，脉脉不得语。

这首古诗里似乎出现了一些对仗的句子，如“迢迢牵牛星，皎皎河汉女”、“纤纤擢素手，札札弄机杼”等，但这些句子只能算是意对，并不合律。

有的篇幅很长的古体诗中却很少有对仗，如岑参的《白雪歌送武判官归京》，全篇只用了一处对仗，即“将军角弓不得控，都护铁衣冷难着”，这也只能算宽对。

总的来看，古体诗与近体诗对仗的不同主要表现在以下几个方面：

第一，近体诗不能同字对仗，古体诗可以。这主要因为格律诗讲究平仄，出句和对句平仄要相对，如果同字对仗就违反了格律诗平仄要求。但同字对仗在古体诗中大量存在，如：

君生我未生，我生君已老。君恨我生迟，我恨君生早。
君生我未生，我生君已老。恨不生同时，日日与君好。
我生君未生，君生我已老。我离君天涯，君隔我海角。
我生君未生，君生我已老。化蝶去寻花，夜夜栖芳草。

又如杜甫的《前出塞其六》：

挽弓当挽强，用箭当用长。射人先射马，擒贼先擒王。
杀人亦有限，列国自有疆。苟能制侵陵，岂在多杀伤。

再如杜甫的《佳人》（节选）：

但见新人笑，那闻旧人哭。在山泉水清，出山泉水浊。

第二，近体诗的对仗要平仄相对，古体诗的对仗并不要求。所以在古体诗中，相对的两个字都是平声或都是仄声的情况较多。

如白居易《伤宅》：

攀枝摘樱桃，带花移牡丹。

“枝”与“花”、“桃”与“丹”都是平声，这在格律诗中是不允许的。又如上面所举的岑参之诗："将军角弓不得控，都护铁衣冷难着"。"弓"和"衣"都是平声字，"控"和"着"都是仄声字。

第三，格律诗的对仗句基本固定，一般颔联和颈联必须对仗。而古体诗则是散句中夹杂着对仗，且对仗句的位置和多少都不固定，有的全篇对仗，如孟郊的《游子吟》；有的只有一联对仗，如岑参的《白雪歌送武判官归京》。

（五）古体诗的修辞手法

1. 比喻。即将一种事物或情景来比作另一种事物或情景，可分为明喻、暗喻、借喻，有突出事物特征，把抽象的事物形象化的作用。如，"遥望洞庭山水色，白银盘里一青螺。"（刘禹锡《望洞庭》）诗歌巧妙地以"螺"作比，将皓月银辉下的山比作银盘里的青螺，色调淡雅，山水浑然一体。

2. 借代。即借用相关的事物来代替所要表达的事物。借代可用部分代表全体、具体代替抽象、特征代替人。借代的运用使语言简练、含蓄。如，"知否，知否？应是绿肥红瘦。"（李清照《如梦令》）。诗中用"绿"和"红"两种颜色分别代替叶和花，写叶的茂盛和花的凋零。

3. 夸张。即对事物的形象、特征、作用、程度等做扩大或缩小的描述，有更突出、更鲜明地表达事物的作用。如，"白发三千丈，缘愁似个长。"（李白《秋浦歌》）愁生白发，诗人用夸张的手法写白发竟有"三千丈"那么长，可见愁思的深重。

4. 对偶。即用结构相同、字数相同的一对句子或短语来表达两个相对或相近的意思。从形式上看，语言简练，整齐对称；从内容上看，意义集中含蓄。如，"无边落木萧萧下，不尽长江滚滚来。"（杜甫《登高》）从篇法结构来讲，这首诗四联八句，句句皆对仗，对得圆浑自然，不见斧凿之痕。"无边落木"对"不尽长江"使诗的意境显得广阔深远，"萧萧"的落叶声对"滚滚"的水势更使人觉得气象万千。更重要的是，从这里感受到诗人韶华易逝、壮志难酬的苦痛。

5. 比拟。比拟可分为拟人和拟物把物当作人来描写叫拟人，或把人当作物来描写叫拟物。比拟有促使读者产生联想，使描写的人、物、事表现得更形象、生动的作用。如，"霜禽欲下先偷眼，粉蝶如知合断魂。"（林逋《山园小梅》）这一联采用拟人的手法。"先偷眼"极写白鹤爱梅之甚，它还未飞下，就迫不及待地先偷看梅花几眼；"合断魂"一词写粉蝶因爱梅而至消魂，把粉蝶对梅的喜爱之情夸张到极点。

6. 排比。即把内容紧密关联、结构相同或相似、语气一致的几个句子或短语接连说出来。如，“枯藤老树昏鸦，小桥流水人家，古道西风瘦马。”（马致远《天净沙》）纯用名词组合，构成典型环境。

7. 设问。即先提出问题，接着自己把看法说出来。问题引入，带动全篇；中间设问，承上启下；结尾设问，深化主题，令人回味。如，“问人间谁是英雄？有酾酒临江，横槊曹公。”（《双调·蟾宫曲咏史》，元曲小令，阿鲁威作）以设问开篇，点明题旨，领起下文分层次地叙述三国人物的英雄业绩。

8. 反问。即用疑问的形式表达确定的意思，用来加强语气，表达强烈感情。如，“江东弟子今虽在，肯为君王卷土来？”（王安石《叠题乌江亭》）诗使用反问句式，语气冷峻，强调了历史之必然。

9. 起兴。兴是先言他物以引起所咏之辞。如，“锦瑟无端五十弦，一弦一柱思华年。”（李商隐《锦瑟》）首联用瑟这种乐器起兴，由此而思及“华年”。

二、律诗的平仄与用韵

（一）律诗的平仄

律诗的平仄即指律诗中的字声，在近体诗里，它是最重要的格律因素。所以要明白律诗的平仄，首先必须弄清字音的四声。在古代，四声是由古代韵书中的字音来定，分为平、上、去、入四种。一般来说，上平、下平是“平”，上声、去声、入声是“仄”。在现代普通话中，四声分别是阴平、阳平、上声、去声，没有入声字。其中阴平、阳平属于古代的“平”声，而上声、去声属于“仄”声。接下来我们就来讲讲律诗平仄的基本模式。

1. 五言律诗的平仄。它只有四个句型，即：平平仄仄平（平脚）、仄仄平平仄（仄脚）、平平平仄仄（仄脚）、仄仄仄平平（平脚）。

用这四个句型分别作为第一句，就可以构成五律的四种平仄格式。

（1）仄起式。如杜甫的《春望》：

国破山何在，城春草木深。
（仄仄平平仄，平平仄仄平）

感时花溅泪，恨别鸟惊心。
(平平平仄仄，仄仄仄平平)
烽火连三月，家书抵万金。
(仄仄平平仄，平平仄仄平)
白首骚更短，浑欲不胜簪。
(平平平仄仄，仄仄仄平平)

诗中“国”、“木”、“别”、“月”、“不”都是入声字。

又如元淳的《寄洛中诸妹》：

旧国经年别，关河万里思。
(仄仄平平仄，平平仄仄平)
题书凭雁翼，望月想峨嵋。
(平平平仄仄，仄仄仄平平)
白发愁偏觉，归心梦独知。
(仄仄平平仄，平平仄仄平)
谁堪离乱处，掩泪向南枝。
(平平平仄仄，仄仄仄平平)

还有另一种格式，即首句改为“仄仄仄平平”，其余都不变。

(2) 平起式。如王维的《山居秋暝》：

空山新雨后，天气晚来秋。
(平平平仄仄，仄仄仄平平)
明月松间照，清泉石上流。
(仄仄平平仄，平平仄仄平)
竹喧归浣女，莲动下渔舟。
(平平平仄仄，仄仄仄平平)
随意春芳歇，王孙自可留。
(仄仄平平仄，平平仄仄平)

诗中“月”、“石”、“竹”都是入声字。

又如闲李商隐的《闲游》：

危亭题竹粉，曲沼嗅荷花。
(平平平仄仄，仄仄仄平平)
数日同携酒，平明不在家。
(仄仄平平仄，平平仄仄平)
寻幽殊未极，得句总堪夸。

（平平平仄仄，仄仄仄平平）

强下西楼去，西楼倚暮霞。

（仄仄平平仄，平平仄仄平）

另一种格式，即首句改为“平平仄仄平”，其余都不变。

2. 七言律诗的平仄。同样也分为四个句型，即：平平仄仄平平仄、仄仄平平仄仄平、仄仄平平平仄仄、平平仄仄仄平平。

其实只有两种格式，其余的两种只不过是在基本格式的基础上稍有变化而已。

（1）七言仄起式。如陆游的《游山西村》：

莫笑农家腊酒浑，丰年留客足鸡豚。

（仄仄平平仄仄平，平平仄仄仄平平）

山重水复疑无路，柳暗花明又一村。

（平平仄仄平平仄，仄仄平平仄仄平）

箫鼓追随春社近，衣冠简朴古风存。

（仄仄平平平仄仄，平平仄仄仄平平）

从今若许闲乘月，拄杖无时夜叩门。

（平平仄仄平平仄，仄仄平平仄仄平）

诗中“腊”、“客”、“足”、“一”、“月”等为入声字。

又如陆游的《书愤》：

早岁那知世事艰？中原北望气如山。

（仄仄平平仄仄平，平平仄仄仄平平）

楼船夜雪瓜州渡，铁马秋风大散关。

（平平仄仄平平仄，仄仄平平仄仄平）

塞上长城空自许，镜中衰鬓已先斑。

（仄仄平平平仄仄，平平仄仄仄平平）

出师一表真名世，千载谁堪伯仲间？

（平平仄仄平平仄，仄仄平平仄仄平）

仄式还有另一格式，即首句改为“仄仄平平平仄仄”，其余都不变。

（2）七言平起式。如毛泽东的《七律·长征》：

红军不怕远征难，万水千山只等闲。

（平平仄仄仄平平，仄仄平平仄仄平）

五岭逶迤腾细浪，乌蒙磅礴走泥丸。

（仄仄平平平仄仄，平平仄仄仄平平）

金沙水拍云崖暖，大渡桥横铁索寒。

（平平仄仄仄平平，仄仄平平平仄仄）

更喜岷山千里雪，三军过后尽开颜。

（仄仄平平平仄仄，平平仄仄仄平平）

如李商隐的《隋宫》：

紫泉宫殿锁烟霞，欲取芜城作帝家。

（平平仄仄仄平平，仄仄平平仄仄平）

玉玺不缘归日角，锦帆应是到天涯。

（仄仄平平平仄仄，平平仄仄仄平平）

于今腐草无萤火，终古垂杨有暮鸦。

（平平仄仄仄平平，仄仄平平平仄仄）

地下若逢陈后主，岂宜重问《后庭花》？

（仄仄平平平仄仄，平平仄仄仄平平）

另外一种格式，即把首句改成“平平仄仄平平仄”，其余不变。

同时，律诗在平仄运用上还必须遵守一定规则，概括起来有以下三条：

其一，相重相间。相重，指诗句里除了最末一字单独成为一节，其余的每个节奏单位的平仄总是相重叠的。如：平平—仄仄、仄仄—平平、平平平—仄仄、仄仄仄—平平。它又指律诗里后四句的平仄和前四句的平仄是完全一样的，构成了回环往复的声律。相间是指在一个诗句里，平声字和仄声字轮流出现，交替使用，即上一节为平，则下一节必用仄。

其二，要“对”要“黏”。律诗分为首联、颔联、颈联、尾联四联。每一联的上句为出句，下句为对句。所谓“对”，就是指上下句的平仄关系。一联诗句中，一般来说上下句同一位置的字，平声和仄声应两两相对。所谓“黏”，指的是前一联和后一联的平仄关系，前联对句和后联出句的平仄应相同，但后联平仄不可能与前联一模一样，所以五言要求第二字平仄相同，七言要求二、四字都要相黏。

其三，有“拗”有“救”。“拗”就是指不顺的意思。诗人在造句谋篇时，出于思想内容上的考虑，可以对平仄格式做个别变更，诗句不按规定的格式用平仄，在本该用平声字的位置上却用了仄声字，或者相反，吟诵起来不顺口，这就叫“拗”。拗了平仄的句子叫“拗句”，全部或大部分都用拗句的律诗或绝句叫“拗体诗”。如崔颢《黄鹤楼》：

昔人已乘白云去，此地空余黄鹤楼。

（平平仄仄平平仄，仄仄平平仄仄平）
黄鹤一去不复返，白云千载空悠悠。
（仄仄平平平仄仄，平平仄仄仄平平）
晴川历历汉阳树，芳草萋萋鹦鹉洲。
（平平仄仄平平仄，仄仄平平仄仄平）
日暮乡关何处是？烟波江上使人愁。
（仄仄平平平仄仄 平平仄仄仄平平）

这首诗中，“昔”、“鹤”、“一”、“去”、“不”、“白”、“汉”本来是押平韵，在这里是拗仄；而“乘”、“黄”、“千”、“芳”、“鹦”、“江”本来是押仄韵的，却拗平。此首诗用了七个拗句，是拗体诗。

近体诗中出现拗句是常事，但必须要补救，以求声律和谐，这就有一条“拗救”的规则。怎样救呢？原则上是“平拗仄救，仄拗平救”。方法有两种：一种就是本句自救，即孤平拗救。具体来讲，五言“平平仄仄平”、七言“仄仄平平仄仄平”句型，五言第一个字，七言第三个字必须用平声，否则就是“犯孤平”，这样就要在本句五言的第三个字、七言的第五个字用平声字，作为补救方法。另一种就是对句相救。出句如果是五言“仄仄平平仄”、七言“平平仄仄平平仄”句型，五言第四个字拗，七言第六个字拗，这样被称为大拗，就要在对句的五言第三个字、七言第五个字用平声字，作为补救方法。如果是五言第三个字拗，七言第五个字拗，这样被称为小拗，可以在对句相同位置用一个平声字补救，是可救可不救的。

（二）律诗的用韵

韵是格律诗的基本要素之一，诗人在诗中用韵，叫作押韵。押韵指在句子的同一个位置，一般是句尾，使用同一个韵部的字，形成周期性循环。押韵是诗词中常用的一种修辞手法，目的是为了声韵和谐，使诗词读上去铿锵有力、婉转流畅。

律诗中所说的韵，大致相当于现代汉语中的韵母。我们来看，一个汉字的拼音组成一般都有声母和韵母。例如“唐”拼音为“tang”，其中“t”是声母，“ang”是韵母。声母总是在前面，韵母总是在后面。例如李白的《下江陵》：

朝辞白帝彩云间，千里江陵一日还。
两岸猿声啼不住，轻舟已过万重山。

这首诗中“间”、“还”、“山”三个字押韵，我们可以发现它们的韵母都是“an”，而“住”字不押韵，因为“住”字的韵母为“u”。

不过，有时我们读古诗时会发现，它们的韵并不是十分统一的，这是时代不同的原因。语言一直都在变化中，比如古代的入声字在普通话中已经消失了，只在地方方言中还保留了一部分。如果用我们普通话的发音去读古诗，当然有不准确的地方。例如李益的这首《江南曲》：

嫁得瞿塘贾，朝朝误妾期。

早知潮有信，嫁与弄潮儿。

这首诗的两个韵脚为“期”、“儿”。如果按今天普通话的读音去读诗，那么“期”、“儿”都不押韵。不过，按照古人的读法是押韵的，因为现在上海一带的方言中“儿”读音为“ní”。

由于古代与现代读音的差异，我们才会发现一些不和谐之处，不过对古韵有所了解后就不会再产生误解了。因此，在此介绍一点韵部的知识。

古人写律诗是严格地依照韵书来押韵的。现存最早的韵书是《广韵》，其中共有206韵，后来被合并为106韵，称为平水韵。所谓“诗韵”，一般指的就是平水韵。清代人常常查阅的韵书有《诗韵集成》、《诗韵合璧》等。平水韵的106个韵包括：平声30韵，上声29韵，去声30韵，入声17韵。律诗、绝句的用韵都是依照平水韵，并且限用平声韵。所以，我们把平声韵按顺序列出来：东、冬、江、支、微，鱼、虞、齐、佳、灰，真、文、元、寒、删，先、萧、肴、豪、歌，麻、阳、庚、青、蒸，尤、侵、覃、盐、咸。

如果以宽窄程度来分，诗韵大致可以分为四大类：

1. 宽韵。包含字数较多的叫宽韵，如支韵、真韵、先韵、阳韵、庚韵、尤韵等。

2. 窄韵。包含字数较少的称窄韵，如江韵、佳韵、肴韵、覃韵、盐韵、咸韵等。窄韵的律诗是比较少见的。有些韵，如微韵、删韵、侵韵等，字数虽不多，但是比较好用，诗人们也很喜欢用。

3. 中韵。如：元、寒、鱼、萧、侵、冬、灰、齐、歌、麻、豪等。

4. 险韵。如：江、佳、肴、咸等。

总的来说，格律诗的用韵要求有以下几点：

1. 格律诗分为首句入韵式和首句不入韵式。也就是说格律诗的第一句可以押韵，也可以不押韵。一般来讲，五言诗很多首句不入韵，七言诗很多首句入韵。这与首联是否对仗有关，如果首联对仗的话，首句一般不入韵；首联不对仗的话，首句一般入韵。

2. 格律诗的押韵位置是偶数句的最后一个字。句子最后一字称脚，因此韵又称韵脚。

3. 在格律诗形成和发展过程中，逐渐选择了使用平声韵，且阴平阳平通押，仄声韵的格律诗非常少。而且平声不和上、去入声押韵，上、去声不和入声押韵。

4. 不能连续使用大量同音字做韵脚。少量或间隔使用是可以的。

5. 不可撞韵，不可出韵。撞韵指的是不该押韵的字用了韵。出韵指的是用了所用的韵以外的字。

三、律诗的黏和对仗

（一）律诗的黏

律诗分为四联，我们可以把同一联的上下句称为对句，上联的下句和下联的上句称为邻句。其构成规则是：对句相对，邻句相黏。再具体一点，黏就是要使第三句与第二句相黏，第五句与第四句相黏，第七句与第六句相黏。方法是同声相黏，即平黏平、仄黏仄。标准是五言句中邻句第二字必须平仄相同，七言句中邻句第二、四字必须平仄相同。黏的作用是使声调多样化。如果不黏，前后两联的平仄大体上就相同了，就失去了音乐的美感。因此，律诗中对两联相黏的规定是比较严格的。

如孟浩然的五律《过故人庄》：

故人具鸡黍，邀我至田家。
绿树村边合，青山郭外斜。
开轩面场圃，把酒话桑麻。
待到重阳日，还来就菊花。

诗中第三句的第一韵部第二字“树”是仄声，第二句第一韵部第二字“我”是仄声，“树”与“我”仄仄相黏。同样第五句中的“轩”与第四句中的“山”是平平相黏，第七句与第六句中“到”与“酒”是仄仄相黏。所以全诗是相黏的。再举一个七言的例子，如韩愈的《左迁至蓝关示侄孙湘》：

一封朝奏九重天，夕贬潮阳路八千。
欲为圣朝除弊政，肯将衰朽惜残年。

云横秦岭家何在，雪拥蓝关马不前。

知汝远来应有意，好收吾骨瘴江边。

诗中第三句第一韵部第二字“为”是仄声，第二句第一韵部第二字“贬”是仄声，“为”与“贬”仄仄相黏。第五句第一韵部第二字“横”是平声，第四句第一韵部第二字“将”是平声，“横”与“将”平平相黏。同样，第六句的“拥”与第七句的“汝”是仄仄相黏。

不合“黏”的格律即为“失黏”。失黏有广义和狭义两种。广义的失黏，一般指平仄不协调的现象。狭义的失黏，就是指前后两联不黏。如王维的《使至塞上》：

单车欲问边，属国过居延。

征蓬出汉塞，归雁入胡天。

大漠孤烟直，长河落日圆。

萧关逢候骑，都护在燕然。

这首诗的第三句“征蓬”是平声，而第二句“属国”是仄声，两联不相黏。盛唐以后，这种不相黏的现象就比较少见了。

（二）律诗的对仗

诗文中两两对应的句子，在修辞上叫对偶，在诗词格律上叫对仗。对仗是格律诗的重要因素之一。不对仗的诗，不能称为格律诗。

对仗的基本要求是：由两句构成，两句字数相等，相对应的词须词性相同，所表述的内容可以相提并论。

从古到今，词的语法功用变化不大。古汉语的词汇概括起来大约有九类，即名词、动词、形容词、数词、颜色词、方位词、副词、虚词、代词。对仗中讲究同类词相对，即：动词对动词，名词对名词，副词对副词，形容词对形容词，代词对代词，连绵词对连绵词。一般来讲不及物动词跟形容词相对，专有名词只能跟专有名词相对，最好是人名对人名、地名对地名。如李商隐的《无题》：

飒飒东风细雨来，芙蓉塘外有轻雷。

金蟾啮锁烧香入，玉虎牵丝汲井回。

贾氏窥帘韩掾少，宓妃留枕魏王才。

春心莫共花争发，一寸相思一寸灰。

“贾氏”对“宓妃”，这是人名对人名；“金蟾”对“玉虎”，这是物名对物名。

律诗以两句为一个单位，每两句称为一联。常规对仗要求颔联和颈联对仗，首联和尾联则可对可不对。绝句对仗要求较松，可对可不对，如果对仗的话，一般在首联。五言、七言都是这样的。律诗如杜甫的《春日忆李白》：

白也诗无敌，飘然思不群。

清新庾开府，俊逸鲍参军。

渭北春天树，江东日暮云。

何时一樽酒，重与细论文。

这首诗颔联和颈联对仗工整。“清新”对“俊逸”是形容词对形容词，“庾开府”对“鲍参军”是人物对人物，“北”对“东”是方位对方位，“树”对“云”是物对物，但首联与尾联都不对仗。

律诗的对仗还讲究声对、意对等，这里重点讲讲意对，而意对又分为以下几类：

1. 工对。古汉语的名词分成若干小类，凡同一小类的词相对的就是工对，如天文对天文、地理对地理、时令对时令、动物对动物、植物对植物。有些名词虽然不同小类，但是在语言中经常平列，如天地、花鸟等，也算工对。如文天祥的《过零丁洋》：

辛苦遭逢起一经，干戈寥落四周星。

山河破碎风飘絮，身世浮沉雨打萍。

惶恐滩头说惶恐，零丁洋里叹零丁。

人生自古谁无死，留取丹心照汗青。

这首诗的颈联是工对。“惶恐滩”对“零丁洋”，是地名对地名；“头”对“里”，是方位对方位；“说”对“叹”，是动词对动词；“惶恐”对“零丁”，是形容词对形容词。在这首诗中，“惶恐滩”与“零丁洋”都是地名，而截取其中的一部分成为“惶恐”与“零丁”，却又都是形容词，两两都是工对。

2. 邻对。邻近事类相对的叫邻对，如人名与地名、时令与天文、天文与地理、宫室与器物、文具与文学等等，如温庭筠的《苏武庙》：

苏武魂销汉使前，古祠高树两茫然。

云边雁断胡天月，陇上羊归塞草烟。

回日楼台非甲帐，去时冠剑是丁年。

茂陵不见封侯印，空向秋波哭逝川。

这首诗颈联中的“云”属天文，“垅”属地理，天文对地理是邻对；

颈联中的“楼台”属宫室，“冠剑”属衣饰、器物，是邻对。

又如：

立马望云秋塞静，射雕临水晚天晴。

“马”与“雕”是走兽对飞禽（也可看作同属动物类），“云”与“水”是天文对地理，“塞”与“天”是地理对天文，都是邻近的小类相对。

3. 借对。一个词有两个不同意思，诗人在诗中用的是甲义，但同时借用它的乙义来与另一词对仗，这叫作借对，其又可分为借形和借音。先说借形的，如：

酒债寻常行处有，人生七十古来稀。

“寻常”这里是平常的意思，借“八尺为寻、二寻为常”的意思，与“七十”形成数目对。又如：

少年曾任侠，晚节更为儒。

“节”在这里是“节操”的意思，借“节气”义与“年”形成工对。

再说借音的，如：

思家步月清宵立，忆弟看云白日眠。

借“清”为“青”，与“白”形成颜色对。

又如：

厨人具鸡黍，稚子摘杨梅。

借“杨”为“羊”，与“鸡”形成禽兽对。

4. 宽对。宽对是一种较为宽松的对仗方法，不像工对那样严整，只要属于同一大类的词都可以对仗，如：

开轩面场圃，把酒话桑麻。

其中的“轩”与“酒”、“场圃”与“桑麻”都只能归于名词的大类。

又如：

烽火连三月，家书抵万金。

“烽火”与“家书”、“月”与“金”也只属于名词的大类。

5. 流水对。上下联合为一句，有如流水般一气而下，单独不能成句的叫作流水对，如：

当君白首同归日，是我青山独往时。

又如：

即从巴峡穿巫峡，便下襄阳向洛阳。

再如：

可怜无定河边骨，犹是春闺梦里人。

（三）律诗的修辞手法

1. 比喻。就是打比方，是用某一具体、浅显、熟悉的事物或情境来说明另一种抽象、深奥、生疏的事物或情境的一种修辞方法。简单地说，就是用已知的材料去说明未知的事物。比喻有个前条件，那就是比喻者与被比喻者必须有共同点，但其本质又是不同的，这样形成的比较才是好的。如，“君子之交淡若水，小人之交甘若醴”。（庄子）此句把交情的浓淡与酒水相比较，很形象，且重在浓淡的意味上，而交情和酒水又是不同性质的事物。而且，关于比喻的运用，我们在写作上要有所创新。你的比喻要是别人没有用过的，既形象生动，又新意有趣，那就是佳的；如果是前人用过的，你却一再地使用，终属无趣。

2. 映衬。即用相反的两种事物互相引用，作出强烈的对比，目的是加深读者的印象，这就叫映衬。如，“全家白骨成灰土，一代红妆照汗青”。（吴伟业）“白骨”和“红妆”对比鲜明，反差强烈，在色彩和蕴意上都是截然相反的。同样在这句，“灰土”和“汗青”也形成映衬的关系。在这句里还应注意到，上下句的关系是映衬的，而上句“白骨”和“灰土”却是协调的，下句“红妆”和“汗青”也是协调的。我们写诗时，一定要注意意象的协调关系。同时，“白骨”和“红妆”本也是一类事物，有其共同点，那就是人。

3. 示现。即带领读者走进你想象的那种空间。这种将过去，或者未来，或者无法亲自到现场看到的事物，用绘画一般的构图手法，用文字的描述，来呈现在读者面前的手法，甚至可以穿越时空，走进梦境，把不可能变为可能，这就是所谓的“示现”。如，“独在异乡为异客，每逢佳节倍思亲。遥知兄弟登高处，偏插茱萸少一人”。（王维）很远的地方我们也看不到，但是我们可以想象，即把远处的给想象过来，这叫“悬想”的示现。这可谓空间尺度上的想象拉伸。我们的想象力是可以穿越时空的。

4. 联绵。连绵词就是双声叠韵的词。什么是双声？就是两字的声母相同的称呼。什么是叠韵？就是两字的韵母（母音）相同的意思。诗的特色就在于蕴含音韵之美。而双声叠韵之词读来琅琅上口。近体诗特别追求音韵之美，那么在对仗的句子中，上句如果用了叠韵，下句就一定也要用叠韵。大致有如下三种方法：

（1）双声与双声相对。如，“行人刁斗风沙暗，公主琵琶幽怨多”。（刁斗、琵琶）又如，“田园寥落干戈后，骨肉流漓道路中”。（寥落、流漓）再如，“信宿渔人还泛泛，清秋燕子故飞飞”。（泛泛、飞飞）

（2）叠韵与叠韵相对。如，“水光潋滟晴方好，山色空蒙雨亦奇”。（潋滟、空蒙）又如，“怅望千秋一洒泪，萧条异代不同时”。（怅望、萧条）再如，“崔巍枝干郊原古，窈窕丹青户牖空。”（崔巍、窈窕）

（3）双声与叠韵互对。如，“风尘荏苒音书绝，关塞萧条行路难”。（荏苒、萧条）又如，“蹉跎岁月心仍切，迢递江山梦未通”。（蹉跎、迢递）再如，“淅沥篱下景，凄清阶上琴”。（淅沥、凄清）

5. 转品。简单点说，就是有效地利用汉字的特点：同字不同义。同一个字由于放在不同的位置，而转变为不同的词性与字义，这就是所谓的“随文生义”。我们通常所说的“词无定类，依句辨品”就是这个意思。比如“花”字，它的本义为名词，是花朵。但花钱之“花”，就把它转为动词了；而“花衣服”的“花”，则又把它转为形容词了。这种现象在修辞学上叫作转品。

转品的种类大致有如下几种，在此做一简单介绍：

（1）名词转为动词。如，“春风风人，夏雨雨人”。这“风”字和“雨”字，两个连用，却不同义。前面的风和雨是实字，是名词，而后一个“风”字和“雨”字却是“养”的意思，当动词讲，属于虚字。

（2）名词转为形容词。如，“淮水东边旧时月，夜深还过女墙来”。这个“女”字在这里做形容词用。

（3）名词转为副词。比如：狼吞、虎咽、凤舞、鸾翔、风起、云涌、席卷、囊括、鸢飞、鱼跃等。名词置于状词之前，也做副词用，如：雪白、火红、金黄、漆黑等等。

（4）动词转为名词。如，“有不虞之誉，有求全之毁”，其中“誉、毁”本是动词，此处转化为名词。

（5）动词转为副词。如，“哀公十六年，生拘石乞而问白公之死焉”。（《左传》中句）这里，“生拘”是活捉的意思，“生”字形容动词“拘”，由动词转为副词。

（6）状词转为名词。如，“泪眼问花花不语，乱红飞过秋千去”。（欧阳修）“红”字本为形容词，此处代表“花”，就转为名词了。

（7）状词转为动词。如，“停车坐爱枫林晚，霜叶红于二月花”。（杜牧）这里的“红”由形容词转为动词了。

四、排律的写作要求

排律是律诗的一种，是按照律诗的格式铺排延展而成的，联联排比，又叫长律。排律每首至少十二句，有长达一百韵的，其他的长短不一。

排律和一般律诗一样，要严格遵守平仄、对仗、押韵等规则，但它不限于四韵，每首最短六韵十二句，多的长达五十韵（一百句）甚至一百韵（二百句）以上。除首尾两联外，中间各联都要用对仗；也有隔句对的，那叫扇面对；各句间要遵守平仄、黏对的格式。由于限制过多，容易显得堆砌死板。

五言排律居多，七言极少。五言排律由汉魏六朝的五言古诗演化而来。刘宋时谢灵运的《湖中瞻眺》、南朝梁时庾信的《奉和山池》已具排律雏形，但体制较短，限于五韵、十韵。杜甫以后，方告成熟，体制渐长，声律愈工，中唐白居易的《代书诗寄微之》竟长达一百韵。排律的句数多少不等，从 12 句、14 句、20 句、60 句、80 句到 100 句及以上的都有。

这种诗体现在很多人都不再使用，因此我们只做简单介绍。最短的排律，如孟浩然的《登总持寺塔》：

半空跻宝塔，晴望尽京华。
竹绕渭川遍，山连上苑斜。
四门开帝宅，阡陌俯人家。
累劫从初地，为童忆聚沙。
一窥功德见，弥益道心加。
坐觉诸天近，空香送落花。

这首排律共有 12 句，押平声韵，韵脚是“塔”、“华”、“斜”、“家”、“沙”、“花”。全诗符合律诗的平仄格式。除了首尾两联外，其余三联都各自对仗。又如李白的《秋日登扬州西灵塔》：

宝塔凌苍苍，登攀览四荒。
顶高元气合，标出海云长。
万象分空界，三天接画梁。
水摇金刹影，日动火珠光。
鸟拂琼帘度，霞连绣栱张。

目随征路断，心逐去帆扬。

露浴梧楸白，霜催橘柚黄。

玉毫如可见，于此照迷方。

这首排律为16句，押平声韵，韵脚是“苍”、“荒”、“长”、“梁”、“光”、“张”、“扬”、“黄”、“方”。全诗符合律诗的平仄格式。这首诗也是除首、尾两联外，其余各联都用对仗，前后两联相黏。

五、绝句的写作手法

绝句每首四句，通常有五言、七言两种，简称五绝、七绝，也有六绝。绝句分为律绝和古绝。律绝随着律诗的产生而出现，而古绝在律诗形成之前就有了。因为古绝的写作比较自由，这里我们只讲律绝的写作方法。

律绝跟律诗一样，押韵限用平声韵，并要依照律绝的平仄要求讲究黏、对。五言律绝的仄起式为：

（仄）仄平平仄，平平仄仄平。

（平）平平仄仄，（仄）仄仄平平。

如王维的《相思》：

红豆生南国，春来发几枝？

愿君多采撷，此物最相思。

又如白居易的《问刘十九》：

绿蚁新醅酒，红泥小火炉。

晚来天欲雪，能饮一杯无？

另一式将第一句改为“（仄）仄仄平平”，其余不变，如盖嘉运的《伊州歌》：

打起黄莺儿，莫教枝上啼。

啼时惊妾梦，不得到辽西。

这首诗首句不入韵。韵脚是“啼”、“西”，为平声韵。平仄符合格律，出句与对句平仄相对。首联第二句第二字“教”是平声；颔联第一句第二字“时”是平声。“教”与“时”都是平声，两联相黏。

五言律绝的平起式为：

（平）平平仄仄，（仄）仄仄平平。

（仄）仄平平仄，平平仄仄平。

如李端的《听筝》：

鸣筝金粟柱，素手玉房前。

欲得周郎顾，时时误拂弦。

这首诗首句不入韵。韵脚是“前”、“弦”，是平声韵。平仄符合格律，出句与对句平仄相对。首联对句中的“手”是仄声；颔联出句中的“得”是仄声。“手”与“得”都是仄声，两联相黏。

另一式第一句改为平平仄仄平，其余不变，如王涯的《闺人赠远》：

花明绮陌春，柳拂御沟新。

为报辽阳客，流芳不待人。

七言律绝的仄起式为：

仄仄平平仄仄平，平平仄仄仄平平。

平平仄仄平平仄，仄仄平平仄仄平。

如李商隐的《夜雨寄北》：

君问归期未有期，巴山夜雨涨秋池。

何当共剪西窗烛，却话巴山夜雨时。

这首诗首句入韵。韵脚是“期”、“池”、“时”，是平声韵。平仄符合格律，出句与对句平仄相对。首联对句中的“山”为平声；颔联出句中的“时”为平声。“山”与“时”都是平声，两联相黏。

又如杜牧的《赤壁》：

折戟沉沙铁未销，自将洗磨认前朝。

东风不与周郎便，铜雀春深锁二乔。

另一式将第一句改为“仄仄平平平仄仄”，其余不变，如苏轼的《赠刘景文》：

荷尽已无擎雨盖，菊残犹有傲霜枝。

一年好景君须记，最是橙黄橘绿时。

七言律绝的平起式为：

平平仄仄仄平平，仄仄平平仄仄平。

仄仄平平平仄仄，平平仄仄仄平平。

如杜牧的《清明》：

清明时节雨纷纷，路上行人欲断魂。

借问酒家何处有，牧童遥指杏花村。

这首诗首句入韵。韵脚是“纷”、“魂”、“村”，都是平声韵，且“上”与“问”都是仄声，两联相黏。

又如杜牧的《泊秦淮》：

烟笼寒水月笼沙，夜泊秦淮近酒家。

商女不知亡国恨，隔江犹唱后庭花。

另一式将第一句改为“平平仄仄平平仄”，其余不变，如白居易的《大林寺桃花》：

人间四月芳菲尽，山寺桃花始盛开。

长恨春归无处觅，不知转入此中来。”

从上面的例子我们可以发现，律绝和律诗一样，必须依照韵书的韵部押韵。不过到了晚唐后，首句用邻韵是允许的。同时，律绝也有自己特定的平仄格式，如王维的《送朱大入秦》：

游人五陵去，宝剑值千金。

分手脱相赠，平生一片心。

这首诗的第一句用的是“平平仄平仄”格式，符合律诗的特定格式。我们再来看一首七言律绝，如王之涣的《凉州词》：

黄河远上白云间，一片孤城万仞山。

羌笛何须怨杨柳，春风不度玉门关。

这首诗的第三句用的是“平仄平平仄平仄”格式，基本符合律诗的特定格式。

律绝和律诗一样同样不能犯孤平。为了避免孤平，也可采用拗救的方法。像五言律绝“平平仄仄平”的格式，如果第一字用了仄声，那么它的第三字需用平声，这样才能避免孤平，如李白的《夜宿山寺》：

危楼高百尺，手可摘星辰。

不敢高声语，恐惊天上人。

这首诗第四句第一字用了仄声字“恐”，那么第三字就用了平声字“天”来补救，避免了孤平。

我们也可以截取律诗的两联成为律绝。一般来讲，律绝不要求对仗，尤其是截取首、尾两联的，但在实际创作中却有不少使用对仗的。截取首颔联必须用对仗，如卢纶的《塞下曲（其三)》：

月黑雁飞高，单于夜循逃。

欲将轻骑逐，大雪满弓刀。

这首诗的两联都没有用对仗。

又如钱起的《江行望匡庐》：

咫尺愁风雨，匡庐不可登。

只疑云雾窟，犹有六朝僧。

这首诗的第三、四句对仗，即颔联对仗。

同样截取颈尾两联的，颈联必须用对仗，如杜甫的《八阵图》：

功盖三分国，名成八阵图。

江流石不转，遗恨失吞吴。

这首诗的第一、二句对仗，即颈联对仗，又如杜甫的《江南逢李龟年》：

岐王宅里寻常见，崔九堂前几度闻。

正是江南好风景，落花时节又逢君。

而截取颔颈两联的，两联必须都用对仗，如王之涣的《登鹳雀楼》：

白日依山尽，黄河入海流。

欲穷千里目，更上一层楼。

颔联是工对，颈联是流水对。七言的也不少，如杜甫的《绝句》：

两个黄鹂鸣翠柳，一行白鹭上青天。

窗含西岭千秋雪，门泊东吴万里船。

这首诗两联都用对仗，而且是工对，可谓千古一绝。

截取律诗的两联成为绝句，方法只有以上四种。为什么不截取首颈两联，或颔尾两联呢？因为那样一来，会造成前后两联失黏，所以应该避免。

六、新诗的写作手法

新诗是指“五四”前后产生的用白话写成的诗，包括新民歌。新诗在“五四”之后以席卷之势占领了中国诗坛，冰心、闻一多等许多大诗人先后出现。几十年后，又出现了臧克家、艾青等诗人，另外还有舒婷、顾城、北岛、郭小川等一批朦胧派诗人。

新诗与古体诗相比，运用白话文，抒情直接，打破了格律的束缚，不押韵，不用点标点，更自由，更富有激情。就艺术形式说，新诗分格律诗、自由诗和散文诗三类。

（一）格律诗

格律诗并不讲究平仄、对仗，一般表现为每首有一定的句数，句式大致齐整，分行排列，逢偶数句押韵，如徐志摩的《再别康桥》：

轻轻的我走了，正如我轻轻的来；
我轻轻的招手，作别西天的云彩。
那河畔的金柳，是夕阳中的新娘；
波光里的艳影，在我心头荡漾。
软泥上的青荇，油油的在水底招摇；
在康河的柔波里，我甘心做一条水草！
那榆荫下的一潭，不是清泉，是天上虹；
揉碎在浮藻间，沉淀着彩虹似的梦。
寻梦？撑一支长篙，向青草更青处漫溯，
满载一船星辉，在星辉斑斓里放歌。
我不能放歌，悄悄是别离的笙箫；
夏虫也为我沉默，沉默是今晚的康桥！
悄悄的我走了，正如我悄悄的来；
我挥一挥衣袖，不带走一片云彩。

（二）自由诗

自由诗在篇幅大小、音节、句式、分段、韵脚位置等方面都没有格律的约束，表现形式非常自由，如艾青的《我爱这土地》：

假如我是一只鸟，
我也应该用嘶哑的喉咙歌唱：
这被暴风雨所打击着的土地，
这永远汹涌着我们的悲愤的河流，
这无止息地吹刮着的激怒的风，
和那来自林间的无比温柔的黎明……
——然后我死了，
连羽毛也腐烂在土地里面。
为什么我的眼里常含泪水？
因为我对这土地爱得的深沉……

（三）散文诗

散文诗包含散文的特点，比如篇幅不限、只分段而不分行、句式不齐等等。它只要求使用较精炼的、近似于诗的语言，一般不要求用韵，如冰心的《纸船》：

我从不肯妄弃一张纸，
总是留着——留着，
叠成一只一只很小的船儿，
从舟上抛下在海里。
有的被天风吹卷到舟中的窗里，
有的被海浪打湿，沾在船头上。
我仍是不灰心的每天叠着，
总希望有一只能流到我要他到的地方去。
母亲，倘若你梦中看见一只很小的白船儿，
不要惊讶他无端入梦。
这是你至爱的女儿含着泪叠的，
万水千山，求他载着她的爱和悲哀归去。

第十一章

词的种类与写作手法

第一节 词的种类

词作为一种文学体裁，于南朝时开始萌芽，在唐朝形成，到宋朝开始盛行。词最初被称为“曲词”或“曲子词”，是配音乐歌唱的，从民间开始流行，最后脱离音乐，成为诗的别体，所以又被称为“诗余”。词的句子长短不一，因此又有“长短句”之称。王力先生说：“词是一种律化的、长短句的、固定字数的诗。”一般情况下，词的种类指的是词牌（即词调）的种类。

一、小令、中调和长调

词按照字数分类，大致可以分为小令、中调、长调三类。

一般字数在五十八字以内的词叫小令，如《十六字令》、《如梦令》、《调笑令》、《六幺令》等。例如：

三台令

王建

池北池南草绿，殿前殿后花红。天子千秋万岁，未央明月清风。

字数在五十九到九十之间的为中调，包括“近”和“引”等，如《好事近》、《祝英台近》、《太常引》等。例如：

祝英台近

辛弃疾

宝钗分，桃叶渡，烟柳暗南浦。怕上层楼，十日九风雨。断肠片片飞红，都无人管；倩谁唤、流莺声住？鬓边觑。试把花卜归期，才簪又重数。罗帐灯昏，呜咽梦中语：是他春带愁来，春归何处？却不解、将愁归去？

一般九十一字以上的词称长调，如《水调歌头》（九十五字）、《满庭芳》（九十五字）、《满江红》（九十三字）、《八声甘州》（九十七字）等。例如：

双双燕

史达祖

过春社了，度帘幕中间，去年尘冷。差池欲住，试入旧巢相并。还相雕梁藻井，又软语、商量不定。飘然快拂花梢，翠尾分开红影。

芳径，芹泥雨润，爱贴地争飞，竞夸轻俊。红楼归晚，看足柳暗花暝。应自栖香正稳，便忘了、天涯芳信。愁损翠黛双蛾，日日画阑独凭。

二、单调、双调、三叠、四叠

词还可以按照段落数分为单调、双调、三叠和四叠。只有一段的词称为单调，一般都是小令。它很像一首诗，只不过用的长短句罢了。例如：

渔歌子

张志和

西塞山前白鹭飞，桃花流水鳜鱼肥。青箬笠，绿蓑衣，斜风细雨不须归。

如梦令

李清照

昨夜雨疏风骤，浓睡不消残酒。试问卷帘人，却道“海棠依旧”。“知否？知否？应是绿肥红瘦！”

由两段构成的词则称为双调。双调词有的是小令，有的是中调或长调。其中的一段称为一片或一阕，上段称为上片或上阕，下段称为下片或下阕。两阕的字数相等或基本上相等，格律也基本相同。这样，字数相等的就像一首曲谱配着两首歌词；不相等的，一般是开头的两三句字数不同或平仄不同，叫作“换头”。双调是词中最常见的形式。例如：

踏莎行

秦观

雾失楼台，月迷津渡，桃源望断无寻处。可堪孤馆闭春寒，杜鹃声里斜阳暮。

驿寄梅花，鱼传尺素，砌成此恨无重数！郴江幸自绕郴山，为谁流下潇湘去？

贺新郎

张元干

梦绕神州路。怅秋风、连营画角，故宫离黍。底事昆仑倾砥柱，九地黄流乱注？聚万落千村狐兔。天意从来高难问，况人情老易悲难诉。更南浦，送君去。

凉生岸柳催残暑。耿斜河、疏星淡月，断云微度。万里江山知何处？回首对床夜语。雁不到，书成谁与？目尽青天怀今古，肯儿曹恩怨相尔汝。举大白，听金缕。

三叠就是三阕，四叠就是四阕。这样的词比较少见，就不一一举例了。

三、词牌

词牌是填词用的曲调名。词的格式和律诗的格式不同，律诗只有四种格式，词则总共有一千多个格式。人们不好把它们称为第一式、第二式等等，所以给它们起了一些名字，这些名字就是词牌。

有时候，几个格式合用一个词牌，因为它们是同一个格式的多种变体；有时候，同一个格式有几种名称，那是因为叫法不同罢了。关于词牌的来源，大约有下面三种情况：

1. 词牌本来是乐曲的名称。例如《菩萨蛮》，据说是因为唐代大中初年女蛮国进贡的女子，她们梳着高髻，戴着金冠，满身璎珞（璎珞是身上佩挂的珠宝），很像人们想象中的菩萨，当时教坊因此谱成《菩萨蛮曲》。据说唐宣宗爱唱《菩萨蛮》，可见它是当时风行一时的曲子。《西江月》、《破阵子》、《风入松》、《蝶恋花》等都是于这一类。这些都是来自民间的曲调。

2. 词牌原是大曲、法曲中的一段。例如《忆秦娥》，因为依照这个格式写出的最初一首词开头两句是“箫声咽，秦娥梦断秦楼月”，所以词牌就叫《忆秦娥》，又叫《秦楼月》。《忆江南》本名《望江南》，又名《谢秋娘》，但因白居易有一首咏“江南好”的词，最后一句是“能不忆江南”，所以词牌又叫《忆江南》。《如梦令》原名《忆仙姿》，改名为《如梦令》，这是因为后唐庄宗所写的《忆仙姿》中有“如梦，如梦，残月落花烟重”的句子。《念奴娇》又叫《大江东去》，这是由于苏轼有一首《念奴娇》，第一句是“大江东去”；又叫《酹江月》，是因为苏轼这首词最后三个字是“酹江月”。

3. 词的题目。《踏歌词》咏的是舞蹈，《舞马词》咏的是舞马，《欸乃曲》咏的是泛舟，《渔歌子》咏的是打渔，《浪淘沙》咏的是浪淘沙，《抛球乐》咏的是抛绣球，《更漏子》咏的是夜。这种情况是最普遍的。凡是词牌下面注明“本意”的，意思就是词牌同时也是词题。

但是，绝大多数的词都不是用“本意”的。因此，词牌之外还有词题。词题一般在词牌下用较小的字注出。在这种情况下，词题和词牌没有任何关系。一首《浪淘沙》可以完全不讲浪，也不讲沙；一首《忆江南》也可以完全不涉及江南。在这种情况下，词牌只不过是词谱的代号罢了。一般来说，唐、五代、北宋之词大多没有词题，到了南宋，词题才普遍开来。

第二节　词的平仄、用韵与对仗

一、词的平仄

词的平仄交替与律诗的平仄交替有相似的地方，所以全部使用律句或大部分使用律句是词的一大特点。

不过，从格式来看，每首词都有各自的格式。词的平仄格式与律诗的平仄格式还有很大的区别。律诗的字数、句数相同，根据平仄规则，由一句就能把全诗的平仄推导出来。而词的字数、句数不同，因此不能由一个平仄格式推导出另一个平仄格式。这就决定了词的格式的多样性，所以共产生了一千多个格式。在这里，我们来谈谈词的句子平仄。

（一）五字词句的平仄格式

这个格式一般有四种：

1. “平平平仄仄”式：如“阑干烟淡薄”、“看飞云过尽”、“青山遮不住”等等。

2. “仄仄仄平平”式：如“何处是归程”、“此外不堪行”、“帘外雨潺潺”等等。

3. “平平仄仄平”式：如“寒沙带浅流”、“长亭更短亭”、“描花试手初”等等。

4. “仄仄平平仄”式：如“不到春将暮”、“吹向郎边去”、“人约黄昏后”等等。

（二）七字词句的平仄格式

这个格式同样也分四种：

1. “平平仄仄平平仄”式：如“寒山一带伤心碧”、“孤山几处看烽火”、“晚来更带龙池雨”等等。

2. “仄仄平平仄仄平”式：如“一曲新词酒一杯”、“镇日相看未足时”、“双燕归飞绕画堂”等等。

3. “仄仄平平平仄仄”式：如“流水落花春去也”、“更起双歌郎且饮”、“无奈夜长人不寐”等等。

4. “平平仄仄仄平平”式：如“连枝不解引鸾凤”、“太平和气兆嘉祥”、“当年万里觅封侯”等等。

（三）其他

除了五字、七字的词句外，其他的词句的平仄格式也是有规律的，以下分别介绍。

1. 一字句，虽然少见，但还是有的，如蔡伸的《十六字令》中的“天！休教圆蟾照客眠”。其中“天”是韵脚，是平声字，是单独成句的。

2. 二字句通常有“平平”和“平仄”两种格式。如苏轼的《醉翁操》中的“琅然，清圆，谁弹？”都是两字，且都是平声。

3. 三字句常有“仄平平”，如“想当年”、“最关情”等；“平仄仄”，如“莲脸嫩”、“何日去”等；“平平仄”，如“凭谁问”、“章台柳”等。

4. 四字句一般有两种类型：“平平仄仄”式，如“东风泪眼”、“年年此夜”等；“仄仄平平”式，如“正是春归”、“天上人间”等。

5. 六字句基本有两种格式：“平平仄仄平平”式，如“垂杨暗锁青楼”、“梨花落后清明”等；“仄仄平平仄仄”式，如“何处醉迷三岛”等。

6. 八字句有三种格式：上三下五式，如“向车中闭置如新妇”、等；上一下七式，如“恨古人不见吾狂耳”、“道男儿到死心如铁”等；上二下六式，如“应是良辰美景虚设”、“谁信被雄鸡催换回”等。

7. 九字句同样也有三种平仄格式：上三下六式，如“倩何人，唤取红巾翠袖”、“正伤心，却是旧时相识”等；上四下五式，如“席卷江西直捣湘和鄂”、“斜阳正在烟柳断肠处”等；上六下三式，如“故国不堪回首月明中”、“恰似一江春水向东流”等。

8. 十字句往往采用上三下七，如“最好是，一川夜月光留渚”、“星星鬓影今如许”等。

总之，一言和二言句都是律句。在四言律句前加平仄相反的两个字，平起变仄起，仄起变平起，就成了六言律句。在六言律句前平仄相间地加两个字，仄起变平起，平起变仄起，就成了八言律句。在七言律句前加两个字，平起变仄起，仄起变平起，就是九言律句的格式。

一般来说，小令的平仄要求严格，中调稍宽，长调更宽。同时，词的平仄格式要依据词谱，可平可仄的字有具体规定，作者不能自行决定，没有相黏、相对的规则可循，也不存在“拗救”问题，只能按谱填词。所以，词的平仄要求比近体诗还要严格一些。

二、词的押韵

与诗相比，词的押韵形式比较多。词可以押平声韵，也可以押仄声韵；可以句句押韵，也可以几句一押；可以一韵到底，也可以中途换韵。

押平声韵的，如周邦彦的《一剪梅》：

一剪梅花万样娇。斜插疏枝，略点梅梢。轻盈微笑舞低回，何事尊前，拍手相招？夜渐寒深酒渐消。袖里时闻，玉钏轻敲。城头谁恁促残更，银漏何如，且慢明朝。

这首词的韵脚“娇”、“招”、“消”、“朝”，是下平声“萧”韵；“梢”、“敲”，是下平声“肴”韵。“萧”、“肴”是邻韵通押。

押仄声韵的，如柳永的《满江红》：

暮雨初收，长川静，征帆夜落。临岛屿，蓼烟疏淡，苇风萧索。几许渔人飞短艇，尽载灯火归村落。遣行客，当此念回程，伤漂泊。

桐江好，烟漠漠。波似染，山如削。绕严陵滩畔，鹭飞鱼跃。游宦区区成底事？平生况有云泉约。归去来，一曲仲宣吟，从军乐。

这首词的韵脚“落”、“索”、“落”、“泊”、“漠”等都属于入声“药”韵。“药”是仄声韵，因此这首词押仄声韵。

上下阙押韵位置相同的，如苏轼的《卜算子》：

缺月挂疏桐，漏断人初静。时见幽人独往来，缥缈孤鸿影。惊起却回头，有恨无人省。拣尽寒枝不肯栖，寂寞沙洲冷。

这首词上阙的韵脚“静”与下阙的韵脚“省”，都是在第二句末一字位置上；上阙的韵脚“影”，与下阙的韵脚“冷”，都是在第四句末一字位置上。押韵位置相同。

上下阕押韵位置不同的，如温庭筠的《女冠子》：

含娇含笑，宿翠残红窈窕，鬓如蝉。寒玉簪秋水，轻纱卷碧烟。雪胸鸾镜里，琪树凤楼前。寄语青娥伴，早求仙。

这首词上阙的韵脚“笑”、“窕”、“蝉”、“烟”，是第一、二、三、五句的末一字；下阙的韵脚“前”、“仙”，是第二、四句的末一字。押韵的位置多数不相同。这首词先押仄声韵，后押平声韵。

一韵到底的，如我们前面讲到的苏轼的《卜算子》、柳永的《满江红》等。中间换韵的，如温庭筠的《更漏子》：

玉炉香，红蜡泪，偏照画堂秋思。眉翠薄，鬓云残，夜长衾枕寒。梧桐树，三更雨，不道离情正苦。一叶叶，一声声，空阶滴到明。

这首词上阙的韵脚“泪”、“思”，押仄声韵；而“残”、“寒”，都属于上平声“寒”韵，是平声韵；下阙的韵脚“树”、“雨”、“苦”都属于仄声韵。

三、词的对仗

律诗讲究对仗，词也像律诗一样讲究对仗。不过词的对仗与律诗的对仗有些不同。律诗的颔、颈两联必须用对仗，且位置固定。词的对仗位置不像律诗那样固定，是由词谱决定的。大凡字数相同的两句，都可以使用对仗。词的对仗比较宽松，有工整的，有一般的，也有自由的。

如刘过的《西江月》：

堂上谋臣尊俎，边头将士干戈。天时地利与人和，“燕可伐欤?”曰：“可”。

今日楼台鼎鼐，明年带砺山河。大家齐唱《大风歌》，不日四方来贺。

此首词既声对又意对，如“堂上谋臣尊俎，边头将士干戈”为“平仄平平平仄，平平仄仄平平”，对得十分工整。

对仗一般的，如毛泽东的《沁园春 ·雪》：

北国风光，千里冰封，万里雪飘。望长城内外，惟余莽莽；大河上下，顿失滔滔。山舞银蛇，原驰蜡象，欲与天公试比高。须晴日，看红装素裹，分外妖娆。

江山如此多娇，引无数英雄竞折腰。惜秦皇汉武，略输文采；唐宗宋祖，稍逊风骚。一代天骄，成吉思汗，只识弯弓射大雕。俱往矣，数风流人物，还看今朝。

这首词的对仗就一般，不过这种情况在词中很常见。

对仗自由的，即在词中两句字数相同的地方的都可以用对仗。但并不是一概如此，有的地方可以用对仗，有的也可以不用，如毛泽东的《水调歌头》：

才饮长沙水，又食武昌鱼。万里长江横渡，极目楚天舒。不管风吹浪打，胜似闲庭信步，今日得宽馀。子在川上曰：逝者如斯夫！

风樯动，龟蛇静，起宏图。一桥飞架南北，天堑变通途。更立西江石壁，截断巫山云雨，高峡出平湖。神女应无恙，当惊世界殊。

这首词上阙中的“不管风吹浪打，胜似闲庭信步”，本应该是对仗句，但声是“仄仄平平仄仄，仄仄平平仄仄”；下阙中的“更立西江石壁，截断巫山云雨”，也应是对仗句，而声是“仄仄平平仄仄，平仄平平平仄”。从声对上说，前后两联平仄不对立，且是完全相同。从意对上说，前联相对应的词的门类不相同也不相邻。后联相对应的词，词意基本对仗。可见，这些地方是既可以对仗也可以不对仗的。

律诗中的对仗，同一联不能同字相对。词的对仗不受这个束缚，可以用同字对仗，如李之仪的《卜算子》：

我住长江头，君住长江尾。日日思君不见君，共饮长江水。

此水几时休，此恨几时已？只愿君心似我心，定不负相思意。

这首词里“我住长江头，君住长江尾”，其中的两个“住长江”；下阕里“此水几时休，此恨何时已”，其中的两个“此”字和两个“时”字，都是同字相对。

总之，词的韵、声、对仗，都是从律诗的韵、声、黏、对中引申出来的。因此，律诗研究透了，词也就触类旁通了。

第三节 常用词牌、词谱及其写作要求

一、抛球乐

《抛球乐》又名《彩楼春》，单调三十字始于刘禹锡，四十字者始于冯延巳，四十二字者见《云谣集杂曲子》无名氏词，皆平韵。至柳永以旧曲名创新调，始有双调一百八十七字，押仄韵。

抛球乐

柳永

晓来天气浓淡，微雨轻洒。近清明，风絮巷陌，烟草池塘，尽堪图画。艳杏暖、妆脸匀开，弱柳困、宫腰低亚。是处丽质盈盈，巧笑嬉嬉，手簇秋千架。戏彩球罗绶，金鸡芥羽，少年驰骋，芳郊绿野。占断五陵游，奏脆管、繁弦声和雅。

向名园深处，争泥画轮，竞羁宝马。取次罗列杯盘，就芳树、绿阴红影下。舞婆娑，歌作出，仿佛莺娇燕姹。寸珠片玉，争似此、浓欢无价。任他美酒，十千一斗，饮竭仍解金貂贳。恣幕天席地，陶陶尽醉太平，且乐唐虞景化。须信艳阳天，看未足、已觉莺花谢。对绿蚁翠蛾，怎忍轻舍。

二、菩萨蛮

《菩萨蛮》又名《子夜歌》、《花间意》、《重叠金》、《梅花句》、《花溪碧》、《晓云烘日》等。此调为双调，上下阕各四句，共四十四字。上下阕第一、二句都押仄声韵，第三、四句押平声韵。

菩萨蛮

李清照

归鸿声断残云碧，背窗雪落炉烟直。烛底凤钗明，钗头人胜轻。

角声催晓漏，曙色回牛斗。春意看花难，西风留旧寒。

菩萨蛮·书江西造口壁

辛弃疾

郁孤台下清江水，中间多少行人泪。西北望长安，可怜无数山。

青山遮不住，毕竟东流去。江晚正愁余，山深闻鹧鸪。

三、忆秦娥

《忆秦娥》又名《碧云深》、《子夜歌》、《花深深》、《秦楼月》。此调是双调，上下阕各五句，共四十六字。上下阕第一、二、三、五句押韵，都押仄声韵。上下阕第三句叠用第二句末三字。

忆秦娥

李白

箫声咽，秦娥梦断秦楼月。秦楼月，年年柳色，灞陵伤别。

乐游原上清秋节，咸阳古道音尘绝。音尘绝，西风残照，汉家陵阙。

忆秦娥

范成大

楼阴缺，阑干影卧东厢月。东厢月，一天风露，杏花如雪。

隔烟催漏金虬咽，罗帏黯淡灯花结。灯花结，片时春梦，江南天阔。

四、忆江南

《忆江南》又名《谢秋娘》、《梦江南》、《望江南》、《江南好》、《春去也》等。此调有单调、双调。这里只列单调，共五句，二十七字。第二、四、五句押韵，且都押平声韵。双调体为单调的重复。

忆江南（三首）

白居易

江南好，风景旧曾谙。日出江花红胜火，春来江水绿如蓝。能不忆江南？

江南忆，最忆是杭州。山寺月中寻桂子，郡亭枕上看潮头。何日更重游？

江南忆，其次忆吴宫。吴酒一杯春竹叶，吴娃双舞醉芙蓉。早晚复相逢？

五、调笑令

《调笑令》又名《宫中调笑》、《转应曲》、《三台令》。本调共三十二字。起为二字叠句，平仄固定。第三句为平起仄韵之六字句，第二、三字平仄可易。第四句换平韵，为平起平收之六字句，第一、三字平仄不拘。第五句亦为六字句，仄起平协，第一字可仄。第六、第七句则以上句末二字颠倒而重叠之，换仄韵。

调笑令·罗袖

王建

罗袖，罗袖，暗舞春风已旧。遥看歌舞玉楼，好日新妆坐愁。愁坐，愁坐，一世虚生虚过。

调笑令

韦应物

胡马，胡马，远放燕支山下。跑沙跑雪独嘶，东望西望路迷。迷路，迷路，边草无穷日暮。

六、渔家傲

《渔家傲》又名《吴门柳》等。此调为双调，共十句，六十二字。句句押韵，为仄声韵，上下阕同。

渔家傲·秋思

范仲淹

塞下秋来风景异，衡阳雁去无留意。四面边声连角起。千嶂里，长烟落日孤城闭。

浊酒一杯家万里，燕然未勒归无计。羌管悠悠霜满地。人不寐，将军白发征夫泪。

渔家傲

李清照

天接云涛连晓雾，星河欲转千帆舞。仿佛梦魂归帝所，闻天语，殷勤问我归何处。

我报路长嗟日暮，学诗谩有惊人句。九万里风鹏正举，风休住，蓬舟吹取三山去。

七、长相思

《长相思》又名《相思令》、《长相思令》、《吴山青》、《双红豆》、《忆多娇》、《青山相送迎》、《山渐青》。双调，上下阕相同，各四句，一共三十六字。句句押韵，都是用平声韵。上下阕前两句叠韵或叠后二字。

长相思

白居易

汴水流，泗水流，流到瓜洲古渡头。吴山点点愁。

思悠悠，恨悠悠，恨到归时方始休。月明人倚楼。

相思令

张先

苹满溪，柳绕堤，相送行人溪水西，回时陇月低。

烟霏霏，风凄凄，重倚朱门听马嘶，寒鸥相对飞。

长相思

欧阳修

花似伊，柳似伊，花柳青春人别离，低头双泪垂。

长江东，长江西，两岸鸳鸯两处飞。相逢知几时。

八、更漏子

《更漏子》又名《无漏子》、《独倚楼》、《付金钗》、《翻翠袖》。此调是双调。前后阕各六句，共四十六字。前阕第二、三句和后阕第一、二、三句，都押仄声韵；前后阕第五、六句，都押平声韵。

更漏子

温庭筠

玉炉香，红蜡泪，偏照画堂秋思。眉翠薄，鬓云残，夜长衾枕寒。

梧桐树，三更雨，不道离情正苦。一叶叶，一声声，空阶滴到明。

更漏子

温庭筠

柳丝长，春雨细，花外漏声迢递。惊塞雁，起城乌，画屏金鹧鸪。

香雾薄，透帘幕，惆怅谢家池阁。红烛背，绣帘垂，梦长君不知。

九、渔歌子

《渔歌子》又名《渔父乐》、《渔父词》、《渔父》。单调，共五句，二十七字。第一、二、四、五句押平声韵。

渔歌子

张志和

西塞山前白鹭飞，桃花流水鳜鱼肥。青箬笠，绿蓑衣，斜风细雨不须归。

渔父

张志和

钓台渔父褐为裘，两两三三舴艋舟。能纵棹，惯乘流，长江白浪不曾忧。

十、酒泉子

此调为双调。上下阕各五句，共四十字。上阕第一、五句和下阕第五句押平声韵；上阕第二、四句和下阕第一、二、四句押仄声韵。

酒泉子

温庭筠

罗带惹香，犹系别时红豆。泪痕新，金缕旧，断离肠。

一双娇燕语雕梁，还是去年时节。绿阴浓，芳草歇，柳花狂。

酒泉子

冯延巳

芳草长川，柳映危桥桥下路。归鸿飞，行人去，碧山边。

风微烟淡雨萧然，隔岸马嘶何处？九回肠，双脸泪，夕阳天。

十一、水仙子

此调是双调。前后阕各四句，共四十二字。前阕第一、二、四句和后阕第一、三、四句押平声韵，前阕第三句和后阕第二句押仄声韵。平仄韵都互为协调。

水仙子·咏竹

马谦斋

贞姿不受雪霜侵，直节亭亭易见心。渭川风雨清吟枕，花开时有凤寻。

文湖州是个知音。春日临风醉，秋宵对月吟。舞闲阶碎影筛金。

水仙子·寻梅

乔吉

冬前冬后几村庄，溪北溪南两履霜，树头树底孤山上。冷风来何处香？

忽相逢缟袂绡裳。酒醒寒惊梦，笛凄春断肠，淡月昏黄。

十二、摊破浣溪沙

《摊破浣溪沙》又名《山花子》、《添字浣溪沙》、《感恩多令》等。“摊破”即在《浣溪沙》两阕的末句前各添三个字，然后把句尾三个字分作另一句。双调，共四十八字。上阕四句，二十四字，第一、二、四句为平声韵；下阕四句，二十四字，第二、四句为平声韵。下阕开头两句必须对仗。

摊破浣溪沙

李璟

（其一）

手卷真珠上玉钩，依前春恨锁重楼。风里落花谁是主，思悠悠。

青鸟不传云外信，丁香空结雨中愁。回首绿波三楚暮，接天流。

（其二）

菡萏香销翠叶残，西风愁起绿波间。还与韶光共憔悴，不堪看。

细雨梦回鸡塞远，小楼吹彻玉笙寒。多少泪珠无限恨，倚阑干。

十三、减字木兰花

《减字木兰花》又名《减兰》、《木兰花令》等。“减字”即在《木兰花》(《玉楼春》) 词的第一、三、五、七句各减去末三字。双调，共四十四字，两句一换韵。上阕四句，第一、二句为仄声韵，第三、四句为平声韵，下阕相同。

减字木兰花

秦观

天涯旧恨，独自凄凉人不问。欲见回肠，断尽金炉小篆香。
黛蛾长敛，任是春风吹不展。困倚危楼，过尽飞鸿字字愁。

减字木兰花

朱敦儒

刘郎已老，不管桃花依旧笑。要听琵琶，重院莺啼觅谢家。
曲终人醉，多似浔阳江上泪。万里东风，国破山河落照红。

十四、生查子

《生查子》又名《陌上郎》、《梅和柳》、《楚云深》、《愁风月》、《丝罗裙》、《晴色人青山》。此调是双调。上下阕各四句，共四十字。上下阕都是第二、四句押韵，都押仄声韵。

生查子·独游雨岩

辛弃疾

溪边照影行，天在清溪底。天上有行云，人在行云里。
高歌谁和余？空谷清音起。非鬼亦非仙，一曲桃花水。

生查子

欧阳修

去年元夜时，花市灯如昼。月上柳梢头，人约黄昏后。
今年元夜时，月与灯依旧。不见去年人，泪湿春衫袖。

十五、人月圆

《人月圆》又名《青衫湿》。此调是双调。上阙五句，下阙六句，共四十八字。上阕第二、五句和下阕第三、六句押韵，都是平声韵。

人月圆

汪元量

钱塘江上春潮急，风卷锦帆飞。不堪回首，离宫别馆，杨柳依依。

蓟门听雨，燕台听雪，寒入宫衣。娇鬟慵理，香肌瘦损，红泪双垂。

人月圆

吴激

南朝千古伤心事，犹唱后庭花。旧时王谢，堂前燕子，飞向谁家？

恍然一梦，仙肌胜雪，宫髻堆鸦。江州司马，青衫泪湿，同是天涯。

十六、采桑子

《采桑子》又名《丑奴儿》、《丑奴儿令》、《伴登临》、《罗敷媚》、《忍泪吟》、《罗敷艳歌》。此调是双调。上下阕各四句，共四十四字。上下阕都是第二、三、四句押韵，都押平声韵。

采桑子

晏殊

春风不负东君信，遍拆群芳。燕子双双。依旧衔泥入杏梁。

须知一盏花前酒，占得韶光。莫话匆忙，梦里浮生足断肠。

采桑子

欧阳修

群芳过后西湖好，狼籍残红。飞絮濛濛，垂柳阑干尽日风。

笙歌散尽游人去，始觉春空。垂下帘栊，双燕归来细雨中。

十七、醉妆词

此调为单调，是五代前蜀皇上王衍所作。共六句，二十二字。句句押韵，都为仄声韵，第一、二、四、五句叠韵。

醉妆词

王衍

者边走，那边走，只是寻花柳。那边走，者边走，莫厌金杯酒。

十八、浣溪沙

《浣溪沙》的“沙”或作“纱”，又名《浣溪纱》、《浣纱溪》、《小庭花》、《减字浣溪沙》、《满院春》、《东风寒》、《醉木犀》、《霜菊黄》、《试香罗》、《清和风》、《怨啼鹃》、《广寒枝》。此调是双调。上下阕各三句，共四十二字。上阕句句押韵，下阕第二、三句押韵，都押平声韵。下阕前两句要求对仗。

浣溪沙

晏殊

一曲新词酒一杯，去年天气旧亭台。夕阳西下几时回？

无可奈何花落去，似曾相识燕归来。小园香径独徘徊。

浣溪沙

李清照

小院闲窗春已深，重帘未卷影沈沈，倚楼无语理瑶琴。

远岫出山催薄暮，细风吹雨弄轻阴，梨花欲谢恐难禁。

十九、海棠春

《海棠春》又名《海棠花》、《海棠春令》。此调是双调。上下阕各四句，一共四十八字。上下阕第一、二、四句押韵，且都为仄声韵。

海棠春

秦观

晓莺窗外春啼晓。睡未足、把人惊觉。翠被晓寒轻，宝篆沈烟袅。

宿酲未解双娥报，道别院、笙歌宴早。试问海棠花，昨夜开多少。

海棠春令

史达祖

似红如白含芳意。锦宫外、烟轻雨细。燕子不知愁，惊堕黄昏泪。

烛花偏在红帘底。想人怕、春寒正睡。梦著玉环娇，又被东风醉。

二十、清平乐

《清平乐》又名《清平乐令》、《醉东风》、《忆梦月》。此调是双调。上下阕各四句，共四十六字。上阕句句押韵，都押仄声韵；下阕第一、二、四句押韵，都押平声韵。

清平乐

晏殊

红笺小字，说尽平生意。鸿雁在云鱼在水，惆怅此情难寄。

斜阳独倚西楼，遥山恰对帘钩。人面不知何处，绿波依旧东流。

清平乐

黄庭坚

春归何处？寂寞无行路。若有人知春去处，唤取归来同住。

春无踪迹谁知？除非问取黄鹂。百啭无人能解，因风飞过蔷薇。

二十一、南乡子

此调多是咏江南风物，所以叫《南乡子》，又名《好离乡》等。此调有单、双调之分，这里只列取双调中的一种。上下阕相同，各五句，二十八字。上下阕除第三句外，其余句句押韵，都押平声韵。

南乡子

晏几道

新月又如眉，长笛谁教月下吹？楼倚暮云初见雁，南飞。漫道行人雁后归。

意欲梦佳期，梦里关山路不知。却待短书来破恨，应迟。还是凉生玉枕时。

南乡子·登京口北固亭有怀

辛弃疾

何处望神州？满眼风光北固楼。千古兴亡多少事？悠悠！不尽长江滚滚流。

年少万兜鍪，坐断东南战未休。天下英雄谁敌手？曹刘。生子当如孙仲谋。

二十二、捣练子

《捣练子》又名《深院月》、《咏捣练》、《捣练子令》、《夜如年》、《杵声齐》。此调有单调、双调之分。这里只列单调，五句，二十七字。第二、三、五句押韵，都押平声韵。

捣练子

李煜

（其一）

深院静，小庭空，断续寒砧断续风。无奈夜长人不寐，数声和月到帘栊。

（其二）

云鬓乱，晚妆残，带恨眉儿远岫攒。斜托香腮春笋嫩，为谁和泪倚阑干？

二十三、浪淘沙

《浪淘沙》又名《浪淘沙令》、《过龙门》、《卖花声》、《曲入冥》、《炼丹砂》。此调是双调。上下阕各五句，共五十四字。上下阕第一、二、三、五句押韵，都押平声韵。

浪淘沙

欧阳修

把酒祝东风，且共从容。垂杨紫陌洛城东。总是当时携手处，游遍芳丛 。

聚散苦匆匆，此恨无穷。今年花胜去年红。可惜明年花更好，知与谁同。

浪淘沙

李煜

帘外雨潺潺，春意阑珊。罗衾不耐五更寒。梦里不知身是客，一晌贪欢。

独自莫凭栏，无限江山，别时容易见时难。流水落花春去也，天上人间。

二十四、虞美人

《虞美人》又名《虞美人令》、《玉壶水》、《忆柳曲》、《一江春水》。此调是双调。上下阕各四句，共五十六字。上下阕第一、二句押仄声韵，第三、四句押平声韵。

虞美人

李煜

春花秋月何时了，往事知多少？小楼昨夜又东风，故国不堪回首月明中。

雕栏玉砌应犹在，只是朱颜改。问君能有几多愁，恰似一江春水向东流。

虞美人

蒋捷

少年听雨歌楼上，红烛昏罗帐。壮年听雨客舟中，江阔云低，断雁叫西风。

而今听雨僧庐下，鬓已星星也。悲欢离合总无情，一任阶前，点滴到天明。

二十五、诉衷情

《诉衷情》又名《一丝风》、《步花间》、《桃花水》、《偶相逢》、《画楼空》、《渔父家风》、《诉衷情令》。此调有单调、双调。这里只列单调，十句，四十四字。句句押韵，平仄两韵间押。

诉衷情

晏殊

青梅煮酒斗时新，天气欲残春。东城南陌花下，逢着意中人。回绣袂，展香茵，叙情亲。此时拚作，千尺游丝，惹住朝云。

诉衷情

张先

花前月下暂相逢。苦恨阻从容。何况酒醒梦断，花谢月朦胧。花不尽，月无穷。两心同。此时愿作，杨柳千丝，绊惹春风。

二十六、蝶恋花

《蝶恋花》又名《鹊踏枝》、《凤栖梧》、《卷珠帘》、《一箩金》、《黄金缕》、《明月生南浦》、《细雨吹池沼》、《鱼水同欢》、《转调蝶恋花》、《江如练》、《西笑吟》。此调是双调。上下阕各五句，共六十字。上下阕第一、三、四、五句押韵，都是仄声韵。

蝶恋花

晏殊

槛菊愁烟兰泣露。罗幕轻寒，燕子双飞去。明月不谙离恨苦。斜光到晓穿朱户。

昨夜西风凋碧树。独上高楼，望尽天涯路。欲寄彩笺兼尺素。山长水阔知何处。

蝶恋花

柳永

伫倚危楼风细细，望极春愁，黯黯生天际。草色烟光残照里，无言谁会凭阑意。

拟把疏狂图一醉，对酒当歌，强乐还无味。衣带渐宽终不悔，为伊消得人憔悴。

二十七、小重山

《小重山》又名《小重山令》、《柳色新》、《小冲山》。此调是双调，上下阕各六句，共五十八字。上下阕第一、三、四、六句押韵，都押平声韵。

小重山

贺铸

花院深疑无路通。碧纱窗影下，玉芙蓉。当时偏恨五更钟。分携处，斜月小帘栊。

楚楚冷沉踪，小双金缕枕，半床空。画桥临水凤城东。楼前柳，憔悴几秋风。

小重山

李清照

春到长门春草青，红梅些子破，未开匀。碧云笼碾玉成尘，留晓梦，惊破一瓯春。

花影压重门，疏帘铺淡月，好黄昏。二年三度负东君，归来也，著意过今春。

二十八、踏莎行

《踏莎行》又名《踏雪行》、《喜朝天》等。此调为双调，共五十八字，上下阕各五句，第二、三、五句为仄声韵。四言句常用对仗。又有《转调踏莎行》，六十六字，上下阕各四仄韵。

踏莎行

吴文英

润玉笼绡，檀樱倚扇。绣圈犹带脂香浅。榴心空叠舞裙红，艾枝应压愁鬟乱。

午梦千山，窗阴一箭。香瘢新褪红丝腕。隔江人在雨声中，晚风菰叶生秋怨。

踏莎行

欧阳修

候馆梅残，溪桥柳细，草薰风暖摇征辔。离愁渐远渐无穷，迢迢不断如春水。

寸寸柔肠，盈盈粉泪，楼高莫近危阑倚。平芜尽处是春山，行人更在春山外。

二十九、钗头凤

此词本名《撷芳词》，陆游词始称《钗头凤》，又名《折红英》、《惜分钗》等。此调为双调。上下阕各十句，共六十字。上下阕除第六句外，其余各句都押韵，押仄声韵。

钗头凤

陆游

红酥手，黄縢酒，满城春色宫墙柳。东风恶，欢情薄。一怀愁绪，几年离索。错！错！错！

春如旧，人空瘦，泪痕红浥鲛绡透。桃花落。闲池阁。山盟虽在，锦书难托。莫！莫！莫！

钗头凤

唐琬

世情薄，人情恶，雨送黄昏花易落。晓风干，泪痕残。欲笺心事，独语斜阑。难，难，难！

人成各，今非昨，病魂常似秋千索。角声寒，夜阑珊。怕人寻问，咽泪装欢。瞒，瞒，瞒！

三十、少年游

《少年游》又名《玉蜡梅枝》、《小阑干》。此调是双调。上下阕各六句，共五十一字。上下阕第三、六句押韵，都是平声韵。

少年游

周邦彦

并刀如水，吴盐胜雪，纤手破新橙。锦幄初温。兽烟不断，相对坐调笙。

低声问，向谁行宿？城上已三更。马滑霜浓，不如休去，直是少人行！

少年游

晏殊

重阳过后，西风渐紧，庭树叶纷纷。朱阑向晓，芙蓉妖艳，特地斗芳新。

霜前月下，斜红淡蕊，明媚欲回春。莫将琼萼等闲分，留赠意中人。

三十一、破阵子

《破阵子》又名《破阵乐》、《十拍子》。此调为双调。上下阕各五句，共六十二字。上下阕第二、四、五句押韵，都押平声韵。

破阵子

辛弃疾

醉里挑灯看剑，梦回吹角连营。八百里分麾下炙，五十弦翻塞外声，沙场秋点兵。

马作的卢飞快，弓如霹雳弦惊。了却君王天下事，赢得生前身后名。可怜白发生！

破阵子

李煜

四十年来家国，三千里地山河。凤阁龙楼连霄汉，玉树琼枝作烟萝。几曾识干戈。

一旦归为臣虏，沈腰潘鬓消磨。最是仓皇辞庙日，教坊犹奏别离歌。垂泪对宫娥。

三十二、扬州慢

《扬州慢》又名《朗州慢》。此调为双调。前阕有十句，后阕九句，共九十八字。前阕第三、五、八、十句和后阕第二、三、七、九句押韵，都押平声韵。

扬州慢

姜夔

淮左名都，竹西佳处，解鞍少驻初程。过春风十里，尽荠麦青青。自胡马窥江去后，废池乔木，犹厌言兵。渐黄昏，清角吹寒，都在空城。

杜郎俊赏，算而今、重到须惊。纵豆蔻词工，青楼梦好，难赋深情。二十四桥仍在，波心荡、冷月无声。念桥边红药，年年知为谁生？

扬州慢

赵以夫

十里春风，二分明月，蕊仙飞下琼楼。看冰花翦翦，拥碎玉成毬。想长日、云阶伫立，太真肌骨，飞燕风流。敛群芳、清丽精神，都付扬州。

雨窗数朵，梦惊回、天际香浮。似阆苑花神，怜人冷落，骑鹤来游。为问竹西风景，长空淡、烟水悠悠。又黄昏，羌管孤城，吹起新愁。

三十三、望海潮

此调是双调。上下阕各十一句，共一百零七字。上阕第三、六、七、九、十一句和下阕第一、三、六、七、九、十一句押韵，都押平声韵。

望海潮

柳永

东南形胜，三吴都会，钱塘自古繁华。烟柳画桥，风帘翠幕，参差十万人家。云树绕堤沙，怒涛卷霜雪，天堑无涯。市列珠玑，户盈罗绮，竞豪奢。

重湖叠巘清嘉。有三秋桂子，十里荷花。羌管弄晴，菱歌泛夜，嬉嬉钓叟莲娃。千骑拥高牙。乘醉听箫鼓，吟赏烟霞。异日图将好景，归去凤池夸。

望海潮·洛阳怀古

秦观

梅英疏淡，冰澌溶泄，东风暗换年华。金谷俊游，铜驼巷陌，新晴细履平沙。长记误随车。正絮翻蝶舞，芳思交加。柳下桃蹊，乱分春色到人家。

西园夜饮鸣笳。有华灯碍月，飞盖妨花。兰苑未空，行人渐老，重来是事堪嗟！烟暝酒旗斜。但倚楼极目，时见栖鸦。无奈归心，暗随流水到天涯。

三十四、八声甘州

《八声甘州》又名《甘州》、《潇潇雨》、《宴瑶池》。上下阕共八韵，故名八声，为慢词。共九十七字，上阕四十六字，下阕五十一字，上下阕各九句，四平韵。亦有在起句增一韵的。前片起句、第三句，后片第二句、第四句，多用领句字。另有九十五字、九十六字、九十八字体，是变格。

八声甘州

柳永

对潇潇暮雨洒江天，一番洗清秋。渐霜风凄紧，关河冷落，残照当楼。是处红衰翠减，苒苒物华休。唯有长江水，无语东流。

不忍登高临远，望故乡渺邈，归思难收。叹年来踪迹，何事苦淹留？想佳人妆楼颙望，误几回、天际识归舟？争知我，倚栏杆处，正恁凝愁。

八声甘州·故将军饮罢夜归来

辛弃疾

故将军饮罢夜归来，长亭解雕鞍。恨灞陵醉尉，匆匆未识，桃李无言。射虎山横一骑，裂石响惊弦。落魄封侯事，岁晚田间。

谁向桑麻杜曲，要短衣匹马，移住南山？看风流慷慨，谈笑过残年。汉开边、功名万里、甚当年、健者也曾闲？纱窗外，斜风细雨，一阵轻寒。

三十五、雨霖铃

《雨霖铃》又名《雨霖铃慢》。此调是双调，常用入声韵。上阕十句，下阕九句，共一百零三字。上阕第一、三、六、八、十句和下阕第一、二、四、七、九句押韵，都押仄声韵。

雨霖铃

柳永

寒蝉凄切，对长亭晚，骤雨初歇。都门帐饮无绪，留恋处、兰舟催发。执手相看泪眼，竟无语凝噎。念去去、千里烟波，暮霭沉沉楚天阔。

多情自古伤离别，更那堪冷落清秋节。今宵酒醒何处，杨柳岸、晓风残月。此去经年，应是良辰好景虚设。便纵有千种风情，更与何人说！

三十六、江城子

《江城子》又名《江神子》、《村意远》、《水晶帘》。此调是双调。上下阕各八句，共七十字。上下阕第一、二、三、四、八句押韵，都押平声韵。

江城子

苏轼

十年生死两茫茫，不思量，自难忘。千里孤坟，无处话凄凉。纵使相逢应不识，尘满面，鬓如霜。

夜来幽梦忽还乡。小轩窗，正梳妆。相顾无言，惟有泪千行。料得年年断肠处，明月夜，短松冈。

江城子

秦观

西城杨柳弄春柔。动离忧。泪难收。犹记多情曾为系归舟。碧野朱桥当日事，人不见，水空流。

韶华不为少年留。恨悠悠，几时休？飞絮落花时节一登楼。便做春江都是泪，流不尽，许多愁。

三十七、贺新郎

《贺新郎》又名《贺新凉》、《金缕曲》、《金缕歌》、《金缕词》、《风敲竹》、《乳燕飞》、《貂裘换酒》。此调是双调。前后阕各十句，共一百一十六字。前后阕逢第一、三、五、六、八、十句押韵，都是押仄声韵。

贺新郎

苏轼

乳燕飞华屋。悄无人、桐阴转午，晚凉新浴。手弄生绡白团扇，扇手一时似玉。渐困倚、孤眠清熟。帘外谁来推绣户？枉教人梦断瑶台曲。又却是、风敲竹。

石榴半吐红巾蹙。待浮花浪蕊都尽，伴君幽独。秾艳一枝细看取，芳心千重似束。又恐被、秋风惊绿。若待得君来向此，花前对酒不忍触。共粉泪、两簌簌！

贺新郎

辛弃疾

甚矣吾衰矣。怅平生、交游零落，只今馀几。白发空垂三千丈，一笑人间万事。问何物、能令公喜。我见青山多妩媚，料青山、见我应如是。情与貌，略相似。

一尊搔首东窗里。想渊明、停云诗就，此时风味。江左沈酣求名者，岂识浊醪妙理。回首叫、云飞风起。不恨古人吾不见，恨古人、不见吾狂耳。知我者，二三子。

三十八、永遇乐

《永遇乐》又名《消息》。此调是双调。前后阕各十一句，共一百零四字。前后阕第三、六、九、十一句押韵，都押仄声韵或平声韵。

永遇乐

李清照

落日熔金，暮云合璧，人在何处？染柳烟浓，吹梅笛怨，春意知几许？元宵佳节，融和天气，次第岂无风雨？来相召、香车宝马，谢他酒朋诗侣。

中州盛日，闺门多暇，记得偏重三五，铺翠冠儿，捻金雪柳，簇带争济楚，如今憔悴，风鬟霜鬓，怕见夜间出去。不如向、帘儿底下，听人笑语。

永遇乐

苏轼

（彭城夜宿燕子楼，梦盼盼，因作此词。）

明月如霜，好风如水，清景无限。曲港跳鱼，圆荷泻露，寂寞无人见。紞如三鼓，铿然一叶，黯黯梦云惊断。夜茫茫，重寻无处，觉来小园行遍。

天涯倦客，山中归路，望断故园心眼。燕子楼空，佳人何在？空锁楼中燕。古今如梦，何曾梦觉，但有旧欢新怨。异时对，黄楼夜景，为余浩叹。

三十九、卜算子

《卜算子》又名《百尺楼》、《楚天遥》、《缺月桂疏桐》等。此调是双调，共八句，四十四字。上下阕相同，第二、四句为仄声韵。

卜算子·咏梅

陆游

驿外断桥边，寂寞开无主。已是黄昏独自愁，更著风和雨。

无意苦争春，一任群芳妒。零落成泥辗作尘，只有香如故。

卜算子·咏梅

刘克庄

片片蝶衣轻，点点猩红小。道是天公不惜花，百种万般巧。

朝见树头繁，暮见枝头少。道是天公果惜花，雨洗风吹了。

四十、鹧鸪天

《鹧鸪天》又名《于中好》、《思佳客》、《思越人》、《剪朝霞》、《醉梅花》、《骊歌一叠》。此调是双调，共九句，五十五字。上阕四句，第一、二、四句为平声韵；下阕五句，第二、三、五句为平声韵。

鹧鸪天

晏几道

彩袖殷勤捧玉钟，当年拚却醉颜红。舞低杨柳楼心月，歌尽桃花扇底风。

从别后，忆相逢，几回魂梦与君同。今宵剩把银釭照，犹恐相逢是梦中。

鹧鸪天

贺铸

重过阊门万事非，同来何事不同归？梧桐半死清霜后，头白鸳鸯失伴飞。

原上草，露初晞，旧栖新垅两依依。空床卧听南窗雨，谁复挑灯夜补衣。

四十一、水调歌头

《水调歌头》又名《凯歌》、《台城游》、《元会曲》、《江南好》、《花犯念奴》。此调是双调。共十九句，九十五字。上阕九句，第二、四、七、九句为平声韵，第五、六句为仄声韵；下阕十句，第三、五、八、十句为平声韵，第六、七句为仄声韵。

水调歌头

苏轼

明月几时有？把酒问青天。不知天上宫阙，今夕是何年？我欲乘风归去，惟恐琼楼玉宇，高处不胜寒。起舞弄清影，何似在人间？

转朱阁，低绮户，照无眠。不应有恨，何事长向别时圆？人有悲欢离合，月有阴晴圆缺，此事古难全。但愿人长久，千里共蝉娟。

水调歌头

汪宗臣

候应黄钟动，吹出百葭灰。五云重压头上，潜蛰地中雷。莫道希声妙寂，嶰竹雄鸣合凤，九寸律初裁。欲识天心处，请问学颜回。

冷中温，穷时达，信然哉。彩云山外如画，送上笔尖来。一气先通关窍，万物旋生头角，谁合又谁开。官路春光早，箫落数枝梅。

四十二、念奴娇

《念奴娇》又名《大江东去》、《百字令》、《酹江月》、《赤壁词》、《酹月》、《大江西上曲》、《寿南枝》、《淮甸春》、《白雪词》、《百字谣》、《太平欢》、《壶中天慢》、《古梅曲》、《杏花天》、《无俗念》、《湘月》、《千秋岁》、《庆长春》。此调是双调。上下阕各十句，共一百字。上下阕第三、五、八、十句押韵，都押仄声韵（宜用入声部韵）。

念奴娇·书东流村壁

辛弃疾

野棠花落，又匆匆，过了清明时节。刬地东风欺客梦，一枕云屏寒怯。曲岸持觞，垂杨系马，此地曾轻别。楼空人去，旧游飞燕能说。

闻道绮陌东头，行人长见，帘底纤纤月。旧恨春江流不断，新恨云山千叠。料得明朝，尊前重见，镜里花难折。也应惊问：近来多少华发？

念奴娇

张孝祥

洞庭青草，近中秋、更无一点风色。玉鉴琼田三万顷，著我扁舟一叶。素月分辉，银河共影，表里俱澄澈。怡然心会，妙处难与君说。

应念岭海经年，孤光自照，肝胆皆冰雪。短发萧骚襟袖冷，稳泛沧浪空阔。尽挹西江，细斟北斗，万象为宾客。扣舷独啸，不知今夕何夕。

四十三、定风波

《定风波》又名《定风流》、《定风波令》。此调取名的本义是定变乱。此调是双调。前阕五句，后阕六句，共六十二字。前阕第一、二、五句和后阕第三、六句押平声韵；前阕第三、四句和后阕第一、二、四、五句押仄声韵。

定风波

苏轼

莫听穿林打叶声，何妨吟啸且徐行。竹杖芒鞋轻胜马，谁怕，一蓑烟雨任平生。

料峭春风吹酒醒，微冷，山头斜照却相迎。回首向来萧瑟处，归去，也无风雨也无晴。

定风波·次高左藏使君韵

黄庭坚

万里黔中一漏天，屋居终日似乘船。及至重阳天也霁，催醉，鬼门关外蜀江前。

莫笑老翁犹气岸，君看，几人黄菊上华颠？戏马台南追两谢，驰射，风流犹拍古人肩。

四十四、临江仙

《临江仙》又名《谢新恩》、《雁后归》、《画屏春》、《鸳鸯梦》、《庭院深深》。此调是双调，共十句，六十字。上下阕各五句，三十字，第二、三、五句为平声韵，其余句不入韵。

临江仙

苏轼

一别都门三改火，天涯踏尽红尘。依然一笑作春温。无波真古井，有节是秋筠。

惆怅孤帆连夜发，送行淡月微云。樽前不用翠眉颦。人生如逆旅，我亦是行人。

临江仙

杨慎

滚滚长江东逝水，浪花淘尽英雄。是非成败转头空，青山依旧在，几度夕阳红。

白发渔樵江渚上，惯看秋月春风。一壶浊酒喜相逢，古今多少事，都付笑谈中。

四十五、水龙吟

《水龙吟》又名《龙吟曲》、《庄椿岁》、《小楼连苑》。共一百零二字，前后阕各四仄韵。第九句第一字宜用去声，结句宜用上一、下三句法。

水龙吟

程垓

夜来风雨匆匆，故园定是花无几。愁多怨极，等闲孤负，一年芳意。柳困花慵，杏青梅小，对人容易。算好事长在，好花长见，原只是人憔悴。

回首池南旧事，旧星星、不堪重记。如今但有，看花老眼，伤时清泪。不怕逢花瘦，只愁怕、老来风味。待繁红乱处，留云借月，也须拚醉。

水龙吟·登建康赏心亭

辛弃疾

楚天千里清秋，水随天去秋无际。遥岑远目，献愁供恨，玉簪螺髻。落日楼头，断鸿声里，江南游子。把吴钩看了，阑干拍遍，无人会，登临意。

休说鲈鱼堪脍，尽西风，季鹰归未？求田问舍，怕应羞见，刘郎才气。可惜流年，忧愁风雨，树犹如此！倩何人唤取，红巾翠袖，揾英雄泪！

四十六、满庭芳

《满庭芳》又名《满庭花》、《潇湘夜雨》等。此调为双调，共二十一句，九十五字。上阕十句，第三、五、七、十句为仄声韵，其余句不入韵；下阕十一句，第三、五、八、十一句为仄声韵，其余句不入韵。

满庭芳

苏轼

归去来兮，君归何处？万里家在岷峨。百年强半，来日苦无多。坐见黄州再闰，儿童尽楚语吴歌。山中友，鸡豚社酒，相劝老东坡。

云何，当此去，人生底事，来往如梭。待闲看秋风，洛水清波。好在堂前细柳，应念我，莫剪柔柯。仍传语，江南父老，时与晒渔蓑。

满庭芳

秦观

山抹微云，天连衰草，画角声断谯门。暂停征棹，聊共引离尊。多少蓬莱旧事，空回首，烟霭纷纷。斜阳外，寒鸦万点，流水绕孤村。

销魂当此际，香囊暗解，罗带轻分。谩赢得青楼，薄幸名存。此去何时见也，襟袖上空惹啼痕。伤情处，高城望断，灯火已黄昏。

四十七、鹊桥仙

《鹊桥仙》又名《鹊桥仙令》、《广寒秋》、《忆人人》、《金风玉露相逢曲》。此调是双调，共十句，五十六字。上下阕相同，第三、五句为仄声韵，其余句不入韵。

鹊桥仙

秦观

纤云弄巧，飞星传恨，银汉迢迢暗度。金风玉露一相逢，便胜却人间无数。

柔情似水，佳期如梦，忍顾鹊桥归路。两情若是久长时，又岂在朝朝暮暮！

鹊桥仙·夜闻杜鹃

陆游

茅檐人静，蓬窗灯暗，春晚连江风雨。林莺巢燕总无声，但月夜、常啼杜宇。

催成清泪，惊残孤梦，又拣深枝飞去。故山犹自不堪听，况半世、飘然羁旅！

四十八、千秋岁

《千秋岁》又名《千秋节》、《千秋万岁》。仄韵双调，七十一字，十六句，上下阕各八句，第五句为仄韵。上阕起句比下阕起句少一字，其余句式全同。

千秋岁

张先

数声鶗鴂，又报芳菲歇。惜春更选残红折。雨轻风色暴，梅子青时节。永丰柳，无人尽日花飞雪。

莫把幺弦拨，怨极弦能说。天不老，情难绝。心似双丝网，中有千千结。夜过也，东窗未白孤灯灭。

千秋岁

秦观

水边沙外，城郭春寒退。花影乱，莺声碎。飘零疏酒盏，离别宽衣带。人不见，碧云暮合空相对。

忆昔西池会，鹓鹭同飞盖。携手处，今谁在？日边清梦断，镜里朱颜改。春去也，飞红万点愁如海。

四十九、好事近

《好事近》又名《钓船笛》、《翠圆枝》。上下阕共四十五字，各两仄韵，以用入声为宜。两结句皆为上一、下四句法。

好事近

朱敦儒

摇首出红尘，醒醉更无时节。活计绿蓑青笠，惯披霜冲雪。

晚来风定钓丝闲，上下是新月。千里水天一色，看孤鸿明灭。

好事近

秦观

春路雨添花，花动一山春色。行到小溪深处，有黄鹂千百。

飞云当面化龙蛇，天矫转空碧。醉卧古藤阴下，了不知南北。

五十、思远人

此调为双调，共六十一字，为晏几道首创。

思远人

晏几道

红叶黄花秋意晚，千里念行客。飞云过尽，归鸿无信，何处寄书得？

泪弹不尽临窗滴，就砚旋研墨。渐写到别来，此情深处，红笺为无色。

五十一、青玉案

《青玉案》又名《横塘路》、《西湖路》，双调，共十二句，六十七字。上下阕相同，全部为仄声韵。

青玉案·元夕

辛弃疾

东风夜放花千树，更吹落、星如雨。宝马雕车香满路。凤箫声动，玉壶光转，一夜鱼龙舞。

蛾儿雪柳黄金缕，笑语盈盈暗香去。众里寻他千百度。蓦然回首，那人却在，灯火阑珊处。

青玉案

贺铸

凌波不过横塘路，但目送、芳尘去。锦瑟年华谁与度？月桥花院，琐窗朱户，只有春知处。

飞云冉冉蘅皋暮，彩笔新题断肠句，试问闲愁都几许？一川烟草，满城风絮，梅子黄时雨！

五十二、祝英台近

《祝英台近》又名《宝钗分》，双调，上下阕各八句，七十七字，共八仄韵，也有平韵体。调取梁山伯祝英台故事而名，始见于苏轼词，句中五字句皆为拗句。

祝英台近

吴文英

剪红情，裁绿意，花信上钗股。残日东风、不放岁华去。有人添烛西窗，不眠侵晓，笑声转，新年莺语。

旧尊俎，玉纤曾擘黄柑，柔香系幽素。归梦湖边，还迷镜中路。可怜千点吴霜，寒消不尽，又相对、落梅如雨。

祝英台近

辛弃疾

宝钗分，桃叶渡，烟柳暗南浦。怕上层楼，十日九风雨。断肠片片飞红，都无人管，更谁唤、啼莺声住。

鬓边觑，试把花卜归期，才簪又重数。罗帐灯昏，哽咽梦中语：是他春带愁来，春归何处？却不解、带将愁去。

五十三、六州歌头

六州指唐代西部的伊州、梁州、石州、甘州、渭州、氐州。《六州歌头》音调悲壮。此调是双调。前阕十九句，后阕二十句，共一百四十三字。前阕第二、五、六、十二、十五、十七、十八、十九句和后阕第四、七、八、十一、十四、十七、十九、二十句押韵，都押平声韵。前阕第三、四、七、八、九、十、十一、十四句和后阕第一、二、三、五、六、九、十、十二、十三、十六句押韵，都押仄声韵。平韵和仄韵同部互协。

六州歌头

贺铸

少年侠气，交结五都雄。肝胆洞，毛发耸。立谈中，死生同，一诺千金重。推翘勇，矜豪纵，轻盖拥，联飞鞚，斗城东。轰饮酒垆，春色浮寒瓮，吸海垂虹。间呼鹰嗾犬，白羽摘雕弓，狡穴俄空。乐匆匆。

似黄粱梦。辞丹凤，明月共，漾孤篷。官冗从，怀倥偬，落尘笼。簿书丛，鹖弁如云众，供粗用，忽奇功。笳鼓动，《渔阳弄》，《思悲翁》。不请长缨，系取天骄种，剑吼西风。恨登山临水，手寄七弦桐，目送归鸿。

六州歌头

张孝祥

长淮望断，关塞莽然平。征尘暗，霜风劲，悄边声。黯销凝。追想当年事，殆天数，非人力，洙泗上，弦歌地，亦膻腥。隔水毡乡，落日牛羊下，区脱纵横。看名王宵猎，骑火一川明，笳鼓悲鸣，遣人惊。

念腰间箭，匣中剑，空埃蠹，竟何成！时易失，心徒壮，岁将零，渺神京。干羽方怀远，静烽燧，且休兵。冠盖使，纷驰骛，若为情。闻道中原遗老，常南望、翠葆霓旌。使行人到此，忠愤气填膺，有泪如倾。

五十四、苏幕遮

《苏幕遮》又名《鬓云松令》。此调为双调，共十四句，六十二字。上下阕相同，第二、四、五、七句为仄声韵。

苏幕遮

范仲淹

碧云天，黄叶地，秋色连波，波上寒烟翠。山映斜阳天接水，芳草无情，更在斜阳外。

黯乡魂，追旅思，夜夜除非，好梦留人睡。明月楼高休独倚，酒入愁肠，化作相思泪。

苏幕遮

周邦彦

燎沈香，消溽暑。鸟雀呼晴，侵晓窥檐语。叶上初阳干宿雨，水面清圆，一一风荷举。

故乡遥，何日去？家住吴门，久作长安旅。五月渔郎相忆否？小楫轻舟，梦入芙蓉浦。

五十五、沁园春

《沁园春》又名《洞庭春色》、《东仙》、《寿星明》。此调是双调，共二十五句，一百一十四字。上阕十三句，第三、七、十、十三句为平声韵，其余句不入韵；下阕十二句，第一、二、六、九、十二句为平声韵，其余句不入韵。

沁园春·长沙

毛泽东

独立寒秋，湘江北去，橘子洲头。看万山红遍，层林尽染，漫江碧透，百舸争流。鹰击长空，鱼翔浅底，万类霜天竞自由。怅寥廓，问苍茫大地，谁主沉浮？

携来百侣曾游，忆往昔峥嵘岁月稠。恰同学少年，风华正茂，书生意气，挥斥方遒。指点江山，激扬文字，粪土当年万户侯。曾记否，到中流击水，浪遏飞舟？

沁园春

苏轼

孤馆灯青，野店鸡号，旅枕梦残。渐月华收练，晨霜耿耿，云山摛锦，朝露漙漙，世路无穷，劳生有限，似此区区长鲜欢。微吟罢，凭征鞍无语，往事千端。

当时共客长安，似二陆初来俱少年。有笔头千字，胸中万卷；致君尧舜，此事何难？用舍由时，行藏在我，袖手何妨闲处看。身长健，但优游卒岁，且斗尊前。

五十六、满江红

《满江红》又名《上江虹》、《念良游》、《伤春曲》等。此调是双调，共十八句，九十三字。上阕八句，第二、四、六、八句为仄声韵，其余句不入韵；下阕十句，第二、四、六、八、十句为仄声韵，其余句不入韵。

满江红

岳飞

怒发冲冠，凭栏处潇潇雨歇。抬望眼，仰天长啸，壮怀激烈。三十功名尘与土，八千里路云和月。莫等闲白了少年头，空悲切。

靖康耻，犹未雪；臣子恨，何时灭！驾长车踏破贺兰山缺。壮志饥餐胡虏肉，笑谈渴饮匈奴血。待从头收拾旧山河，朝天阙。

满江红·江行和杨济翁韵

辛弃疾

过眼溪山，怪都似、旧时曾识。还记得、梦中行遍，江南江北。佳处径须携杖去，能消几两平生屐。笑尘劳、三十九年非，长为客。

吴楚地，东南坼。英雄事，曹刘敌。被西风吹尽，了无尘迹。楼观甫才成人已去，旌旗未卷头先白。叹人间、哀乐转相寻，今犹昔。

五十七、西江月

《西江月》又名《江月令》、《步虚词》、《壶天晓》等。此调是双调。上下阕各四句，共五十字。上下阕都是第二、三句押平声韵，第四句押仄声韵。平仄通押。上下句前两句要求对仗。

西江月

辛弃疾

明月别枝惊鹊，清风半夜鸣蝉。稻花香里说丰年，听取蛙声一片。

七八个星天外，两三点雨山前。旧时茅店社林边，路转溪桥忽见。

西江月

苏轼

世事一场大梦，人生几度新凉？夜来风叶已鸣廊，看取眉头鬓上。

酒贱常愁客少，月明多被云妨。中秋谁与共孤光，把盏凄凉北望。

五十八、渔家傲

《渔家傲》又名《荆溪咏》、《游仙咏》、《绿蓑令》。此调是双调。前后阕各五句，共六十二字。前后阕句句押韵，都押仄声韵。

渔家傲·秋思

范仲淹

塞下秋来风景异，衡阳雁去无留意。四面边声连角起。千嶂里，长烟落日孤城闭。

浊酒一杯家万里，燕然未勒归无计。羌管悠悠霜满地。人不寐，将军白发征夫泪。

渔家傲

王安石

灯火已收正月半，山南山北花撩乱。闻说洊亭新水漫，骑款段，穿云入坞寻游伴。

却拂僧床褰素幔，千岩万壑春风暖。一弄松声悲急管，吹梦断，西看窗日犹嫌短。

五十九、如梦令

《如梦令》又名《忆仙姿》、《宴桃源》、《比梅》、《不见》、《古记》、《无梦令》、《如意令》。此调有单调、双调。这里只列单调中的一体。共七句，三十三字。除第三句外，其余各句都是押仄声韵。第五、六句要求叠句叠韵。

如梦令

李清照

常记溪亭日暮，沉醉不知归路。兴尽晚回舟，误入藕花深处。争渡，争渡，惊起一滩鸥鹭。

如梦令

纳兰性德

正是辘轳金井，满砌落花红冷。蓦地一相逢，心事眼波难定。谁省，谁省，从此簟纹灯影。

六十、何满子

《何满子》又名《河满子》。此调为单调，共六句，三十六字，第二、四、六句为平声韵。

何满子

毛文锡

红粉楼前月照，碧纱窗外莺啼。梦断辽阳音信，那堪独守空闺。恨对百花时节，王孙绿草萋萋。

何满子

和凝

正是破瓜年纪，含情惯得人饶。桃李精神鹦鹉舌，可堪虚度良宵。却爱蓝罗裙子，羡他长束纤腰。

六十一、醉花阴

此调为双调，共十句，五十二字，上下阕第一、二、五句为仄声韵。其余两句不入韵。

醉花阴

李清照

薄雾浓云愁永昼，瑞脑销金兽。佳节又重阳，玉枕纱厨，半夜凉初透。

东篱把酒黄昏后，有暗香盈袖。莫道不消魂，帘卷西风，人比黄花瘦。

醉花阴

辛弃疾

黄花谩说年年好，也趁秋光老。绿鬓不惊秋，若斗尊前，人好花堪笑。

蟠桃结子知多少，家住三山岛。何日跨归鸾，沧海飞尘，人世因缘了。

六十二、十六字令

《十六字令》又名《归字谣》、《苍梧谣》。单调，四句，共十六字。第一、二、四句押平声。

十六字令

蔡伸

天！休教圆蟾照客眠。人何在？桂影自婵娟。

十六字令

毛泽东

（其一）

山，快马加鞭未下鞍。惊回首，离天三尺三。

（其二）

山，倒海翻江卷巨澜。奔腾急，万马战犹酣。

（其三）

山，刺破青天锷未残。天欲堕，赖以拄其间。

六十三、声声慢

《声声慢》又名《人在楼上》、《胜胜慢》、《凤求凰》、《寒松叹》。此调是双调。前阕九句，后阕八句，共九十七字。前阕第一、三、五、七、九句和后阕第一、二、四、六、八句押韵，都仄声韵（以下例子用入声部韵）。

声声慢

李清照

寻寻觅觅，冷冷清清，凄凄惨惨戚戚。乍暖还寒时候，最难将息。三杯两盏淡酒，怎敌他、晚来风急？雁过也，正伤心，却是旧时相识。

满地黄花堆积，憔悴损，如今有谁堪摘？守着窗儿，独自怎生得黑？梧桐更兼细雨，到黄昏、点点滴滴。这次第，怎一个愁字了得？

声声慢·秋声

蒋捷

黄花深巷，红叶低窗，凄凉一片秋声。豆雨声来，中间夹带风声。疏疏二十五点，丽谯门、不锁更声。故人远，问谁摇玉佩，檐底铃声？

彩角声吹月堕，渐连营马动，四起笳声。闪烁邻灯，灯前尚有砧声。知他诉愁到晓，碎哝哝、多少蛩声！诉未了，把一半、分与雁声。

六十四、点绛唇

《点绛唇》又名《南浦月》、《点樱桃》、《十八香》、《寻瑶草》。此调是双调。上阕四句，下阕五句，共四十一字。上下阕除第一句外，其余各句都押韵，都押仄声韵。

点绛唇·雨恨云愁

王禹偁

雨恨云愁，江南依旧称佳丽。水村渔市。一缕孤烟细。

天际征鸿，遥认行如缀。平生事，此时凝睇，谁会凭阑意。

点绛唇·丁未冬，过吴松作

姜夔

燕雁无心，太湖西畔随云去。数峰清苦，商略黄昏雨。

第四桥边，拟共天随住。今何许？凭栏怀古，残柳参差舞。

六十五、摸鱼儿

《摸鱼儿》又名《摸鱼子》、《买陂塘》、《陂塘柳》、《迈陂塘》、《山鬼谣》、《双蕖怨》。此调是双调。前阕十句，后阕十一句，共一百一十六字。上阕第二、四、五、六、七、七句和下阕第二、三、五、六、七、八、十一句押韵，都押仄声韵。

摸鱼儿

辛弃疾

更能消、几番风雨，匆匆春又归去。惜春长怕花开早，何况落红无数。春且住，见说到，天涯芳草无归路。怨春不语。算只有殷勤，画檐蛛网，尽日惹风絮。

长门事，准拟佳期又误。蛾眉曾有人妒。千金纵买相如赋，脉脉此情谁诉？君莫舞，君不见、玉环飞燕皆尘土！闲愁最苦。休去倚危栏，斜阳正在，烟柳断肠处。

摸鱼儿

元好问

问世间情是何物，直教人生死相许？天南地北双飞客，老翅几回寒暑。欢乐趣，离别苦，就中更有痴儿女。君应有语，渺万里层云，千山暮雪，只影向谁去？

横汾路，寂寞当年箫鼓，荒烟依旧平楚。招魂楚些何嗟及，山鬼暗啼风雨。天也妒，未信与，莺儿燕子俱黄土。千秋万古，为留待骚人，狂歌痛饮，来访雁丘处。

六十六、昭君怨

《昭君怨》又名《洛妃怨》、《宴西园》、《一痕沙》。此调是双调，共四十字。上下阕都是四句，前两句为仄声韵，后两句为平声韵，各二十字。

昭君怨·梅

郑域

道是花来春未，道是雪来香异。竹外一枝斜，野人家。

冷落竹篱茅舍，富贵玉堂琼榭。两地不同栽，一般开。

昭君怨

苏轼

谁作桓伊三弄，惊破绿窗幽梦？新月与愁烟，满江天。

欲去又还不去，明日落花飞絮。飞絮送行舟，水东流。

六十七、忆王孙

《忆王孙》又名《独脚令》、《忆君王》、《豆叶黄》等。此调为单调，共五句，三十一字，全押平声韵。如果改为仄韵，再加一阕便是《渔家傲》。

忆王孙

李重元

萋萋芳草忆王孙，柳外楼高空断魂。杜宇声声不忍闻。欲黄昏，雨打梨花深闭门。

忆王孙

纳兰性德

西风一夜剪芭蕉，满眼芳菲总寂寥。强把心情付浊醪。读《离骚》，洗尽秋江月夜潮。

六十八、相见欢

《相见欢》又名《秋夜月》、《上西楼》、《忆真妃》、《西楼子》、《乌夜啼》等。此调为双调，共七句，三十六字。上阕三句，都押平声韵，十八字；下阕四句，前两句为仄声韵，后两句为平声韵，十八字。

相见欢

薛绍蕴

罗襦绣袂香红，画堂中。细草平沙番马小屏风。

卷罗幕，凭妆阁，思无穷。暮雨轻烟魂断隔帘栊。

相见欢

李煜

无言独上西楼，月如钩。寂寞梧桐深院锁清秋。

剪不断，理还乱，是离愁。别是一般滋味在心头。

六十九、女冠子

此调为双调，共九句，四十一字。上阕五句，一、二句为仄声韵，三、五句为平声韵，第四句不入韵，二十三字；下阕四句，二、四句为平声韵，一、三句不押韵，十八字。

女冠子

韦庄

（其一）

四月十七，正是去年今日，别君时。忍泪佯低面，含羞半敛眉。

不知魂已断，空有梦相随。除却天边月，没人知。

（其二）

昨夜夜半，枕上分明梦见，语多时。依旧桃花面，频低柳叶眉。

半羞还半喜，欲去又依依。觉来知是梦，不胜悲。

七十、霜天晓角

《霜天晓角》首见于林逋词，又名《月当窗》、《长桥月》、《踏月》。此调为双调，共八句，四十三字。上阕四句，一、二、四句为仄声韵，第三句不入韵，二十一字；下阕四句，一、二、四句为仄声韵，第三句不入韵，二十二字。

霜天晓角

范成大

晚晴风歇，一夜春威折。脉脉花疏天淡，云来去、数枝雪。

胜绝，愁亦绝，此情谁共说？惟有两行低雁，知人倚、画楼月。

霜天晓角·梅

蒋捷

人影窗纱，是谁来折花？折则从他折去，知折去、向谁家？

檐牙，枝最佳。折时高折些。说与折花人道：须插向、鬓边斜。

七十一、谒金门

《谒金门》又名《空相忆》、《闻鹊喜》、《花自落》、《垂杨碧》、《杨花落》、《出塞》、《醉花春》、《春早虎山》。此调为双调，共八句，四十五字。上阕四句，四仄韵，二十一字；下阕四句，四仄韵，二十四字。

谒金门

冯延巳

风乍起，吹皱一池春水。闲引鸳鸯香径里，手挼红杏蕊。

斗鸭阑干独倚，碧玉搔头斜坠。终日望君君不至，举头闻鹊喜。

谒金门

王安石

春又老，南陌酒香梅小。遍地落花浑不扫，梦回情意悄。

红笺寄与添烦恼，细写相思多少。醉后几行书字小，泪痕都揾了。

七十二、一络索

此词牌也作《一落索》，是一连串的意思，又名《洛阳春》、《玉连环》、《上林春》。此调为双调，共八句，四十六字。上下阕相同，各二十三字，一、二、四句为仄声韵。

一络索

纳兰性德

过尽遥山如画，短衣匹马。萧萧落木不胜秋，莫回首、针阳下。

别是柔肠萦挂，待归才罢。却愁拥髻向灯前，说不尽、离人话。

一络索

贺铸

别酒更添红粉泪，促成愁醉。相逢浅笑合微吟，撩惹到、缠绵地。

花下解携重附耳，佳期深记。青翰舟稳绣衾香，谁禁断、东流水。

七十三、阮郎归

《阮郎归》又名《碧桃春》、《醉桃源》、《宴桃源》、《濯缨曲》。此调为双调，共九句，四十七字。上阕四句，都为平声韵，二十四字；下阕五句，除第一句外都押平声韵，二十三字。

阮郎归

晏几道

天边金掌露成霜，云随雁字长。绿杯红袖趁重阳，人情似故乡。
兰佩紫，菊簪黄，殷勤理旧狂。欲将沉醉换悲凉，清歌莫断肠。

阮郎归

晏几道

旧香残粉似当初，人情恨不如。一春犹有数行书，秋来书更疏。
衾凤冷，枕鸳孤，愁肠待酒舒。梦魂纵有也成虚，哪堪和梦无。

七十四、画堂春

《画堂春》首见于秦观的《淮海居士长短句》。此调为双调，共八句，四十七字。上阙四句，都为平声韵，二十四字；下阕四句，除第一句外都为平声韵，二十三字。

画堂春

张先

外湖莲子长参差，霁山青处鸥飞。水天溶漾画桡迟，人影鉴中移。
桃叶浅声双唱，杏红深色轻衣。小荷障面避斜晖，分得翠阴归。

画堂春

纳兰性德

一生一代一双人，争教两处销魂。相思相望不相亲，天为谁春。
浆向蓝桥易乞，药成碧海难奔。若容相访饮牛津，相对忘贫。

七十五、眼儿媚

《眼儿媚》又名《秋波媚》、《小阑干》、《东风寒》等。此调为双调，共十句，四十八字。上阕五句，一、二、五句为平声韵，二十四字；下阕五句，二、五句为平声韵，其他三句不入韵，二十四字。

眼儿媚

范成大

酣酣日脚紫烟浮，妍暖试轻裘。困人天色，醉人花气，午梦扶头。

春慵恰似春塘水，一片縠纹愁。溶溶泄泄，东风无力，欲避还休。

眼儿媚·秋闺

刘基

萋萋烟草小楼西，云压雁声低。两行疏柳，一丝残照，万点鸦栖。

春山碧树秋重绿，人在武陵溪。无情明月，有情归梦，同到幽闺。

七十六、桃园忆故人

又名《虞美人影》、《醉桃园》、《杏花风》、《胡捣练》。此调为双调，共八句，四十八字。上下阕相同，都是四句，全部为仄声韵，各二十四字。

桃园忆故人·暮春

苏轼

华胥梦断如何处？听得莺啼红树。几点蔷薇香雨，寂寞闲庭户。

暖风不解留花住，片片著人无数。楼上望春归去，芳草迷归路。

桃园忆故人

秦观

玉楼深锁薄情种，清夜悠悠谁共？羞见枕衾鸳凤，闷即和衣拥。

无端画角严城动，惊破一番新梦。窗外月华霜重，听彻梅花弄。

七十七、朝中措

《朝中措》又名《照红梅》、《芙蓉曲》、《梅月圆》。此调为双调，共九句，四十八字。上阕四句，除第三句外都为平声韵，二十四字；下阕五句，第三和第五句为平声韵，其余不入韵，二十四字。

朝中措·平山堂

欧阳修

平山栏槛倚晴空，山色有无中。手钟堂前垂柳，别来几度春风？

文章太守，挥毫万字，一饮千钟。行乐直须年少，尊前看取衰翁。

朝中措

张炎

清明时节雨声哗，潮拥渡头沙。翻被梨花冷看，人生苦恋天涯。

燕帘莺户，云窗雾阁，酒醒啼鸦。折得一枝杨柳，归来插向谁家？

七十八、武陵春

《武陵春》又名《武林春》、《花想容》。此调为双调，共八句，四十八字。上下阕相同，都是二十四字，第一句不入韵，第二、三、四句为平声韵。

武陵春

张先

秋染青溪天外水，风棹采菱还。波上逢郎蜜意传，语近隔丛莲。
相看忘却归去路，遮日小荷圆。菱蔓虽多不上船，心眼在郎边。

武陵春·春晚

李清照

风住尘香花已尽，日晚倦梳头。物是人非事事休，欲语泪先流。
闻说双溪春尚好，也拟泛轻舟。只恐双溪舴艋舟，载不动许多愁。

七十九、柳梢青

《柳梢青》又名《早春怨》、《云淡秋空》、《雨洗元宵》、《玉水明沙》、《陇头残月》。此调为双调，有平仄两体，共十一句，四十九字。上阕六句，第一、三、六句为平声韵，其余句不入韵，二十四字；下阕第一、二、五句为平声韵，其余不入韵，二十五字。

柳梢青

贺铸

子规啼血，可怜又是，春归时节。满院东风，海棠铺绣，梨花飞雪。
丁香露泣残枝，算未比、愁肠寸结。自是休文，多情多感，不干风月。

柳梢青

刘辰翁

铁马蒙毡，银花洒泪，春入愁城。笛里番腔，街头戏鼓，不是歌声。
那堪独坐青灯，想故国、高台云明！辇下风光，山中岁月，海上心情。

八十、太常引

《太常引》又名《太清引》、《腊前梅》。此调为双调，共九句，四十九字。上阕四句，都为平声韵，二十四字；下阕五句，前两句不入韵，后三句为平声韵，二十五字。

太常引

辛弃疾

一轮秋影转金波，飞镜又重磨。把酒问姮娥：被白发、欺人奈何！

乘风好去，长空万里，直下看山河。斫去桂婆娑，人道是、清光更多。

太常引

高观国

玉肌轻衬碧霞衣，似争驾、翠鸾飞。羞问武陵溪，笑女伴、东风醉时。

不飘红雨，不贪青子，冷澹却相宜。春晚涌金池，问一片、将愁寄谁。

八十一、贺圣朝

此词牌首见于冯延巳词。此调为双调，共九句，四十九字。上阕四句，第一、二、四句为仄声韵，第三句不入韵，二十四字；下阕五句，第二、三、五句为仄声韵，其余句不入韵，二十五字。

贺圣朝

叶清臣

满斟绿醑留君住，莫匆匆归去。三分春色二分愁，更一分风雨。

花开花谢，都来几许？且高歌休诉。不知来岁牡丹时，再相逢何处？

贺圣朝

张先

淡黄衫子浓妆了，步缕金鞋小。爱来书幌绿窗前，半和娇笑。

谢家姊妹，诗名空杳。何曾机巧。争如奴道，春来情思，乱如芳草。

八十二、荷叶杯

此调为双调，共十句，五十字。上下阕相同，都是二十五字，前两句为仄声韵，后三句为平声韵。

荷叶杯

韦庄

（其一）

绝代佳人难得，倾国，花下见无期。一双愁黛远山眉，不忍更思惟。

闲掩翠屏金凤，残梦，罗幕画堂空。碧天无路信难通，惆怅旧房栊。

（其二）

记得那年花下，深夜，初识谢娘时。水堂西面画帘垂，携手暗相期。

惆怅晓莺残月，相别，彼此隔音尘。如今俱是异乡人，相见更无因。

八十三、惜分飞

此词牌又名《惜双双》、《惜芳菲》。此调为双调，共八句，五十字。上下阕相同，四句都为仄声韵，二十五字。

惜分飞

毛滂

泪湿阑干花著露，愁到眉峰碧聚。此恨平分取，更无言语空相觑。

短雨残云无意绪，寂寞朝朝暮暮。今夜山深处，断魂分付潮回去。

惜双双

张先

城上层楼天边路。残照里、平无绿树。伤远更惜春暮，有人还在高高处。

断梦归云经日去。无计使、哀弦寄语。相望恨不相遇。倚桥临水谁家住。

八十四、南歌子

此词牌又名《南柯子》、《悟南柯》、《望秦川》、《风蝶令》。此调为双调，共八句，五十二字。上下阕相同，都是四句，二十六字，除第一句外都为平声韵。

南歌子

欧阳修

凤髻金泥带，龙纹玉掌梳。走来窗下笑相扶，爱道画眉深浅入时无？

弄笔偎人久，描花试手初。等闲妨了绣工夫，笑问双鸳鸯字怎生书？

南歌子

苏轼

雨暗初疑夜，风回便报晴，淡云斜照著山明。细草软沙溪路马蹄轻。

卯酒醒还困，仙村梦不成，蓝桥何处觅云英。只有多情流水伴人行。

八十五、河传

此词牌又名《庆同天》、《月照梨花》、《秋光满目》、《水调河传》。此调为双调，共十六句，五十五字。上阕七句，第一、二句为仄声韵，其余为平声韵，二十七字；下阕七句，前三句为仄声韵，后四句为平声韵，二十八字。

河传

温庭筠

湖上，闲望。雨潇潇，烟浦花桥路遥。谢娘翠娥愁不销，终朝，梦魂迷晚潮。

荡子天涯归棹远，春已晚，莺语空断肠。若耶溪，溪水西，柳堤，不闻郎马嘶。

河传

纳兰性德

春怨，红浅。掩双环，微雨花间画闲。无言暗将红泪弹，阑珊，香销清梦还。

斜倚画屏思往事，皆不是，空作相思字。忆当时，垂柳丝，花枝，洞庭蝴蝶儿。

八十六、玉楼春

此词牌又名《木兰花》、《转调木兰花》、《玉楼春令》等。此调为双调，共八句，五十六字。上下阕相同，都是四句，二十八字，第一、二、四句为仄声韵，第三句不入韵。

玉楼春

李煜

晚妆初了明肌雪，春殿嫔娥鱼贯列。凤箫吹断水云闲，重按霓裳歌遍彻。

临风谁更飘香屑，醉拍阑干情味切。归时休放烛花红，待踏马蹄清夜月。

玉楼春

欧阳修

尊前拟把归期说，未语春容先惨咽。人生自是有情痴，此恨不关风与月。

离歌且莫翻新阕，一曲能教肠寸结。直须看尽洛城花，始共春风容易别。

八十七、章台柳

此词牌又名《忆章台》。此调为单调，共五句，二十字，除第四句外都为仄声韵。前两句叠句叠韵，也可不叠。

章台柳

韩翃

章台柳，章台柳！昔日青青今在否？纵使长条似旧垂，也应攀折他人手。

章台柳

柳氏

杨柳枝，芳菲节。所恨年年赠离别。一叶随风忽报秋，纵使君来岂堪折！

八十八、夜行船

此词牌又名《雨中花令》、《明月棹孤舟》、《送将归》。此调为双调，共十句，五十六字。上下阕相同，各五句，二十八字，第一、二、五句为仄声韵。

夜行船

吴文英

鸦带斜阳归远树，无人听、数声钟暮。日与愁长，心灰香断，月冷竹房扃户。

画上青山吴苑路，傍怀袖、梦飞不去。忆别西池，红绡盛泪，肠断粉莲啼路。

夜行船

史达祖

不翦春衫愁意态，过收灯、有些寒在。小雨空帘，无人深巷，已早杏花先卖。

白发潘郎宽沈带，怕看山、忆它眉黛。草色拖裙，烟光惹鬓，常记故园挑菜。

八十九、一斛珠

此词牌又名《一斛夜明珠》、《醉落魄》、《怨春风》、《醉落拓》。此调为双调，共十句，五十七字。上阕五句，除第四句外，都为仄声韵，二十七字；下阕五句，除第四句外，都为仄声韵，三十字。

一斛珠

李煜

晚妆初过，沉檀轻注些儿个。向人微露丁香颗，一曲清歌，暂引樱桃破。

罗袖裛残殷色可，杯深旋被香醪涴。绣床斜凭娇无那，烂嚼红茸，笑向檀郎唾。

醉落魄

史达祖

江痕妥贴，日光熨动黄金叶。阑干直下愁相接，一朵红莲，飞上越人楫。

鲤鱼波上丁宁切，诗筒如线不曾别。明年好个春风客，五鹗交飞，身在玉皇阙。

九十、唐多令

此词牌又名《南楼令》、《箜篌曲》。此调为双调，共十句，六十字。上下阕相同，都是五句，三十字，除第四句外，都为平声韵。

唐多令·惜别

吴文英

何处合成愁？离人心上秋。纵芭蕉、不雨也飕飕。都道晚凉天气好，有明月、怕登楼。

年事梦中休，花空烟水流。燕辞归，客尚淹留。垂柳不萦裙带住，漫长是、系行舟。

唐多令

周密

敧沈听西风，蛩阶月正中。弄秋声、金井孤桐。闲省十年吴下路，船几度、系江枫。

辇路又迎逢，秋如归兴浓。叹淹留、还见新冬。湖外霜林秋似锦，一片片、忍题红。

九十一、一剪梅

此词牌又名《玉簟秋》、《腊梅香》。此调为双调，共十二句，六十字。上下阕相同，都是六句，三十字，一韵到底，都为平声韵。八个四字句一般都用对仗。

一剪梅·舟过吴江

蒋捷

一片春愁待酒浇，江上舟摇，楼上帘招。秋娘渡与泰娘桥，风又飘飘，雨又萧萧。

何日归家洗客袍？银字笙调，心字香烧。流光容易把人抛，红了樱桃，绿了芭蕉。

一剪梅

李清照

红藕香残玉簟秋。轻解罗裳，独上兰舟。云中谁寄锦书来？雁字回时，月满西楼。

花自飘零水自流，一种相思，两处闲愁。此情无计可消除，才下眉头，却上心头。

九十二、谢池春

此词牌又名《玉莲花》、《风中柳》。此调为双调，共十二句，六十六字。上下阕相同都是六句，各三十三字，除第一、四句不入韵外，其余都为仄声韵。

谢池春

陆游

壮岁从戎，曾是气吞残虏。阵云高、狼烟夜举。朱颜青鬓，拥雕戈西戍。笑儒冠、自多来误。

功名梦断，却泛扁舟吴楚。漫悲歌、伤怀吊古。烟波无际，望秦关何处。叹流年、又成虚度。

谢池春慢

梁寅

薄寒山阁，当亭午、潇潇雨。鸟静桃花林，水坐兰茗渚。玉勒骢稀出，油壁车何处。欲簪花、簪不住。花红发白，应笑人憔悴。

春过一半，东去水、难西驻。前半伤多病，后半休虚负。白醴匏尊满，紫笋山肴具。心无累，皆佳趣。自辞觞酌，劝客须当醉。

九十三、殢人娇

此调首见于柳永词，为双调，共十二句，六十四字。上下阙相同，各六句，三十二字，除第一、四句外，都为仄声韵。

殢人娇

李清照

玉瘦香浓，檀深雪散。今年恨、探梅又晚。江楼楚馆，云间水远，清昼永、凭栏翠帘低卷。

坐上客来，尊中酒满。歌声共、水流云断。南枝可插，更须频剪，莫直待、西楼数声羌管。

殢人娇

柳永

当日相逢，便有怜才深意。歌筵罢、偶同鸳被。别来光景，看看经岁。昨夜里、方把旧欢重继。

晓月将沉，征骖已鞴。愁肠乱、又还分袂。良辰好景，恨浮名牵系。无分得、与你恣情浓睡。

九十四、行香子

此调为双调，共十六句，六十六字。上阕八句，三十三字，除第四、六、七句不入韵外，其余都为平声韵；下阕八句，三十三字，第二、三、五、八句为平声韵，其余句不入韵。

行香子·过七里濑

苏轼

一叶舟轻，双桨鸿惊。水天清、影湛波平。鱼翻藻鉴，鹭点烟汀。过沙溪急，霜溪冷，月溪明。

重重似画，曲曲如屏。算当年、虚老严陵。君臣一梦，今古虚名。但远山长，云山乱，晓山青。

行香子

秦观

树绕村庄，水满陂塘。倚东风、豪兴徜徉。小园几许，收尽春光。有桃花红，李花白，菜花黄。

远远围墙，隐隐茅堂。飏青旗、流水桥旁。偶然乘兴，步过东冈。正莺儿啼，燕儿舞，蝶儿忙。

九十五、感皇恩

此调为双调，共十四句，六十七字。上阕七句，三十四字，第二、三、五、七句为仄声韵，其他句不入韵；下阕七句，三十三字，第二、三、五、七句为仄声韵，其余不入韵。

感皇恩

辛弃疾

七十古来稀，人人都道。不是阴功怎生到。松姿虽瘦，偏耐云寒霜晓。看君双鬓底，青青好。

楼雪初晴，庭闱嬉笑。一醉何妨玉壶倒。从今康健，不用灵丹仙草。更看一百岁，人难老。

感皇恩

周紫芝

残月挂征鞍，路长山绕。独拥寒貂犯霜晓。水边林下，孤负此生多少。星星空满鬓，因谁有。

不如办个，短蓑长钓。唤取轻鸥伴人老。思量也胜，看人眉头眼脑。世间浑是梦，何时了。

九十六、天仙子

《天仙子》本名《万斯年》。此调为双调，共十二句，六十八字。上下阕相同，都是六句，三十四字，除第三句外，其余句都为仄声韵。

天仙子

张先

水调数声持酒听，午醉醒来愁未醒。送春春去几时回？临晚镜，伤流景，往事后期空记省。

沙上并禽池上瞑，云破月来花弄影。重重帘幕密遮灯，风不定，人初静，明日落红应满径。

天仙子

苏轼

走马探花花发未，人与化工俱不易。千回来绕百回看，蜂作婢，莺为使。谷雨清明空屈指。

白发卢郎情未已，一夜剪刀收玉蕊。尊前还对断肠红，人有泪，花无意。明日酒醒应满地。

九十七、离亭燕

此词牌又名《离亭宴》。此调为双调，共十二句，七十二字。上下阕相同，都是六句，三十六字，除第三、五句不入韵外，其余句都为仄声韵。

离亭燕

张昇

一带江山如画，风物向秋潇洒。水浸碧天何处断？霁色冷光相射。蓼屿荻花洲，掩映竹篱茅舍。

云际客帆高挂，烟外酒旗低亚。多少六朝兴废事，尽入渔樵闲话。怅望倚层楼，寒日无言西下。

离亭宴

张先

捧黄封诏卷，随处是、离亭别宴。红翠成轮歌未遍，已恨野桥风便。此去济南非久，惟有凤池鸾殿。

三月花飞几片，又减却、芳菲过半。千里恩深云海浅，民爱比、春流不断。更上玉楼西，归雁与、征帆共远。

九十八、风入松

此词牌又名《风入松慢》、《远山横》等。此调为双调，共十二句，七十六字。上下阕相同，都是六句，三十八字，除第三、五句外，都为平声韵。

风入松

吴文英

听风听雨过清明，愁草瘗花铭。楼前绿暗分携路，一丝柳、一寸柔情。料峭春寒中酒，交加晓梦啼莺。

西园日日扫林亭，依旧赏新晴。黄蜂频扑秋千索，有当时、纤手香凝。惆怅双鸳不到，幽阶一夜苔生。

风入松

刘克庄

归鞍尚欲小徘徊，逆境难排。人言酒是消忧物，奈病余、孤负金罍。萧瑟捣衣时候，凄凉鼓缶情怀。

远林摇落晚风哀，野店犹开。多情惟是灯前影，伴此翁、同去同来。逆旅主人相问，今回老似前回。

九十九、一丛花

此词牌又名《一丛花令》。此调为双调，共十四句，七十八字。上下阕相同，都为七句，三十九字，第一、二、四、七为平声韵，其余句不入韵。

一丛花令

张先

伤高怀远几时穷？无物似情浓。离愁正引千丝乱，更东陌、飞絮蒙蒙。嘶骑渐遥，征尘不断，何处认郎踪？

双鸳池沼水溶溶，南北小桡通。梯横画阁黄昏后，又还是、斜月帘栊。沉恨细思，不如桃杏，犹解嫁东风。

一丛花·初春病起

苏轼

今年春浅腊侵年，冰雪破春妍。东风有信无人见，露微意、柳际花边。寒夜纵长，孤衾易暖，钟鼓渐清圆。

朝来初日半衔山，楼阁淡疏烟。游人便作寻芳计，小桃杏、应已争先。衰病少悰，疏慵自放，惟爱日高眠。

一百、御街行

此词牌又名《孤雁儿》。此调为双调，共十四句，七十八字。上下阙相同，都是七句，三十九字，第一、二、四、七句为仄声韵，其余不入韵。

御街行

范仲淹

纷纷坠叶飘香砌，夜寂静，寒声碎。真珠帘卷玉楼空，天淡银河垂地。年年今夜，月华如练，长是人千里。

愁肠已断无由醉，酒未到，先成泪。残灯明灭枕头攲，谙尽孤眠滋味。都来此事，眉间心上，无计相回避。

御街行

贺铸

松门石路秋风扫，似不许、飞尘到。双携纤手别烟萝，红粉清泉相照。几声歌管，正须陶写，翻作伤心调。

岩阴暝色归云悄，恨易失、千金笑。更逢何物可忘忧，为谢江南芳草。断桥孤驿，冷云黄叶，相见长安道。

一百零一、最高楼

此词牌又名《醉高楼》。此调为双调，共十六句，八十一字。上阙八句，三十六字，第二、三、五、八句为平声韵，其余句不入韵；下阙九句，四十五字，第一、二句为仄声韵，第四、六、九句为平声韵，其余句不入韵。

最高楼

辛弃疾

（吾拟乞归，犬子以田产未置止我，赋此骂之。）

吾衰矣，须富贵何时？富贵是危机。暂忘设醴抽身去，未曾得米弃官归。穆先生，陶县令，是吾师。

待葺个园儿名“佚老”，更作个亭儿名“亦好”，闲饮酒，醉吟诗。千年田换八百主，一人口插几张匙？便休休，更说甚，是和非！

最高楼

程垓

旧时心事，说著两眉羞，长记得、凭肩游。缃裙罗袜桃花岸，薄衫轻扇杏花楼。几番行，几番醉，几番留。

也谁料、春风吹已断。又谁料、朝云飞亦散。天易老，恨难酬。蜂儿不解知人苦，燕儿不解说人愁。旧情怀，消不尽，几时休。

一百零二、蓦山溪

此词牌又名《阳春》、《上阳春》、《弄珠英》。此调为双调，共十八句，八十二字。上阙九句，四十一字，第二、四、七、八、九句为仄声韵，其余句不入韵；下阙九句，四十一字，第一、二、四、七、八、九句为仄声韵，其余句不入韵。

蓦山溪·别意

黄庭坚

鸳鸯翡翠，小小思珍偶。眉黛敛秋波，尽湖南、山明水秀。娉娉袅袅，恰似十三余，春未透，花枝瘦，正是愁时候。

寻芳载酒，肯落谁人后？只恐远归来，绿成荫、青梅如豆。心期得处，每自不由人。长亭柳，君知否？千里犹回首。

蓦山溪·感旧

陈维崧

碧云薄暮，画角谁家奏？深院火荧荧，好风轻，翠帏微绉。冰轮徐上，无语掩屏山，金钩瘦，鲛绡透，人在银灯后。

年时小苑，良夜曾携手。低扫淡黄蛾，漫垂垂，玉人红袖。如今人去，门巷也依旧。红桥口，香街后，一带青青柳。

一百零三、新荷叶

此词牌又名《折荷叶引》。此调为双调，共十六句，八十二字。上下阙相同，各八句，四十一字，第二、四、六、八句为平声韵，其余句不入韵。

新荷叶

黄裳

落日衔山，行云载雨俄鸣。一顷新荷，坐间疑是秋声。烟波醉客，见快哉、风恼娉婷。香和清点，为人吹在衣襟。

珠佩欢言，放船且向前汀。绿伞红幢，自从天汉相迎。飞鸥独落，芦边对、几朵繁英。侑觞人唱，乍闻应似湘灵。

新荷叶

李清照

薄露初零，长宵共、永昼分停。绕水楼台，高耸万丈蓬瀛。芝兰为寿，相辉映、簪笏盈庭。花柔玉净，捧觞别有娉婷。

鹤瘦松青，精神与、秋月争明。德行文章，素驰日下声名。东山高蹈，虽卿相、不足为荣。安石须起，要苏天下苍生。

一百零四、洞仙歌

此词牌又名《洞仙歌令》、《羽仙歌》、《洞仙词》、《洞中仙》。此调为双调，共十六句，八十三字。上阙七句，三十四字，第二、三、七句为仄声韵，其余句不入韵；下阙九句，四十九字，第三、六、九句为仄声韵，其余不入韵。

洞仙歌

苏轼

冰肌玉骨，自清凉无汗。水殿风来暗香满。绣帘开，一点明月窥人，人未寝，攲枕钗横鬓乱。

起来携素手，庭户无声，时见疏星渡河汉。试问夜如何？夜已三更，金波淡、玉绳低转。但屈指西风几时来，又不道流年，暗中偷换。

洞仙歌

李元膺

雪云散尽，放晓晴池院。杨柳于人便青眼。更风流多处，一点梅心，相映远，约略颦轻笑浅。

一年春好处，不在浓芳，小艳疏香最娇软。到清明时候，百紫千红花正乱，已失春风一半。早占取韶光共追游，但莫管春寒，醉红自暖。

一百零五、八六子

此词牌又名《感黄鹂》。此调为双调，共十六句，八十八字。上阙六句，三十字，第一、三、六句为平声韵，其余句不入韵；下阙十句，五十八字，第一、三、八、九、十句为平声韵，其余句不入韵。

八六子

秦观

倚危亭，恨如芳草，萋萋刬尽还生。念柳外青骢别后，水边红袂分时，怆然暗惊。

无端天与娉婷，夜月一帘幽梦，春风十里柔情，怎奈向、欢娱渐随流水，素弦声断，翠绡红减，那堪片片飞花弄晚，蒙蒙残雨笼晴。

正销凝，黄鹂又啼数声。

八六子

晁补之

喜秋晴，淡云萦缕，天高群雁南征。正露冷初减兰红，风紧潜雕柳翠，愁人梦长漏惊。

重阳景物凄清。渐老何时无事，当歌好在多情。暗自想、朱颜并游同醉，官名缰锁，世路蓬萍。难相见，赖有黄花满把，从教渌酒深倾。醉休醒，醒来旧愁旋生。

一百零六、法曲献仙音

此词牌又名《越女镜心》。此调为双调，共十七句，九十二字。上阙八句，三十九字，第三、六、七、八句为仄声韵，其余句不入韵；下阙九句，五十三字，第一、三、五、七、九句为仄声韵，其余句不入韵。

法曲献仙音·吊雪香亭梅

周密

松雪飘寒，岭云吹冻，红破数椒春浅。衬舞台荒，浣妆池冷，凄凉市朝轻换。叹花与人凋谢，依依岁华晚。

共凄黯，问东风、几番吹梦，应惯识、当年翠屏金辇。一片古今愁，但废绿、平烟空远。无语销魂，对斜阳、衰草泪满。又西泠残笛，低送数声春怨。

法曲献仙音·聚易亭梅次草窗韵

王沂孙

层绿峨峨，纤琼皎皎，倒压波痕清浅。过眼年华，动人幽意，相逢几番春换。记唤酒寻芳处，盈盈褪妆晚。

已消黯，况凄凉近来离思，应忘却明月，夜深归辇。荏苒一枝春，恨东风人似天远。纵有残花，洒征衣、铅泪都满。但殷勤折取，自遗一襟幽怨。

一百零七、玉漏迟

此调为双调，共十九句，九十四字。上阙十句，四十七字，第三、五、七、八、十句为仄声韵，其余句不入韵；下阙九句，四十七字，第

三、五、七、八、九句为仄声韵，其余句不入韵。

玉漏迟·瓜泾度中秋夕赋

吴文英

雁边风讯小，飞琼望杳，碧云先晚。露冷阑干，定怯藕丝冰腕。净洗浮空片玉，胜花影、春灯相乱。秦镜满，素娥未肯，分秋一半。

每圆处既良宵，甚此夕偏饶，对歌临怨。万里蝉娟，几许雾屏云幔。孤免凄凉照水，晓风起、银河西转。摩泪眼，瑶台梦回人远。

玉漏迟·题吴梦窗《霜花腴词集》

周密

老来欢意少。锦鲸仙去，紫箫声杳。怕展《金奁》，依旧故人怀抱。犹想乌丝醉墨，惊俊语、香红围绕。闲自笑。与君共是，承平年少。

雨窗短梦难凭。是几番宫商，几番吟啸。泪眼东风，回首四桥烟草。载酒倦游甚处，已换却、花间啼鸟。春恨悄。天涯暮云残照。

一百零八、六幺令

此调为双调，共十八句，九十四字。上阙九句，四十六字，第二、四、六、七、九句为仄声韵，其余句不入韵；下阙九句，四十八字，第二、四、六、七、九句为仄声韵，其余句不入韵。

六幺令

晏几道

绿阴春尽，飞絮绕香阁。晚来翠眉宫样，巧把远山学。一寸狂心未说，已向横波觉。画帘遮匝，新翻曲妙，暗许闲人带偷掐。

前度书多隐语，意浅愁难答。昨夜诗有回文，韵险还慵押。都待笙歌散了，记取来时霎。不消红蜡，闲云归后，月在庭花旧栏角。

六幺令

（次韵和贺方回金陵怀古，鄱阳席上作）

李纲

长江千里，烟淡水云阔。歌沉玉树，古寺空有疏钟发。六代兴亡如梦，苒苒惊时月。兵戈凌灭，豪华销尽，几见银蟾自圆缺。

潮落潮生波渺，江树森如发。谁念迁客归来，老大伤名节。纵使岁寒途远，此志应难夺。高楼谁设，倚阑凝望，独立渔翁满江雪。

一百零九、凤凰台上忆吹箫

此词牌又名《忆吹箫》。此调为双调，共二十一句，九十五字。上阕十句，四十七字，第三、五、七、十句为平声韵，其余句不入韵；下阕十一句，四十八字，第一、四、六、八、十一句为平声韵，其余句不入韵。

凤凰台上忆吹箫

李清照

香冷金猊，被翻红浪，起来慵自梳头。任宝奁尘满，日上帘钩。生怕离怀别苦，多少事、欲说还休。新来瘦，非干病酒，不是悲秋。

休休！这回去也，千万遍阳关，也则难留。念武陵人远，烟锁秦楼。惟有楼前流水，应念我、终日凝眸。凝眸处，从今又添，一段新愁。

凤凰台上忆吹箫

晁补之

千里相思，况无百里，何妨暮往朝还。又正是、梅初淡伫，禽未绵蛮。陌上相逢缓辔，风细细、云日斑斑。新晴好，得意未妨，行尽青山。

应携后房小妓，来为我，盈盈对舞花间。便拼了、松醪翠满，蜜炬红残。谁信轻鞍射虎，清世里、曾有人闲。都休说，帘外夜久春寒。

一百一十、长亭怨慢

此词牌为姜夔自度曲。此调为双调，共十八句，九十七字。上阕九句，五十八字，第一、三、五、七、九句为平声韵，其余句不入韵；下阕九句，四十九字，第一、三、五、七、九句为平声韵，其余句不入韵。

长亭怨慢

姜夔

渐吹尽、枝头香絮，是处人家，绿深门户。远浦萦回，暮帆零乱、向何许？阅人多矣，谁得似、长亭树？树若有情时，不会得、青青如此！

日暮，望高城不见，只见乱山无数。韦郎去也，怎忘得、玉环分付？第一是、早早归来，怕红萼、无人为主。算空有并刀，难剪离愁千缕。

长亭怨慢·重过中庵故园

王沂孙

泛孤艇、东皋过遍，尚记当日，绿阴门掩。屐齿莓苔，酒痕罗袖事何限？欲寻前迹，空惆怅、成秋苑。自约赏花人，别后总、风流云散。

水远，怎知流水外，却是乱山尤远。天涯梦短，想忘了、绮疏雕槛。望不尽、冉冉斜阳，抚乔木、年华将晚。但数点红英，犹识西园凄婉。

一百一十一、双双燕

此词牌最早见于《梅溪集》。此调为双调，共十九句，九十八字。上阙九句，四十八字，第三、五、六、七、九句为仄声韵，其余句不入韵；下阙十句，五十字，除第三、五、九句外，都为仄声韵。

双双燕

史达祖

过春社了，度帘幕中间，去年尘冷。差池欲住，试入旧巢相并。还相雕梁藻井，又软语、商量不定。飘然快拂花梢，翠尾分开红影。

芳径，芹泥雨润，爱贴地争飞，竞夸轻俊。红楼归晚，看足柳昏花暝。应自栖香正稳，便忘了、天涯芳信。愁损翠黛双蛾，日日画阑独凭。

双双燕

吴文英

小桃谢后，双双燕，飞来几家庭户。轻烟晓暝，湘水暮云遥度。帘外余寒未卷，共斜入、红楼深处。相将占得雕梁，似约韶光留住。

堪举，翩翩翠羽。杨柳岸，泥香半和梅雨。落花风软，戏促乱红飞舞。多少呢喃意绪。尽日向、流莺分诉。还过短墙，谁会万千言语。

一百一十二、锁窗寒

此调为双调，共二十句，九十九字。上阙十句，四十九字，第三、五、七、十句为仄声韵，其余句不入韵；下阙十句，五十字，除三、五、七、九句不入韵外，都为仄声韵。

锁窗寒

周邦彦

暗柳啼鸦，单衣伫立，小帘朱户。桐花半亩，静锁一庭愁雨。洒空阶、夜阑未休，故人剪烛西窗语。似楚江暝宿，风灯零乱，少年羁旅。

迟暮。嬉游处。正店舍无烟，禁城百五。旗亭唤酒，付与高阳俦侣。想东园、桃李自春，小唇秀靥今在否？到归时、定有残英，待客携尊俎。

锁窗寒·春寒

吴文英

料峭东风，廉纤细雨，落梅飞尽。单衣恻恻，再整金猊香烬。误千红、试妆较迟，故园不似清明近。但满庭柳色，柔丝羞舞，淡黄犹凝。

芳景。还重省。向薄晓窥帘，嫩阴欹枕。桐花渐老，已做一番风信。又看看、绿遍西湖，早催塞北归雁影。等归时、为带将归，并带江南恨。

一百一十三、玉蝴蝶

此词牌小令始于温庭筠，长调始于柳永。这里以长调为例，双调，共二十一句，九十九字。上阙十句，四十九字，第三、五、七、八、十句为平声韵，其余句不入韵；下阙十一句，第一、四、六、八、九、十句为平声韵，其余句不入韵。

玉蝴蝶

柳永

望处雨收云断，凭阑悄悄，目送秋光。晚景萧疏，堪动宋玉悲凉。水风轻、苹花渐老，月露冷、梧叶飘黄。遣情伤，故人何在，烟水茫茫。

难忘！文期酒会，几孤风月，屡变星霜。海阔山遥，未知何处是潇湘！念双燕、难凭远信，指暮天、空识归航。黯相望，断鸿声里，立尽斜阳。

玉蝴蝶

史达祖

晚雨未摧宫树，可怜闲叶，犹抱凉蝉。短景归秋，吟思又接愁边。漏初长，梦魂难禁，人渐老、风月俱寒。想幽欢，土花庭甃，虫网栏杆。

无端啼蛄搅夜，恨随团扇，苦近秋莲。一笛当楼，谢娘悬泪立风前。故园晚、强留诗酒，新雁远、不致寒暄。隔苍烟，楚香罗袖，谁伴婵娟？

一百一十四、高阳台

此词牌又名《庆春泽慢》、《庆春宫》。此调为双调，共十八句，一百字。上阙九句，四十九字，第三、五、七、九句为平声韵，其余句不入韵；下阙九句，五十一字，第三、五、七、九句为平声韵，其余句不入韵。

高阳台·西湖春感

张炎

接叶巢莺，平波卷絮，断桥斜日归船。能几番游？看花又是明年。东风且伴蔷薇住，到蔷薇、春已堪怜。更凄然，万绿西泠，一抹荒烟。

当年燕子知何处？但苔深韦曲，草暗斜川。见说新愁，如今也到鸥边。无心再续笙歌梦，掩重门、浅醉闲眠。莫开帘，怕见飞花，怕听啼鹃。

高阳台

吴文英

宫粉雕痕，仙云堕影，无人野水荒湾。古石埋香，金沙锁骨连环。南楼不恨吹横笛，恨晓风、千里关山。半飘零，庭上黄昏，月冷阑干。

寿阳空理愁鸾，问谁调玉髓，暗补香瘢？细雨归鸿，孤山无限春寒。离魂难倩招清些，梦缟衣、解佩溪边。最愁人，啼鸟晴明，叶底清圆。

一百一十五、烛影摇红

此词牌又名《忆故人》等。此调为双调，共十八句，九十六字。上下阙相同，都是九句，四十八字，第二、四、五、六、九句为仄声韵，其余句不入韵。

烛影摇红

廖世美

霭霭春空，画楼森耸凌云渚。紫薇登览最关情，绝妙夸能赋，惆怅相思迟暮，记当日、朱阑共语。塞鸿难问，岸柳何穷，别愁纷绪。

催促年光，旧来流水知何处？断肠何必更残阳，极目伤平楚。晚霁波声带雨，悄无人、舟横古渡。数峰江上，芳草天涯，参差烟树。

烛影摇红

周邦彦

芳脸轻匀，黛眉巧画宫妆浅。风流天付与精神，全在娇波转。早是萦心可惯，向前尊、频频顾盼。几回得见，见了还休，争如不见。

烛影摇红，夜阑饮散春宵短。当时谁会唱阳关，离恨天涯远。争奈云收雨散，凭阑干、东风泪眼。海棠开后，燕子来时，黄昏庭院。

一百一十六、汉宫春

此词牌又名《汉宫春慢》。此调为双调，共二十句，九十六字。上阙十句，共四十七字，第三、五、七、十句为平声韵，其余句不入韵；下阙十句，四十九字，第三、五、七、十句为平声韵，其余句不入韵。

汉宫春·会稽秋风亭观雨

辛弃疾

亭上秋风，记去年袅袅，曾到吾庐。山河举目虽异，风景非殊。功成者去，觉团扇、便与人疏。吹不断、斜阳依旧，茫茫禹迹都无。

千古茂陵词在，甚风流章句，解拟相如。只今木落江冷，眇眇愁余。故人书报：莫因循、忘却莼鲈。谁念我，新凉灯火，一编太史公书。

汉宫春·立春日

辛弃疾

春已归来，看美人头上，袅袅春幡。无端风雨，未肯收尽余寒。年时燕子，料今宵、梦到西园。浑未办、黄柑荐酒，更传青韭堆盘。

却笑东风从此，便薰梅染柳，更没些闲。闲时又来镜里，转变朱颜。清愁不断，问何人、会解连环？生怕见、花开花落，朝来塞雁先还。

一百一十七、渡江云

此词牌又名《三犯渡江云》。此调为双调，共二十句，一百字。上阙十句，共五十一字，第三、六、八、十句为平声韵，其余句不入韵；下阙十句，共四十九字，第一、六、八、十句为平声韵，第四句为仄声韵，其余句不入韵。

渡江云

张炎

山空天入海，倚楼望极，风急暮潮初。一帘鸠外雨，几处闲田，隔水动春锄。新烟禁柳，想如今、绿到西湖。犹记得、当年深隐，门掩两三株。

愁余。荒洲古溆，断梗疏萍，更漂流何处？空自觉、围羞带减，影怯灯孤。常疑即见桃花面，甚近来、翻笑无书？书纵远，如何梦也都无？

渡江云·晴岚低楚甸

周邦彦

晴岚低楚甸，暖回雁翼，阵势起平沙。骤惊春在眼，借问何时，委曲到山家？涂香晕色，盛粉饰、争作妍华。千万丝、陌头杨柳，渐渐可藏鸦。

堪嗟，清江东注，画舸西流，指长安日下。愁宴阑、风翻旗尾，潮溅乌纱。今宵正对初弦月，傍水驿，深舣蒹葭。沉恨处，时时自剔灯花。

一百一十八、天香

此词牌又名《伴云来》。此调为双调，共十八句，九十六字。上阙十句，五十一字，第三、六、七、八、十句为仄声韵，其余句不入韵；下阙八句，四十五字，除第三、七句不入韵外，都为仄声韵。

天香

贺铸

烟络横林，山沉远照，迤逦黄昏钟鼓。烛映帘栊，蛩催机杼，共苦清秋风露。不眠思妇，齐应和、几声砧杵。惊动天涯倦宦，骎骎岁华行暮。

当年酒狂自负，谓东君、以春相付。流浪征骖北道，客樯南浦，幽恨无人晤语。赖明月、曾知旧游处。好伴云来，还将梦去。

天香

王易简

烟峤收痕，云沙拥沫，孤槎万里春聚。蜡杵冰尘，水妍花片，带得海山风露。纤痕透晓，银镂小，初浮一缕。重剪纱窗暗烛，深垂绣帘微雨。

余香恼人最苦。染罗衣，少年情绪。漫省佩珠曾解，蕙羞兰妒。好是芳钿翠妩。奈素被浓熏梦无据。待剪秋云，殷勤寄与。

一百一十九、东风第一枝

此调为双调，共十七句，一百字。上阙九句，第三、五、七、九句为仄声韵，其余句不入韵；下阙八句，五十字，第一、二、四、六、八为仄声韵，其余句不入韵。

东风第一枝·春雪

史达祖

巧沁兰心，偷黏草甲，东风欲障新暖。漫凝碧瓦难留，信知暮寒犹浅。行天入镜，做弄出、轻松纤软。料故园、不卷重帘，误了乍来双燕。

青未了、柳回白眼，红欲断、杏开素面。旧游忆著山阴，后盟遂妨上苑。寒炉重熨，便放漫、春衫针线。怕凤靴、挑菜归来，万一灞桥相见。

东风第一枝·黄钟商

吴文英

倾国倾城，非花非雾，春风十里独步。胜如西子妖绕，更比太真澹泞。铅华不御。漫道有、巫山洛浦。似恁地、标格无双，镇锁画楼深处。

曾被风、容易送去。曾被月、等闲留住。似花翻使花羞，似柳任从柳妒。不教歌舞。恐化作、彩云轻举。信下蔡、阳城俱迷，看取宋玉词赋。

一百二十、醉蓬莱

此调为双调，共二十四句，九十七字。上阙十一句，四十七字，第三、五、八、十一句为仄声韵，其余句不入韵；下阙十二句，五十字，第四、六、九、十二句为仄声韵。

醉蓬莱

柳永

渐亭皋叶下，陇首云飞，素秋新霁。华阙中天，锁葱葱佳气。嫩菊黄深，拒霜红浅，近宝阶香砌。玉宇无尘，金茎有露，碧天如水。

正值升平，万几多暇，夜色澄鲜，漏声迢递。南极星中，有老人呈瑞。此际宸游，凤辇何处？度管弦清脆。太液波翻，披香帘卷，月明风细。

醉蓬莱

黄庭坚

对朝云叆叇，暮雨霏微，乱峰相倚。巫峡高唐，锁楚宫朱翠。画戟移春，靓妆迎马，向一川都会。万里投荒，一身吊影，成何欢意！

尽道黔南，去天尺五，望极神州，万重烟水。樽酒公堂，有中朝佳士。荔颊红深，麝脐香满，醉舞裀歌袂。杜宇声声，催人到晓，不如归是。

一百二十一、解语花

此调为双调，共十八句，一百字。上阙九句，四十九字，除第一、

二、八句不入韵外，其余句都为仄声韵；下阙九句，五十一字，除第二、八句不入韵外，其余句都为仄声韵。

解语花·元宵

周邦彦

风销绛蜡，露浥红莲，灯市光相射。桂华流瓦，纤云散，耿耿素娥欲下。衣裳淡雅，看楚女、纤腰一把。萧鼓喧、人影参差，满路飘香麝。

因念都城放夜，望千门如昼，嬉笑游冶。钿车罗帕，相逢处、自有暗尘随马。年光是也，唯只见、旧情衰谢。清漏移、飞盖归来，从舞休歌罢。

解语花

柳如是

幽花吐蕊，燕语南园，明诗殿军醉。巫山沈水，箫歌远，寒日凄然分袂。纤琼凝泪，湖上草，红颜憔悴。哀怨多，弦指舒展，琴诉一生悔。

湖山唤取青翠，绿笺书柳隐，晴崖初会。绛云兰佩，引玉觞，轩窗黄鹂百卉。家园被毁，狼烟起，刀光剑影。世情恶，雪缟白绫，风雨桃李谢。

一百二十二、暗香

此词牌又名《红情》。此调为双调，共十九句，九十七字。上阙九句，四十九字，第一、三、五、七、九句为仄声韵，其余句不入韵；下阙十句，四十八字，除第三、七、九句不入韵外，其余句都为仄声韵。

暗香·梅

姜夔

旧时月色，算几番照我，梅边吹笛。唤起玉人，不管清寒与攀摘。何逊而今渐老，都忘却、春风词笔。但怪得、竹外疏花，香冷入瑶席。

江国，正寂寂。叹寄与路遥，夜雪初积。翠尊易泣，红萼无言耿相忆。长记曾携手处，千树压、西湖寒碧。又片片吹尽也，几时见得？

一百二十三、木兰花慢

此调为双调，共二十三句，一百零一字。上阕十一句，五十字，第三、六、七、九、十一句为平声韵，其余句不入韵；下阕十二句，五十一字，除第三、五、六、九、十一句外，其余句都为平声韵。

木兰花慢

柳永

拆桐花烂熳，乍疏雨，洗清明。正艳杏烧林，缃桃绣野，芳景如屏。倾城，尽寻胜去，骤雕鞍绀幰出郊坰。风暖繁弦脆管，万家竞奏新声。

盈盈，斗草踏青。人艳冶，递逢迎。向路旁往往，遗簪堕珥，珠翠纵横。欢情，对佳丽地，信金罍罄竭玉山倾。拚却明朝永日，画堂一枕春酲。

木兰花慢

辛弃疾

汉中开汉业，问此地，是耶非？想剑指三秦，君王得意，一战东归。追亡事，今不见，但山川满目泪沾衣。落日胡尘未断，西风塞马空肥。

一编书是帝王师。小试去征西。更草草离宴，匆匆去路，愁满旌旗。君思我、回首处，正江涵秋影雁初飞。安得车轮四角，不堪带减腰围。

一百二十四、疏影

此词牌为姜夔自度曲，又名《绿意》、《解佩环》。此调为双调，共二十句，一百一十字。上阕十句，第一、三、六、八、十句为仄声韵，其余句不入韵；下阕十句，五十六字，第三、六、八、十句为仄声韵，其余句不入韵。

疏影·梅

姜夔

苔枝缀玉，有翠禽小小，枝上同宿。客里相逢，篱角黄昏，无言自倚修竹。昭君不惯胡沙远，但暗忆、江南江北。想佩环、月夜归来，化作此花幽独。

犹记深宫旧事，那人正睡里，飞近蛾绿。莫似春风，不管盈盈，早与安排金屋。还教一片随波去，又却怨、玉龙哀曲。等恁时、重觅幽香，已入小窗横幅。

一百二十五、石州慢

此词牌又名《柳色黄》、《石州引》。此调为双调，共二十一句，一百零二字。上阙十句，五十一字，第三、五、八、十句为仄声韵，其余句不入韵；下阙十一句，五十一字，第一、四、六、九、十一句为仄声韵，其余句不入韵。

石州引

贺铸

薄雨收寒，斜照弄晴，春意空阔。长亭柳色才黄，倚马何人先折？烟横水漫，映带几点归鸿，东风消尽龙沙雪。犹记出关来，恰如今时节。

将发。画楼芳酒，红泪清歌，顿成轻别。回首经年，杳杳音尘都绝。欲知方寸，共有几许新愁？芭蕉不展丁香结。憔悴一天涯，两厌厌风月。

石州慢

张元干

已酉秋，吴兴舟中

雨急云飞，惊散暮鸦，微寻凉月。谁家疏柳低迷，几占流萤明来。夜帆风驶，满湖烟水苍苍，菰蒲零乱秋声咽。梦断酒醒时，倚危樯清绝。

心折。长庚光怒，群盗纵横，逆胡猖獗。欲挽天河，一洗中原膏血。两宫何处？塞垣只隔长江，唾壶空击悲歌缺。万里想龙沙，泣孤臣吴越。

一百二十六、选冠子

此词牌又名《选官子》、《转调选冠子》、《惜余春慢》、《苏武慢》、《过秦楼》、《仄韵过秦楼》。此调为双调，共二十三句，一百一十一字。

上阙十二句，五十五字，第三、六、九、十二句为仄声韵，其余句不入韵；下阙十一句，五十六字，第三、六、九、十二句为仄声韵，其余句不入韵。

选冠子·夜景

周邦彦

水浴清蟾，叶喧凉吹，巷陌雨声初断。闲依露井，笑扑流萤，惹破画罗轻扇。人静夜久凭阑，愁不归眠，立残更箭。叹年华一瞬，人今千里，梦沉书远。

空见说、鬓怯琼梳，容销金镜，渐懒趁时匀染。梅风地溽，虹雨苔滋，一架舞红都变。谁信无聊为伊，才减江淹，情伤荀倩。但明河影下，还看疏星几点。

选冠子

吕渭老

雨湿花房，风斜燕子，池阁昼长春晚。檀盘战象，宝局铺棋，筹画未分还懒。谁念少年，齿怯梅酸，病疏霞盏。正青钱遮路，绿丝明水，倦寻歌扇。

空记得、小阁题名，红笺青制，灯火夜深裁剪。明眸似水，妙语如弦，不觉晓霜鸡唤。闻道近来，筝谱慵看，金铺长掩。瘦一枝梅影，回首江南路远。

一百二十七、齐天乐

此词牌又名《台城路》、《五福降中天》、《如此江山》。此调为双调，共二十一句，一百零二字。上阙十句，五十一字，除第三、四、七、九句外，其余句都不入韵；下阙十一句，五十一字，除第二、四、五、八、十句外，其余句都为仄声韵。

齐天乐·蝉

王沂孙

一襟余恨宫魂断，年年翠阴庭树。乍咽凉柯，还移暗叶，重把离愁深诉。西窗过雨。怪瑶佩流空，玉筝调柱。镜暗妆残，为谁娇鬓尚如许？

铜仙铅泪似洗。叹携盘去远，难贮零露。病翼惊秋，枯形阅世，消得斜阳几度。余音更苦。甚独抱清商，顿成凄楚。谩想熏风，柳丝千万缕。

齐天乐

姜夔

庾郎先自吟愁赋，凄凄更闻私语。露湿铜铺，苔侵石井，都是曾听伊处。哀音似诉。正思妇无眠，起寻机杼。曲曲屏山，夜凉独自甚情绪？

西窗又吹暗雨。为谁频断续，相和砧杵？候馆迎秋，离宫吊月，别有伤心无数。豳诗漫与。笑篱落呼灯，世间儿女。写入琴丝，一声声更苦。

一百二十八、八归

此词牌为姜夔自度曲。此调为双调，共二十一句，一百一十五字。上阙十句，五十七字，第三、六、八、十句为仄声韵，其余句不入韵；下阙十一句，五十八字，第三、六、八、十一句为仄声韵，其余句不入韵。

八归

史达祖

秋江带雨，寒沙萦水，人瞰画阁愁独。烟蓑散响惊诗思，还被乱鸥飞去，秀句难续。冷眼尽归图画上，认隔岸、微茫云屋。想半属、渔市樵村，欲暮竞燃竹。

须信风流未老，凭持樽酒，慰此凄凉心目。一鞭南陌，几篙官渡，赖有歌眉舒绿。只匆匆眺远，早觉闲愁挂乔木。应难奈、故人天际，望彻淮山，相思无雁足。

八归·湘中送胡德华

姜夔

芳莲坠粉，疏桐吹绿，庭院暗雨乍歇。无端抱影销魂处，还见篠墙萤暗，藓阶蛩切。送客重寻西去路，问水面琵琶谁拨？最可惜、一片江山，总付与啼鴂。

长恨相从未款，而今何事，又对西风离别？渚寒烟淡，棹移人远，缥缈行舟如叶。想文君望久，倚竹愁生步罗袜。归来后，翠尊双饮，下了珠帘，玲珑闲看月。

一百二十九、眉妩

此词牌又名《百宜娇》。此调为双调，共二十一句，一百零三字。上阙十句，五十二字，第三、六、七、八、十句为仄声韵，其余句不入韵；下阙十一句，五十一字，除三、五、六、十句外，其余句不入韵。

眉妩·新月

王沂孙

渐新痕悬柳，澹彩穿花，依约破初暝。便有团圆意，深深拜，相逢谁在香径？画眉未稳，料素娥、犹带离恨。最堪爱、一曲银钩小，宝帘挂秋冷。

千古盈亏休问。叹慢磨玉斧，难补金镜。太液池犹在，凄凉处，何人重赋清景？故山夜永，试待他、窥户端正。看云外山河，还老尽桂花影。

一百三十、兰陵王

此词牌又名《高冠军》。此调为三叠，共二十五句，一百三十字。第一段八句，四十八字，除第三句外，都为仄声韵；第二段八句，四十二字，除第二、五、六句外，都为仄声韵；第三段九句，四十字，除第二、五、七、八句外，都为仄声韵。

兰陵王·柳

周邦彦

柳阴直，烟里丝丝弄碧。隋堤上、曾见几番，拂水飘绵送行色。登临望故国，谁识京华倦客？长亭路、年去岁来，应折柔条过千尺。

闲寻旧踪迹。又酒趁哀弦，灯照离席，梨花榆火催寒食。愁一箭风快，半篙波暖，回头迢递便数驿，望人在天北。

凄恻，恨堆积。渐别浦萦回，津堠岑寂，斜阳冉冉春无极。念月榭携手，露桥闻笛。沉思前事，似梦里，泪暗滴。

兰陵王

刘辰翁

送春去，春去人间无路。秋千外，芳草连天，谁遣风沙暗南浦？依依甚意绪，漫忆海门飞絮。乱鸦过，斗转城荒，不见来时试灯处。

春去，最谁苦？但箭雁沉边，梁燕无主，杜鹃声里长门暮。想玉树凋土，泪盘如露。咸阳送客屡回顾，斜日未能度。

春去，尚来否？正江令恨别，庾信愁赋，苏堤尽日风和雨。叹神游故国，花记前度。人生流落，顾孺子，共夜语。

一百三十一、南浦

此调为双调，共十七句，一百零五字。上阙八句，五十二字，第二、四、六、八句为仄声韵，其余句不入韵；下阙九句，五十三字，第三、五、七、九句为仄声韵，其余句不入韵。

南浦·春水

王沂孙

柳下碧粼粼，认麴尘乍生、色嫩如染。清溜满银塘，东风细、参差縠纹初遍。别君南浦，翠眉曾照波痕浅。再来涨绿迷旧处，添却残红几片。

葡萄过雨新痕，正拍拍轻鸥，翩翩小燕。帘影蘸楼阴，芳流去、应有泪珠千点。沧浪一舸，断魂重唱苹花怨。采香幽径鸳鸯睡，谁道湔裙人远？

南浦

程垓

金鸭懒薰香，向晚来春酲，一枕无绪。浓绿涨瑶窗，东风外，吹尽乱红飞絮。无言伫立，断肠惟有流莺语。碧云欲暮，空惆怅韶华，一时虚度。

追思旧日心情，记题叶西楼，吹花南浦。老去觉欢疏，伤春恨、都付断云残雨。黄昏院落，问谁犹在凭栏处。可堪杜宇，空只解声声，催他春去。

一百三十二、多丽

此词牌又名《绿头鸭》、《陇头泉》。此调为双调，共二十四句，一百三十九字。上阙十三句，七十四字，第二、四、六、九、十一、十三句为平声韵，其余句不入韵；下阙十一句，六十五字，第二、四、七、九、十一句为平声韵，其余句不入韵。

绿头鸭·咏月

晁端礼

晚云收，淡天一片琉璃。烂银盘、来从海底，皓色千里澄辉。莹无尘、素娥淡伫，静可数、丹桂参差。玉露初零，金风未凛，一年无似此佳时。露坐久，疏萤时度，乌鹊正南飞。瑶台冷，栏干凭暖，欲下迟迟。

念佳人，音尘别后，对此应解相思。最关情、漏声正永，暗断肠、花影偷移。料得来宵，清光未减，阴晴天气又争知？共凝恋，如今别后，还是隔年期。人强健，清樽素影，长愿相随。

多丽

李清照

小楼寒，夜长帘幕低垂。恨潇潇、无情风雨，夜来揉损琼肌。也不似、贵妃醉脸，也不似、孙寿愁眉。韩令偷香，徐娘傅粉，莫将比拟未新奇，细看取，屈平陶令，风韵正相宜。微风起，清芬酝藉，不减酴醾。渐秋阑，雪清玉瘦，向人无限依依。似愁凝、汉皋解佩，似泪洒、纨扇题诗。朗月清风，浓烟暗雨，天教憔悴瘦芳姿。纵爱惜，不知从此，留得几多时。人情好，何须更忆，泽畔东篱。

一百三十三、西河

此词牌又名《西河狮子》、《西河剑器》、《西河长命女》。此调为三叠，共十九句，一百零五字。第一段六句，三十三字，第一、二、四、六句为仄声韵，其余句不入韵；第二段七句，三十六字，第二、三、五、七句为仄声韵，其余句不入韵；第三段六句，三十六字，第一、二、三、六句为仄声韵，其余句不入韵。

西河·金陵怀古

周邦彦

佳丽地，南朝盛事谁记？山围故国绕清江，髻鬟对起。怒涛寂寞打孤城，风樯遥度天际。

断崖树，犹倒倚，莫愁艇子曾系。空余旧迹郁苍苍，雾沉半垒。夜深月过女墙来，伤心东望淮水。

酒旗戏鼓甚处市？想依稀、王谢邻里。燕子不知何世，入寻常、巷陌人家，相对如说兴亡，斜阳里。

一百三十四、六丑

此调为双调，共二十七句，一百四十字。上阕十四句，六十九字，第二、四、五、八、九、十一、十二、十四句为仄声韵，其余句不入韵；下阕十三句，七十一字，第一、二、四、五、七、八、十、十一、十三句为仄声韵，其余句不入韵。

六丑

周邦彦

正单衣试酒，恨客里、光阴虚掷。愿春暂留，春归如过翼，一去无迹。为问花何在，夜来风雨，葬楚宫倾国。钗钿堕处遗香泽。乱点桃蹊，轻翻柳陌。多情为谁追惜。但蜂媒蝶使，时叩窗槅。

东园岑寂，渐蒙笼暗碧。静绕珍丛底，成叹息。长条故惹行客。似牵衣待话，别情无极。残英小、强簪巾帻。终不似一朵，钗头颤袅，向人攲侧。漂流处、莫趁潮汐。恐断红、尚有相思字，何由见得。

六丑

彭元逊

似东风老大，那复有、当时风气。有情不收，江山身是寄。浩荡何世。但忆临管道，暂来不住，便出门千里。痴心指望回风坠。扇底相逢，钗头微缀。他家万条千缕，解遮亭障驿，不隔江水。

瓜洲曾停，等行人岁岁。日下长秋、城乌夜起。账庐好在春睡。共飞归湖上，草青无地。愔愔雨、春心如腻。欲待化、丰乐楼前帐饮，青门都废。何人念、流落无几。点点抟作，雪绵松润，为君浥泪。

一百三十五、解连环

此词牌又名《望梅》、《杏梁燕》。此调为双调，共二十一句，一百零六字。上阕十一句，五十三字，第一、三、六、八、十一句为仄声韵，其余句不入韵；下阕十句，五十四字，五十三字，第一、三、六、八、九句为仄声韵，其余句不入韵。

解连环·春水

高观国

浪摇新绿。漫芳洲翠渚，雨痕初足。荡霁色、流入横塘，看风外漪漪，皱纹如縠。藻荇萦回，似留恋、鸳飞鸥浴。爱娇云蘸色，媚日挼蓝，远迷心目。

仙源漾舟岸曲。照芳容几树，香浮红玉。记那回、西洛桥边，裙翠传情，玉纤轻掬。三十六陂，锦鳞渺、芳音难续。隔垂杨，故人望断，浸愁万斛。

解连环

周邦彦

怨怀无托。嗟情人断绝，信意辽邈。纵妙手、能解连环，似风散雨收，雾轻云薄。燕子楼空，暗尘锁、一床弦索。想移根换叶，尽是旧时，手种红药。

汀洲渐生杜若。料舟移岸曲，人天角。谩记得、当日音书，把闲语闲言，待总烧却。水驿春回，望寄我，江南梅萼。拚今生，对花对酒，为伊泪落。

一百三十六、夜半乐

此调为三叠，共二十六句，一百四十四字。第一段十句，五十字，第三、五、九、十句为仄声韵，其余句不入韵；第二段九句，四十九字，第三、四、八、九句为仄声韵，其余句不入韵；第三段七句，四十五字，除前两句外，都为仄声韵。

夜半乐

柳永

冻云黯淡天气，扁舟一叶，乘兴离江渚。度万壑千岩，越溪深处。怒涛渐息，樵风乍起，更闻商旅相呼。片帆高举，泛画鹢、翩翩过南浦。

望中酒旆闪闪，一簇烟村，数行霜树。残日下、渔人鸣榔归去。败荷零落，衰杨掩映，岸边两两三三，浣纱游女，避行客、含羞笑相语。

到此因念，绣阁轻抛，浪萍难驻。叹后约、丁宁竟何据？惨离怀、空恨岁晚归期阻。凝泪眼、杳杳神京路，断鸿声远长天暮。

一百三十七、一萼红

此调为双调，共二十一句，一百零八字。上阙十一句，五十四字，第一、三、六、八、十一句为平声韵，其余句不入韵；下阙十句，五十四字，第三、六、八、十句为平声韵，其余句不入韵。

一萼红

姜夔

（丙午人日，余客长沙别驾之观政堂，堂下曲沼，沼西负古垣，有卢橘幽篁，一径深曲。穿径而南，官梅数十株，如椒如菽，或红破白露，枝影扶疏。著屐苍苔细石间，野兴横生，亟命驾登定王台，乱湘流入麓山，湘云低昂，湘波容与，兴尽悲来，醉吟成调。）

古城阴。有官梅几许，红萼未宜簪。池面冰胶，墙腰雪老，云意还又沉沉。翠藤共、闲穿径竹，渐笑语、惊起卧沙禽。野老林泉，故王台榭，呼唤登临。

南去北来何事，荡湘云楚水，目极伤心。朱户黏鸡，金盘簇燕，空叹时序侵寻。记曾共、西楼雅集，想垂杨、还袅万丝金。待得归鞍到时，只怕春深。

一萼红·登蓬莱阁有感

周密

步深幽。正云黄天淡，雪意未全休。鉴曲寒沙，茂林烟草，俯仰千古悠悠。岁华晚、漂零渐远，谁念我、同载五湖舟。磴古松斜，厓阴苔老，一片清愁。

回首天涯归梦，几魂飞西浦，泪洒东州。故国山川，故园心眼，还似王粲登楼。最负他、秦鬟妆镜，好江山、何事此时游。为唤狂吟老监，共赋消忧。

一百三十八、莺啼序

此调为四叠，共四十七句，二百四十字。第一段九句，四十九字，第二、四、六、九句为仄声韵，其余句不入韵；第二段十句，五十一字，第三、五、七、十句为仄声韵，其余句不入韵；第三段十四句，七十一字，第三、七、十一、十四句为仄声韵，其余句不入韵；

第四段十四句，六十九字，第三、七、十一、十四句为仄声韵，其余句不入韵。

莺啼序

吴文英

残寒正欺病酒，掩沉香绣户。燕来晚、飞入西城，似说春事迟暮。画船载、清明过却，晴烟冉冉吴宫树。念羁情，游荡随风，化为轻絮。

十载西湖，傍柳系马，趁娇尘软雾。溯红渐、招入仙溪，锦儿偷寄幽素。倚银屏、春宽梦窄，断红湿、歌纨金缕。暝堤空，轻把斜阳，总还鸥鹭。

幽兰旋老，杜若还生，水乡尚寄旅。别后访、六桥无信，事往花委，瘗玉埋香，几番风雨。长波妒盼，遥山羞黛，渔灯分影春江宿，记当时、短楫桃根渡。青楼仿佛，临分败壁题诗，泪墨惨淡尘土。

危亭望极，草色天涯，叹鬓侵半苎。暗点检、离痕欢唾，尚染鲛绡。亸凤迷归，破鸾慵舞。殷勤待写，书中长恨，蓝霞辽海沉过雁，漫相思、弹入哀筝柱。伤心千里江南，怨曲重招，断魂在否？

莺啼序

吴文英

横塘棹穿艳锦，引鸳鸯弄水。断霞晚、笑折花归，绀纱低护灯蕊。润玉瘦，冰轻倦浴，斜拖凤股盘云坠。听银床，声细梧桐，渐搅凉思。

窗隙流光，冉冉迅羽，诉空梁燕子。误惊起、风竹敲门，故人还又不至。记琅玕、新诗细掐，早陈迹、香痕纤指。怕因循，罗扇恩疏，又生秋意。

西湖旧日，画舸频移，叹几萦梦寐。霞佩冷，叠澜不定，麝霭飞雨，乍湿鲛绡，暗盛红泪。綀单夜共，波心宿处，琼箫吹月霓裳舞，向明朝、未觉花容悴。嫣香易落，回头澹碧销烟，镜空画罗屏里。

残蝉度曲，唱彻西园，也感红怨翠。念省惯、吴宫幽憩，暗柳追凉，晓岸参斜，露零沤起。丝萦寸藕，留连欢事，桃笙平展湘浪影，有昭华秾李冰相倚。如今鬓点凄霜，半箧秋词，恨盈蠹纸。

一百三十九、风流子

此调为双调，共二十二句，一百一十字。上阙十二句，五十九字，第二、六、八、十二句为平声韵，其余句不入韵；下阙十句，五十一字，第二、四、八、十句为仄声韵，其余句不入韵。

风流子

周邦彦

枫林凋晚叶，关河迥，楚客惨将归。望一川暝霭，雁声哀怨，半规凉月，人影参差。酒醒后，泪花销凤蜡，风幕卷金泥。砧杵韵高，唤回残梦，绮罗香减，牵起余悲。

亭皋分襟地，难拼处、偏是掩面牵衣。何况怨怀长结，重见无期。想寄恨书中，银钩空满，断肠声里，玉筯还垂。多少暗愁密意，唯有天知。

风流子

张耒

木叶亭皋丁，重阳近，又是捣衣秋。奈愁入庾肠，老侵潘鬓，谩簪黄菊，花也应羞。楚天晚，白苹烟尽处，红蓼水边头。芳草有情，夕阳无语，雁横南浦，人倚西楼。

玉容知安否？香笺共锦字，两处悠悠。空恨碧云离合，青鸟沉浮。向风前懊恼，芳心一点，寸眉两叶，禁甚闲愁。情到不堪言处，分付东流。

一百四十、三字令

此调为双调，上下阙相同，各八句，二十四字。第二、三、五、八句为平声韵。

三字令

欧阳炯

春欲尽，日迟迟，牡丹时。罗幌卷，翠帘垂。彩笺书，红粉泪，两心知。

人不在，燕空归，负佳期。香烬落，枕函欹。月分明，花澹薄，惹相思。

三字令·姻·代作

苏轼

春去去，寂寥深，对空晨。昨夜梦，诉谁人？鬓青时，花底事。已封尘。

残月在，挽流云，意沉沉。昔日语，了无痕。子衿绝，风雨晦。式微闻。

一百四十一、安公子

此调为双调，上下阙相同，各九句，五十三字。第一、二、四、六、七、九句为仄声韵。

安公子

柳永

远岸收残雨，雨残稍觉江天暮。拾翠汀洲人寂静，立双双鸥鹭。望几点渔灯，隐映蒹葭浦。停画桡、两两舟人语。道去程今夜，遥指前村烟树。

游宦成羁旅，短樯吟倚闲凝伫。万水千山迷远近，想乡关何处？自别后，风亭月榭孤欢聚。刚断肠、惹得离情苦。听杜宇声声，劝人不如归去。

安公子

袁去华

弱柳丝千缕，嫩黄匀遍鸦啼处。寒入罗衣春尚浅，过一番风雨。问燕子来时，绿水桥边路。曾画楼、见个人人否。料静掩云窗，尘满哀弦危柱。

庾信愁如许，为谁都著眉端聚。独立东风弹泪眼，寄烟波东去。念永昼春闲，人倦如何度。闲傍枕、百啭黄鹂语。唤觉来厌厌，残照依然花坞。

一百四十二、粉蝶儿

此调为双调，上下阙相同，各九句，三十六字，第二、四、七、九句为仄声韵。

粉蝶儿

毛滂

雪遍梅花，素光都共奇绝。到窗前、认君时节。下重帏，香篆冷，兰膏明灭。梦悠扬。空绕断云残月。

沈郎带宽，同心放开重结。褪罗衣、楚腰一捻。正春风，新著摸，花花叶叶。粉蝶儿，这回共花同活。

粉蝶儿

曹冠

绕舍清阴，还是暮春天气。遍苍苔，乱红堆砌。问留春不住，春怎知人意。最关情，云杪杜鹃声碎。

休怨春归，四时有花堪醉。渐红莲，艳妆依水。次芙蓉岩桂，与菊英梅蕊。称开樽，日日殢香偎翠。

一百四十三、梦玉人引

此调为双调，共二十句，八十五字。上阙十句，四十二字，第三、五、八、十句为仄声韵；下阙十句，四十三字，第三、五、八、十句为仄声韵。

梦玉人引

李甲

渐东风暖，陇梅残，霁云碧。嫩草柔条，又回江城春色。乍促银签，便篆香纹蜡有余迹。愁梦相兼，尽日高无力。

这些离恨，依然是、酒醒又如织。料伊怀情，也应向人端的。何故近日，全然无消息。问伊看，伊教人到此，如何休得。

梦玉人引

陈三聘

倚阑干久，人不见，暮云碧。芳草池塘，春梦暗惊诗客。昨夜溪梅，向空山雪里，轻匀颜色。好赠行人，折枝南北。

雨巾风帽，昔追游、谁念旧踪迹。料得疏篱，暗香时度风息。淡月微云，有何人消得。便归去，踏溪桥，慰我经年思忆。

一百四十四、降仙台

此调为单调，共二十一句，九十八字，第三、六、八、九、十、十二、十四、十五、十六、十七、十八、二十一句为平声韵。

降仙台

洪适

漏残析静鸡声远，到高燎，入层霄。云裘蟠瑞霭，天步下嘉坛，旗旆飘摇。黄麾列仗貔貅整，气压江潮。导前从后盛官僚。玉佩间金貂。望扶桑，日渐高。阴霾霜雪，底处不潜消。辇路祥飙。披拂绛纱袍。云间瑞阙仰岧峣。播春泽、喜浃黎苗。礼成大庆，鳌三抃、受昕朝。

降仙台

无名氏

升烟既罢，良夜未晓，天步下神邱。锵锵鸣玉佩，炜炜照金莲，杳蔼云裘。彩仗初转，回龙驭、旌旆悠悠。星影疏动与天流。漏尽五更筹。大明升，东海头。杲杲灵曜，倒影射旗旒。辇路具修。葱郁瑞光浮。归来双阙看御楼。有仙鹤、衔书赦囚。万方喜气，均祉福，播歌讴。

一百四十五、曲江秋

此调为双调，共二十三句，一百零三字。上阙十二句，五十字，第一、三、六、七、九、十二句为仄声韵；下阙十一句，五十三字，第一、二、三、六、八、十一句为仄声韵。

曲江秋

韩玉

明轩快目。正雨过湘溪，秋来泽国。波面鉴开，山光淀拂，竹声摇寒玉。鸥鹭戏晚日，芰荷动，香红蔌。千古兴亡意，凄凉飐舟，望迷南北。

仿佛，烟笼雾簇。认何处、当年绣毂。沉香花萼事，潇然伤感，宫殿三十六。忍听向晚菱歌，依稀犹似新番曲。试与问，如今新蒲细柳，为谁摇绿。

曲江秋·马江秋感

张景祁

寒潮怒激。看战垒萧萧，都成沙碛。挥扇渡江，围棋赌墅，诧纶巾标格。烽火照水驿。问谁洗，鲸波赤？指点鏖兵处，墟烟暗生，更无渔笛。

嗟惜，平台献策。顿销尽楼船画鹢。凄然猿鹤怨，旌旗何在，血泪沾筹笔。回望一角天河，星辉高拥乘槎客。算只有鸥边，疏荭断蓼，向人红泣。

一百四十六、春从天上来

此词牌又名《春从天外来》。此调为双调，共二十二句，一百零六字。上阕十一句，五十二字，第一、三、六、八、九、十一句为平声韵；下阕十一句，五十四字，第三、六、八、九、十一句为平声韵。

春从天上来

吴激

（会宁府遇老姬，善鼓瑟。自言梨园旧籍，因感而赋此。）

海角飘零。叹汉苑秦宫，坠露飞萤。梦里天上，金屋银屏。歌吹竞举青冥。问当时遗谱，有绝艺、鼓瑟湘灵。促哀弹，似林莺呖呖，山溜泠泠。

梨园太平乐府，醉几度春风，鬓变星星。舞彻中原，尘飞沧海，飞雪万里龙庭。写胡笳幽怨，人憔悴、不似丹青。酒微醒。对一窗凉月，灯火青荧。

春从天上来

张炎

海上回槎。认旧时鸥鹭，犹恋蒹葭。影散香消，水流云在，疏树十里寒沙。难问钱塘苏小，都不见、擘竹分茶。更堪嗟，似荻花江上，谁弄琵琶。

烟霞自延晚照，尽换了西林，窈窕纹纱。蝴蝶飞来，不知是梦，犹疑春在邻家。一掬幽怀难写，春何处、春已天涯。减繁华，是山中杜宇，不是杨花。

一百四十七、茅山逢故人

此调为双调，共十句，四十八字。上阙五句，二十四字，第一、二、五句为仄声韵；下阙五句，二十四字，第二、五句为仄声韵。

茅山逢故人·句曲道中送友

张雨

山下寒林平楚。山外云帆烟渚。不饮如何，吾生如梦，鬓毛如许。

能消几度相逢，遮莫而今归去。壮士黄金，昔人黄鹤，美人黄土。

茅山逢故人·醉题

吴绮

满目乱山无数，一片寒潮来去。故业何存，故人何在，故乡何处。

离骚一卷长怀，莫向西风空诉。才子无时，美人无对，英雄无路。

一百四十八、绿盖舞风轻

此调为双调，共二十一句，九十七字。上阙十句，四十九字，第三、六、八、十句为仄声韵；下阙十一句，四十八字，第一、三、六、九、十一句为仄声韵。

绿盖舞风轻·白莲赋

周密

玉立照新妆，翠盖亭亭，凌波步秋绮。真色生香，明珰摇淡月，舞袖斜倚。耿耿芳心，奈千缕、情丝萦系。恨开迟、不嫁东风，颦怨娇蕊。

花底、谩卜幽期，素手采珠房，粉艳初退。雨湿铅腮，碧云深、暗聚软绡清泪。访藕寻莲，楚江远、相思谁寄。棹歌回，衣露满身花气。

绿盖舞风轻

朱祖谋

一阕定风波，倦眼登临，危阑对横绮。凉笛延秋，江湖归未得，浅醉慵倚。劫后吟魂，又轻被、苹丝牵系。正红衣、掠岸西风，催堕秋蕊。

杯底、遣得孤欢，照影弄清波，短鬓尘洗。酒入襟痕，好心期、换与故年闲泪。梦里沧洲，更不信、孤根无寄。过江人，销尽看花英气。

一百四十九、爱月夜眠迟

此调为双调，共二十二句，一百零四字。上阕十一句，五十一字，第三、六、十一句为平声韵，第八句为仄声韵；下阕十一句，五十三字，第三、六、八、十一句为平声韵。

爱月夜眠迟

无名氏

禁鼓初敲，觉六街夜悄，车马人稀。暮天澄淡，云收雾卷，亭亭皎月如圭。冰轮碾出遥空，无私照临千里。最堪怜，有清风，送得丹桂香微。

唯愿素魄长圆，把流霞对饮，满泛觥卮。醉凭栏处、赏玩不忍，辜却好景良时。清歌妙舞连宵，踟蹰懒入罗帏。任佳人，尽嗔我爱月，每夜眠迟。

爱月夜眠迟

仇远

小市收镫，渐柝声隐隐，人语沉沉。月华如水，香街尘冷，阑干琐碎花阴。罗帏不隔婵娟，多情伴人孤枕。最分明，见屏山翠叠，遮断行云。

因记款曲西厢，趁凌波步影，笑拾遗簪。元宵相次近也，沙河箫鼓，却是如今。行行舞袖歌裙，归还不管更深。黯无言，新愁旧月，空照黄昏。

一百五十、定西番

此调为双调，共八句，三十五字。上阕四句，十五字，第一句为仄声韵，第三、四句为平声韵；下阕四句，二十字，第一、三句为平声韵，第二、四句为仄声韵。

定西番

温庭筠

海燕欲飞调羽，萱草绿，杏花红，隔帘栊。

双鬓翠霞金缕，一枝春艳浓。楼上月明三五，琐窗中。

定西番

牛峤

紫塞月明千里，金甲冷，戍楼寒，梦长安。

乡思望中天阔，漏残星亦残。画角数声呜咽，雪漫漫。

一百五十一、八宝妆

此词牌又名《新雁过妆楼》、《瑶台聚八仙》。此调为双调，共二十句，九十九字。上阙十句，四十八字，第一、三、五、七、十句为平声韵，其余句不入韵；下阙十句，五十一字，第一、二句为仄声韵，第三、五、七、十句为平声韵，其余句不入韵。

新雁过妆楼

吴文英

梦醒芙蓉，风檐近、浑疑佩玉丁东。翠微流水，都是惜别行踪。宋玉秋花比瘦，赋情更苦似春浓。小黄昏，绀云暮合，不见征鸿。

宜城当时放客，认燕泥旧迹，返照楼空。夜阑心事，灯外败壁哀蛩。江寒夜枫怨落，怕流作题情肠断红。行云远，料澹娥人在，秋香月中。

八宝妆·秋霄有感

陈允平

望远秋平，初过雨、微茫水满烟汀。乱红疏柳，犹带数点残萤。待月重帘谁共倚，信鸿断续两三声。夜如何，顿凉骤觉，纨扇无情。

还思骖鸾素约，念凤箫雁瑟，取次尘生。旧日潘郎，双鬓半已星星。琴心锦意暗懒，又争奈西风吹恨醒。屏山冷，怕梦魂飞渡，蓝桥不成。

一百五十二、风马儿

此词牌又名《风马令》。此调为双调，共十句，六十六字。上阙五句，三十三字，第一、三句为平声韵，第二、五句为平声韵；下阙同。

风马令

王喆

意马擒来莫容纵。长堤备、珰滴磂矴。被槽头、猢狲相调弄。攒蹄举耳早临风，珰滴磂矴。

椿上缰儿紧缠鞚。这回你、珰滴磂矴。待驯良、牵归白云洞。逍遥自在更不肯，珰滴磂矴。

风马儿·继重阳韵

马钰

意马颠狂自由纵。来往走、珰滴磂矴。更加之、心猿厮调弄。歌迷酒惑财色引，珰滴磂矴。

幸欲风仙把持鞚。便不敢、珰滴磂矴。待清清、堪归云霞洞。浑身白彻在不肯，珰滴磂矴。

一百五十三、金鼎一溪云

此词牌又名《巫山一段云》。此调为双调，共八句，四十六字。上阙四句，二十二字，第二、三、四句为平声韵；下阙四句，第一、二句为平声韵，第三、四句为平声韵。

金鼎一溪云

王喆

对月成词句，临风写颂章。一枝银管瑞中祥，随山染清凉。

玉洞门开深浅，宝树花分香篆。蓬莱仙岛是吾乡，宴罢后琼堂。

金鼎一溪云

马钰

净里传章句，清中悟句章。通玄达妙得嘉祥，自是绝炎凉。

玉户三封清浅，金鼎一溪云篆。蓬瀛方丈是家乡，卧月醉云堂。

一百五十四、解佩令

此调为双调，共十二句，六十六字。上阙六句，三十三字，第二、三、五、六句为仄声韵，其余句不入韵；下阙六句，三十三字，第一、

二、三、五、六句为仄声韵。

解佩令

晏几道

玉阶秋感，年华暗去。掩深宫、团扇无绪。记得当时，自剪下、机中轻素。点丹青、花成秦女。

凉襟犹在，朱弦未改。忍霜纨、飘零何处。自古悲凉，是情事、轻如云雨。倚幺弦、恨长难诉。

解佩令

仇远

浅莎深院，流萤暗度。问霜纨、藏在何处。一自西风，乱翦翦、枝头红露。怕因循、彩鸾尘蠹。

歌台香散，离宫烛暗。谩消凝、凌波微步。最怕黄昏，小楼外、零云残雨。把相思、共青灯诉。

一百五十五、梅花引

此调为双调，共十三句，五十七字。上阕七句，二十八字，除第六句外，都为平声韵；下阕六句，二十九字，第一、二句为平声韵，第三、四、六句为仄声韵。

梅花引·苏小小墓

朱彝尊

小溪澄，小桥横，小小坟前松柏声。碧云停，碧云停，凝想往时，香车油壁轻。

溪流飞遍红襟鸟，桥头生遍红心草。雨初晴，雨初晴，寒食落花，青骢不忍行。

梅花引·冬怨

万俟咏

晓风酸，晓霜干，一雁南飞人度关。客衣单，客衣单，千里断魂，空歌行路难。

寒梅惊破前村雪，寒鸦啼破西楼月。酒肠宽，酒肠宽，家在日边，不堪频倚阑。

一百五十六、甘露滴乔松

此调为双调，共十九句，九十六字。上阙十句，四十八字，第三、五、七、十句为仄声韵，第六句为平声韵，其余句不入韵；下阙九句，第三、五、七、九句为仄声韵，第一、六句为仄声韵。

甘露滴乔松

无名氏

沙堤露近，喜五年相遇，朱颜依旧。尽道名世，半千公望三九。是今日、富民侯。早生聚、考堂户口。谁欤兼致，文章燕许，歌辞苏柳。

更饶万卷图书，把藤笈芸编，遍题青镂。一经传得，旧事韦平先后。试衮衮、数英游。问好事、如今能否。曲车正满，自酌太和春酒。

甘露滴乔松

无名氏

光阴迅速，叹世人朝朝，贪生无已。假若富过，石崇金玉堆积。谩赢得、业相随，镇日假、瞒心昧己。阎王请也，从前罪业，待交谁替。

争如早早修持，伴物外仙家，抛离凡世。默默湛寂，别有壶中天地。显森罗、月辉辉，观法界、神光一体。归去也，清风送朝上帝。

一百五十七、换巢鸾凤

此调为双调，共二十一句，一百字。上阙十句，四十八字，第一、三、五、六、八句为平声韵，第十句为仄声韵，其余句不入韵；下阙十一句，五十二字，第二、四、七、九、十一句为仄声韵，第一句为平声韵，其余句不入韵。

换巢鸾凤·梅意

史达祖

人若梅娇。正愁横断坞，梦绕溪桥。倚风融汉粉，坐月怨秦箫。相思因甚到纤腰。定知我今，无魂可销。佳期晚，谩几度、泪痕相照。

人悄，天眇眇。花外语香，时透郎怀抱。暗握荑苗，乍尝樱颗，犹恨侵阶芳草。天念王昌忒多情，换巢鸾凤教偕老。温柔乡，醉芙蓉，一帐春晓。

换巢鸾凤

邓廷桢

［少穆（林则徐）留镇两粤，而余承乏三江，临行赋此。］

梅岭烟宵，正南枝意懒，北蕊香饶。甚因催燕睇？底事趁鸿遥？头番消息恰春朝。蓼汀杏梁，青云换巢。离亭柳，漫绾线、系人兰棹。

思悄，波渺渺。箫鼓月明，何处长安道？洗手谙姑，画眉询婿，三日情怀应恼。新妇无端置车帷，故山还许寻芳草。珠瀛清，者襟期两地都晓。

一百五十八、哨遍

此词牌又名《北山移文哨遍》、《松江哨遍》，共三十六句，二百零三字。上阙十六句，八十七字，第三、五、八、十一、十六句为仄声韵，第四、六、十二、十三句为平声韵，其余句不入韵；下阙二十句，一百一十六字，第一、二、十二、十三、十九句为平声韵，第三、五、八、十一、十四、十六、十八、二十句为仄声韵，其余句不入韵。

哨遍

苏轼

为米折腰，因酒弃家，口体交相累。归去来、谁不遣君归，觉从前皆非今是。露未晞，征夫指予归路，门前笑语喧童稚。嗟旧菊都荒，新松暗老，吾年今已如此。但小窗容膝闭柴扉，策杖看、孤云暮鸿飞。云出无心，鸟倦知还，本非有意。

噫，归去来兮，我今忘我兼忘世。亲戚无浪语，琴书中有真味。步翠麓崎岖，泛溪窈窕，涓涓暗谷流春水。观草木欣荣，幽人自感，吾生行且休矣。念寓形宇内复几时，不自觉皇皇欲何之。委吾心去留谁计。神仙知在何处，富贵非吾志。但知临水登山啸咏，自引壶觞自醉。此生天命更何疑，且乘流、遇坎还止。

哨遍·秋水观

辛弃疾

蜗角斗争，左触右蛮，一战连千里。君试思、方寸此心微。总虚空并包无际。喻此理，何言泰山毫末，从来天地一稊米。嗟大小相形，鸠鹏自乐，之二虫又何知。记跖行仁义孔丘非，更殇乐、长年老彭悲。火鼠论寒，冰蚕语热，定谁同异。

噫，贵贱随时，连城才换一羊皮。谁与齐万物，庄周吾梦见之。正商略遗篇，翩然顾笑，空堂梦觉题秋水。有客问洪河，百川灌雨，泾流不辨涯涘。于是焉河伯欣然喜，以天下之美尽在已。渺沧溟望洋东视。逡巡向若惊叹，谓我非逢子。大方达观之家，未免长见，犹然笑耳。北堂之水几何其，但清溪、一曲而已。

一百五十九、醉春风

此调为双调，共十四句，六十四字。上下阙同，各七句，三十二字，第一、二、四、七句为仄声韵，第三句为平声韵，其余句不入韵。

醉春风·三月二十七日出禁谪宁夏安置

陈德武

推枕床羞下，临鸾眉不画。妒深谁复白圭瑕。怕怕怕。飞燕班姬，昭君延寿，孰知淫雅。

背倚荼蘼架，泪满鲛绡帕。白头吟断怨琵琶。罢罢罢。采柏卖珠，牵萝补屋，顺天生化。

醉春风·代怨嘲

王微

谁劝郎先睡？窗冷灯儿背。抱琴抛婢倚香帏，睡睡睡。忘却温柔，一心只恋，醉乡滋味。

惭愧鞋儿褪，耽搁鸳鸯被。问郎曾否脱罗衣？未未未！想是高唐，美人惜别，不容分袂？

一百六十、啄木儿

此调为双调，共十六句，七十二字。上阙九句，三十八字，第一、三句为平声韵，第二、四、五、六、七、九句为仄声韵；下阙七句，三十四字，除第六句不入韵外，其余句都为仄声韵。

啄木儿

王喆

自行自行，见性不用命。自惺自惺。黑飚先捉定。使倒颠并，唯堪咏。两脉来回皆吉庆。辨清清，与静静。

乌龟儿、从兹警省。放眼耀、光明焕炳。恣水中游，涛间逞。望见赫曦山上景。转波恬、又浪静。

啄木儿

王喆

自知自知，只此分明是。自此自此，得一并无四。在虚空里。撒金蕊。万道霞光通表里。复元初，见本始。

要练正、灵真范轨。更不用、木金火水。把良因垒。从心起。方寸清凉无忧喜。澄长生，并久视。

一百六十一、踏莎美人

此调为双调，共十句，六十二字。上下阙同，各五句，三十一字，第二、三句为仄声韵，第四、五句为平声韵。

踏莎美人·清明

纳兰性德

拾翠归迟，踏青期近。香笺小叠邻姬讯。樱桃花谢已清明，何事绿鬟斜亸宝钗横。

浅黛双弯，柔肠几寸，不堪更惹其他恨。晓窗窥梦有流莺。也觉个侬憔悴可怜生。

踏莎美人

顾贞观

渺渺风帆，凄凄烟树，望中便是侬行处。离魂别后苦相招，分付采菱歌畔木兰桡。

水驿传更，江楼听雨。此情好待归时雨。双雨一夜送秋潮，应自有人双泪滴红桥。

一百六十二、促拍满路花

此调为双调，共十八句，八十六字。上阙九句，四十二字，第二、四、六、九句为平声韵；下阙九句，四十四字，第一、二、四、六、九句为平声韵。

促拍满路花

吕岩

秋风吹渭水，落叶满长安。黄尘车马道、独清闲。自然炉鼎，虎绕与龙盘。九转丹砂就，琴心三叠，蕊宫看舞胎仙。

任万钉宝带貂蝉，富贵欲薰天。黄粱炊未熟，梦惊残。是非海里，直道作人难。袖手江南去，白苹红蓼，又寻湓浦庐山。

促拍满路花·瑞荫亭赠锦屏苗道人

赵师侠

连枝蟠古木，瑞荫映晴空。桃江江上景，古今同。忙中取静，心地尽从客。扫尽荆榛蔽，结屋诛茅，道人一段家风。

任飞乌兔走匆匆，世事亦何穷。官闲民不扰，更年丰。箪瓢云水，时与话西东。真乐谁能识，兀坐忘言，浩然天地之中。

一百六十三、西溪子

此调为单调，共七句，三十五字。第一、二、四、五、六句为仄声韵，第七、八句为平声韵。

西溪子（其二）

李珣

马上见时如梦，认得脸波相送。柳堤长，无限意，夕阳里，醉把金鞭欲坠。归去想娇娆，暗魂消。

西溪子

朱祖谋

燕赵悲歌人在，剧孟旧家倾盖。急呼觞，筵未半，筝弦断。酒醒惊沙扑面。将恨上高楼，望幽州。

一百六十四、赤枣子

此调为单调，共五句，二十七字，第二、三、五句为平声韵。

赤枣子（其二）

欧阳炯

莲脸薄，柳眉长，等闲无事莫商量。每一见时明月夜，损人情思断人肠。

赤枣子·华阳洞（其一）

游九言

河汉澈，碧霄晴，九华仙子到凡尘。凉夜山头吹玉笛，纤云卷尽月分明。

一百六十五、东风齐著力

此词牌又名《东风齐着力》。此调为双调，共十九句，九十二字。上阙十句，四十五字，第三、五、七、十句为平声韵；下阙九句，四十七字，第一、二、四、六、九句为平声韵。

东风齐著力

纳兰性德

电急流光，天生薄命，有泪如潮。勉为欢谑，到底总无聊。欲谱频年离恨，言已尽、恨未曾消。凭谁把，一天愁绪，按出琼箫。

往事水迢迢。窗前月、几番空照魂销。旧欢新梦，雁齿小红桥。最是烧灯时候，宜春髻、酒暖蒲萄。凄凉煞，五枝青玉，风雨飘飘。

东风齐著力

胡浩然

残腊收寒，三阳初转，已换年华。东君律管，迤逦到山家。处处笙簧鼎沸，会佳宴、坐列仙娃。花丛里，金炉满爇，龙麝烟斜。

此景转堪夸。深意祝、寿山福海增加。玉觥满泛，且莫厌流霞。幸有迎春寿酒，银瓶浸、几朵梅花。休辞醉，园林秀色，百草萌芽。

一百六十六、凤箫吟

此词牌又名《芳草》。此调为双调，共二十句，一百零一字。上阙十句，五十字，下阙十句，五十一字，都是第一、三、六、八、十句为平声韵。

凤箫吟·和彦时兄重九

王之道

雨溟蒙。年年今日，农夫共卜新丰。登高随处好，银瓶突兀，南峙对三公。真珠溥露菊，更芙蓉、照水匀红。但华发衰颜，不堪频鉴青铜。

相逢。行藏休借问，且徘徊、目送飞鸿。十年湖海，千里云山，几番残照凄风。蟹螯粗似臂，金英碎、琥珀香浓。请细读离骚，为君一饮千钟。

凤箫吟

晁补之

晓曈昽。风和雨细，南园次第春融。岭梅犹妒雪，露桃云杏，已绽碧呈红。一年春正好，助人狂、飞燕游蜂。更吉梦良辰，对花忍负金钟。

香浓。博山沉水，小楼清旦，佳气葱葱。旧游应未改，武陵花似锦，笑语相逢。蕊宫传妙诀，小金丹、同换冰容。况共有、芝田旧约，归去双峰。

一百六十七、国香慢

此词牌又名《国香》、《夷则商国香慢》。此调为双调，共二十句，九十九字。上阙十句，四十九字，第一、三、五、七、十句为平声韵，其余句不入韵；下阙十句，五十字，第三、五、七、十句为平声韵，其余句不入韵。

国香

张炎

莺柳烟堤，记未吟青子，曾比红儿。娴娇弄春微透，鬟翠双垂。不道留仙不住，便无梦、吹到南枝。相看两流落，掩面凝羞，怕说当时。

凄凉歌楚调，袅余音不放，一朵云飞。丁香枝上，几度款语深期。拜了花梢淡月，最难忘、弄影褰衣。无端动人处，过了黄昏，犹道休归。

夷则商国香慢·赋子固凌波图

周密

玉润金明。记曲屏小几，剪叶移根。经年汜人重见，瘦影娉婷。雨带风襟零乱，步云冷、鹅管吹春。相逢旧京洛，素靥尘缁，仙掌霜凝。

国香流落恨，正冰销翠薄，谁念遗簪。水空天远，应念矾弟梅兄。渺渺鱼波望极，五十弦、愁满湘云。凄凉耿无语，梦入东风，雪尽江清。

一百六十八、鬲梅溪令

此词牌又名《隔梅溪令》、《高梅溪令》。此调为双调，共八句，四十八字，上下阙同，各四句，二十四字，全为平声韵。

鬲梅溪令

姜夔

好花不与殢香人，浪粼粼。又恐春风归去绿成阴，玉钿何处寻。

木兰双桨梦中云，小横陈。漫向孤山山下觅盈盈，翠禽啼一春。

鬲梅溪令·和南金鸳湖舟中韵

邵亨贞

几年不到昼桥西，路依稀。回首淡烟残柳昔游非，笛声何处悲。

故人不见梦魂迷，草萋萋。几度倚阑欲寄旧相思，相思无尽期。

一百六十九、合欢带

此调为双调，共二十四句，一百零五字。上阙十二句，五十二字，第一、三、六、九、十二句为平声韵，其余句不入韵；下阙十二句，五十三字，第三、六、九、十二句为平声韵，其余句不入韵。

合欢带

柳永

身材儿、早是妖娆。算风措，实难描。一个肌肤浑似玉，更都来，占了千娇。妍歌艳舞，莺惭巧舌，柳妒纤腰。自相逢便觉，韩娥价减，飞燕声消。

桃花零落，溪水潺湲，重寻仙径非遥。莫道千金酬一笑，便明珠、万斛须邀。檀郎幸有，凌云词赋，掷果风标。况当年，便好相携，凤楼深处吹箫。

一百七十、红罗袄

此调为双调，共十二句，五十三字。上阕六句，二十七字，第二、六句为平声韵，其余句不入韵；下阕六句，二十六字，第二、三、四、六句为平声韵，其余句不入韵。

红罗袄·秋悲

周邦彦

画烛寻欢去，羸马载愁归。念取酒东垆，尊罍虽近，采花南浦，蜂蝶须知。自分袂、天阔鸿稀。空怀梦约心期。楚客忆江蓠。算宋玉、未必为秋悲。

红罗袄

陈允平

别来书渐少，家远梦徒归。念去燕来鸿，愁随秋到，旧盟新约，心与天知。楚江上、木落林稀。西风尚隔心期。水阔草离离。更皓月，照影自伤悲。

一百七十一、红林檎近

此调为双调，共十五句，七十九字。上阕八句，四十三字，第二、四、六、七、八句为平声韵，其余句不入韵；下阕七句，三十六字，第二、四、七句为平声韵，其余句不入韵。

红林檎近

周邦彦

高柳春才软，冻梅寒更香。暮雪助清峭，玉尘散林塘。那堪飘风递冷，故遣度幕穿窗。似欲料理新妆，呵手弄丝簧。冷落词赋客，萧索水云乡。援毫授简，风流犹忆东梁。望虚檐徐转，回廊未扫，夜长莫惜空酒觞。

红林檎近

袁去华

森木蝉初噪，淡烟梅半黄。睡起傍檐隙，墙梢挂斜阳。鱼跃浮萍破处，碎影颠倒垂杨。晚庭谁与追凉，清风散荷香。

望极霞散绮，坐待月侵廊。调冰荐饮，全胜河朔飞觞。渐参横斗转，怀人未寝，别来偏觉今夜长。

一百七十二、好女儿

此词牌又名《好女儿令》、《绣带子》、《绣带儿》、《画眉郎》。此调为双调，共九句，四十五字。上阙四句，二十一字，第一、二、四句为平声韵；下阙五句，二十四字，第一、二、五句为平声韵。

好女儿

晏几道

酌酒殷勤，尽更留春。忍无情、便赋余花落，待花前细把，一春心事，问个人人。

莫似花开还谢，愿芳意、且长新。倚娇红、待得欢期定，向水沉烟底，金莲影下，睡过佳辰。

好女儿

贺铸

车马匆匆，会国门东。信人间、自古销魂处，指红尘北道，碧波南浦，黄叶西风。

堠馆娟娟新月，从今夜、与谁同？想深闺、独守空床思，但频占镜鹊，悔分钗燕，长望书鸿。

一百七十三、芰荷香

此调为双调，共二十句，九十八字。上阙十句，四十七字，第一、三、五、七、八、十句为平声韵；下阙十句，五十一字，第三、五、七、八、十句为平声韵。

芰荷香·金陵

朱敦儒

远寻花。正风亭霁雨，烟浦移沙。缓提金勒，路拥桃叶香车。凭高帐饮，照羽觞、晚日横斜。六朝浪语繁华。山围故国，绮散馀霞。

无奈尊前万里客，叹人今何在，身老天涯。壮心零落，怕听叠鼓掺挝。江浮醉眼，望浩渺、空想灵槎。曲终泪湿琵琶。谁扶上马，不省还家。

芰荷香·送程德远罢金溪

赵彦端

燕初归。正春阴暗淡，客意凄迷。玉觞无味，晚花雨褪凝脂。多情细柳，对沉腰、浑不胜垂。别袖忍见离披。江南陌上，强半红飞。

乐事从今一梦散，纵锦囊空在，金碗谁挥。舞裙歌扇，故应间琐幽闺。练江诗就，算檥舟、宁不相思。肠断莫诉离杯。青云路稳，白首心期。

一百七十四、金菊对芙蓉

此词牌又名《提壶鸟》。此调为双调，共二十句，九十九字。上阕十句，四十九字，第三、五、七、十句为平声韵；下阕十句，五十字，第一、三、五、七、十句为平声韵。

金菊对芙蓉

康与之

梧叶飘黄，万山空翠，断霞流水争辉。正金风西起，海燕东归。凭栏不见南来雁，望故人、消息迟迟。木樨开后，不应误我，好景良时。

只念独守孤帏。把枕前嘱付，一旦分飞。上秦楼游赏，酒殢花迷。谁知别后相思苦，悄为伊、瘦损香肌。花前月下，黄昏院落，珠泪偷垂。

金菊对芙蓉

刘青夫

浅拂春山，慢横秋水，玉纤闲理丝桐。按清冷繁露，淡伫悲风。素弦瑶轸调新韵，颤翠翘、金簇芙蓉。叠阙重锁，轻挑慢摘，特地情浓。

泛商刻羽无穷。似和鸣鸾凤，律应雌雄。问高山流水，此意谁同。个中只许知音听，有茂陵、车马雍容。画帘人静，琴心三叠，时倒金钟。

一百七十五、金人捧露盘

此词牌又名《铜人捧露盘》、《上西平》、《上平西》、《上丹霄》、《上平南》、《西平曲》。此调为双调，共十七句，七十九字。上阙八句，三十八字，第三、四、六、八句为平声韵；下阙九句，四十一字，第四、五、七、九句为平声韵。

金人捧露盘·越州越王台

汪元量

越山云，越江水，越王台。个中景、尽可徘徊。凌高放目，使人胸次共崔嵬。黄鹂紫燕报春晚，劝我衔杯。

古时事，今时泪，前人喜，后人哀。正醉里、歌管成灰。新愁旧恨，一时分付与潮回。鹧鸪啼歇夕阳去，满地风埃。

金人捧露盘

高观国

楚宫闲，金成屋，玉为阑。断云梦、容易惊残。骊歌几叠，至今愁思怯阳关。清音恨阻抱哀筝，知为谁弹。

年华晚，月华冷，霜华重，鬓华斑。也须念、闲损雕鞍。斜缄小字，锦江三十六鳞寒。此情天阔正梅信，笛里关山。

一百七十六、锦堂春慢

此调为双调，共二十句，九十八字。上阙十句，四十八字，第三、五、七、十句为平声韵；下阙十句，五十字，第三、五、七、十句为平声韵。

锦堂春慢

王梦应

浅帻分秋，凉尊试月，西风未雁犹蝉。看芙蓉影里，绿鬓年年。日上云飙压海，尘清玉马行天。更烟楼凤举，风幕麟游，锦后珠前。

绿阴池馆如画，记晴春药径，雨晓芝田。已办十年笑语，小聚云边。舞称香围艳雪，歌迟酒落红船。早群仙归去，柳掖花扶，似雾非烟。

锦堂春慢

王沂孙

桂嫩传香，榆高送影，轻罗小扇凉生。正鸳机梭静，凤渚桥成。穿线人来月底，曝衣花入风庭。看星残靥碎，露滴珠融，笑掩云扃。

彩盘凝望仙子，但三星隐隐，一水盈盈。暗想凭肩私语，鬓乱钗横。蛛网飘丝罥恨，玉签传点催明。算人间待巧，似恁匆匆，有甚心情。

一百七十七、极相思

此词牌又名《极相思令》。此调为双调，共十句，四十九字。上阙五句，二十三字，第一、二、五句为平声韵；下阙五句，二十六字，第二、五句为平声韵。

极相思

陆游

江头疏雨轻烟，寒食落花天。翻红坠素，残霞暗锦，一段凄然。

惆怅东君堪恨处，也不念、冷落尊前。那堪更看，漫空相趁，柳絮榆钱。

极相思

吕渭老

西园斗草归迟，隔叶啭黄鹂。阑干醉倚，秋千背立，数遍佳期。

寒食清明都过了，趁如今、芍药蔷薇。衩衣吟露，归舟缆月，方解开眉。

一百七十八、江月晃重山

此调为双调，共十句，五十四字。上下阙同，各五句，二十七字，第二、三、五句为平声韵。

江月晃重山·初到嵩山时作

元好问

塞上秋风鼓角，城头落日旌旗。少年鞍马适相宜。从军乐，莫问所从谁。候骑才通蓟北，先声已动辽西。归期犹及柳依依。春闺月，红袖不须啼。

江月晃重山·月夜渡钱塘

厉鹗

江上已收白露，月中微辨青山。江如罗带月如环。乘风去，江月在樯竿。记得瓜洲问渡，旧游光景重看。客心鸥梦两般闲。凉烟外，一抹固陵关。

一百七十九、浪打江城

此调为双调，共十二句，六十二字。上下阙同，各六句，三十一字，第一、二、三六句为平声韵。

浪打江城·闺怨

沈谦

愁病鞞犀簪，犹带宜男，恁样分离滋味不曾谙。枕上朦胧才片刻，知何处，是江南。

料得恋娇憨，燕搅莺探，人在绿杨烟里唤停骖。舞蹴地衣歌却扇，沉醉也，污银衫。

浪打江城·自钱塘江泛舟晚泊六和塔

何淇

斜日下江皋，芦荻萧萧。谁把三千犀弩射秋潮。一霎轻帆过十里，回首望，暮云遥。

衰柳折长条，何处停桡。半晌西风搔首更无聊。佛火黄昏清梵里，听几度，晚钟敲。

一百八十、露华

此调为双调，共十九句，九十四字。上阙十句，四十七字，第三、五、七、十句为平声韵；下阙九句，四十七字，第三、五、七、九句为平声韵。

露华·次张岫云韵

周密

暖消蕙雪，渐水纹漾锦，云淡波溶。岸香弄蕊，新枝轻袅条风。次第燕归将近，爱柳眉桃靥烟浓。鸳径小，芳屏聚蝶，翠渚飘鸿。

六桥旧情如梦，记扇底宫眉，花下游骢。选歌试舞，连宵恋醉珍丛。怕里早莺啼醒，问杏钿、谁点愁红。心事悄，春娇又入翠峰。

露华

王沂孙

晚寒伫立，记铅轻黛浅，初认冰魂。绀罗衬玉，犹凝茸唾香痕。净洗妒春颜色，胜小红、临水湔裙。烟渡远，应怜旧曲，换叶移根。

山中去年人到，怪月悄风轻，闲掩重门。琼肌瘦损，那堪燕子黄昏。几片故溪浮玉，似夜归、深雪前村。芳梦冷，双禽误宿粉云。

一百八十一、两同心

此调为双调，共十四句，六十八字。上阙七句，三十三字，第二、四、七句为平声韵，其余句不入韵；下阙七句，三十五字，第一、二四、七句为平声韵，其余句不入韵。

两同心

晏几道

楚乡春晚，似入仙源。拾翠处、闲随流水，踏青路、暗惹香尘。心心在，柳外青帘，花下朱门。

对景且醉芳尊，莫话消魂。好意思、曾同明月，恶滋味、最是黄昏。相思处，一纸红笺，无限啼痕。

两同心

黄庭坚

巧笑眉颦，行步精神。隐隐似、朝云行雨，弓弓样、罗袜生尘。尊前见，玉槛雕笼，堪爱难亲。

自言家住天津。生小从人。恐舞罢、随风飞去，顾阿母、教窣朱裙。从今去，唯愿银缸，莫照离尊。

一百八十二、恋绣衾

此调为双调，共八句，五十四字。上阙四句，二十七字，第一、二、四句为平声韵，下阙四句，二十七字，第二、四句为平声韵。

恋绣衾

史达祖

黄花惊破九日愁，正寒城、风雨怨秋。愁便是、秋心也，又随人、来到画楼。

因缘幸自天安顿，更题红、不禁御沟。待写与、相思话，为怕奴、憔悴且休。

恋绣衾

李太古

橘花风信满院香，摘青梅、犹自怕尝。向绿密、红疏处，喜相逢、飞下一双。

堪怜堪惜还堪爱，唤青衣、推上绣窗。暗记得、凭肩语，对菱花、啼损晚妆。

一百八十三、清江裂石

此调为双调，共二十句，一百零五字。上阙十句，五十四字，第一、二、四、七、十句为平声韵，其余句不入韵；下阙十句，五十一字，第三、六、十句为平声韵，其余句不入韵。

清江裂石·西湖

屠龙

淼淼重湖背郭斜，永日坐蒹葭。四面山青不断，楼阁外、乱水明霞。有画船锦缆载词客，金翘杂珮，强半挟吴娃。水穷处，长林古寺，夏木绿阴遮。

回首望空明，白鹭隐隐飞来，带一片轻沙。把酒问西湖，今来古往，都不管兴亡、旧恨年华。且与君，棹扁舟，听取哀弦急筑，散发弄荷花。

一百八十四、庆金枝

此词牌又名《庆金枝令》。此调为双调，共八句，五十字。上阙四句，二十四字，四平韵；下阙四句，二十六字，四平韵。

庆金枝

无名氏

新春入旧年，绽梅萼、一枝先。陇头人待信音传。算楚岸、未香残。

小枕风雪凭栏干。下帘幕、护轻寒。年华永占入芳筵。付尊前、渐成欢。

庆金枝

张先

青螺添远山，两娇靥、笑时圆。抱云勾雪近灯看，算何处、不堪怜。

今生但愿无离别，花月下、绣屏前。双蚕成茧共缠绵，更重结、后生缘。

一百八十五、绮寮怨

此调为双调，共十八句，一百零四字。上阙八句，五十四字，第二、四、六、八句为平声韵，其余句不入韵；下阙十句，五十字，第一、三、五、七、十句为平声韵，其余句不入韵。

绮寮怨

周邦彦

上马人扶残醉，晓风吹未醒。映水曲、翠瓦朱檐，垂杨里、乍见津亭。当时曾题败壁，蛛丝罩、淡墨苔晕青。念去来、岁月如流，徘徊久、叹息愁思盈。

去年倦寻路程。江陵旧事，何曾再问杨琼。旧曲凄清，敛愁黛、与谁听？尊前故人如在，想念我、最关情。何须渭城，歌声未尽处，先泪零。

绮寮怨

陈允平

满院荼蘼开尽，杜鹃啼梦醒。记晓月、绿水桥边，东风又、折柳旗亭。蒙茸轻烟草色，疏帘净、乱织罗带青。对一尊、别酒初斟，征衫上、点滴香泪盈。

几度恨沉断云。飞鸾何处，连环尚结双琼。一曲琵琶，溢江上、惯曾听。依依翠屏香冷，听夜雨、动离情。春深小楼，无心对锦瑟、空涕零。

一百八十六、庆清朝

此词牌又名《庆清朝慢》。此调为双调，共二十句，九十七字。上阙十句，四十八字，第三、五、七、十句为平声韵，其余句不入韵；下阙十句，四十九字，第三、五、七、十句为平声韵，其余句不入韵。

庆清朝

李清照

禁幄低张，彤阑巧护，就中独占残春。容华淡伫，绰约俱见天真。待得群花过后，一番风露晓妆新。妖娆艳态，妒风笑月，长殢东君。

东城边，南陌上，正日烘池馆，竞走香轮。绮筵散日，谁人可继芳尘？更好明光宫殿，几枝先近日边匀，金尊倒，拚了尽烛，不管黄昏。

一百八十七、秋蕊香

此调为双调，共十八句，九十七字。上阙十句，四十九字，第三、五、六、七、十句为平声韵，其余句不入韵；下阙八句，四十八字，第二、三、四、五、八句为平声韵，其余句不入韵。

秋蕊香·木樨

赵以夫

一夜金风，吹成万粟，枝头点点明黄。扶疏月殿影，雅澹道家装。阿谁倩、天女散浓香。十分熏透霓裳。徘徊处，玉绳低转，人静天凉。

底事小山幽咏，浑未识清妍，空自情伤。忆佳人、执手诉离湘。招蟾魄、和酒吸秋光。碧云日暮何妨。惆怅久，瑶琴微弄，一曲清商。

秋蕊香·重阳

曹勋

秋色宫庭，黄花禁御，西风乍透罗衣。龙山意渐爽，瑶砌叶初飞。喜天宇、明洁晓晴时。翠楼都卷帘帷。奉宴赏，菊英环坐，金玉成围。

凭阑海山万里，登望处、休论戏马台池。揽幽芳、泛酒面香凝，携手与、仙姿共游嬉。从他纱帽频攲。并宝马，何妨归路，月桂天西。

一百八十八、秋色横空

此调为双调，共二十句，一百零一字。上阙十句，五十字，第一、三、五、七、八、十句为平声韵，其余句不入韵；下阙十句，五十一字，第一、三、五、七、八、十句为平声韵，其余句不入韵。

秋色横空

元好问

松液香凝，澹幽姿一洗，若下宜城。甘腴小苦中山赋，千古齿颊春生。灯花喜，缸面清。爱竹港、冰泉落枕声。恰值刘纲夫妇、此日丹成。

云峰翠殿画屏。更晴楼水阁，树拥烟横。留连光景中年，要歌管淘写襟灵。人间世，身外名。笑朝马、晨钟梦易惊。且留看神仙，白昼地行。

秋色横空·赠虞美人草

白朴

儿女情多。甚千秋万古，不易消磨。拔山力尽英雄困，垓下尚拥兵戈。含红泪，颦翠峨，拌血污、游魂逐太阿。草也风流犹弄，舞态婆娑。

当时夜间楚歌。叹乌骓不逝，恨满山河。匆匆玉帐人东去，耿耿素志无他。黄陵庙，湘水波。记染竹、成斑泣舜娥。又岂止虞兮，无可奈何。

一百八十九、三莫子

此调为双调，共十八句，六十七字。上阙九句，三十四字，第二、四、六、九句为平声韵，其余句不入韵；下阙九句，三十三字，第二、四、六、九句为平声韵，其余句不入韵。

三莫子·留襄州

高宪

上楚山高处，回望襄州。兴废事，古今愁。草封诸葛庙，烟锁仲宣楼。英雄骨，繁华梦，几荒邱。

雁横别浦，鸥戏芳洲。花又老，水空流。著人何处在，倦客若为留。习池饮，庞陂钓，鹿门游。

三莫子

元好问

上高城置酒，遥望春陵。兴与废，两虚名。江山埋玉气，草木动威灵。中原鹿，千年后，尽人争。

风云寤寝，鞍马生平。钟鼎上，几书生。军门高密策，田亩卧龙耕。南阳道，西山色，古今情。

一百九十、十二时

此词牌又名《十二时慢。》此调为双调，共二十八句，一百二十五字。上阙十四句，六十二字，第二、三、五、六、七、八、九、十、十二、十三、十四句为平声韵，其余句不入韵；下阙十四句，六十三字，第三、五、六、七、八、十、十二、十三、十四句为平声韵，其余句不入韵。

十二时

无名氏

雕戈偃，玉塞清明。道德洽和平。龟畴凤栭，腾实飞英。岱畎让功成。汾水上、寅辂銮声。荐精诚。仙宇玉为京。圭洁奉高明。瑶山银榜，固国本丕闳。诏公卿。绵蕝殉舆情。

稽阳位，报本郊坛時，助祭俨簪缨。祖宗配侑，朱燎晶荧。百礼备丰盈。答天地、用厚怀生。泰黎氓。千畿先润泽，万宝尽开荣。龙沙日窟，文轨永来并。保嘉享。史册焕鸿名。

保嘉享，史册焕鸿名。

十二时·忆少年

和岘

承宝运，驯致隆平。鸿庆被寰瀛。时清俗阜，治定功成。遐迩咏由庚。严郊祀、文物声明。会天正、星拱奏严更。布羽仪簪缨。宸心虔洁，明德播惟馨。动苍冥。神降享精诚。

燔柴半，万乘移天仗，肃銮辂旋衡。千官云拥，群后葵倾。玉帛旅明庭。韶濩荐、金奏谐声。集休亨。皇泽浃黎庶，普率洽恩荣。仰钦元后，睿圣贯三灵。万邦宁。景贶福千龄。

一百九十一、寿楼春

此调为双调，共二十二句，一百零一字。上阙十一句，五十一字，第一、三、五、七、八、十一句为平声韵，其余句不入韵；下阙十一句，五十字，第二、四、六、八、九、十一句为平声韵，其余句不入韵。

寿楼春

史达祖

裁春衫寻芳。记金刀素手，同在晴窗。几度因风残絮，照花斜阳。谁念我，今无裳。自少年、消磨疏狂。但听雨挑灯，攲床病酒，多梦睡时妆。

飞花去，良宵长。有丝阑旧曲，金谱新腔。最恨湘云人散，楚兰魂伤。身是客，愁为乡。算玉箫、犹逢韦郎。近寒食人家，相思未忘苹藻香。

寿楼春

黄侃

看微阳西斜。倚层楼醉起，秋在天涯。怎奈乡关千里，断云犹遮。悲寄旅，思年华。问浪游、何时还家。想故国衰芜，长亭旧柳，惟有数行鸦。

摧蓬鬓，惊尘沙。听寒风野哭，荒戍清笳。换尽人间何世，海桑堪嗟。凉露下，沧波退。澹一江、凄凄蒹葭。但遥想苍茫，招魂路赊愁转加。

一百九十二、送入我门来

此调为双调，共二十句，一百零四字。上阙十句，五十一字，第三、五、七、十句为平声韵，其余句不入韵；下阙十句，五十三字，第三、五、七、十句为平声韵，其余句不入韵。

送入我门来·除夕

胡浩然

茶垒安扉，灵馗挂户，神傩烈竹轰雷。动念流光，四序式周回。须知今岁今宵尽，似顿觉明年明日催。向今夕，是处迎春送腊，罗绮筵开。

今古诵同此夜，贤愚共添一岁，贵贱仍偕。互祝遐龄，山海固难摧。石崇富贵篯铿寿，更潘岳仪容子建才。仗东风尽力，一齐欢送，入此门来。

送入我门来·夏日塞上

曹溶

山射蛟冰，墙高燕麦，桃花五月难开。魏家遗迹，石马绣深苔。连宵羌管离亭奏，写一半江淹赋恨才。春何在，只有风翻雨拆，前日池台。

南国嬉游此日，抛残堕钗枕簟，湖上安排。遍种红蕖，潮动画船回。数年不见轻罗扇，听银箭空将蜡炬催。祝良宵好梦，个人相送，到客窗来。

一百九十三、声声令

此调为双调，共十五句，六十六字。上阙七句，三十二字，第二、三、六、七句为平声韵，其余句不入韵；下阙八句，三十四字，第一、三、四、七、八句为平声韵，其余句不入韵。

声声令

章粢

帘移碎影，香褪衣襟。旧家庭院嫩苔侵。东风过尽，暮云锁，绿窗深。怕对人、闲枕剩衾。

楼底轻阴，春信断，怯登临。断肠魂梦两沉沉。花飞水远，便从今，莫追寻。又怎禁、蓦地上心。

声声令·寿六十一

彭子翔

荚房初荐，橙子新搓。菊松图下捧金荷。看翁将息，后生似，去年些。更眼前、稚子又多。

鬓绿颜酡。对花醉、把花歌。熙宁安乐好行窝。佳辰虽异，翁此兴，不输他。更如何、欢喜也呵。

一百九十四、塞翁吟

此调为双调，共二十三句，九十二字。上阙十句，四十六字，第二、四、五、七、九、十句为平声韵，其余句不入韵；下阙十三句，四十六字，第一、五、十、十三句为平声韵，其余句不入韵。

塞翁吟

周邦彦

暗叶啼风雨，窗外晓色珑璁。散水麝，小池东。乱一岸芙蓉。蕲州簟展双纹浪，轻帐翠缕如空。梦远别，泪痕重。淡铅脸斜红。

忡忡。嗟憔悴、新宽带结，羞艳冶、都销镜中。有蜀纸、堪凭寄恨，等今夜、洒血书词，剪烛亲封。菖蒲渐老，早晚成花，教见薰风。

塞翁吟

张炎

交到无心处，出岫细话幽期。看流水，意俱迟，且淡薄相依。凌霄未肯从龙去，物外共鹤忘机。迷古洞，掩晴晖。翠影湿行衣。

飞飞。垂天翼、飘然万里，愁日暮、佳人未归。尚记得、巴山夜雨，耿无语、共说生平，都付陶诗。休题五朵，莫梦阳台，不赠相思。

一百九十五、喜朝天

此调为双调，共二十二句，一百零一字。上阙十一句，四十九字，第一、三、七、九、十一句为平声韵，其余句不入韵；下阙十一句，五十二字，第三、六、八、十一句为平声韵，其余句不入韵。

喜朝天·腊中雪后东湖闲宴

黄裳

雪云浓。送愁思衾寒，更怯霜风。惹起离恨，为光阴恼，人意无穷。谁省年华屡换，渐作个、浮生玉鬓翁。休易感，新醅泛蚁，且共时同。

相逢笑语相契，况驾言游处，山里齐宫。寂寞时候，自有皓景，粉泽冬容。先顾丽人期约，痛赏候、花开洛城红。三十日，回头过尽，喜对春工。

喜朝天·秦宅作，海棠

晁补之

众芳残。海棠正轻盈，绿鬓朱颜。碎锦繁绣，更柔柯映碧，纤搦匀殷。谁与将红间白，采薰笼、仙衣覆斑斓。如有意、浓妆淡抹，斜倚阑干。

夭饶向晚春后，惯因欹晴景，愁怕朝寒。纵有狂雨，便离披损，不奈幽闲。素李来禽总俗，谩遮映、终差格疏顽。谁采顾、斜风教舞，月下庭间。

一百九十六、遐方怨

此调为双调，共十二句，六十字。上下阙同，各六句，三十字，第二、四、五、六句为平声韵，其余句不入韵。

遐方怨

孙光宪

红绶带，锦香囊。为表花前意，殷勤赠玉郎。此时更自役心肠，转添秋夜梦魂狂。

思艳质，想娇妆。愿早传金盏，同欢卧醉乡。任人猜妒恶猜防，到头须使似鸳鸯。

遐方怨

顾敻

帘影细，簟文平。象纱笼玉指，缕金罗扇轻。嫩红双脸似花明，两条眉黛远山横。

凤箫歇，镜尘生。辽塞音书绝，梦魂长暗惊。玉郎经岁负娉婷，教人争不恨无情。

一百九十七、惜黄花慢

此调为双调，共二十三句，一百零八字。上阙十二句，五十四字，第一、三、七、九、十、十二句为平声韵，其余句不入韵；下阙十一句，五十四字，第第一、三、七、九、十、十一句为平声韵，其余句不入韵。

惜黄花慢·孤雁

贺双卿

碧尽遥天，但暮霞散绮，碎剪红鲜。听时愁近，望时怕远，孤鸿一个，去向谁边？素霜已冷芦花渚，更休倩、鸥鹭相怜。暗自眠，凤凰纵好，宁是姻缘。

凄凉劝你无言。趁一沙半水，且度流年。稻粱初尽，网罗正苦，梦魂易警，几处寒烟。断肠可似婵娟意，寸心里、多少缠绵。夜未阑，倦飞误宿平田。

惜黄花慢

吴文英

(次吴江小泊，夜饮僧窗惜别，邦人赵簿携小伎侑尊，连歌数阕，皆清真词。酒尽已四鼓，赋此词饯尹梅津。)

送客吴皋。正试霜夜冷，枫落长桥。望天不尽，背城渐杳，离亭黯黯，恨水迢迢。翠香零落红衣老，暮愁锁、残柳眉梢。念瘦腰，沈郎旧日，曾系兰桡。

仙人凤咽琼箫，怅断魂送远，《九辩》难招。醉鬟留盼，小窗翦烛，歌云载恨，飞上银霄。素秋不解随船去，败红趁、一叶寒涛。梦翠翘，怨鸿料过南谯。

一百九十八、西平乐慢

此调为双调，共二十九句，一百三十七字。上阙十四句，六十七字，第三、六、十一、十四句为平声韵，其余句不入韵；下阙十五句，七十字，第四、九、十五句为平声韵，其余句不入韵。

西平乐慢

陈允平

泛梗飘萍，入山登陆，迢递雾迥烟赊。漠漠蒹葭，依依杨柳，天涯总是愁遮。叹寂寞尘埃满眼，梦逐孤云缥缈，春潮带雨，鸥迎远溆，雁别平沙。寒食梨花素约，肠断处，对景暗伤嗟。

晚钟烟寺，晨鸡月店，征褐萧疏，破帽攲斜。忆几度、微吟马上，长啸舟中，惯踏新丰巷陌，旧酒犹香，憔悴东风自岁华。重忆少年，樱桃渐熟，松粉初黄，短楫欢呼，日日江南，烟村八九人家。

西平乐慢

周邦彦

稚柳苏晴，故溪歇雨，川迥未觉春赊。驼褐寒侵，正怜初日，轻阴抵死须遮。叹事逐孤鸿尽去，身与塘蒲共晚，争知向此，征途迢递，伫立尘沙。追念朱颜翠发，曾到处、故地使人嗟。

道连三楚，天低四野，乔木依前，临路攲斜。重慕想、东陵晦迹，彭泽归来，左右琴书自乐，松菊相依，何况风流鬓未华。多谢故人，亲驰郑驿，时倒融尊，劝此淹留，共过芳时，翻令倦客思家。

一百九十九、青衫湿遍

此调为双调，共二十句，一百二十二字。上阙十句，六十字，第三、五、六、八、十句为平声韵，其余句不入韵；下阙十句，六十二字，第三、五、六、八、十句为平声韵，其余句不入韵。

青衫湿遍·悼亡

纳兰性德

青衫湿遍，凭伊慰我，忍便相忘。半月前头扶病，剪刀声、犹在银釭。忆生来、小胆怯空房。到而今独伴梨花影，冷冥冥、尽意凄凉。愿指魂兮识路，教寻梦也回廊。

咫尺玉钩斜路，一般消受，蔓草残阳。拼把长眠滴醒，和清泪、搅入椒浆。怕幽泉、还为我神伤。道书生簿命宜将息，再休耽、怨粉愁香。料得重圆密誓，难禁寸裂柔肠。

二百、水漫声

此调为双调，共二十五句，一百二十字。上阙十二句，五十九字，第三、六、九、十二句为平声韵，其余句不入韵；下阙十三句，六十一字，第三、七、十、十三句为平声韵，其余句不入韵。

水漫声·西湖

屠隆

一片大湖，何限浸空城，碧浪崔嵬。白日孤悬，画屏四合，翠薇里、涌出楼台。落尽桐花，飘残柳絮，正芙蕖冉冉将开。衣上冷香飞欲湿，轻鸥如带，兰桨共潆洄。

天放闲人，时容傲吏，水云深处相对且衔杯。君莫对此景，浪生忧喜，请看层波叠叠，前后相催。钱氏舞裙，赵家歌扇，零落总成灰。君去也，西湖无恙，歌舞又重来。

水漫声·西湖怀古

曹元芳

一片凉云，荡入望楼船，山际崔嵬。杨柳梢头，海棠枝上，残月小、刚照歌台。赋似坡公，容渐西子，正芰荷鸥浦争开。嘶过紫骝尘乍起，渔翁如鹜，撑出绿阴来。

记得当年，银筝翠管，吴娃醉拥红叶对衔杯。且休忆此景，千场歌哭，试问赵家钱氏，碧砌瑶阶。蟋蟀堂空，海物瓶献，繁华安在哉。算只有，岳王热血，湖山共潆洄。

二百零一、沙塞子

此调为双调，共十句，四十二字。上下阙同，各五句，二十一字。第三、五句为平声韵，其余句不入韵。

沙塞子·中秋无月

周紫芝

秋月微淡月微羞，云黯黯、月彩难留。只应是、嫦娥心里，也似人愁。

几时回步玉移钩，人共月、同上南楼。却重听、画阑西角，月下轻讴。

沙塞子

朱彝尊

白头无赖到西泠，浮小艇、爱问南屏。依旧是、风荷十里，浴鸟沙汀。

酒徒一半已凋零，重过处、酒幔犹青。有多少、酒垆旧事，诉与谁听。

二百零二、双星引

此调为双调，共十一句，五十四字。上阙六句，二十七字，第一、三、四、六句为平声韵，其余句不入韵；下阙五句，二十七字，第一、三、五句为平声韵，其余句不入韵。

双星引·和蒋师

周积闲

何处是仙卿。又尘飞瑶海，日倒扶桑。绛殿隐霓裳。八行鸾凤，十队笙簧。

侍女拂天香。珮声花仗底，帘影御炉旁。寄语罗浮旧客，莫相恋、莫相忘。

二百零三、十月桃

此调为双调，共二十句，九十九字。上阙十句，四十八字，第三、五、七、十句为平声韵，其余句不入韵；下阙十句，五十一字，第一、三、五、七、十句为平声韵，其余句不入韵。

十月桃

张元干

年华催晚，听尊前偏唱，冲暖欺寒。乐府谁知，分付点化金丹。

中原旧游何在，频入梦、老眼空潸。撩人冷蕊，浑似当时，无语低鬟。

有多情多病文园。向雪后寻春，醉里凭阑。独步群芳，此花风度天然。罗浮淡妆素质，呼翠凤、飞舞斓斑。参横月落，留恨醒来，满地香残。

十月桃·同富季申赋梅花（之一）

李弥逊

浮云无定，任春风万点，吹上寒枝。砌外珑璁，暗香夜透帘帏。闲情最宜酒伴，胜黄昏、冷月清溪。风流谢傅，梦到华胥，长是相随。

似凝愁不语谁知。芳思乱微酸，已带离离。传语花神，任教横竹三吹。枝头要看如豆，趁和羹、百卉开时。十分金蕊，先与东君，一笑相期。

二百零四、透碧霄

此调为双调，共二十五句，一百一十二字。上阙十二句，五十四字，第一、二、五、八、九、十二句为平声韵，其余句不入韵；下阙十三句，五十八字，第三、六、九、十、十三句为平声韵，其余句不入韵。

透碧霄

柳永

月华边，万年芳树起祥烟。帝居壮丽，皇家熙盛，宝运当千。端门清昼，觚棱照日，双阙中天。太平时、朝野多欢。遍锦街香陌，钧天歌吹，阆苑神仙。

昔观光得意，狂游风景，再睹更精妍。傍柳阴，寻花径，空恁亸辔垂鞭。乐游雅戏，平康艳质，应也依然。仗何人、多谢婵娟。道宦途踪迹，歌酒情怀，不似当年。

透碧霄

查荎

舣兰舟，十分端是载离愁。练波送远，屏山遮断，此去难留。相从争奈，心期久要，屡更霜秋。叹人生、杳似萍浮。又翻成轻别，都将深恨，付与东流。

想斜阳影里，寒烟明处，双桨去悠悠。爱渚梅、幽香动，须采撷倩纤柔。艳歌粲发，谁传余韵，来说仙游。念故人、留此遐洲。但春风老后，秋月圆时，独倚西楼。

二百零五、悟黄粱

此词牌又名《燕归梁》。此调为双调，共十二句，五十二字。上阙六句，二十六字，第一、三、四、六句为平声韵，其余句不入韵；下阙六句，二十六字，第三、四、六句为平声韵，其余句不入韵。

悟黄粱

马钰

词名本是燕归梁。无理趣，忒寻常。马风思忆祖纯阳。故更易，悟黄粱。

百年一梦暂时光。如省悟，弃家乡。常清常净处真常。累功行，赴蓬庄。

悟黄粱

王丹桂

浮名浮利两悠悠。终不道，把身囚。好贪多败更多忧。又著个，甚来由。

愿人识破早抽头。从前事，尽都休。飘飘物外不淹留。管有分，继吾俦。

二百零六、巫山一段云

此调为双调，共八句，四十四字。上下阙相同，各四句，二十二字，除第一句外，都为平声韵。

巫山一段云

毛文锡

貌掩巫山色，才过濯锦波。阿谁提笔上银河，月里写嫦娥。

薄薄施铅粉，盈盈挂绮罗。菖蒲花役梦魂多，年代属元和。

巫山一段云

李珣

古庙依青嶂，行宫枕碧流。水声山色锁妆楼，往事思悠悠。

云雨朝还暮，烟花春复秋。啼猿何必近孤舟，行客自多愁。

二百零七、雪梅香

此词牌又名《雪梅春》。此调为双调，共十九句，九十四字。上阙九句，四十六字，第二、四、六、八句为平声韵，其余句不入韵；下阙十句，四十八字，第一句的第二字，第三、五、七、十句为平声韵，其余句不入韵。

雪梅香

柳永

景萧索，危楼独立面晴空。动悲秋情绪，当时宋玉应同。渔市孤烟袅寒碧，水村残叶舞愁红。楚天阔，浪浸斜阳，千里溶溶。

临风。想佳丽，别后愁颜，镇敛眉峰。可惜当年，顿乖雨迹云踪。雅态妍姿正欢洽，落花流水忽西东。无聊意，尽把相思，分付征鸿。

雪梅香

朱祖谋

酒无力，凭舷独客背西风。为高楼怊怅，天涯易发秋慵。收艇汀州雨连夕，近桥帘幕水涵空。去程急，盼断书期，迤逦宾鸿。

匆匆。引离绪，烛外行云，淡画吴峰。旧国年芳，换将乱叶衰红。涴地惊波古城曲，隔年愁梦卧屏中。依前是，倦枕沉沉，宵半疏钟。

二百零八、下手迟

此词牌又名《恨欢迟》。此调为双调，共八句，五十四字。上下阙相同，各四句，二十七字，第一、二、四句为平声韵，其余句不入韵。

下手迟·自咏

丘处机

落魄闲人本姓丘。住山东、东路登州。自少年，割断攀缘网，从师父西游。

兀兀腾腾不系留。似长江、一叶孤舟。任红尘、白日忙如火，但云漾无忧。

下手迟

丘处机

物外优游散诞身。似青宵、一片闲云。任虚空、来往呈嘉瑞，但不惹纤尘。

八表天游何所亲。会三光、日月星辰。向闲中、别没生涯事，且作伴为邻。

二百零九、喜团圆

此调为双调，共十二句，四十八字。上下阙相同，各六句，二十四字，第三、六句为平声韵，其余句不入韵。

喜团圆

晏几道

危楼静锁，窗中远岫，门外垂杨。珠帘不禁，春风度解，偷送余香。

眠思梦想，不如双燕，得到兰房。别来只是，凭高泪眼，感旧离肠。

喜团圆

无名氏

轻攒碎玉，玲珑竹外，脱去繁华。尤殢东君，最先点破，压倒群花。

瘦影生香，黄昏月馆，清浅溪沙。仙标淡伫，偏宜幺凤，肯带栖鸦。

二百一十、潇湘神

此调为单调，共五句，二十七字。第一、二、三、五句为平声韵。

潇湘神

刘禹锡

湘水流，湘水流，九疑云物至今愁。若问二妃何处所，零陵香草露中愁。

潇湘神·端午竞渡棹歌

黄公绍

月明中，月明中，满湖春水望难穷。欲学楚歌歌不得，一场离恨两眉峰。

二百一十一、潇湘忆故人慢

此词牌又名《潇湘逢故人慢》。此调为双调，共二十二句，一百零四字。上阙十一句，五十一字，第三、四、六、八、十一句为平声韵，其余句不入韵；下阙十一句，五十三字，第三、四、六、八、十一句为平声韵，其余句不入韵。

潇湘忆故人慢

王安礼

薰风微动，方樱桃弄色，萱草成窠。翠帏敞轻罗。试冰簟初展，几尺湘波。

疏檐广厦，称潇湘、一枕南柯。引多少、梦中归绪，洞庭雨棹烟蓑。

惊回处，闲昼永，更时时，燕雏莺友相过。正绿影婆娑。况庭有幽花，池有

新荷。青梅煮酒，幸随分、赢得高歌。功名事，到头终在，岁华忍负清和。

潇湘忆故人慢

钱应金

深秋村落，夸青菱香熟，素芋甜和。擘紫蟹、蒸黄雀，知己团聚，笑语婆娑。浓烟淡雪，剪湘湖、几尺渔蓑。纵消受、白苹红蓼，生平未免情多。

空怀古，时悱恻，十年来、可偿文债诗魔。叹世路蹉跎。恐心费参态，眉费松螺。风期阔绝，喜今夕、重话云窝。寒潭月、皎然见底。问君不醉如何。

二百一十二、夜飞鹊

此词牌又名《夜飞鹊慢》。此调为双调，共二十一句，一百零六字。上阙十句，五十三字，第二、三、五、八、十句为平声韵，其余句不入韵；下阙十一句，五十三字，第三、六、八、十一句为平声韵，其余句不入韵。

夜飞鹊·别情

周邦彦

河桥送人处，凉夜何其。斜月远坠余辉。铜盘烛泪已流尽，霏霏凉露沾衣。相将散离会，探风前津鼓，树杪参旗。花骢会意，纵扬鞭、亦自行迟。

迢递路回清野，人语渐无闻，空带愁归。何意重经前地，遗钿不见，斜径都迷。兔葵燕麦，向斜阳、欲与人齐。但徘徊班草，欷歔酹酒，极望天西。

夜飞鹊

陈允平

秋江际天阔，风雨凄其。云阴未放晴晖。归鸦乱叶更萧索，砧声几处寒衣。沙头酒初熟，尽篱边朱槿，竹外青旗。潮期尚晚，怕轻离、故故迟迟。

何以醉中先别，容易为分襟，独抱琴归。回首征帆缥缈，津亭寂寞，哀草烟迷。虹收霁色，渐落霞、孤鹜飞齐。更何时重与，论文渭北，剪烛窗西。

二百一十三、步步娇

此调为单调，共五句，三十一字。五句都为仄声韵。

步步娇

无名氏

无为自然道，清净长芝草。默默相知了、便好。杳杳冥冥闭了灶，工夫片时间、成了。

步步娇

范真人

住在古窑墓，行坐立歌舞。促住这真空、猛悟。自古及今说龙虎，无一无一个、人悟。

二百一十四、步蟾宫

此调为双调，共八句，五十八字。上下阕相同，各四句，二十九字，第一、二、四句为仄声韵，第三句不入韵。

步蟾宫

仲殊

仙郎心似长江阔。妾意如、波间明月。相随定、一带向东流，共宴乐、无时暂歇。

长生只在欢悦。除此外、总应虚设。笙歌里、身住几何年，十字儿、头边下撇。

步蟾宫

晁端礼

昨宵争个甚闲事。又不道、被谁调戏。任孜孜、求告不回头，谟满眼、汪汪地泪。

奴歌一向不赌是。算谁敢、共他争气。且偎随、须有喜欢时，待款款、说些道理。

二百一十五、遍地花

此词牌又名《遍地锦》。此调为双调，共八句，五十六字。上阙四句，二十八字，第一、二、四句为仄声韵，第三句不入韵；下阙四句，二十八字，第二、四句为仄声韵，其余句不入韵。

遍地花·孙守席上咏牡丹

毛滂

白玉阑边自凝伫。满枝头、彩云雕雾。甚芳菲、绣得成团，砌合出、韶华好处。

暖风前、一笑盈盈，吐檀心、向谁分付。莫与他、西子精神，不枉了、东君雨露。

遍地花

晁端礼

密约幽欢试思忖。教人又、怎生安稳。算都来、些子精神，消烦恼、看看瘦损。

也拟待、罗织伊家，图开解、较些可闷。把从前、已往寻思，又无可、教人得恨。

二百一十六、宝鼎现

此词牌又名《三段子》、《宝鼎儿》。此调为三叠，共二十七句，一百五十七字。上阙十句，五十三字，第三、五、八、十句为仄声韵，其余句不入韵；中阙九句，五十五字，第一、二、四、七、九句为仄声韵，其余句不入韵；下阕八句，四十九字，第二、四、五、六、八句为仄声韵，其余句不入韵。

宝鼎现

范周

夕阳西下，暮霭红隘，香风罗绮。乘丽景、华灯争放，浓焰烧空连锦砌。睹皓月、浸严城如昼，花影寒笼绛蕊。渐掩映、芙蕖万顷，迤逦齐开秋水。

太守无限行歌意。拥麾幢、光动珠翠。倾万井、歌台舞榭，瞻望朱轮骈鼓吹。控宝马，耀貔貅千骑，银烛交光数里。似乱簇、寒星万点，拥入蓬壶影里。

来伴宴阁多才，环艳粉、瑶簪珠履。恐看看、丹诏催奉，宸游燕侍。便趁早、占通宵醉。缓引笙歌妓。任画角、吹老寒梅，月满西楼十二。

宝鼎现·上元

赵长卿

嚣尘尽扫，碧落辉腾，元宵三五。更漏永、迟迟停鼓。天上人间当此遇。正年少、尽香车宝马，次第追随士女。看往来、巷陌连甍，簇起星毬无数。

政简物阜清闲处。听笙歌、鼎沸频举。灯焰暖、庭帏高下，红影相交知几户。恣欢笑，道今宵景色，胜却前时几度。细算来、皇都此夕，消得喧传今古。

排备绮席成行，炉喷袅、沉檀轻缕。睹遨游彩仗，疑是神仙伴侣。欲飞去、恨难留住。渐到蓬瀛步。愿永逢、恁时恁节，且与风光为主。

二百一十七、芭蕉雨

此调为双调，共十四句，六十五字。上阙六句，三十字，第一、三、四、六句为仄声韵，其余句不入韵；下阙八句，三十五字，第一、二、四、八句为仄声韵，其余句不入韵。

芭蕉雨·春雨

陈维崧

轻暖轻寒时节。东风将柳絮、搓香雪。暗惹翠娥千结。绝似细雨红桥，情人乍别。

绿窗花影半折，待折未曾折。尽草上轻狂、双黄蝶。乱扑着，雨和烟，搅得今岁韶光，不成三月。

芭蕉雨

程垓

雨过凉生藕叶。晚庭消尽暑、浑无热。枕簟不胜香滑。争奈宝帐情生，金樽意惬。

玉人何处梦蝶。思一见冰雪。须写个帖儿、丁宁说。试问道，肯来么，今夜小院无人，重楼有月。

二百一十八、碧牡丹

此调为双调，共十六句，七十五字。上阙八句，三十六字，第一、三、五、七、八句为仄声韵，其余句不入韵；下阙八句，三十九字，第一、二、三、五、七、八句为仄声韵，其余句不入韵。

碧牡丹

程垓

睡起情无著。晓雨尽，春寒弱。酒盏飘零，几日顿疏行乐。试数花枝，问此情何若。为谁开，为谁落。

正愁却。不是花情薄。花元笑人萧索。旧观千红，至今冷梦难托。燕麦春风，更几人惊觉。对花羞，为花恶。

碧牡丹·晏同叔出姬

张先

步帐摇红绮。晓月堕，沉烟砌。缓板香檀，唱彻伊家新制。怨入眉头，敛黛峰横翠。芭蕉寒，雨声碎。

镜华翳，闲照孤鸾戏。思量去时容易。钿盒瑶钗，至今冷落轻弃。望极蓝桥，但暮云千里。几重山，几重水。

二百一十九、百媚娘

此调为双调，共十二句，七十五字。上阙六句，三十八字，第一、二、四、五、六句为仄声韵，其余句不入韵；下阙六句，三十七字，第一、二、四、五、六句为仄声韵，其余句不入韵。

百媚娘

张先

珠阙五云仙子，未省有谁能似。百媚算应天乞与，净饰艳妆俱美。取次芳华皆可意。何处比桃李。

蜀被锦纹铺水，不放彩鸾双戏。乐事也知存后会，争奈眼前心里。绿皱小池红叠砌。花外东风起。

百媚娘

陈维崧

草把裙儿腰比，花与脸儿潮似。恰听枝头莺语滑，眉逗一丝新喜。闻说酒旗歌板地，多少嬉游子。

忆在洛桥晴市，又向洧川烟涘。一斛柳绵飘不定，扑著车如流水。无数秋千墙角里，天半红绳起。

二百二十、卜算子慢

此调为双调，共十六句，八十九字。上阙八句，四十五字，第三、五、六、八句为仄声韵，其余句不入韵；下阙八句，四十四字，第一、三、五、六、八句为仄声韵，其余句不入韵。

卜算子慢

柳永

江枫渐老，汀蕙半凋，满目败红衰翠。楚客登临，正是暮秋天气。引疏砧、断续残阳里。对晚景、伤怀念远，新愁旧恨相继。

脉脉人千里。念两处风情，万重烟水。雨歇天高，望断翠峰十二。尽无言、谁会凭高意。纵写得、离肠万种，奈归鸿谁寄。

卜算子慢

张先

溪山别意，烟树去程，日落采苹春晚。欲上征鞍，更掩翠帘相眄。惜弯弯浅黛长长眼。奈画阁欢游，也学狂花乱絮轻散。

水影横池馆。对静夜无人，月高云远。一晌凝思，两袖泪痕还满。恨私书、又逐东风断。纵西北、层楼万尺，望重城那见。

二百二十一、薄幸

此调为双调，共二十一句，一百零八字。上阙九句，五十三字，第一、二、四、六、九句为仄声韵，其余句不入韵；下阙十二句，五十五字，第四、七、八、十、十二句为仄声韵，其余句不入韵。

薄幸

毛并

柳桥南畔。住骢马、寻春几遍。自见了、生尘罗袜，尔许娇波流盼。为感郎、松柏深心，西陵已约平生愿。记别袖频招，斜门相送，小立钗横鬓乱。

恨暗写、如蚕纸，空目断、高城人远。奈当时消息，黄姑织女，又成王谢堂前燕。托琴心怨。怕娇云弱雨，东风蓦地轻吹散。伤春病也，狼藉飞花满院。

薄幸·送安伯弟

韩元吉

送君南浦。对烟柳、青青万缕。更满眼、残红吹尽，叶底黄鹂自语。甚动人、多少离情，楼头水阔山无数。记竹里题诗，花边载酒，魂断江干春暮。

都莫问、功名事，白发渐、星星如许。任鸡鸣起舞，乡关何在，凭高目尽孤鸿去。漫留君住。趁酴醾香暖，持杯且醉瑶台露。相思记取，愁绝西窗夜雨。

二百二十二、拜星月慢

此调为双调，共二十二句，一百零四字。上阙十句，四十九字，第三、五、八、十句为仄声韵，其余句不入韵；下阙十二句，五十五字，第二、四、六、八、十、十二句为仄声韵，其余句不入韵。

拜星月慢

周邦彦

夜色催更，清尘收露，小曲幽坊月暗。竹槛灯窗，识得秋娘庭院。笑相遇，似觉、琼枝玉树相倚。暖日明霞光烂。水眄兰情，总平生稀见。

画图中、旧识春风面。谁知道、自到瑶台畔。眷恋雨润云温，苦惊风吹散。念荒寒、寄宿无人馆。重门闭、败壁秋虫叹。怎奈向、一缕相思，隔溪山不断。

拜星月慢

吴文英

绛雪生凉，碧霞笼夜，小立中庭芜地。昨梦西湖，老扁舟身世。叹游荡，暂赏、吟花酌露尊俎，冷玉红香罍洗。眼眩魂迷，古陶洲十里。

翠参差、淡月平芳砌。砖花滉、小浪鱼鳞起。雾盎浅障青罗，洗湘娥春腻。荡兰烟、麝馥浓侵醉。吹不散、绣屋重门闭。又怕便、绿减西风，泣秋檠烛外。

二百二十三、白苎

此调为双调，共二十五句，一百二十五字。上阙十一句，六十二字，第三、五、六句，第七句的前半段，第八、十、十一句为仄声韵，其余句不入韵；下阙十四句，六十三字，第一句的前半段，第四、六、九、十二、十四句为仄声韵，其余句不入韵。

白苎

蒋捷

正春晴，又春冷，云低欲落。琼苞未剖，早是东风作恶。旋安排、一双银蒜镇罗幕。幽壑。水生漪，皱嫩绿、潜鳞初跃。愔愔门巷，桃树红才约略。知甚时、霁华烘破青青萼。

忆昨。听莺柳畔，引蝶花边，近来重见，身学垂杨瘦削。问小翠眉山，为谁攒却。斜阳院宇，任蛛丝罥遍，玉筝弦索。户外惟闻，放剪刀声，深在汝阁。料想裁缝，白苎春衫薄。

白苎·偶阅瑶华集载紫山此调爱其婉丽依韵和之

厉鹗

引愁来，伴愁住，眉长眼细。愁无贮处，染得桃花似醉。倩雏莺、趁闲喧破翠衾睡。应悔。月沉钩，语未尽、匆匆分袂。离惊怕觉，归展柔罗补泪。怪泪痕、近时都化苔生砌。

惊起。社前等燕，巧夕藏蛛，小颦轻笑，难道何曾省记。便证絮拈萍，为伊为誓。而今异昔，渐檀霞褪靥，玉香销臂。悄立闲庭，划损瑶簪，春又相弃。昔日逢迎，不枉丹青寄。

二百二十四、春草碧

此词牌又名《番枪子》。此调为双调，共十五句，七十五字。上阙七句，三十六字，第一、三、五、七句为仄声韵，其余句不入韵；下阙八句，三十九字，第二、四、六、八句为仄声韵，其余句不入韵。

春草碧

钱抱素

客窗闲理清商谱。弹到断肠声，伤今古。自怜素发无多，犹记纹疏夜深语。空剩旧时踪，迷南浦。

梨花燕子清明，谁家院宇。没个好情怀，杯慵举。天涯行李萧萧，还是新愁老羁旅。那更落花深，红如雨。

春草碧·次韵素庵遣怀

邵亨贞

更筹图子宣和谱。流落到如今，空怀古。江南荒草寒烟，前代风流共谁语。犹有赋骚人，迷湘浦。

乌衣巷口，斜阳愔愔院宇。玉树后庭花，谁能举。五陵残梦依稀，回首天涯叹行旅。马上杜鹃啼，愁如雨。

二百二十五、侧犯

此调为双调，共十六句，七十七字。上阙八句，四十一字，第二、三、四、六、七、八句为仄声韵，其余句不入韵；下阙八句，三十六字，第二、三、四、六、八句为仄声韵，其余句不入韵。

侧犯

周邦彦

暮霞霁雨，小莲出水红妆靓。风定。看步袜江妃、照明镜。飞萤度暗草，秉烛游花径。人静。携艳质、追凉就槐影。

金杯皓腕，雪藕清泉莹。谁念省。满身香、犹是旧荀令。见说胡姬，酒垆寂静。烟锁漠漠，藻池苔井。

侧犯·咏芍药

姜夔

恨春易去。甚春却向扬州住。微雨。正茧栗梢头弄诗句。红桥二十四，总是行云处。无语。渐半脱宫衣笑相顾。

金壶细叶，千朵围歌舞。谁念我、鬓成丝，来此共尊俎。后日西园，绿阴无数。寂寞刘郎，自修花谱。

二百二十六、翠楼吟

此调为双调，共二十二句，一百零一字。上阙十一句，五十字，第三、五、六、八、十一句为仄声韵，其余句不入韵；下阙十一句，五十一字，第一句的前半段，第三、五、六、八、九、十一句为仄声韵，其余句不入韵。

翠楼吟

姜夔

月冷龙沙，尘清虎落，今年汉酺初赐。新翻胡部曲，听毡幕元戎歌吹。层楼高峙，看槛曲萦红，檐牙飞翠。人姝丽，粉香吹下，夜寒风细。

此地、宜有词仙，拥素云黄鹤，与君游戏。玉梯凝望久，叹芳草萋萋千里。天涯情味，仗酒祓清愁，花销英气。西山外，晚来还卷，一帘秋霁。

翠楼吟·秦淮遇京华故人

吴梅

月杵声沉，霜钟响寂，今宵故人无寐。湖山沦小劫，正风鹤长淮兵气。南云凝睇，又水国阴晴，千花弹泪。情难寄，庾郎凭处，自伤憔悴。

可记、残粉宫城，指暮虹亭阁，冶春车骑。玉京芳信阻，怕丝管经年慵理。人间何世，待冷击珊瑚，西台如意。秋心碎，板桥衰柳，莫愁愁未?

二百二十七、长命女

此词牌又名《薄命女》。此调为单调，共七句，三十九字。第一、二、三、五、六、七句都为仄声韵，第四句不押韵。

长命女

冯延巳

春日宴，绿酒一杯歌一遍。再拜陈三愿：一愿郎君千岁，二愿妾身长健，三愿如同梁上燕，岁岁长相见。

长命女

朱彝尊

腰一缕，怪道呼他长命女。生怕风吹去。额上残英点就，镜里愁眉画取。便我作翁卿作姥，也把千金许。

二百二十八、斗百花

此词牌又名《斗百花近拍》、《夏州》。此调为双调，共十五句，八十一字。上阙八句，四十五字，第一、二、四、七、八句为仄声韵，其余句不入韵；下阙七句，三十六字，第二、四、七句为仄声韵，其余句不入韵。

斗百花

柳永

煦色韶光明媚。轻霭低笼芳树。池塘浅蘸烟芜，帘幕闲垂风絮。春困厌厌，抛掷斗草工夫，冷落踏青心绪。终日扃朱户。

远恨绵绵，淑景迟迟难度。年少傅粉，依前醉眠何处。深院无人，黄昏乍拆秋千，空锁满庭花雨。

斗百花·汶妓褚延娘

晁补之

脸色朝霞红腻。颜色秋波明媚。云度小钗浓鬓，雪透轻绮香臂。不语凝情，教人唤得回头，斜盼未知何意。百态生珠翠。

低问石上，凿井何由及底。微向耳边，同心有缘千里。饮散西池，凉蟾正满纱窗，一语系人心里。

二百二十九、垂丝钓

此调为双调，共十五句，六十六字。上阙八句，三十四字，除第三句外都为仄声韵；下阙七句，三十二字，除第一句外都为仄声韵。

垂丝钓

周邦彦

缕金翠羽，妆成才见眉妩。倦倚绣帘，看舞风絮。愁几许，寄风丝雁柱。春将暮，向层城苑路。

钿车似水，时时花径相遇。旧游伴侣，还倒曾来处，门掩风和雨。梁燕语，问那人在否。

垂丝钓·于越亭路彦捷置酒同别富男叔

赵彦端

短篷醉舣，江南秋意如水。露草星明，风柳丝委。危槛倚，为故人宴喜。欢无几，念青鞋紫绮。

论诗载酒，犹胜心寄双鲤。倦游晚矣，云路非吾事，湖海从君意。沙雁起，记夜阑隐几。

第十二章

诗词写作的艺术内涵与鉴赏

第一节　诗词的立意

写诗以立意为首。古人常说："炼字不如炼句，炼句不如炼意。"立意又称命意、用意、作意，在文学创作中，古人所说的"意"与我们今天所说的"中心"、"主旨"内涵基本一致。立意的优劣、深浅直接决定了一首诗的思想境界的高低和艺术效果的好坏。作者的学识和文字能力相近，运用同一题材，写出的诗歌却有天壤之别，这主要就是由立意决定的。

初学者写诗词往往是为写景而写景、为状物而状物、为记事而记事，而没有任何的指向性，这样的诗歌没什么意义，也不能打动人。以诗言志，诗词作品必须有统一全篇、贯穿前后的主题思想，或即景抒情，或就事说理，或托物言志，这"情"、"理"、"志"就可以成为诗词的意，有了意，诗词才有了灵魂。写诗作词时应"意在笔先"，那么如何立意呢？立意就是要明确自己要表达的思想观点，确立主旨，也就是说，要通过观察和分析把原始、直观的想法深化为理性认识。

立意的要求和方法有哪些呢？虽然根据题材、结构的不同，具体的诗词会有一些差别，但总的来说，好的立意应该有以下三个特点：高远、深刻、新颖。

所谓"高远"，就是要境界开阔，不拘泥于一时一事，不局限于一己之私。如李白的《渡荆门送别》："渡远荆门外，来从楚国游。山随平野尽，江入大荒流。月下飞天镜，云生结海楼。仍怜故乡水，万里送行舟。”王勃的“海内存知己，天涯若比邻，”杜牧的“商女不知亡国恨，隔江犹唱后庭花，”高适的“莫愁前路无知己，天下谁人不识君，”这些诗读起来让人顿生豪壮、凄怆、振奋、哀怨等感受，有一种感发的力量。

所谓“深刻”，就是通过对日常生活、普通事物的体会和观察，挖掘出其中蕴含的丰富内涵和深刻哲理。如苏轼的“不识庐山真面目，只缘身在此山中”，王之涣的“欲穷千里目，更上一层楼”，朱熹的“问渠那得清如许，为有源头活水来”等等。

所谓“新颖”，就是要尽量避免“熟”和“俗”，写出自己独到的看法、情感，“言前人所未言，发前人所未发”，给人以耳目一新之感。从《诗经》算起，诗歌已有三千年的历史，生活中的方方面面都不止一次被写进诗歌，所以写诗最重要的创新就在于立意的新颖。

“文章本天成，妙手偶得之”。立意的好坏虽与创作灵感、情绪状态等偶然因素有关，然而也是有一些规则和方法可循的。为了达到“高、深、新”的目的，诗词作者在立意时往往采用“假托”的手法。什么是“假托”呢？概括来说，即借古喻今、托物言志或假此说彼。

一、借古喻今

所谓借古喻今，是指借用古代的人和事影射当时的社会现实，如李商隐的《贾生》：

宣室求贤访逐臣，贾生才调更无伦。可怜夜半虚前席，不问苍生问鬼神。

宣室：汉朝未央宫的正宫。虚前席：古人谈论喜悦时，易将身子向前靠近对方，叫前席；虚前席，指虚有前席求贤之举。李商隐这首七绝表面上是慨叹汉文帝不能让贾谊施展治国的才能，造福百姓。实质上，作者是借此讽刺当时的唐朝皇帝不能好好地任用人才，让贤士有所作为。

又如辛延年的《羽林郎》：

昔有霍家奴，姓冯名子都。依倚将军势，调笑酒家胡。胡姬年十五，春日独当垆。长裾连理带，广袖合欢襦。头上蓝田玉，耳后大秦珠。两鬟何窈窕，一世良所无。一鬟五百万，两鬟千万余。不意金吾子，娉婷过我庐。银鞍何煜爚，翠盖空踟蹰。就我求清酒，丝绳提玉壶。就我求珍肴，金盘脍鲤鱼。贻我青铜镜，结我红罗裾。不惜红罗裂，何论轻贱躯！男儿爱后妇，女子重前夫。人生有新故，贵贱不相逾。多谢金吾子，私爱徒区区。

这首乐府诗写的是霍光的家奴冯子都仗势调戏民女胡姬的故事，实际上意在揭露东汉外戚窦家的爪牙仗势欺人的罪行，反映了东汉社会政治黑暗腐败的一个侧面。

二、托物言志

所谓“托物言志”，是指诗人把自己要表达的志向和理想寄托在某一件事物上，如于谦的《咏石灰》：

千锤万凿出深山，烈火焚烧若等闲。粉骨碎身浑不怕，要留清白在人间。

此诗明写石灰，真实立意则是歌颂清廉耿直、为国为民而献身的精神，歌颂具有这种精神的志士仁人。

又如柳宗元的《江雪》：

千山鸟飞绝，万径人踪灭。孤舟蓑笠翁，独钓寒江雪。

作者在诗中描绘了这样一幅画面：栖鸟飞远、行人绝迹的大雪天里，江面上却有孤舟独钓。此诗真意何在呢？原来作者柳宗元在政治变革失败后，十分孤独寂寞，但心中又坚定不移，怀有微茫的希望。诗篇曲折地表达了这种心情。

又如李贺的《马诗》之五：

大漠沙如雪，燕山月似钩。何当金络脑，快走踏清秋。

作者的真正意图并非写马，而是通过对秋高时节大漠上奔驰的骏马的描写，表达对自由豪放生活的向往。

三、假此说彼

所谓“假此说彼”，即言在此而意在彼。这是诗人常用的创作方法之一，如张籍的《节妇吟》：

君知妾有夫，赠妾双明珠。感君缠绵意，系在红罗襦。妾家高楼连苑起，良人执戟明光里。知君用心如日月，事夫誓拟同生死。还君明珠双泪垂，恨不相逢未嫁时。

这首诗从表面上看是写一个妇女忠于自己丈夫而拒绝男子追求的情事，实际上是一首政治诗。其原题注的是：“寄东平李司空师道。”李师道任当时割据藩镇之一的平卢缁青节度使，他想邀张籍入其幕。张籍主张统一，反对割据，所以作此词以明志向，婉谢李师道的美意。假此说彼，写得十分委婉含蓄。

又如唐代朱庆馀的《近试上张水部》：

洞房昨夜停红烛，待晓堂前拜舅姑。妆罢低声问夫婿，画眉深浅入时无？

这首诗表面上是写新婚时新娘对能否讨得公婆欢心而感到忐忑，实际上是朱庆馀在应考前给主考官张籍的诗，借以试探考官的看法和意见。张籍在《酬朱庆馀》中答道："越女新妆出镜心，自知明艳更沉吟。齐纨未足时人贵，一曲菱歌敌万金。"把朱氏比作越州镜湖的采菱女，不仅容貌美丽，而且歌喉绝妙，这是其他人没法比的，暗示他不必为此次考试担心。两人的相互酬答都十分巧妙，成为流传千古的佳话。

第二节　诗词的表现手法

古典诗歌传统的表现手法就是"赋"、"比"、"兴"。南宋朱熹在《诗集传》中说："赋者，敷陈其事而直言之者也；比者，以彼物比此物也；兴者，先言他物，以引起所咏之词也。"

先来说赋。赋就是直接地叙事写景抒情。赋可以用陈述句，主要起到必要交代或形象间意脉串联的作用，《诗经》中有大量这样的句子，比如：

送子涉淇，至于顿丘。匪我愆期，子无良媒。(《卫风·氓》)

无逾我里，无折我树杞。(《郑风·将仲子》)

这两句均在诗中起情节意脉的串联作用。第一例写女子初恋时，曾与"氓"有过一段热烈的交往，句子虽有省略跳跃，但通过联想补充可以理出一个完整、条理的故事情节。第二例通过女子急迫的语言，写出约会的男子翻墙、攀枝欲下的两个动作，叙述的是一个片段。又如：

客从故乡来，应知故乡事。(《杂诗》)

这句则是交代事情，起着为下文铺垫的作用。

赋还可以用描写句式，起到表现情意、渲染气氛或引发联想等作用。如孟浩然《过故人庄》中的："绿树村边合，青山格外斜。"表现出诗人对田园风光的赞美，为全诗营造了闲适幽静的气氛。

还可以用赋的手法来抒情。诗歌的情意一般比较含蓄，须不断回味才能体会，但有时诗人的感情特别强烈，是积蓄后的迸发。如《诗经·伐檀》中的“彼君子兮，不素餐兮”。

赋还可以议论，重在精辟、脱俗。如杜牧《赤壁》中的“东风不与周郎便，铜雀春深锁二乔”。诗人以“翻案”出奇笔，一改之前称赞周瑜之计谋、韬略的论调，指出胜利乃天助而非人力，不足为训。

其次说比。比包括比喻和比拟。比喻是将两种以上的事物联系起来，用其中一种事物去说明或描写另一种事物，使它更鲜明、更生动，更好地抒发作者的思想感情。比喻中要说明或描写的事物叫本体，用来打比方的那个事物叫喻体。宋人对比喻的分类多达十类，后人一般归并为四类，即明喻、暗喻、借喻、博喻。

明喻：本体和喻体一并托出，一般在两者之间加上“如”、“似”、“若”或“犹如”、“恰似”、“仿佛”等词。例如“海内存知己，天涯若比邻”（王勃《送杜少府之任蜀州》）、“大漠沙如雪，燕山月似钩”（李贺《马诗》其五）、“不知细叶谁裁出，二月春风似剪刀”（贺知章《咏柳》），这些都属明喻。

暗喻：又称隐喻。这种比喻一般也要求本体和喻体同时出现，不同于明喻的是，暗喻不用“如”、“似”等明显的比喻字眼，而是用其他谓语或状语。暗喻较明喻更进一层，突出本体或喻体的某种特征，比喻得更传神、更生动。例如“桃花潭水深千尺，不及汪伦送我情”（李白《赠汪伦》），以喻体“桃花潭水”千尺之深的特征来突出本体“汪伦送我情”。“山河破碎风飘絮，身世浮沉雨打萍”（文天祥《过零丁洋》），以喻体“风飘絮”突出本体“山河”之飘摇不定；以喻体“雨打萍”突出本体“身世”之灾难密集。

借喻：本体不出现，直接用喻体来代表本体，使本体和喻体融合在一起。如骆宾王的《秋日送尹大赴京》：“竹叶离樽满，桃花别路长。”其中的“竹叶”喻酒，“桃花”喻马。杜甫的《将赴成都草堂途中有作先寄严郑公五首》其四：“新松恨不高千尺，恶竹应须斩万竿。”其中的“新松”喻善，“恶竹”喻恶，借以抒发诗人对人事的爱憎之情。王安石的《木末》：“缫成白雪桑重绿，割尽黄云稻正青。”其中“白雪”喻丝，“黄云”喻麦。借喻两体合一，需要注意的是，本体与喻体的关系应该是人们比较容易了解的，或者能够从诗词前后句的联系中，从典故、文献的联想中，推断出来，不宜搞得晦涩难解。

博喻：用多种事物同时比喻一个事物，如白居易的《琵琶行》中的一段：

大弦嘈嘈如急雨，小弦切切如私语。
嘈嘈切切错杂弹，大珠小珠落玉盘。
间关莺语花底滑，幽咽流泉冰下难。
冰泉冷涩弦凝绝，凝绝不通声渐歇。
别有幽愁暗恨生，此时无声胜有声。
银瓶乍破水浆迸，铁骑突出刀枪鸣。
曲终收拨当心画，四弦一声如裂帛。

这十四句中用了十种声态作比喻，不仅展现了千变万化的音乐形象，而且暗示了琵琶女起伏回荡的心潮。苏轼的《百步洪》中有四句：

有如兔走鹰隼落，骏马下注千丈坡。
断弦离柱箭脱手，飞电过隙珠翻荷。

这四句诗连用七个比喻，一个比喻即一个场景，将船行疾水的惊骇冲泻之状生动地描绘出来。

比拟与比喻相似，但也有所不同。诗人为了把景物写得生动形象，把感情抒发得淋漓尽致，常将甲物当作乙物来描写，这就是比拟。例如，王维《书事》："坐看苍苔色，欲上人衣来。"其中"欲上"二字给"苍苔色"以生命，把它当作动物来描写，突出地碧苔青的景色，表达了诗人的欣喜心情和新奇感受。李白《送友人》中的"挥手从兹去，萧萧班马鸣"借用了《诗经·车攻》中的"萧萧班马鸣"。"班马"指的是离群之马。以马的长鸣描写两人临别时的依依不舍之情。郎士元的《柏林寺南望》："青山霁后云犹在，画出西南四五峰。"一个"画"字就把"云"拟人化了，似乎本无山峰，是云即兴画出来的。

比拟和比喻不同的是，比拟直接以喻体的某种形象特征、动作特征来描写本体，有以物拟人、静物拟动物、甲物拟乙物等等。从修辞角度看，比拟较比喻对事物描写的深度更进了一层。

再说兴。兴者，起也，又称"起兴"。写文章强调开门见山，作诗贵在委婉含蓄，因此往往以鲜明形象为抒情发端。《诗经·关雎》中的"关关雎鸠，在河之洲；窈窕淑女，君子好逑"一句，就是典型的起兴句。

李白《将进酒》的前两句是："君不见黄河之水天上来，奔流到海不复回！"用来形容光阴易逝、一去不返；接着两句"君不见高堂明镜悲白发，朝如青丝暮成雪！"慨叹人生之短暂；由此引出"人生得意须尽欢，莫使金樽空对月”。这首诗的前四句都是“起兴”句。

又如张籍的《秋思》：

洛阳城里见秋风，欲作家书意万重。

复恐匆匆说不尽，行人临发又开封。

诗歌的第一句是“起兴”句。“见秋风”三字是思乡的形象说法。其中有一个典故，就是东晋张翰的“因见秋风起”，借口思念家乡的菰菜、莼羹、鲈鱼脍，辞官回乡。

总之，“赋、比、兴”的表现手法可根据特定的思想感情需要交替使用，力求富于变化，以达到以少胜多、言有尽而意无穷的艺术效果。

第三节 诗词的形象思维

诗词主要运用形象思维，这显示了诗词艺术的特点。诗人在写诗作词的过程中，对所写的人、事、物、景进行概括加工，构成诗歌中的形象，通过这些形象来表达诗人喜、怒、哀、乐等思想感情，这就是诗词的形象思维。概括来说，形象思维就是用具体事物的形象来表达抽象的思想感情。

形象是构成一首诗歌的基础，因此可以说没有形象思维便没有诗歌。诗歌的形象思维一般有这样几种表达方法：

第一，只写形象，从形象中表达作者的思想感情。以具体的形象来表达作者的思想感情，如秦观的《浣溪沙》：

漠漠轻寒上小楼，晓阴无赖似穷秋。淡烟流水画屏幽。自在飞花轻似梦，无边丝雨细如愁。宝帘闲挂小银钩。

在这首词中，作者是如何运用形象思维的呢？这首词只是写了一些小景，好像一幅风景画，但没有写到人物。“轻寒”、“飞花”、“丝雨”等是用来点出季节的形象，让人推断出是春天；而“小楼”、“画屏”、“宝帘”、“小银钩”等形象则写出了室内环境，让人猜到主人公是一位女子。然后，我们可以进一步想象词中主人公的活动。经过一系列的想象和联想，我们可以发现这首词主要表达了一种“闺怨”情绪。虽然这首词并没有写到人物，但是我们可以处处感受到人物的活动，这就是诗词形象思维的作用。

又如元代马致远的《天净沙·秋思》：

枯藤老树昏鸦，小桥流水人家。古道西风瘦马。夕阳西下，断肠人在天涯。

这首小令没有直接表达任何感情，只是运用一系列看似孤立、分散，实则有内在联系的形象，为读者展现出一幅特点鲜明的深秋晚景图。从这些形象以及它们所构成的画面中，我们会产生一种迟暮、苍凉的感觉，从而体会到游子怀乡思家的伤感。作者借一些典型形象准确地表达出自己的思想感情，这就是形象思维。

第二，主要写思想感情，不描绘具体形象，但抒写的思想感情中蕴含着具体形象，如陈子昂的《登幽州台歌》：

前不见古人，后不见来者。念天地之悠悠，独怆然而涕下！

陈子昂是一个才能出众、十分爱国的文士，这首诗抒发了他怀才不遇、孤独寂寞之感。诗中没有写到任何具体的形象，但从“幽州台”、“古人”、“来者”这些词语里，我们可以联想到一些具体形象，从而体会到作者所表达的思想感情。

第三，既写形象，也写思想感情，如李商隐的《蝉》：

本以高难饱，徒劳恨费声。五更疏欲断，一树碧无情。薄宦梗犹泛，故园芜已平。烦君最相警，我亦举家清。

这首诗借咏蝉比喻自身的高洁。前半首重在咏蝉，后半首直抒胸意。全诗层层深入地阐发主题，一方面显示了自己高洁的品性，同时抒发了对现实的种种不满，是形象与思想感情的巧妙结合。

第四节 诗词的用典

用典是诗词写作中较常用的艺术手法之一。用典指的是在写作诗词时，引用、化用和诗词有关的故事、前人作品中的词句等。我们可以把前者称为“用事”，就是用以前的故事类比现实，使语意更丰富、深远；后者称为“用辞”，就是用现成的词句，使语意更蕴藉、委婉。刘勰在《文心雕龙·事类》中开头便说：“事类者，盖文章之外，据事以类义，援古以证今者也。”用典可以借古证今，加深所要表达的思想感情，增强诗词的内涵和效果。

诗词贵在言简而意丰，用典可以在最简单的词句中最大限度地融汇思想内容。从用典方式上来分，有直用、活用和反用三种。

1. 直用典故。即直接引用典故的本来意义，起到言简意赅的作用。如曹操《短歌行》的最后一句："周公吐哺，天下归心。"用了"周公"的典故。传说周公"一沐三握发，一饭三吐哺，犹恐失天下之士也"。曹操借此表现自己像周公一样殷勤待贤、礼贤下士，以求实现一统天下的伟业。

李商隐《锦瑟》中的"望帝春心托杜鹃"，是直接用望帝化为杜鹃，"至春则啼，闻者凄恻"的传说，来寄托难言的冤屈。

又如辛弃疾的《永遇乐·京口北固亭怀古》一词中多处直接用典。

"千古江山，英雄无觅，孙仲谋处。"

此处用的是孙权抗曹获胜的故事。

"斜阳草树，寻常巷陌，人道寄奴曾住。"

南朝宋武帝刘裕，小字寄奴，是南北朝时期宋朝的建立者，曾两次率领晋军北伐，收复洛阳、长安等地。

苏轼的《念奴娇·赤壁怀古》，整阙用的是周瑜破曹的故事。词人多层面地表现了周瑜的雄才大略和非凡风采，尤其是"羽扇纶巾，谈笑间、樯橹灰飞烟灭"。通过对周瑜功绩的歌颂，作者表达出自己内心深处建功立业的真实愿望。

2. 活用典故。指的是灵活地化用典故，既可以从新的角度突出典故某个侧面的意义，又可以对典故的原有含义进行引申发挥。

辛弃疾《永遇乐·京口北固亭怀古》的最后一句"凭谁问：廉颇老矣，尚能饭否"，用的是有关廉颇的故事。廉颇被免职后，到了魏国，赵王想再用他，便派使者去察看他的身体状况。廉颇为了显示自己尚可以用，"为之一饭斗米，肉十斤"。而赵使为廉颇的仇人所贿赂，回去禀告赵王说："廉将军虽老，尚善饭；然与臣坐，顷之三遗矢矣。"于是，赵王认为廉颇确实老了，便不再起用他。词人活用这个典故，以廉颇自况抒发内心的愤懑：自己虽年事已高，可为国效力的壮心不减，然而却不被重视，正所谓借他人酒杯，浇自己胸中之块垒。

秦观《鹊桥仙》一词用的是牛郎织女的民间传说，但词人从一个全新的角度诠释故事，赋予这一古老故事以新内涵。"金风玉露一相逢，便胜却人间无数"，一改之前的悲戚感叹之情，突出的是牛郎织女相见的珍贵，从而引出"两情若是久长时，又岂在朝朝暮暮"这样一个具有哲理意味的命题。显然，词的立意与其他同类作品相比，高出一筹。

3. 反用典故。即按典故的固有含义，反其意而用之。

辛弃疾的《永遇乐·京口北固亭怀古》中的“可堪回首，佛狸祠下，一片神鸦社鼓”，“佛狸”是后魏太武帝拓跋焘的小名。公元450年，他击败宋文帝，率军追到瓜步山，在山上建立行宫，即后来的佛狸祠。词人渴望早日实现恢复中原的宿愿，可现实却是“佛狸祠下，一片神鸦社鼓”，让人倍感失望。而“可堪回首”则表明了他鲜明的批判态度。词人反用这一典故，把自己的观点融于旧事之中，发人深思。

“用辞”也可以分为借用、活用和反用。借用，即直接引用前人的一些辞句，在新的语境中赋予辞句新的意义。如曹操《短歌行》中的“青青子衿，悠悠我心”，借用的是《诗经·郑风·子衿》中的诗句，写热恋中的女子对情人的思念和期待，曹诗借用这句诗表达了对贤才的热切期待。活用是把前人具有典型意义的语辞，融入自己所作诗词的意境或形象中，形成新的含义。如姜夔《扬州慢》中的“纵豆蔻词工，青楼梦好”，前半部分出自杜牧《赠别》中的“豆蔻梢头二月初”，后半部分出自杜牧《遣怀》中的“十年一觉扬州梦，赢得青楼薄幸名”。活用杜牧诗句中的语词，显示出杜牧出众的才华。反用就是引用既有语辞，表达相悖的含义，起到反衬的作用。如姜夔《扬州慢》词中“过春风十里，尽荠麦青青”，“春风十里”援引杜牧的“春风十里扬州路”，原诗展现的是扬州十里长街的繁华景象，词人反其意而用之，显示出扬州现状的凄凉，寄寓了词人对扬州昔盛今衰的感叹。

第五节　丰富多彩的艺术探索

诗词与其他文学样式的重要区别之一就是具有意味的多重性，即语言本身的意思、语句描述的艺术形象所包含的意思、作者想要表达的意思、读者各自理解的意思等等。这种多重性和多侧面性是文学的独特魅力，而诗歌尤其突出。

一、诗词中含蓄的应用

含蓄是一种语言表达形式，也是一种艺术风格，其特点是：言约而意丰、言近而旨远、言浅而意深。唐代的司空图说：“不着一字，尽得风流。”含蓄蕴藉可以补充、深化诗意，传达言外之意，激发审美想象，达到意内言外的艺术境界。

（一）侧面落笔，宛曲达意

多数情况下，诗人所要表达的真正意旨不是一览无余、言尽意止的，而是隐藏着他意或深意，从侧面迂回地表情达意，虚中见实的。如苏轼的《南乡子·梅花词和杨元素》：“寒雀满疏篱，争抱寒柯看玉蕤。忽见客来花下坐，惊飞，踏散芳英落酒卮。痛饮又能诗，坐客无毡醉不知。花谢酒阑春到也，离离，一点微酸已着枝。”全词未出现一个“梅”字，但处处透露出梅花报春的讯息。再如高适的《除夜》：“旅馆寒灯独不眠，客心何事转凄然？故乡今夜思千里，霜鬓明朝又一年。”第三句用衬托手法，落笔对方，并不去写自己思念故乡，而写故乡亲人思念自己，与杜甫《月夜》的“遥怜小儿女，未解忆长安”有异曲同工之妙。

（二）借物见意，意在言外

诗歌常常借助客观的物象寄意或言志，将人的思想情感表现得含蓄而深沉。如王昌龄的《长信秋词（其三）》：“奉帚平明金殿开，且将团扇共徘徊。玉颜不及寒鸦色，犹带昭阳日影来。”这首诗表现宫女孤居独处的寂寞幽怨，却并未直写怨情，而是通过“玉颜”与“寒鸦”的对比，婉曲地传达出宫女“羡寒鸦”的微妙心理，以小见大，含蕴不尽。又如王安石的《孤桐》：“天质自森森，孤高几百寻。凌霄不屈己，得地本虚心。岁老根弥壮，阳骄叶更阴。明时思解愠，愿斫五弦琴。”诗人运用比兴手法，借孤桐言志抒怀，把虚心扎实、无私奉献的人生追求寄寓在具体的审美形象中，含蓄隽永。

（三）点到为止，欲露还藏

诗忌露忌尽，下语三分，留一些“空白”，会引发读者的思索、想象，诗本身也就耐人寻味了。如元稹的《古行宫》：“寥落古行宫，宫花寂寞红。白头宫女在，闲坐说玄宗。”诗人描绘了一幅黯淡而凄凉的图画：年迈的宫女在冷清的行宫中无聊地对着宫花，闲说玄宗遗事。作者只是粗略地勾勒出特定环境中的特定人物，引而不发，却意在言外，抒发了昔盛今衰的深沉感慨，真可谓“语少意足，有无穷之味”。（《容斋随笔》）

（四）疑问作结，发人深省

问而不答，构设悬念，使诗具有含蓄不尽的韵致，是古人营造含蓄美的又一手法。如张旭的《桃花溪》："隐隐飞梯隔野烟，石矶西畔问渔船。桃花尽日随流水，洞在清溪何处边？"诗人神往世外桃源，明知不可求而故问，表达了一种深深的怅惘之情，清远含蓄，发人深省。又如唐代陈玉兰的《寄夫》："夫戍边关妾在吴，西风吹妾妾忧夫。一行书信千行泪，寒到君边衣到无？"以问句结尾，让人深深体味到思妇的深情。

（五）以景结情，情韵悠长

"结句须要放开，含有余不尽之意，以景结情最好。"（《乐府指迷》）诗歌在抒情议论时，戛然而止，转而以景作结，或以景衬情，或寓情于景中，就可收到言有尽而意无穷的效果。如元稹的《西归（其二）》："五年江上损容颜，今日春风到武关。两纸京书临水读，小桃花树满商山。"结句点染商山妍丽春色，而诗人归途中的兴奋喜悦之情，从景中自然传出，情韵悠长。又如张可久的《卖花声·怀古》："阿房舞殿翻罗袖，金谷名园起玉楼。隋堤古柳缆龙舟。不堪回首，东风还又，野花开暮春时候。"以景结情，意味深长。

（六）反笔见妙，曲折见意

"反笔"是指词人构思从反面切入，将人的思想情感置于与环境相反的状态，表意曲折而有情致，有"睹影知竿"之妙。如唐彦谦的《小院》："小院无人夜，烟斜月转明。清宵易惆怅，不必有离情。"此诗抒写离情，前三句层层烘染、蓄势，第四句却从反面写来，以"反"见"正"，深刻地表现了离情的郁积难遣。用笔深曲，妙在含蓄。

另外，以梦境、声音作结尾，营造一种清幽缥缈的境界，也是古人创造含蓄美的重要手法。

二、诗词中的"蒙太奇"

"蒙太奇"是法语建筑学中的名词音译，原意为装配、构成，电影借用这一术语表示镜头的剪辑、组合和段落的转换，我国古典诗词的表现艺术和蒙太奇有相通之处。诗词中蒙太奇的运用主要表现在两个方面：一是创作上的跳跃；二是诵读时的想象填补。

具体来说，有的诗人所展示的意象与意象之间存在着一个或多个“崭新面貌的意象”，前人称之为“象外之象”。读者根据各自生活经验、文化修养、美学趣味等等，通过联想、想象而获得那个或那些“崭新面貌的意象”，这就是诗歌的蒙太奇。如王维的《山中送别》诗：“山中相送罢，日暮掩柴扉。春草明年绿，王孙归不归?”送友离开直到日暮，接着一下子就写到明年春草遍地的意象，在时间上是一个跳跃。如何进行想象填补呢？作者当时隐居山中，送走友人，惆怅而寂寞，好不容易挨到日暮，掩闭柴门，进屋休息，然而老是为离情别绪所纠缠，盼望友人早日归来。“明年春草茂盛的时候你能回来吗？一定会回来吧。”经过如此想象，全诗变得完整而顺畅。

再如戴叔伦的《除夜宿石头驿》：“旅馆谁相问，寒灯独可亲。一年将尽夜，万里未归人。寥落悲前事，支离笑此身。愁颜与衰鬓，明日又逢春。”首联写了主人公当时的处境，颔联上句写除夕之夜，下句写客居他乡之人，这两句之间有一个跳跃，需要读者靠想象去填补：除夕将至，家家团聚，爆竹声声，笑语喧哗，一片节日的欢乐气氛；而远在天涯的游子则在旅舍寒灯下悄然独处，愁思不已。并由此产生一个新的意象：欢乐热闹的除夕夜里，一个羁旅孤寂愁苦的游子。

柳宗元的《江雪》用“蒙太奇”来分析，就是一个在镜头运用上十分完整的脚本。“千山鸟飞绝”是一个大远景，“万径人踪灭”是从天地间向前推成全景的大山，然后随山径向下，到江边成中景的“孤舟蓑笠翁”，接着推成老翁的近影“独钓寒江雪”。

杜牧的《山行》也可以分为四个镜头：“远上寒山石径斜”是一个深秋时节的山的全景，“白云深处有人家”是诗人抬头仰望深山的中景，“停车坐爱枫林晚”可看作诗人流连于枫树林的近景，而“霜叶红于二月花”则是一个生动的特写。

温庭筠的《商山早行》：“鸡声茅店月，人迹板桥霜。”也是蒙太奇式的时空跳跃的组合。

通过不同画面的组接完成时空跳跃，这种蒙太奇式的手法能够表达很多具体意象无法表达的内容，使诗词的容量大大增加。

三、点化的作用

诗词写作中，作者间或采用“点化“的方法也可能出现“暗合”的现象。点化是一种再创造，暗合则表明作者的构思和表达与其他诗人有着共同之处。

点化的关键在于有所变化，或化出新意，或增添意蕴，或使表达更生动。总之，点化应具有推陈出新的效果。

如杜牧的《泊秦淮》云：“商女不知亡国恨，隔江犹唱《后庭花》。”王安石的《桂枝香·金陵怀古》则云：“至今商女，时时犹唱，《后庭》遗曲。”显然王安石的词句是点化杜牧诗而成的。《后庭花》指南朝陈后主所制的《玉树后庭花》一曲，向来被视为亡国之音。杜牧写的是实景，意在讽刺当时那些只知享乐、醉生梦死的权贵，也预示唐王朝即将灭亡的命运。而王安石的词句旨在缅怀旧事，指出相继建都金陵的六朝，虽一时繁华，但俱已灭亡，有如长江流水，一去不返。点化后的句子产生了新意。

点化有多种方法，从变化、改造的范围来看可分为“取辞而化意”、“取意而化辞”、“兼取辞意而略化”三类。

取辞而化意。所谓“取辞”，指采用前人诗句的语言形式，或采用原诗句的重要词语而仅改动几个字。所谓“化意”，指化出新意，产生新的意境、新的情韵。如：

唯应洞庭月，万里共婵娟。（许浑《忆江南同志》）

但愿人长久，千里共婵娟。（苏轼《水调歌头》）

许浑这联诗写对友人的相思之情，而苏轼词所点化的二句则表达了对亲人平安长健的美好祝愿。

取意而化辞，即采用前人诗句的旨意，而在语言形式上有所变化，使形象更生动具体，或使表意更为深刻。例如：

丈夫志四海，万里犹比邻。（曹植《赠白马王彪》）

海内存知己，天涯若比邻。（王勃）

两首诗旨都在于勉励离人，即使远远分离，也和邻居一样亲近，表达了对远方友人的情意，但造语却不相同。

辞意兼取而略化是指辞和意同时采用前人诗句，兼而有之且略加变化。造成新句后，兼有化意和化辞的双重效应。如：

浮云蔽白日，游子顾不反。(《古诗十九首·行行重行行》)

浮云终日行，游子久不至。(杜甫《梦李白》)

《古诗十九首》此句，泛写离别相思；而杜诗中的“浮云”、“游子”，则具体指李白。

第六节　诗词的鉴赏方法

诗词鉴赏需要一定的古汉语知识、历史知识、文化修养、专门的诗学知识、丰富的生活体验，以及大量的阅读欣赏实践活动。我们大概把诗词的鉴赏过程分为三步：读懂字词，理解意象和意境，融入诗境和作出判断。在此过程中，我们需要用到识字知典、知人论世、想象联想、比较鉴别等方法。在此，我们就从诗词的鉴赏过程和层面来谈其鉴赏方法。

第一步，读懂字词。诗词是语言的艺术，要鉴赏诗词，必须要理解字词的意思。读懂字词是理解诗词中的形象和意境的基础。在读诗词的过程中，我们一般会遇到两种障碍，其一是艰涩的字词，如姜夔《湘月》的上阕：

五湖旧约，问经年底事，长负清景？暝入西山，渐唤我、一叶夷犹乘兴。倦网都收，归禽时度，月上汀州冷。中流容与，画桡不点清镜。

从“暝入西山”起，这些词句描绘了一幅日暮时分到明月升起时的优美画面。但是，如果不理解“夷犹”、“汀州”、“容与”、“画桡”等词的意思，那么这美景就无从体会了，也无法感受到作者蕴含其中的感情了。其二是生僻的典故。理解典故又有两个层次：第一是知道用的是什么典故，典故本身是什么内容；第二是明白作者用典的意图。

南宋戴复古的《饮中》云：“布衣不换锦宫袍，刺骨清寒气自豪。腹有别肠能贮酒，天生左手能持螯。蝇随骥尾宜千里，鹤在鸡群亦九皋。贤似屈平因独醒，不禁憔悴《离骚》。”这首诗一共用了五个典故。“别肠贮酒”为古语，意为酒量过人。“左手持螯”，典出《世说新语》：“晋代毕卓嗜酒如命，曾说‘一手持蟹螯，一手持酒杯，拍浮酒池中，便足了一生’。”“蝇随骥尾”，典出《后汉书·隗嚣传》：“数蒙伯乐一顾之价，而苍蝇之飞，不过数步，即托骥尾，得以绝群。”“鹤鸣九皋”，典出《诗经

·小雅·鹤鸣》："鹤鸣于九皋，声闻于野。"九皋意思是深泽，比喻贤士身隐名著。"屈原独醒"，典出《史记·屈原列传》，屈原被放逐滨，遇到渔父，渔父看屈原"颜色憔悴，形容枯槁"，便问他何以至此，屈原答道："举世皆浊我独清，众人皆醉我独醒，是以见放。"了解了典故的内容还不够，还要接着弄清楚作者用典的意图。比如将作者用的第三、四、五个典故联系起来，就是为了表现自己卓然自立、清高傲岸的处世态度。

第二步，理解诗词的意象和意境。

首先要知人论世。即了解作者的品格、个性等自身状况，了解他所处的时代背景，了解他写作时的处境和心境。如李煜的《浪淘沙》："帘外雨潺潺，春意阑珊，罗衾不耐五更寒。梦里不知身是客，一晌贪欢。独自莫凭栏，无限江山，别时容易见时难。流水落花春去也，天上人间。"南唐后主李煜写这首词时已成为北宋的阶下囚，所以追思从前的荣华富贵，对比如今的凄凉处境，才有"天上人间"之感。同时，作者写作时特定的处境和心态也是鉴赏诗词时必须了解的。如贾岛的《寄韩潮州愈》："此心曾与木兰舟，直到天南潮水头。隔岭篇章来华岳，出关书信过泷流。峰悬驿路残云断，海浸城根老树秋。一夕瘴烟风卷尽，月明初上浪西楼。"这是在韩愈被流放到潮州后，好友贾岛写给他的一首诗，如果不了解这个背景，就无法理解诗前半段的情境描写和最后的殷切祝愿。

其次，运用想象和联想。诗词用语言符号组合而成，本身并没有形象性，而且诗词通常都比较精炼含蓄，跳跃性大，人们在欣赏过程中却能产生丰富的形象感，这与想象和联想的作用是分不开的。意境可以理解为客观事物在作者头脑中的反映，本来就是带有主观色彩的"有我之境"，就是要让读者去想象作者要表现的内容。所以诗词讲究反复玩味，即在理解词句的基础上，调动自身的知识积累、生活体验，去想象和感受其中蕴含的形象和意境。比如在读杜甫的《春望》一诗时，司马光就产生了一系列联想，他在《续诗话》中说："古人为诗，贵于意在言外，使人思而得之。……近世诗人，惟杜子美最得诗人之体，如'国破山河在，城春草木深。感时花溅泪，恨别鸟惊心'：山河在，明无余物矣；草木深，明无人矣；花鸟，平时可娱之物，见之而泣，闻之而悲，则时可知矣。"这种联想有助于更深地理解诗歌的内涵。

再次，比较鉴别。从某种程度上来说，一个作者的写作风格、水平、特点等是在与其他人的比较中确定的，比较不同人的相同题材的作品，同一个人的不同题材的作品，都能深化我们对诗词作品的认识。对不同的佳作，还可以从互较短长的玩味中突出其特色和优点。如张九龄的《望月怀远》与张若虚的《春江花月夜》，它们是有着同一个主题而在篇幅上相差很大的两篇名作：

《望月怀远》：	《春江花月夜》：
1. 海上生明月，	1. 海上明月共潮生。
2. 天涯共此时。	2. 江畔何人初见月？ 江月何年初照人？
3. 情人怨遥夜， 竟夕起相思。	3. 谁家今夜扁舟子？ 何处相思明月楼？
4. 灭烛怜光满，	4. 可怜楼上月徘徊， 应照离人妆镜台。 玉户帘中卷不去， 捣衣砧上拂还来。
5. 披衣觉露滋。	5. 空里流霜不觉飞，
6. 不堪盈手赠，	6. 此时相望不相闻，
7. 还寝梦佳期。	7. 昨夜闲潭梦落花，

比较阅读之后，我们更能感受到《望月怀远》的精炼含蓄，也更能发现《春江花月夜》的往复回环、曲尽情致之妙。

第三步，融入诗境，并作出自己的审美判断。这要求我们既要“入乎其内”，又要“出乎其外”。“入乎其内”即感同身受地投入作品的境界，感受作者的情感体验，产生共鸣，使作品的意境化为自己心中的境界。“出乎其外”即对诗词进行理性的分析和评价，能够说出诗词在语言、技巧、立意、义理等方面的妙处，并以独特的视角、准确的语言表达出来。鉴赏诗词时，既要意会，又要言传；既能感受到好，又能说出怎么好。比如宋祁的《木兰花》中云：“红杏枝头春意闹。”有人说是“卓绝千古”，也有人说“著一‘闹’字，而境界全出”。这都是侧重于主观感受的评价，比较抽象。经过具体分析，我们可以发现，春意以“闹”字形容，初看似乎没有道理，但“闹”字恰恰表现出多种感觉复合在一起的一种境界和气氛，非常具体形象。当然，这种具体、明确的分析依赖于我们平时的锻炼和积累。另外，鉴赏诗歌在表现技巧时，要从整体着眼，切忌孤立和割裂。我们体会诗词的立意和主旨时，应尽量避免主观随意性。

下篇

诗词社会生活篇

第十三章

诗词文化与多姿多彩的文化生活

第一节 诗词文化与爱情

爱情是人类最美好的情感之一，“无郎无妹不成歌”，从某种程度上来说，诗词就是为爱情而生的。为了表达对爱情的企盼、怀念，为了抒写爱情过程中种种复杂、微妙的感受，那么多动人的诗词才得以诞生。我国古代诗歌的两大源头《诗经》和《楚辞》中都有大量歌咏爱情的佳作。“关关雎鸠，在河之洲。窈窕淑女，君子好逑。”《诗经》开篇就是一首优美感伤的爱情诗，可看作爱情诗词之祖。

“问世间情为何物，直教人生死相许。”宋人张先在《木兰花》词中说：“人生无物比多情，江水不深山不重。”卢照邻在《长安古意》中说：“得成比目何辞死，愿作鸳鸯不羡仙。”有时候，爱情比一个人的生命更重要。刻骨铭心的爱情对于心思细密的文人们来说，更是别有一番滋味，他们把自己对爱情的敏锐体验融入诗词之中，成就了许多感人至深的名篇佳作。

“死生契阔，与子成说。执子之手，与子偕老。”这是《诗经·邶风·击鼓》中的两句诗，千百年过去了，这首原本形容战友之情的诗歌却成了生死不谕的爱情的盟约，以至于无论你何时读到这诗句，总会怦然心动、情思摇荡，似乎在瞬间洞彻了爱情的真谛，对幸福的期许油然而生。两个人之间产生了深厚的爱，自然难分难舍，于是有了汉乐府《上邪》：“上邪！我欲与君相知，长命无绝衰。山无陵，江水为竭，冬雷震震，夏雨雪，天地合，乃敢与君绝！”这首诗会催生人心底最真挚、最坚贞的情感，每读一次都会让人们进一步相信人世间的确是存在真爱的，让人们更加坚定地去追寻、付出。

“人间自是有情痴，此恨不关风与月。”李商隐、晏几道、纳兰性德都是至情至性的人，爱情是他们诗词作品的重要题材。李商隐的无题诗、晏几道的怀人词、纳兰的悼亡词都是古典爱情诗词中的经典之作。如李商隐《无题》中的：“昨夜星辰昨夜风，画楼西畔桂堂东。身无彩凤双飞翼，心有灵犀一点通。隔座送钩春酒暖，分曹射覆蜡灯红。嗟余听鼓应官去，走马兰台类转蓬。”晏几道的《临江仙》：“梦后楼台高锁，酒醒帘幕低垂。去年春恨却来时。落花人独立，微雨燕双飞。记得小苹初见，两重心字罗衣。琵琶弦上说相思。当时明月，曾照彩云归。”纳兰性德的《青衫湿·悼亡》：“近来无限伤心事，谁与话长更？从教分付，绿窗红泪，早雁初莺。当时领略，而今断送，总负多情。忽疑君到，漆灯风飐，痴数春星。”他们的诗词写尽了爱情的百般感受、千种滋味：热恋中的迷醉、爱而不得的怅惘、生离的感伤、死别的悲恸等等。这些难以言传的体验经过诗人、词人的生动描写，让无数读者仿佛感同身受。

多情总比无情苦，除了爱而不得的单恋以外，在爱情中最痛楚的就是别离后的相思和怨愁。这样的体会晏殊在《玉楼春》一词中早已表达过：“无情不似多情苦，一寸还成千万缕。天涯地角有穷时，只有相思无尽处。”月有阴晴圆缺，人有悲欢离合。长长短短的别离对于相爱的人来说是最难熬的，尤其是在古代交通和通讯都很不便的情况下，恋人们分离后只能鸿雁传书、遥寄相思，可是一不小心就会音讯全无，所以才会让春日凝妆的闺中少妇：“忽见陌头杨柳色，悔教夫婿觅封侯。”对于那些萍水相逢的恋人来说，维系感情就更加困难了，一别之后也许此生就再也没有相见的机会了，即便有心再次寻访，也可能人去楼空或物是人非。“从别后，忆相逢，几回魂梦与君同。今宵剩把银釭照，犹恐相逢是梦中。”（晏几道《鹧鸪天》）然而别离后的魂牵梦萦和重逢的艰难也许会让他们对彼此的爱更加珍视。

在无奈之际，他们产生一种想法，看似浪漫，实则是聊以自慰而已。那就是他们处在同一轮明月之下，饮着同一条江里面的水，这就是联系彼此的纽带。李之仪的《卜算子》中道：“我住长江头，君住长江尾；日日思君不见君，共饮长江水。此水几时休？此恨何时已？只愿君心似我心，定不负相思意。”以水喻情，相爱的思念和别离的怨愁都如长江水一般绵绵不绝。“隔千里兮共明月。”（谢庄《月赋》）古人在诗词中更常借月亮抒发相思之情，如张九龄的《望月怀远》：“海上生明月，天涯共此时。情人怨遥夜，竟夕起相思。灭烛怜光满，披衣觉露滋。不堪盈手赠，还寝梦佳期。”寄托相思的月亮让人产生渴望和联想，给人以慰藉，有时也会让人害怕和埋怨，其实那都是恋人们心中各种感情的折射。吴文英就在《唐多令》中感慨道：“何处合成愁？离人心上秋。纵芭蕉，不雨也飕飕。都道晚凉天气好，有明月、怕登楼。”吕本中的《采桑子》进一步替无数离别的恋人写出千回百转的心声：“恨君不似江楼月，南北东西。南北东西，只有相随无别离。恨君却似江楼月，暂满还亏。暂满还亏，待得团圆是几时？”早知道相思如此折磨人，倒不如不见的好；早知道有情徒增烦恼，倒不如无情的好。可是都说苦，谁也不愿轻易放弃，所以才有“衣带渐宽终不悔，为伊消得人憔悴”之说。

中国古典诗词写尽了关于爱情的种种体验，包含着诗人亲身经历或观察体会后提炼出的细腻感受、深刻感悟，藏着无数个动人的传说和故事。诗词使爱情永远鲜活，也正是爱情成就了无数美丽的诗词。

第二节　诗词文化与友情

高山流水遇知音，自从俞伯牙为钟子期破琴绝弦，终身不复鼓琴以后，友情这种超越血缘的情感就在我们心里渐渐清晰起来。他们二人之后，关于友情的诗词不计其数，从各个方面阐释、歌咏友情，抒写对朋友的劝告、勉励和思念。友情这种美好的情感同样拨动了诗人心底的琴弦，奏出一首首动人的乐曲。

大丈夫处世，当交四海英雄。唐代诗人的精神面貌大都昂扬奋发，他们游历大江南北，到处结交朋友，在诗歌中对友情的抒写也都是积极乐观的。王勃说：“海内存知己，天涯若比邻。无为在歧路，儿女共沾巾。”高适说：“莫愁前路无知己，天下谁人不识君。”白居易说：“同是天涯沦落人，相逢何必曾相识。”李白说：“桃花潭水深千尺，不及汪伦送我情。”杜甫说：“正是江南好风景，落花时节又逢君。”只要有缘相逢，天下人都可能成为朋友，不必为早晚的分别而感伤。

君子之交淡如水，在看似豁达、平淡的交往中往往饱含深情。比如唐代两位大诗人李白和杜甫的友谊，他们一生只见过几次、相处过几天，但都欣赏对方的才情。杜甫称赞李白道：“白也诗无敌，飘然思不群。清新庾开府，俊逸鲍参军。”他们对彼此的关切和怀念持续了一生。李白曾写《沙丘城下寄杜甫》一诗：“我来竟何事，高卧沙丘城。城边有古树，日夕连秋声。鲁酒不可醉，齐歌空复情。思君若汶水，浩荡寄南征。”表达对杜甫的思念。杜甫对李白更是时刻牵挂，在《与李十二白同寻范十隐居》中说：“余亦东蒙客，怜君如弟兄。醉眠秋共被，携手日同行。”李白被流放到夜郎后，杜甫写了《天末怀李白》一诗：“凉风起天末，君子意如何？鸿雁几时到？江湖秋水多。文章憎命达，魑魅喜人过。应共冤魂语，投诗赠汨罗。”深深地表达了对李白处境的同情和关切。杜甫怀念李白的诗作都写得非常好，因为那些诗都是灌注了真情的。

另外一个十分动人的关于友情的故事发生在清代的顾贞观和吴兆骞之间，即顾贞观营救蒙冤被流放到宁古塔的好友吴兆骞，这个故事早已广为流传，不必赘述了。只看顾贞观那两首哀怨情深、被称为“千秋绝调”的《金缕曲》，就可知友情的分量了。其一劝慰友人：“季子平安否？便归来，平生万事，那堪回首？行路悠悠谁慰藉，母老家贫子幼。记不起，从前杯酒。魑魅搏人应见惯，总输他，覆雨翻云手，冰与雪，周旋久。泪痕莫滴牛衣透，数天涯，依然骨肉，几家能够？比似红颜多命薄，更不如今还有，只绝塞，苦寒难受。廿载包胥承一诺，盼乌头马角终相救，置此札，兄怀袖。”其二剖析自己的心迹：“我亦飘零久，十年来，深恩负尽，死生师友。宿昔齐名非忝窃，试看杜陵消瘦。曾不减，夜郎僝僽。薄命长辞知己别，问人生，到此凄凉否？千万恨，为君剖。兄生辛未我丁丑，共些时，冰霜摧折，早衰蒲柳。词赋从今须少作，留取心魂相守。但愿得，河清人寿。归日急翻行戍稿，把空名料理传身后。言不尽，观顿首。”这两首词又被称为“赎命词”，无一字不是从肺腑流出。据说当时纳兰性德看完后，“为泣下数行”。

描写友情的诗词中有很多是在送别之际所作的，如《送友人》、《送元二使安西》、《送杜少府之任蜀州》、《黄鹤楼送孟浩然之广陵》、《芙蓉楼送辛渐》、《晓出净慈寺送林子方》等，都曲折地表达了对朋友的眷眷之情。文人们用诗词把友情写到了极致。友情在为诗人们高贵而寂寞的心灵带去慰藉的同时，也给了他们无限的灵感。

第三节　诗词文化与酒

在诗歌的创作过程中，酒有两种作用：一种是作为被歌咏的对象，另一种则是作为诗词的催化剂。有人说，如果说能从古典文学中榨出两种液体，一种是眼泪，另一种就是酒。

“葡萄美酒夜光杯，欲饮琵琶马上催”，王翰的《凉州曲》把酒描述得如此诱人，让人对那杯中物垂涎欲滴。说到因诗词而成名的酒，人们自然会想到杜康酒。因为早在汉魏时期，曹操的《短歌行》中就提到了杜康酒：“慨当以慷，忧思难忘。何以解忧，唯有杜康。”杜康很多时候就成了酒的代称。阮藉道：“不乐仕宦，惟重杜康。”杜甫道：“杜康频劳劝，张梨不外求。”苏轼道：“如今东坡宝，不立杜康祀。”杜康酒名满天下，诗词功不可没。无独有偶，“借问酒家何处有，牧童遥指杏花村”，杜牧的一句诗就成就了一种名酒——杏花村酒。

酒是诗词最好的催化剂，饮酒能激发灵感，帮助人摆脱种种束缚，写出表现真性情的好诗，因此许多诗人是离不开酒的。陆游的《疾衰》道：“百岁光阴半归酒，一生事业略存诗。”晏殊的《浣溪沙》云：“一曲新词酒一杯。”范仲淹在《苏幕遮》中道：“明月楼高休独倚，酒入愁肠，化作相思泪。”宁祁在《玉楼春》云：“浮生长恨欢娱少，肯爱千金轻一笑！为君持酒劝斜阳，且向花间留晚照。”女词人李清照的词中写到饮酒的也很多，如：“常记溪亭日暮，沉醉不知归路”；“昨夜雨疏风骤，浓睡不消残酒”；“三杯两盏淡酒，怎敌他晚来风急”等等。

说到对酒情有独钟、无酒不成诗的诗人，李白理所当然排在首位。“李白斗酒诗百篇，长安市上酒家眠。天子呼来不上船，自称臣是酒中仙。”李白在《襄阳歌》中说过：“百年三万六千日，一日须倾三百杯。”他还曾孤独而浪漫地《月下独酌》：“花间一壶酒，独酌无相亲。举杯邀明月，对影成三人。”《将进酒》则是一首痛快淋漓的喝酒的宣言：“……岑夫子，丹丘生，将进酒，杯莫停。与君歌一曲，请君为我倾耳听。钟鼓馔玉不足贵，但愿长醉不复醒。古来圣贤皆寂寞，惟有饮者留其名。陈王昔时宴平乐，斗酒十千恣欢谑。主人何为言少钱，径须沽取对君酌。五花马，千金裘，呼儿将出换美酒，与尔同销万古愁。”诗歌如同海雨天风般扑面而来，让人对饮酒的酣畅和潇洒产生了深刻印象。杜甫也十分推崇酒对诗歌创作的作用，在《饮中八仙歌》中道："醉里从为客，诗成觉有神。"在《独酌成诗》中也道："俯仰各有志，得酒诗自成。"

古人云："杯中之物堪以乐，一饮魂销万古愁。"酒古往今来就是消愁之物。陶渊明也爱喝酒，以《饮酒》为题先后写了二十首诗。这二十首诗自然不全是写酒的诗，主要借以抒发心中的不平和对社会人生的思考。苏轼的《和陶渊明〈饮酒〉》道："一杯未尽诗已成，涌诗向天天亦惊。"

酒成了诗的源泉，文人们以诗咏酒、以酒酿诗，留下了许多锦绣篇章。

第四节　诗词文化与名胜古迹

中国疆土辽阔、历史悠久，因此不乏名山秀水和历史名城。古来有"十诗九山水"的说法，文人们似乎特别喜欢吟咏秀丽的山水风光，而具有历史底蕴的遗迹常常也激发起文人们的思古之情，凡有古迹的地方几乎都题有诗词。

对于自然之美的诗歌可以远溯到《诗经》，但其中的景物描写只是作为诗歌的背景；到了魏晋时期，山水成为独立的审美对象进入诗词，一首诗甚至一句诗就可以为山水增色，传播其美名。东晋诗人谢灵运在雁荡山游历时写下"千顷带远堤，万里泻长汀"（《白石山下径行田》）的诗句，写出了雁荡山山水的特点，也引起后代诗人的关注。

中国的名山很多，其中黄山和五岳在诗词中被歌咏得最频繁。写泰山的，如杜甫的《望岳》："岱宗夫如何？齐鲁青未了。"写庐山的，如李白的《望庐山瀑布》："飞流直下三千尺，疑是银河落九天。"又如苏轼的《题西林壁》："不识庐山真面目，只缘身在此山中。"写黄山的，如李白的："黄山四千仞，三十二莲峰。丹崖夹石柱，菡萏金芙蓉。"写华山的，如杜甫的："安得仙人九节杖，拄到玉女洗头盘。"顾咸正的《登华山》："金神法象三千界，玉女明妆十二楼。"

在名山秀水中，桂林山水奇绝秀丽，当数一绝。最早涉及桂林山水的诗句是颜延之的"未若独秀者，峨峨郛邑间"。这句诗被认为是桂林"独秀峰"之名有文字可考的开始，肇始了桂林山水诗风。但桂林山水闻名于世，还是得力于明代徐霞客"桂林山水甲天下，阳朔山水甲桂林"的诗句。另外，李渤的《留别隐山》：“唯有隐山溪上月，年年相望两依依。”元晦的《除浙东留题越亭》：“紫泥远自金銮降，朱旆翻驰镜水头。陶令风光偏畏夜，子牟衰鬓暗惊秋。西邻月色何时见，南国春光岂再游。莫遣艳歌催客醉，不堪回首翠蛾愁。”曹邺的《东洲》：“江城隔水是东洲，浑是金鳌水上浮。万顷碧波分泻去，一洲千古砥中流。”张九龄的《巡按自漓水南行》、曹松的《桂江》、刘长卿的《入桂渚次沙牛石穴》、宋之问的《下桂江悬黎壁》等都是描写漓江流域风光的诗作，表达了诗人对桂林山水的欣赏、留恋之情。

在秀丽的山水里，西湖风景最迷人。明代王瀛《苏公堤》中有“荫浓烟柳藏莺语，香散风花逐马蹄”的诗句，描写了苏堤的醉人景色。“西湖风景六条桥，一株杨柳一株桃。”阳春三月，柳丝轻扬，翠浪翻空，碧桃吐艳，红霞满地，十里长堤，风景如画，不能不勾起诗人的情思。歌咏苏堤的还有明代张宁的《苏堤春晓》、南宋吴唯信的《苏堤清明即事》，陆游也有“花满苏堤柳满烟”的诗句。但真正使杭州西湖闻名于世的是白居易、柳永和苏轼等诗词名家的几百首诗词。白居易的《春题湖上》使“白堤”作为西湖的一道独特风景而闻名；柳永的《望海潮》一词把当时杭州的繁华、西湖的美景展露无遗；苏轼在杭州做过太守，他的诗句“欲把西湖比西子，浓妆淡抹总相宜”让人对西湖的美有了无限遐想，而且因为这句诗，后来的人们便把西湖称为“西子湖”。诗词对风景名胜的影响可见一斑。

山水名胜与诗词的融合是中国文化史上的独特景观，富有文化厚重感的历史遗迹更是吸引了无数文人墨客。

长城从秦代就开始修建，是我国一处历史悠久的古迹。“拥旄为汉将，汗马出长城。长城地势险，万里与云平。”这是一千五百多年前南朝诗人鲍照歌咏长城的一首诗，从中我们领略了长城的巍峨气势。小时候我们学的一首很简单的诗《登鹳雀楼》：“白日依山尽，黄河入海流。欲穷千里目，更上一层楼。”这让鹳雀楼名扬天下。崔灏的《黄鹤楼》：“昔人已乘黄鹤去，此地空余黄鹤楼。黄鹤一去不复返，白云千载空悠悠。晴川历历汉阳树，芳草萋萋鹦鹉洲。日暮乡关何处是，烟波江上使人愁。”李白的《与史郎中钦听黄鹤楼上吹笛》和《黄鹤楼送孟浩然之广陵》等诗，为黄鹤楼蒙上了一层神秘而美丽的面纱，让人们心向往之，至今黄鹤楼还留有一副佳联：“何时黄鹤重来，且自把金樽，看洲渚千年芳草；今日白云尚在，问谁吹玉笛，落江城五月梅花。”那就是由李白的诗改写而成的。

"琪树明霞五凤楼，夷门自古帝王州"，李汾的《汴梁杂诗》（汴梁即今开封）让开封成为一个令人向往的历史文化名城。欧阳炯的《江城子》道："晚日金陵岸草平，落霞明，水无情。六代繁华，暗逐逝波声。空有姑苏台上月，如西子镜，照江城。"描绘了苏州在古代的繁华景象。寒山寺只不过是南朝四百八十寺中的一个，唐人张继的一首"月落乌啼霜满天，江枫渔火对愁眠。姑苏城外寒山寺，夜半钟声到客船"，却使它深深地印在人们心中。苏州城西的灵岩山相传是吴王夫差得西施后为之兴建的馆娃宫的旧址，同时是西施同范蠡出走之处，其实并没有多少遗迹，只是由于唐代大诗人李白的一首《苏台览古》："旧苑荒台杨柳新，菱歌清唱不胜春。只今惟有西江月，曾照吴王宫里人。"才引得游人纷至沓来。《题东坡赤壁》云："曹船火起借东风，赤壁之役始著名。繁盛真迹遍九州，唯独一假仗苏翁。"湖北赤壁因苏轼的吟咏而以假胜真的事实，更显示出诗词对名胜古迹的巨大影响力。

名胜因诗词而享誉天下，诗词也伴随着这些名胜而千古流传。

第五节　诗词文化与音乐

《尚书·尧典》曰："诗言志，歌咏言。声依永，律和声。"《礼记·乐记》曰："诗，言其志也；歌，咏其声也；舞，动其容也。三者本于心，然后乐器从之。"诗歌在产生之初，就是与乐、舞合为一体的。诗词与音乐是密不可分的，音乐孕育了诗词，后来人们也用诗词去描写音乐。

音乐在诗词产生过程中起到的重要作用前面已经讲得很多了，这里主要说一下诗词对音乐的描述。音乐无形无色、无影无象，只是节奏和声音，是比较难以摹写的，诗人们大都利用通感的方法，运用张力无限的诗歌语言把音乐表现得可观可感，如在目前，如在耳边。

如白居易的《琵琶行》、李贺的《李凭箜篌引》和韩愈的《听颖师弹琴》被清人方扶南推许为"摹写声音至文"。

在白居易《琵琶行》中，作者先是渲染乐曲弹奏之初的情感氛围："千呼万唤始出来，犹抱琵琶半遮面。转轴拨弦三两声，未成曲调先有情。"接着是对音乐的直观描写："大弦嘈嘈如急雨，小弦切切如私语。嘈嘈切切错杂弹，大珠小珠落玉盘。间关莺语花底滑，幽咽泉流冰下难。"以急雨比喻声势，以私语比喻音韵，以珍珠落玉盘之声来比喻两弦合奏时的和谐，以花底的莺声比喻明快的节奏，以冰下的泉流之声比喻冷涩的乐声。音乐的旋律在不断变化，诗人的笔触紧紧跟随，只让人觉得刻画已到了出神入化的地步。最后，诗人又用“别有幽愁暗恨生，此时无声胜有声”的诗句描绘了余音袅袅、余意无穷的艺术境界，给读者留下涵蕴回味的广阔空间。

李贺的《李凭箜篌引》中用“昆山玉碎凤凰叫，芙蓉泣露香兰笑”两句正面描摹音乐的具体形象，其他大部分诗句都用来渲染音乐的效果。“昆山玉碎凤凰叫”，箜篌时而众弦齐鸣，仿佛山崩玉碎，倾斜而下；时而一弦独奏，宛如一声清越的凤鸣，声振林木。“玉碎”和“凤凰叫”是以声喻声，形容乐声之清脆和起伏多变；“芙蓉泣”和“香兰笑”是以花的情状来比拟声情，渲染乐声的悠扬动听。“芙蓉泣露”形容乐声的低沉压抑，而以“香兰笑”形容乐声的轻快。这种表现手法使音乐形神兼备、可见可感。

“女娲炼石补天处，石破天惊逗秋雨。梦入神山教神妪，老鱼跳波瘦蛟舞。吴质不眠倚桂树，露脚斜飞湿寒兔。”乐声的神奇魔力竟然让女娲忘记了补天的职责，使天惊石破，秋雨倾泻。美妙绝伦的乐声传入神山，神妪也感动不已；乐声感物至深，让本来羸弱乏力、行动艰难的老鱼和瘦蛟都伴随乐声腾跃起舞。这种反差式的描写让音乐的形象更为丰满，使那无形无影的箜篌声立体地浮现在读者眼前。最后两句改写静物，进一步烘托音乐之美妙：终日伐桂、劳累不已的吴刚出神地倚着桂树，久久站立，忘记了睡眠；玉兔蹲伏一边，身上被深夜的露水浸湿了，也不愿离去。

作者丰富的想象和动人的描写让乐声融入这些饱含情思的优美形象，在人们心中久久回响。

韩愈的《听颖师弹琴》同样运用了多种艺术手法描摹音乐形象，时而像谈情说爱的小儿女一样低声细语，时而像冲锋陷阵的将士一样勇猛雄壮，时而像空中漂浮的白云、柳絮一般飘逸轻盈，时而又像百鸟朝凤那样热闹喧腾，时而像在攀登千仞陡峰，时而又像跌落进万丈深渊。最后两句渲染颖师高超的琴技，冰炭本不可同炉，颖师却能带人在那么短的时间内穿越天堂和地狱。不过，这种对颖师琴技的深刻印象都来自于韩愈诗歌中的描写。

另外，张若虚的《春江花月夜》、李白的《听蜀僧濬弹琴》、李颀的《听安万善吹觱篥歌》、苏东坡的《前赤壁赋》中都有描写音乐的诗句，用各种手法把转瞬即逝的听觉艺术惟妙惟肖地摹写了出来，在诗词有限的容量里发挥语言的无穷表现力。

第六节　诗词文化与绘画

诗词与绘画这两种艺术形式有相通之处。诗歌中有意象和意境，以精练语言反映外部事物，很多诗词有着强烈的画面感。传统的中国写意画神似高于形似，追求情趣和神韵，是非常有诗意的，因而有“诗中有画，画中有诗”的说法。

诗词和绘画都十分讲究色彩的运用，诗词虽然不能再现色彩，却能通过语言的描写唤起人们相应的联想和体验。如白居易回忆江南春色的：“日出江花红胜火，春来江水绿如蓝。”杨万里赞美西湖荷花的：“接天莲叶无穷碧，映日荷花别样红。”曹植的诗句：“秋兰被长坂，朱华冒绿池。”杜甫的诗句：“两个黄鹂鸣翠柳，一行白鹭上青天。”这些诗句中的颜色对比十分鲜明，使画面绚丽，具有直观感，增强了诗歌的感染力。另外，柳宗元“烟消日出不见人，欸乃一声山水绿”中的“绿”字，被韩愈赞为“六字寻常一字奇”；钱起的《省试湘灵鼓瑟》一诗以“曲终人不见，江上数峰青”作结，一“青”字颇具神韵；白居易《琵琶行》中的“唯见江心秋月白”，以一“白”字写出了曲终时诗人心中情感的波动。

王维的诗歌是“诗中有画”的代表。王维曾说自己“宿世谬词客，前身应画师”。他以诗人兼画家的眼光来观察客观世界，对自然之美的敏锐感受和对画理的娴熟掌握，使他的诗在光、色、境方面都具有浓浓的画意。如《山中》：“荆溪白石出，天寒红叶稀。山路原无雨，空翠湿人衣。”这幅由白石粼粼的小溪、鲜艳如火的红叶和蓊郁无边的浓翠构成的山中冬景，色泽斑斓鲜明、层次分明，具有动人心神的美感。《白石滩》云：“清浅白石滩，绿蒲向堪把。家住水东西，浣纱明月下。”这首小诗描写白石滩的月夜景色。诗中的“绿”字从表面看只是形容蒲草之色，用得平常，细细品味却大有妙处。蒲草生长在水中，又是在夜里，诗人却能清清楚楚地看到它的绿色，并且感到它的肥嫩，可以用随手采摘，这就巧妙地暗示出月色的皎洁、明亮和河水的清澈。全诗仅用二十字就写出月之明、水之清、蒲之绿、石之白、纱之亮、浣纱女之美，就像一幅笼罩在月光银纱中的风景画。

诗人、词人也用语言描绘、鉴赏绘画，这就是题画诗。如杜甫的

《戏题王宰画山水图歌》，诗中描绘的画面峰峦起伏、连绵不断，表现出画面辽远的空间感和生动的气韵，给人以雄奇壮美的感受。诗情画意融为一体，让人不知何者是诗，何者为画，可谓天衣无缝。清朝方薰在《山静居画论》中说："读老杜入峡诸诗，奇思百出，便是吴生王宰蜀中山水图。自来题画诗亦惟此老使笔如画。"又如白居易的《牡丹芳》一诗，运用丰富的想象、大胆的夸张、巧妙的拟人把牡丹花的丰姿神韵尽情托出，工笔之处细腻，写意之处潇洒，整首诗就像一幅国画。再如李白的《当涂赵炎少府粉图山水歌》，李白的题画诗并不多，所以这首非常珍贵。此诗通过对山水壁画的传神描述再现了画工的高超画技，展现了峨眉的奇高、罗浮的灵秀、南溟的浩瀚、赤城的霞气、苍梧的云烟、洞庭潇湘的缥缈、三江七泽的迂回……几乎把天下的山水全部描绘了一遍，让后人在不见画只读诗的情境下也能领略画的雄奇瑰丽。

诗、画相通，题画诗是两种艺术最为亲密的交融，反映出各自的长处。在诗词和绘画漫长的交流史中，绘画给了诗歌在设色、构图方面的借鉴，诗歌则为绘画提供了主题。

第七节　诗词文化与民俗文化

我国的民俗文化是十分丰富的，且在传统节日中保存得较为完整，所以文中提到的民俗文化就以这些节日中的表现为主。中华传统节日有春节、清明节、端午节、七夕节、中秋节、重阳节等，其中所体现的民俗文化与诗词有着千丝万缕的联系。

一、诗词与春节

从古到今，春节就是人们十分重视的节日之一，也为文人们提供了丰富的创作素材，所以歌咏春节的诗词非常多。

很多诗人都描写过"守岁"这一习俗。梁朝徐君倩在《共内人夜坐守岁》一诗中写道："欢多情未极，赏至莫停杯。酒中喜桃子，粽里觅杨梅。帘开风入帐，烛尽炭成灰。勿疑鬓钗重，为待晓光摧。"这几句词就从多个侧面反映了一千四百多年前人们在除夕之夜欢乐待晓的情景。

李世民曾以《守岁》为题写过一首诗："暮景斜芳殿，年华丽绮宫。

寒辞去冬雪，暖带入春风。阶馥舒梅素，盘花卷烛红。共欢新故岁，迎送一宵中。”描写了新年时的物候以及人们的欢乐心情。唐朝诗人李德裕写道：“冬逐更筹尽，春随斗柄回。寒暄一夜隔，客鬓两年摧。”感叹冬去春来，似乎一夜之间，人就又老去了一岁。唐朝张说的《钦州守岁》一诗则生动地再现了那些远方游子在除夕之夜守岁不眠的思乡之情：“故岁今宵尽，新年明旦来。愁心随斗柄，东北望春回。”唐朝杜审言也写有《守岁》一诗，把那些达官贵人守岁时谈笑风生的景象淋漓尽致地表现了出来：“季冬除夜接新年，帝子王孙捧御筵。宫阙星河低拂树，殿廷灯烛上熏天。弹弦奏节梅风入，对局探钩柏酒传。欲向正元歌万寿，暂留欢赏寄春前。”袁宏道的《迎春歌》：“东风吹暖娄江树，三衢九陌凝烟雾。白马如龙破雪飞，犊车辗水穿香度……拾得青条夸姊妹，袖来瓜子掷儿郎。急管繁弦又一时，千门杨柳破青枝。”生动形象地记载了人们的迎春活动。王安石的《元日》：“爆竹声中一岁除，春风送暖入屠苏。千门万户曈曈日，总把新桃换旧符。”真实再现了当时燃放爆竹和替换桃符的情景。苏东坡的“儿童强不眠，相守夜喧哗”则表现了孩子们在除夕守岁时的兴奋。

二、诗词与端午节

千百年来，屈原的爱国精神已深入人心，人们“惜而哀之，世论其辞，以相传焉”。因此，端午节为纪念屈原之说影响最广、最深，占据主流地位，以此为主题的诗词很多。

汤显祖的《午日处州禁竞渡》：“独写菖蒲竹叶杯，蓬城芳草踏初回。情知不向瓯江死，舟楫何劳吊屈来。”此诗描写端午节时诗人在小舟上凭吊屈原。梅尧臣的《五月五日》：“屈氏已沉死，楚人哀不容。何尝奈谗谤，徒欲却蛟龙。未泯生前恨，而追没后踪。沅湘碧潭水，应自照千峰。”此诗表达了对屈原的深切怀念。边贡的《午日观竞渡》：“共骇群龙水上游，不知原是木兰舟。云旗猎猎翻青汉，雷鼓嘈嘈殷碧流。子冤魂终古在，楚乡遗俗至今留。江亭暇日堪高会，醉讽离骚不解愁。”卢肇的《竞渡诗》：“石溪久住思端午，馆驿楼前看发机。鼙鼓动时雷隐隐，兽头凌处雪微微。冲波突出人齐譀，跃浪争先鸟退飞。向道是龙刚不信，果然夺得锦标归。”此诗则把端午赛龙舟的习俗和屈原联系在了一起。

陆游的《乙卯重五诗》：“重五山村好，榴花忽已繁。粽包分两髻，艾束著危冠。旧俗方储药，羸躯亦点丹。日斜吾事毕，一笑向杯盘。”具体描写了南宋时端午节这天的生活习惯，反映了当时的端午风俗。

三、诗词与七夕

在我国，农历七月初七是人们俗称的七夕节，也有人称之为“乞巧节”、“七桥节”、“女儿节”或“七夕爱情节”，并逐渐演变成中国的情人节。据《开元天宝遗事》载，唐太宗与妃子们每逢七夕在宫中夜宴，宫女们则各自乞巧，这一习俗在民间也延续下来。

东晋葛洪的《西京杂记》有“汉彩女常以七月七日穿七孔针于开襟楼，人俱习之”的记载，这是古代文献中所见到的最早的关于乞巧的记载。在后来的唐宋诗词中，妇女乞巧被屡屡提及，如唐朝王建有诗云“阑珊星斗缀珠光，七夕宫娥乞巧忙”。

吟咏“七夕”的诗词很多，如杜牧的《秋夕》、权德舆的《七夕》、徐凝的《七夕》、李清照的《行香子·七夕》、汤显祖的《七夕醉答君东》等等，这些诗词在一些地方广为传诵。在这些众多描写七夕的诗词里，大家较为熟悉的是宋朝秦观的《鹊桥仙》：“纤云弄巧，飞星传恨，银汉迢迢暗度。金风玉露一相逢，便胜却、人间无数。柔情似水，佳期如梦，忍顾鹊桥归路。两情若是久长时，又岂在朝朝暮暮。”表达了不同一般的爱情观。而宋代的欧阳修、柳永、苏轼、张先等人也曾吟咏过这一题材。

四、诗词与中秋节

农历八月十五是仅次于春节的第二大传统节日，中秋明月圆，九州盼团圆，因此八月十五又被称为“团圆节”。自汉唐至今，每逢中秋佳节，文人墨客纷纷吟咏明月及与之相关的事物，寄托思乡之情。

如王建的《十五夜望月》：“中庭地白树栖鸦，冷露无声湿桂花。今夜月明人尽望，不知秋思落谁家！”苏轼的《中秋月》：“暮云收尽溢清寒，银汉无声转玉盘。此生此夜不长好，明月明年何处看。”齐已的《中秋月》：“空碧无云露湿衣，众星光外涌清规。东林莫碍渐高势，四海正看当路时。还许分明吟皓魄，肯教幽暗取丹枝。可怜关夜婵娟影，正对五候残酒卮。”杜甫的《八月十五夜月》：“满月飞明镜，归心折大刀。转蓬行地远，攀桂仰天高。水路疑霜雪，林栖见羽毛。此时瞻白兔，直欲数秋毫。”这此诗词都是中秋咏月的佳作。

五、诗词与清明节

明代的《帝京景物略》载：“三月清明日，男女扫墓，担提尊榼，轿马后挂楮锭，粲粲然满道也。拜者、酹者、哭者、为墓除草添土者，焚楮锭次，以纸钱置坟头。望中无纸钱，则孤坟矣。哭罢，不归也，趋芳树，择园圃，列坐尽醉。”古时清明的前一天是寒食节，因为时间相近，两个节日逐渐合二为一，清明节这一天不动烟火，本来在寒食的扫墓活动也改在了清明。清明节既是扫墓的日子，也是春游踏青的好时节。

杜牧的《清明》：“清明时节雨纷纷，路上行人欲断魂。借问酒家何处有？牧童遥指杏花村。”王磐的《清江引·清明日出游》：“问西楼禁烟何处好？绿野晴天道。马穿杨柳嘶，人倚秋千笑，探莺花总教春醉倒。”韩翃的《寒食》：“春城无处不飞花，寒食东风御柳斜。日暮汉宫传蜡烛，轻烟散入五侯家。”吴惟信的《苏堤清明即事》：“梨花风起正清明，游子寻春半出城。日暮笙歌收拾去，万株杨柳属流莺。”杨万里的《寒食上冢》：“迳直夫何细！桥危可免扶？远山枫外淡，破屋麦边孤。宿草春风又，新阡去岁无。梨花自寒食，进节只愁余。”这此诗词都详细而生动地记载了古时清明的民俗。

第十四章

诗词文化中的人生百态

第一节　诗歌对作者命运的影响

诗词是把双刃剑，既能让作者平步青云、名满天下，也会给人招来牢狱之灾、杀身之祸，而且这样的事情可能发生在一个人的不同人生阶段。在诗歌史中，这样的例子真是举不胜举，一些著名诗人、词人的命运都因为诗词而发生了重大改变。

一、曹植七步成诗免遭杀身之祸

曹植七步成诗的故事非常有名。曹植是魏文帝曹丕的弟弟，自幼颖慧，在诗歌和辞赋创作方面都有杰出成就。

曹植当时深得曹操宠幸。曹操曾经认为曹植在诸子中“最可定大事”，几次想立他为太子，因此曹植遭到曹丕的排挤和陷害。曹丕做了皇帝以后，地位虽然已基本稳固，但对才华横溢的曹植一直心怀忌恨，想方设法地想除掉他，然而一直找不到合适的理由和时机。无故杀之又怕众人不服，于是曹丕便想出个“七步成诗”的损招，企图杀掉曹植。幸运的是，曹植靠着自己的敏捷才思，在七步之内作出了一首诗，这首诗便成了救命诗。

后来人们就把这首诗称为《七步诗》。它是一首五言诗。

七步诗

曹植

煮豆燃豆萁，
豆在釜中泣。
本是同根生，
相煎何太急。

“本是同根生，相煎何太急。”画龙点睛地揭示了诗歌的主题。“同根”一语双关，表面上指“萁”和“豆”是在同一根系上面生长起来的，实际上指自己与曹丕是同父所生，责问曹丕为什么要如此急切地迫害自己。取譬之妙，用语之巧，而且是在瞬间脱口而出的，实在令人叹为观止。

据说曹丕听了以后“深有惭色”，不仅因为曹植表现出的非凡才华使他感到自愧不如，更因诗中以浅显生动的比喻说明兄弟本为手足，不应互相猜忌与怨恨。动之以情，晓之以理，自然令文帝羞愧万分。

“本是同根生，相煎何太急”现在已变为人们劝诫兄弟阋墙、手足相残的普遍用语，流传极广。

二、李白的得意与失意

“诗仙”李白一生的得意与失意都与他的诗有关。

李白年轻时曾到处游历，结识了许多朋友。他在江陵时结识了道士司马承祯，并呈上了自己作的诗，司马承祯称赞其诗“有仙风道骨，可与神游八极之表”。天宝初年，李白经道士吴筠推荐，应唐玄宗之召进京。相传唐玄宗十分欣赏李白的才华，“以七宝床赐食，御手调羹以饭之”。李白还受到高力士脱靴、杨贵妃磨墨的待遇。李白奉诏作了有名的《清平调》：“云想衣裳花想容，春风拂槛露华浓。若非群玉山头见，会向瑶台月下逢。一枝红艳露凝香，云雨巫山枉断肠。借问汉宫谁得似？可怜飞燕倚新妆。名花倾国两相欢，长得君王带笑看。解释春风无限恨，沉香亭北倚阑干。”因而得到唐玄宗和杨贵妃的赏识。

随着李白的得宠，就有同僚产生了嫉妒之心，他的放浪形骸也给人留下了诋毁的口实，于是遭到翰林学士张坦等人的诽谤，并于三年后，被唐玄宗赐金放还。而李白在长安期间也发现在国家的强盛外表下隐藏着深重的危机，他看不惯那些宦官的专横和外戚的骄纵，因此在其大量诗歌中表现出蔑视权贵、反抗传统束缚的思想意识，产生了“不屈己、不干人”、“平交王侯”的平等要求。正如他在诗中所说：“昔在长安醉花柳，五侯七贵同杯酒。气岸遥凌豪士前，风流肯落他人后!”在《古风》第十五和《古风》第三十九中，对谄媚帝王而窃据权位者的丑态极尽嘲讽；在《书情赠蔡舍人雄》、《古风》第五十一、《登高丘望远海》等诗中，甚至借古讽今，对唐玄宗本人提出了尖锐的批评；在《梦游天姥吟留别》中，发出了最响亮的呼声：“安能摧眉折腰事权贵，使我不得开心颜!”因此，他被排挤出京是必然的。

李白的人生理想过于高傲自负、过于理想化，在现实中是很难实现的，对自由精神的追求与现实的矛盾常常使他陷于悲愤、失望之中。公元762年，李白不顾六十多岁的高龄，主动请缨到前线抗敌，希望为挽救国家危亡尽最后一点力，不想却病逝途中。

三、苏轼与乌台诗案

“乌台诗案”是宋代元丰二年（1079年）发生的文字狱。宋神宗在熙宁年间（1068—1077年）任用王安石并进行变法，变法失利后，又在元丰年间（1078—1085年）进行改制。苏轼因反对新法，在诗文中表达了许多对新政的不满。于是李定等人摘取苏轼《湖州谢上表》中的语句和以前的一些诗句，以谤讪新政的罪名逮捕了他。这个案件先由御史中丞李定告发，后在御史台监狱审理。御史台自汉代以来即别称“乌台”，所以此案称为“乌台诗案”。

苏轼在御史台中一关就是四个月，常常被通宵审讯，受尽辱骂。他在《狱中寄子由》一诗中说：“梦绕云山心似鹿，魂飞汤火命如鸡”，承受着命悬一线的煎熬，处境十分悲惨。因为忍受不了折磨，苏轼承认了大部分指控。当时大儿子苏迈负责给他送饭，父子之间有约定，只送蔬菜和肉食，如果听到不好的消息才送鱼。有一次苏迈有事离开京城，把送饭的事交给了朋友，但是忘了告诉朋友这个约定，结果朋友恰巧送去了熏鱼。苏轼见到鱼后大惊，给弟弟苏辙写了两首诀别诗，其中有一句是：“与君世世为兄弟，再结来生未了因。”李定等人收集了数万字的资料，欲置苏轼于死地。但当时也有一批正直之士上书营救，已退居江陵的王安石说：“安有盛世而杀才士乎?”对苏轼十分赏识的曹太后也出面干预：“昔仁宗策贤良归，喜甚，曰：‘吾今又为吾子孙得太平宰相两人’，盖轼、辙也。

而杀之可乎?”因为这些人的努力，苏轼最终没有被判重刑，然而这件事也给了他很大打击。

诗案之前，苏轼诗词作品在整体风格上是挥洒自如的，内容多写的是积极进取的政治豪情；而诗案之后，其作品中却很少有“致君尧舜”的豪放超逸，渐渐转向佛、道方面的人生体悟。

四、沈德潜咏牡丹而被戮尸

清代的文字狱特别多，如顺治十四年（1657年）的“科场案”、顺治十六年（1659年）的“通海案”、顺治十八年（1661年）的“奏销案”，文人们稍有不慎就有失去性命的危险。翰林官徐骏就因为写了“清风不识字，何事乱翻书”而被杀头。生前颇受乾隆皇帝眷顾的沈德潜因《咏牡丹》中的“夺朱非正色，异种也称王”一句诗被戮尸，死后也不得安宁。

沈德潜满腹经纶，在朝中任职期间，他的诗词受到乾隆皇帝的赏识，经常出入禁苑，与乾隆唱和。他受到皇帝的特殊赏识，使他的诗论和作品风靡一时。

乾隆皇帝曾专门赐其诗曰：“我爱德潜德，淳风挹古初。”这是非常高的赞扬了。乾隆多次下江南，几乎都要沈德潜陪同。乾隆作诗也常请他删改，有时还请他秘密代笔。文人做到这个程度，恐怕是绝无仅有的了。谁也不曾想到，沈德潜会在死后卷入好友徐述夔的“文字狱”中。

徐述夔写有《一柱楼诗集》，集中因有“明朝期振翮，一举去清都”一句诗，被人告发为反动言论，构成了一起政治案件。最后查到了沈德潜的身上，只因他为徐氏做了传记。这下乾隆恼怒了，开始审查沈德潜的诗集，发现他把代乾隆捉刀的诗也收录其中，这对以作诗自负的乾隆而言是一个很大的打击，正好发现沈诗中有一首写黑牡丹的，其中有一句写道：“夺朱非正色，异种也称王。”乾隆认为这是影射入主中国的满族为“异种”。此时的沈德潜已经死去多年，怎么办？乾隆竟然下令剖棺戮尸，以泄他心头之愤。

纵观文字狱的各个案例，其中确实有人借诗歌来抒发对清廷的不满，但更多的属于深文周纳。文人们可能因一两句诗词就惹来牢狱之灾、杀身之祸。统治者意识到要想长治久安，更重要的是在思想文化领域取得文人的文化认同。但武力镇压与文字狱的戕害让文士们动辄得咎、噤若寒蝉，只能“独抒性灵”，或是钻进故纸堆中去搞考据，从另一个方面促进了清代文化的繁荣。

第二节　诗词文化和人生修养

修养是在长时间的潜移默化中逐步提高的。诗词的优美和高雅、诗词中包含的文化和精神能够从内在洗涤人的心灵和提升人的品质，经常读诗填词可以修身养性、陶冶情操。

经典诗词作品中蕴含着千百年来积淀、传承下来的高洁精神品格。对父母的感恩：“哀哀父母，生我劬劳。……无父何怙，无母何恃。”“谁言寸草心，报得三春晖。”对恋人的坚贞：“愿得一心人，白首不相离。”对朋友的珍视：“山河不足重，重在遇知已。”对理想的坚持：“路漫漫其修远兮，吾将上下而求索。”对奉献的感悟：“春蚕到死丝方尽，蜡炬成灰泪始干。”在困境中的坚韧：“野火烧不尽，春风吹又生。”兼爱的情怀：“安得广厦千万间，大庇天下寒士俱欢颜!”对国家的热爱：“王师北定中原日，家祭勿忘告乃翁。”这些都是人生修养的重要组成部分。

古代的文人很重视提升自身修养，认为修身是人生的首要目标，修身的目的就是要成为一个君子，而古圣先贤自然就成了他们学习的榜样。当与圣贤“心有戚戚焉”的时候，文人们往往会发出“怅望千秋一洒泪，萧条异代不同时”的遗憾感叹。那么，读他们留下的诗词作品就不失为一个好的交流途径，读的过程实际上就是在和圣贤们对话，他们的精神、品格就会在不知不觉中影响文人。

而古代文人们修身养性的方法同样适用于今天的我们，当我们静下心来去读诗词的时候，当我们真正地融入诗歌所创造的情境中时，诗词会唤起我们内心深处的真、善、美，那种至美至善的审美体验会净化我们的心灵。

第三节　与诗词有关的趣闻轶事

一、李白名讳的由来

李白的父亲平时喜欢教孩子看书作诗，可是到孩子七岁了，父亲还在酝酿起名之事。一天，夫妻二人带孩子在庭院散步，看到春天院子里树木葱郁、繁花似锦，李父便开口吟道："春国送暖百花开，迎春绽金它先来。"李母接着道："火烧叶林红霞落。"

李白知道父母吟前三句，故意留下最后一句，是希望自己接续下去。他抬头看看正在盛开的李树花，略微思考了一下便接道："李花怒放一树白。"年仅七岁的儿子的诗句一出口，父母都很惊喜，恰好句首为"李"便决定把这句诗的头尾二字作为孩子的名字。

二、奉旨填词柳三变

柳永《鹤冲天》词中有"忍把浮名，换了浅斟低唱"一句。传说他早年考进士落榜后写了这首词抒发愤懑不平，以致于后来再次考试时，本来榜上有名，但仁宗皇帝想起他写的词，就生气地说道："且去'浅斟低唱'，何要'浮名'?"由此将柳永黜落。此后，柳永便自称"奉旨填词柳三变"。

三、晏殊责难柳永

柳永还有一首《定风波》，坦率地写出了世俗女子希望和丈夫相依相伴的生活愿望。柳永因为触怒了皇帝，科举落第，十分气恼，于是到时任集贤殿学士的晏殊家中拜访，想要讨个说法。晏殊问他："贤俊作曲子吗?"柳永回答，和相公一样，我也作词啊。晏殊随即说，我虽然也作词，但从来没有写过"彩线慵拈伴伊坐"。这句就是《定风波》中的，于是柳永羞愧地走了。

四、“尸骨”未寒

一天，苏轼和佛印乘船游览瘦西湖，佛印大师拿出一把题有东坡诗词的扇子，装作不小心掉到了河里，并大声道：“水流东坡诗（尸）！”当时苏轼愣了一下，但很快反应过来，笑指着河岸上正在啃骨头的狗，吟道：“狗啃河上（和尚）骨！”

五、三人联句成诗

相传一日苏轼与苏小妹、黄庭坚在外赏画，见画上题有一联：“轻风细柳，淡月 梅花。”看似是四字联，中间却各空一字，苏小妹建议为中间加一字，让它成为五言诗句。黄庭坚说：“轻风舞细柳，淡月隐梅花。”苏轼填的是：“轻风摇细柳，淡月映梅花。”小妹略一思索，说：“轻风扶细柳，淡月失梅花。”纵观所填之字，以苏小妹的为最妙：“扶”字不仅写出风的轻柔和柳的纤弱，且写出了风与柳的亲昵之态，更为形象生动；“失”字也较“隐”字贴切，突出了两者融为一色的景象。

六、沈括少年因诗立志

《梦溪笔谈》的作者沈括年少时喜欢思索。有一次，他刚好在四月时读到了“人间四月芳菲尽，山寺桃花始盛开”这句诗。读完后，他皱眉思考起来：“为什么我们这里花都开败了，山上的桃花才开始盛开呢？”为了解开诗中描写的这个谜团，沈括约了几个小伙伴上山实地考察了一番。四月的山上，乍暖还寒，冷风袭来，冻得人瑟瑟发抖，沈括茅塞顿开，原来山上的温度比山下要低很多，因此桃花才开得比山下晚。

七、“张三影”的由来

宋代词人张先善写小令。一次，一位客人称赞他：“人们都叫你‘张三中’呢！因为你的《行香子》写出了‘心中事，眼中景，意中人’这样的佳句。”张先却不以为然地说：“那倒不如叫我‘张三影’吧！”客人不解其意，张先又解释道：“‘云破月来花弄影’；‘娇柔懒起，帘压卷花影’；‘柳径无人，堕飞絮无影’，这三个‘影’字才是我平生最得意之作啊！”于是，“张三影”的名字便传开了。

八、唐朝有个人叫张打油

张打油这人喜欢舞文弄墨，但没多少才气。一年冬天，张打油一大早起来去挑水，看到鹅毛般的雪花纷纷扬扬，下个不停，天地间一片苍茫，便吟了一首《咏雪诗》：“天地一笼统，井上黑窟窿。黄狗身上白，白狗身上肿。”

这首诗没有提到一个“雪”字，然而对雪景的刻画却十分贴切、逼真，远、近、动、静全部都写到了，可见他观察得很细致。不过，张打油没有什么名气，而且这首诗内容简单，诗的意义仅限于写雪，没什么寄托，而且如果不看题目，一时还弄不明白写的是什么。后来人们把这种随口吟诵、没有寄托、风格诙谐的诗统称为“打油诗”，含贬低之意。打油诗的特点就是通俗易懂、喜闻乐见、容易背诵，常被用于讽刺和嘲骂。

九、吟诗赶小偷

一天夜里，有个小偷溜进了郑板桥的房中，把他惊醒了。他躺在床上，装作刚刚睡醒的样子，轻声吟了一首打油诗：“细雨濛濛夜沉沉，梁上君子进我门。腹内诗书存千卷，床头金银无半文。”小偷听后，垂头丧气地转身向外走。这时，只听郑板桥又大声吟道：“出门休惊黄尾犬，越墙莫损兰花盆。天寒不及披衣送，趁着月亮赶豪门。”就这样，郑板桥巧妙地把小偷给打发走了。

十、千里鹅毛，礼轻情意重

一个边关官吏为了献媚邀宠，派心腹缅伯高到京城进贡。贡品除了大批古董珍玩外，还有一只活天鹅。走了一个多月，快到京城时，有人提议给天鹅沐浴。缅伯高同意了，便把天鹅带到水边，没想到一不小心竟让天鹅凌空飞走，慌乱中仅抓下来一根翎毛。

缅伯高没办法，只好带着这根鹅毛上殿。他怕皇上怪罪，就作了一首打油诗讲述他的苦衷，希望皇帝赦免他的罪过，诗云：“贡品献皇朝，诚心日月昭。京郊失天鹅，我等泪滔滔。上复天子书，可饶缅伯高。礼轻人意重，千里送鹅毛。”皇帝看了这首诗，觉得写得情真意切，于戏谑中透出作者诚惶诚恐的心情，不但没责罚缅伯高，还加以赏赐。这首诗的后两句还演绎成了一句俗谚：“千里送鹅毛，礼轻情意重。”

第四节　诗词创作的家庭传承

文学史上出现过许多著名的父子、父女、叔侄等两代人同为作家的现象，父辈的创作风格对下一代产生很大的影响，这就是诗词创作中的家庭传承，如曹操父子、谢灵运家族、苏氏父子、杜甫和父亲杜审言等等。

一、曹氏父子

曹操即魏武帝，不但是一个成功的政治家、军事家，也是一个文学家，是建安诗坛的领袖。他的诗作朴实无华、慷慨悲凉，以感情深挚、气韵沉雄取胜。他的众多儿子，文韬武略，各有出众之处。其中著名的有曹丕和曹植，他们均受到曹操影响，虽然诗风不同，但都在文学史上占据一席之地。

曹丕，曹操次子，即魏文帝。他的诗歌今存约四十首。曹丕的诗风更加婉约细腻，特别是一些写征夫思妇的作品，凄婉动人；其次是语言清丽工整，音韵和谐。他的《燕歌行》是中国诗歌史上现存的第一首完整成熟的七言诗。

曹植，其诗歌是风骨和文采完美结合的产物，在五言诗的创作上贡献很大，增加了诗歌的抒情成分，极大地丰富了五言诗的艺术表现力，使诗歌完成了从乐府民歌到文人诗的转变。

二、“三苏”

北宋时期，苏洵与其子苏轼、苏辙合称“三苏”，均被列入“唐宋八大家”。

苏洵，北宋散文家、诗人；字明允，号老泉，长于散文，尤擅政论，其文议论畅达，笔势雄健，著有《嘉祐集》。

苏轼，北宋著名诗人、词人、书画家、散文家，豪放派词人代表，在诗词的创作上都取得了很高的成就。苏诗内容广阔、风格多样、笔力纵横、穷极变幻，具有浪漫主义色彩，为宋诗发展开辟了新的道路。

苏辙，苏轼之弟，人称“小苏”，著有《栾城集》。苏辙深受其父兄影响，为文以策论见长，在北宋自成一家，虽比不上苏轼的才华横溢，但在散文上的成就，如苏轼所说，达到“汪洋澹泊，有一唱三叹之声，而其秀杰之气终不可没”的程度。苏辙的诗作也很多，但较之苏轼，不论思想和才力都要逊色一些。

三、晏殊父子

晏殊，北宋前期著名词人，人称大晏。晏几道，北宋词人，晏殊第七子，人称小晏。两人的词风有相似的地方，但更多的则不同。在描写上，小晏比大晏深细，而无大晏的含蓄；在修辞上，小晏有大晏的婉丽，而无大晏的清润；在感情上，小晏比大晏浓挚；在思想上，小晏则不及大晏深广。

四、谢灵运和谢朓

谢灵运是东晋著名诗人，出身于东晋谢家大族，是谢玄之孙，袭封康乐公，世称谢康乐。谢灵运是山水诗派的创始人，诗歌现存九十多首，大部分是山水诗，语言富丽，风格清新。谢朓亦为东晋谢家之后，因为擅长写山水诗，被称为“小谢”。他继承了谢灵运写山水的模式，但摆脱了其中的玄言成分，通过对山水的描写抒发情感，使诗歌更加情景交融。

五、上官氏父女

上官仪，是初唐宫廷作家，受南朝文化的熏陶和宫体诗影响，是齐梁诗风的代表诗人。他的应制诗属对工切，写景清丽婉转。上官婉儿，上官仪孙女，唐代女官、女诗人，继承了上官仪的婉丽诗风，写了大量精巧工细的应制诗。

六、蔡氏父女

蔡邕，东汉文学家、书法家，以隶书著称。蔡琰，即蔡文姬，是蔡邕的女儿，三国时期著名女诗人。她“博学而有才辨，又妙于音律”，代表作为《悲愤诗》和《胡笳十八拍》。

第五节　诗词中包含的人生理想

古代文人用诗词来表达、寄托人生理想的情况很多，总结起来不外乎两种：积极用世和退隐山林。

顾炎武说：“天下兴亡，匹夫有责。”欧阳修说：“先天下之忧而忧，后天下之乐而乐。”古代的文人大多是以天下为己任的，在写作诗词的同时也有着忧国忧民之情和报效祖国的雄心壮志。“修身，齐家，治国，平天下”很好地总结了文人们的理想，他们最初级的理想就是“独善其身”，进而一步步达到“兼济天下”的目的。

《左传》中谈到人生理想时说：“太上有立德，其次有立功，再其次有立言。”儒家文化要求人们积极地面对人生，投入社会，体现自身的价值。最为不朽的价值就是建立高尚的、可以让后世人学习的德行，然而能做到的人极少，也就是个别的圣人才可以达到。“立言”即文字著作，这大概是文人们在其他目标无法实现的情况下的最后选择了。因此，他们最为迫切的理想就是及早地建立功业、立身扬名。曹操在《步出夏门行》中慷慨高歌：“老骥伏枥，志在千里；烈士暮年，壮心不已。”李白在《行路难》中意气风发地道：“长风破浪会有时，直挂云帆济沧海。”杜甫在诗中写道：“致君尧舜上，再使风俗淳。”陆游在诗中说：“僵卧孤村不自哀，尚思为国戍轮台。”文天祥在诗中说：“人生自古谁无死，留取丹心照汗青。”辛弃疾在词中道：“了却君王天下事，赢得生前身后名。”岳飞在《满江红》中道：“待从头收拾旧山河，朝天阙。”文天祥的《过零丁洋》中说：“人生自古谁无死，留取丹心照汗青。”这些都是积极进取的人生理想，诗、词人们满怀信心地想要建立功业、青史留名。

儒家还有一种思想，就是要根据时势决定进退，在治世则仕，处乱世则隐。隐居同时也表达了一种不合作的态度。比如陶渊明，他在刚开始时也有“逸四海”的猛志，也写过“刑天舞干戚，猛志固常在”这样的诗句，然而身处的乱世让他难以忍受，最终不得不选择去“爱丘山”。他在田园诗中表达了自己的人生理想：“方宅十余亩，草屋八九间。……久在樊笼里，复得返自然。”那就是皈依自然，自耕自食，淡泊高远。这是一种超越世俗名利的人生理想。在现实世界中，坚持这样的人生理想更为艰难。

第六节　诗词文化与生活美学

山川河流、花草树木、山岚雾霭、日月风云等等，大自然的一切以及生活中的种种场景都是文人们的审美对象。他们通过敏锐的观察、细致的捕捉，用诗词记录着对生活之美的独特体验，并通过诗词把这种美的感受传达给大众。许多诗词中蕴含着具有独创性的美学思想。

如王维的《使至塞上》：

单车欲问边，属国过居延。征蓬出汉塞，归雁入胡天。大漠孤烟直，长河落日圆。萧关逢候骑，都护在燕然。

这首诗描写了雄奇壮丽的塞外风光，尤其以第五、六句最为有名，“大漠孤烟直，长河落日圆”。在无边的大漠中，一缕孤烟直上青天，长河如带，落日浑圆，这种美感是震撼人心的。诗歌的可贵之处就在于从人们熟悉的事物中发掘出一种陌生化的美感。

又如杨万里的《晓出净慈寺送林子方》：

毕竟西湖六月中，风光不与四时同。
接天莲叶无穷碧，映日荷花别样红。

这首诗描绘的是西湖六月的美景。诗人用一“碧”一“红”突出了莲叶和荷花给人带来的强烈的视觉冲击力。莲叶是无边无际的，仿佛与天相接；荷花在灿烂的阳光照射下，颜色更加明丽鲜艳。用颜色的对比和背景的映衬构成了一个色彩鲜明的画面。

又如杜牧的《江南春》：

千里莺啼绿映红，水村山郭酒旗风。南朝四百八十寺，多少楼台烟雨中。

诗的开头就像快速移动的电影镜头，掠过辽阔的南国大地。那里一片莺歌燕舞，柳绿花红，真是有声、有色的迷人风光。接着，画面中又增加了傍水的村庄、依山的城郭、迎风招展的酒旗。在春天的微雨中则有另一番景象：南朝遗留下来的佛寺被迷蒙的烟雨笼罩着，若隐若现，似有似无，给江南的春天增添了一种朦胧迷离之美。这首诗可以说充满了动静结合、虚实相映之美。

古诗词中包含着丰富的美学思想，而我们发掘出来的可能只是冰山一角。随着诗词鉴赏水平的不断提高，对诗词之美的体会会更多。

一、表现生活美的诗词名句

（一）写景

1. 明月松间照，清泉石上流。——唐·王维《山居秋暝》
2. 江碧鸟逾白，山青花欲燃。——唐·杜甫《绝句》
3. 千里澄江似练，翠峰如簇。——宋·王安石《桂枝香》
4. 无意苦争春，一任群芳妒。——宋·陆游《卜算子·咏梅》
5. 平芜尽处是春山，行人更在春山外。——宋·欧阳修《踏莎行》
6. 黄河远上白云间，一片孤城万仞山。——唐·王之涣《凉州词》
7. 过春风十里，尽荠麦青青。——宋·姜夔《杨州慢》
8. 江作青罗带，山如碧玉簪。

   ——唐·韩愈《送桂州严大夫同用南字》
9. 红楼归晚，看足柳昏花明。——宋·史达祖《双双燕》
10. 江上柳如烟，雁飞残月天。——唐·温庭筠《菩萨蛮》
11. 不知细叶谁裁出，二月春风似剪刀。——唐·贺知章《咏柳》
12. 春色满园关不住，一枝红杏出墙来。

    ——宋·叶绍翁《游园不值》
13. 日出江花红胜火，春来江水绿如蓝。——唐·白居易《忆江南》
14. 泉眼无声惜细流，树阴照水爱晴柔。——宋·杨万里《小池》
15. 水南水北重重柳，山后山前处处梅。

    ——宋·王安石《庆申正月游齐安》
16. 竹外桃花三两枝，春江水暖鸭先知。——宋·苏轼《春江晚景》
17. 留连戏蝶时时舞，自在娇莺恰恰啼。

    ——唐·杜甫《江畔独步寻花》（其六）
18. 一年好景君须记，正是橙黄桔绿时。——宋·苏轼《赠刘景文》

19. 等闲识得东风面，万紫千红总是春。 ——宋·朱熹《春日》
20. 欲把西湖比西子，淡妆浓抹总相宜。

——宋·苏轼《饮湖上初晴后雨》

21. 疏影横斜水清浅，暗香浮动月黄昏。 ——宋·林逋《山园小梅》
22. 绿杨烟外晓寒轻，红杏枝头春意闹。 ——宋·宋祁《玉楼春》
23. 南朝四百八十寺，多少楼台烟雨中。 ——唐·杜牧《江南春》
24. 小楼一夜听春雨，深巷明朝卖杏花。

——宋·陆游《临安春雨初霁》

25. 梨花院落溶溶月，柳絮池塘淡淡风。 ——宋·晏殊《无题》
26. 一川烟草，满城风絮，梅子黄时雨。 ——宋· 贺铸《青玉案》
27. 人静乌鸢自乐，小桥外、新绿溅溅。

——宋·周邦彦《满庭芳·夏日溧水无想山作》

29. 千万缕、藏鸦细柳，为玉尊、起舞回雪。

——宋·姜夔《琵琶仙》

30. 桃花一簇开无主，可爱深红爱浅红。

—— 唐·杜甫《江畔独步寻花七绝句》（其五）

31. 浓绿万枝红一点，动人春色不须多。

—— 宋·王安石《咏石榴花》

32. 江南二月多芳草，春在蒙蒙细雨中。 —— 宋·释仲殊《绝句》
33. 林间新绿一重重，小蕾深藏数点红。

—— 金·元好问《同儿辈赋未开海棠》

34. 天街小雨润如酥，草色遥看近却无。—— 唐·韩愈《初春小雨》
35. 穿花蛱蝶深深见，点水蜻蜓款款飞。

—— 唐· 杜甫《曲江二首》（其二）

36. 落花人独立，微雨燕双飞。 ——宋·晏几道《临江仙》
37. 野旷天低树，江清月近人。 ——唐·孟浩然《宿建德江》
38. 云来山更佳，云去山如画。

——元·张养浩《双调雁儿落兼得胜令》

39. 一水护田将绿绕，两山排闼送青来。

——宋·王安石《书湖阴先生壁》

40. 余霞散成绮，澄江静如练。

——南朝齐·谢朓《晚登三山还望京邑》

41. 一道残阳铺水中，半江瑟瑟半江红。 ——唐·白居易《暮江吟》

42. 中庭月色正清明，无数杨花过无影。　——宋·张先《木兰花》
43. 十月小春梅蕊绽，红楼画阁新装遍。　——宋·欧阳修《渔家傲》
44. 鸡声茅店月，人迹板桥霜。　——唐·温庭筠《商山早行》
45. 玉露凋伤枫树林，巫山巫峡气萧森。
——唐·杜甫《秋兴八首》（其一）
46. 衰草愁烟，乱鸦送日，风沙回旋平野。　——宋·姜夔《探春慢》

（二）写情

1. 两情若是久长时，又岂在朝朝暮暮？　——宋·秦观《鹊桥仙》
2. 身无彩凤双飞翼，心有灵犀一点通。　——唐·李商隐《无题》
3. 但愿人长久，千里共婵娟。　——宋·苏轼《水调歌头》
4. 只愿君心似我心，定不负，相思意。　——宋·李之仪《卜算子》
5. 红豆生南国，春来发几枝，愿君多采撷，此物最相思 。
—— 唐·王维《相思》
6. 众里寻他千百度，蓦然回首，那人却在，灯火阑珊处。
——宋·辛弃疾《青玉案》
7. 死生契阔，与子成说。执子之手，与子偕老。——《诗经·邶风》
8. 入我相思门，知我相思苦，长相思兮长相忆，短相思兮无穷极。
——唐·李白《秋风词》
9. 天不老，情难绝。心似双丝网，中有千千结。
——宋·张先《千秋岁》
10. 相思一夜情多少，地角天涯未是长。——唐·张仲素《燕子楼》
11. 兽炉沈水烟，翠沼残花片，一行行写入相思传。
——元·张可久《塞鸿秋》
12. 一寸相思千万绪，人间没个安排处。　——宋·李冠《蝶恋花》
13. 在天愿作比翼鸟，在地愿为连理枝。——唐·白居易《长恨歌》
14. 重叠泪痕缄锦字，人生只有情难死。——清·文廷式《蝶恋花》
15. 它生莫作有情痴，人间无地著相思。
——清·况周颐《减字浣溪沙》
16. 关关雎鸠，在河之洲。窈窕淑女，君子好逑。
——《诗经·周南·关雎》
17. 千金纵买相如赋，脉脉此情谁诉。　——宋·辛弃疾《摸鱼儿》
18. 结发为夫妻，恩爱两不疑。　——西汉·苏武《结发为夫妻》

19. 愿我如星君如月，夜夜流光相皎洁。

——宋·范成大《车遥遥篇》

20. 换我心，为你心，始知相忆深。 ——唐·顾敻《诉衷情》

21. 忆君心似西江水，日夜东流无歇时。

——唐·鱼玄机《江陵愁望有寄》

22. 春心莫共花争发，一寸相思一寸灰。

——唐·李商隐《无题》（其六）

23. 相思似海深，旧事如天远。 ——宋·乐婉《小算子·答施》

24. 天涯地角有穷时，只有相思无尽处。 ——宋·晏殊《玉楼春》

25. 人如风后入江云，情似雨馀黏地絮。 ——宋·周邦彦《玉楼春》

26. 花红易衰似郎意，水流无限似侬愁。

——宋·刘禹锡《竹枝词》（其二）

27. 明月楼高休独倚，酒入愁肠，化作相思泪。

——宋·范仲淹《苏幕遮》

28. 夜月一帘幽梦，春风十里柔情。 ——宋·秦观《八六子》

29. 欲寄彩笺兼尺素，山长水阔知何处。 ——宋·晏殊《鹊踏枝》

30. 红笺小字，说尽平生意。 ——宋·晏殊《清平乐》

31. 一向年光有限身，等闲离别易消魂，酒筵歌席莫辞频。

——宋·晏殊《浣溪沙》

32. 人生得意须尽欢，莫使金樽空对月。 ——唐·李白《将进酒》

33. 夕阳无限好，只是近黄昏。 ——唐·李商隐《登乐游原》

34. 夜阑更秉烛，相对如梦寐。 ——唐·杜甫《羌村三首》（其一）

35. 十年生死两茫茫，不思量，自难忘。 ——宋·苏轼《江城子》

36. 人生自是有情痴，此恨不关风与月。 ——宋·欧阳修《玉楼春》

37. 泪眼问花花不语，乱红飞过秋千去。 ——宋·欧阳修《蝶恋花》

38. 相逢虽草草，长共天难老。 ——宋·苏轼《菩萨蛮》

39. 夜夜相思更漏残，伤心明月凭阑干，想君思我锦衾寒。

——唐·韦庄《浣溪沙》

40. 怅望千秋一洒泪，萧条异代不同时。

——唐·杜甫《咏怀古迹五首》（其二）

41. 戎马关山北，凭轩悌泗流。 ——唐·杜甫《登岳阳楼》

42. 丛菊两开他日泪，孤舟一系故园心。

——唐·杜甫《秋兴八首》（其一）

43. 豳诗漫与，笑篱落呼灯，世间儿女。——宋·姜夔《齐天乐》
44. 人间离别易多时。见梅枝，忽相思。——宋·姜夔《江梅引》
45. 春未绿，鬓先丝。人间别久不成悲。——宋·姜夔《鹧鸪天》
46. 夜深风竹敲秋韵，万叶千声皆是恨。——宋·欧阳修《玉楼春》
47. 伊川山水洛川花，细寻思、旧游如梦。
——宋·欧阳修《夜行船》

二、诗词中蕴含的人生哲理

诗词的句子都十分精炼，但有些诗句、词句中蕴含的哲理却极为深刻，仔细品味，不但能陶冶情操，而且能从中受到启迪。

古代诗词中蕴含人生哲理的名句俯拾皆是，尤其是在喜欢思辨的宋人所写的诗词中。比如我们十分熟悉的苏轼的《题西林壁》："横看成岭侧成峰，远近高低各不同。不识庐山真面目，只缘身在此山中。"陆游《游山西村》中的："山重水复疑无路，柳暗花明又一村。"刘禹锡《酬乐天扬州初逢席上见赠》中的："沉舟侧畔千帆过，病树前头万木春。"朱熹《观书有感》中的："问渠那得清如许，为有源头活水来。"这些都是为大家所熟悉的，几乎都将演变成成语或习语了。

古往今来，人们感受最深刻的就是时光的流逝和人生的短暂，因此产生了急迫的建立功业之志，与此相关的人生感悟在诗词中非常多。"花有重开日，人无再少时。"白居易的《醉歌》："谁道使君不解饮，听唱黄鸡与白日。黄鸡催晓丑时鸣，白日催年酉前没。"这是叹老嗟衰之词，感叹岁月催人老，朱颜逐渐变白发。苏轼在《浣溪沙》词中的心态比较乐观，他写道："谁道人生无再少？门前流水尚能西，休将白发唱黄鸡。"

王之涣的《登鹳鹤楼》："欲穷千里目，更上一层楼。"站得高才能看得远，目光远大，才能饱览千里风光；奋发向上，才能不断发现新境界。虞世南的《蝉》："居高声自远，非是藉秋风。"要人以品格高尚立身，并不需要某种外在的凭借。龚自珍的《己亥杂诗》："落红不是无情物，化作春泥更护花。"指老一辈的退出，是为了更好地关心培育下一代新人。卢梅坡的《雪梅》："梅须逊雪三分白，雪却输梅一段香。"此词说人和事物一样都各有所长、各有所短，因此我们要虚心学习、取长补短。赵翼的《论诗》："江山代有才人出，各领风骚数百年。"是指天地间自有人才辈出，不要拘泥于古人，后人定能超出前人。《惠崇春江晓景二首》（其一）：“竹外桃花三两枝，春江水暖鸭先知。”说明只有身临其境，才能获得第一感觉，因而人们要重视实践、重视实际考察。

由于语言的精炼和含义的丰富性，诗词中蕴含的哲理并不是单一的，需要我们去仔细地揣摩和体会。

举例如下：

1. 老骥伏枥，志在千里；烈士暮年，壮心不已。
——东汉·曹操《步出夏门行》
2. 长风破浪会有时，直挂云帆济沧海。——唐·李白《行路难》
3. 好风凭借力，送我上青云。—— 清·曹雪芹《红楼梦》
4. 我劝天公重抖擞，不拘一格降人才。
—— 清·龚自珍《已亥杂诗》
5. 莫道桑榆晚，为霞尚满天。——唐·刘禹锡《酬乐天咏老见示》
6. 冲天香阵透长安，满城尽带黄金甲。
—— 唐·黄巢《不第后赋菊》
7. 刑天舞干戚，猛志固常在。—— 晋·陶渊明《读山海经》
8. 会当凌绝顶，一览众山小。—— 唐·杜甫《望岳》
9. 生当做人杰，死亦为鬼雄。——宋· 李清照《夏日绝句》
10. 路漫漫其修远兮，吾将上下而求索 。—— 战国·屈原《离骚》
11. 举世皆浊我独清，众人皆醉我独醒。——战国·屈原《渔父》
12. 人生自古谁无死，留取丹心照汉青。
——宋·文天祥《过零丁洋》
13. 莫愁前路无知己，天下谁人不识君。——唐·高适《别董大》
14. 江山代有才人出，各领风骚数百年。——清·赵翼《论诗》
15. 我自横刀向天笑，去留肝胆两昆仑。
——清·谭嗣同《狱中题壁》
16. 千磨万击还坚劲，任尔东西南北风。——清·郑燮《竹石》
17. 沉舟侧畔千帆过，病树前头万木春。
——唐·刘禹锡《酬乐天扬州初逢席上见赠》
18. 安得广厦千万间，大庇天下寒士俱欢颜。
——唐·杜甫《茅屋为秋风所破歌》
19. 山重水复疑无路，柳暗花明又一村。——宋·陆游《游山西村》

参考文献

1. 张中行著:《诗词读写丛话》，中华书局 2005 年版。

2. 王力著:《诗词格律概要》，北京出版社 2002 年版。

3. 蒋均涛著:《审美诗论》，巴蜀书社 2003 年版。

4. 杨文生著:《词谱简编》，四川人民出版社 1981 年版。

5. 谢桃坊著:《诗词格律教程》，巴蜀书社 2006 年版。

6. 吴熊和著:《唐宋词通论》，商务印书馆 2003 年版。

7. 章培恒、骆玉明主编:《中国文学史新著》，复旦大学出版社 2007 年版。

8. 刘大杰著:《中国文学发展史》，复旦大学出版社 2006 年版。

9. 葛晓音著:《八代诗史（修订本)》，中华书局 2007 年版。

10. 王红、周啸天主编:《中国文学——魏晋南北朝隋唐五代卷》，四川人民出版社 2006 年版。

11. 褚斌杰、谭家健主编，王景琳等撰著:《先秦文学史》，人民文学出版社 2006 年版。

12. 赵敏俐等著:《中国古代歌诗研究——从《诗经》到元曲的艺术生产史》，北京大学出版社 2006 年版。

13. 张国伟著:《中国古典诗的探索历程》，河北人民出版社 2007 年版。

14. 陆侃如、冯沅君著:《中国诗史》，山东大学出版社 2009 年版。

15. 余浩然著:《格律诗词写作》，岳麓书社 2001 年版。

16. 羊基广编著:《词牌格律》，巴蜀书社 2008 年版。

17. 宛敏灏著:《词学概论》，中华书局 2009 年版。

18. 袁行霈主编:《中国文学史（四卷)》，高等教育出版社 1999 年版。